SACHER

LEISTUNGEN ENTWICKELN, ÜBERPRÜFEN UND BEURTEILEN

LEISTUNGEN ENTWICKELN, ÜBERPRÜFEN UND BEURTEILEN

Bewährte und neue Wege für die Primar- und Sekundarstufe

von
Werner Sacher

unter Mitarbeit von
Stephan Rademacher

5., überarbeitete und erweiterte Auflage

VERLAG
JULIUS KLINKHARDT
BAD HEILBRUNN • 2009

Bibliografische Information der Deutschen Nationalbibliothek
Die Deutsche Nationalbibliothek verzeichnet diese Publikation in der Deutschen Nationalbibliografie; detaillierte bibliografische Daten sind im Internet abrufbar über http://dnb.d-nb.de.

Druck und Bindung: Friedrich Pustet, Regensburg.
Printed in Germany 2009.
Gedruckt auf chlorfrei gebleichtem alterungsbeständigem Papier.

ISBN 978-3-7815-1672-4

Inhalt

5 Benotungsmodelle und ihre Messfehler

6 Prüfungs- und Aufgabenanalyse

7 Beurteilung mündlicher und ganzheitlicher Leistungen und Bewertung von Diktaten

10 Leistungsentwicklung und Leistungserziehung

11 Wege einer neuen Prüfungskultur

Vorwort zur 5. Auflage

Durch die internationalen Schulleistungsuntersuchungen (TIMSS, PISA, IGLU, DESI[1]) wurde das Qualitätsbewusstsein zwar sehr geschärft. Niemand kann sich heute mehr so leicht wie vor einigen Jahren noch mit leerformelhaften Formulierungen auf in unseren Schulen angeblich vermittelte Bildungswerte herausreden. Aber ob das von PISA offenbarte Defizit deutscher Lehrer an diagnostischer Kompetenz dadurch behoben oder auch nur verringert wurde, ist zweifelhaft. Die Entwicklung tendiert eher dazu, dass Pädagogen bei der subtileren Diagnose von Schulleistungen das Feld zunehmend Psychologen überlassen bzw. von ihnen verdrängt werden. Nun verfügt die Testpsychologie zweifellos über sehr ausgereifte Verfahren der Leistungsdiagnose. Sie sind aber unter schulischen Alltagsbedingungen größtenteils nur bedingt anwendbar. So ist zu befürchten, dass die diagnostische Praxis unserer Lehrerschaft sich in den letzten Jahren kaum verbessert hat. Sie fühlt sich z. T. sogar dadurch entlastet, dass periodisch biometrische Experten die Leistungen der deutschen Schüler für nationale und internationale Vergleichsuntersuchungen und Orientierungsarbeiten überprüfen. Nur geschieht das viel zu selten und zu punktuell, als dass man sich davon eine nachhaltige Breitenwirkung erhoffen dürfte. Zumal, wenn es um kontinuierliche Förderung der Schüler zu tun ist, kommt es auf die tagtägliche Diagnosearbeit der „Normallehrkräfte" an. Für sie Handlungsrichtlinien zu geben, ist das Anliegen dieses Buches.
Dabei zeigt sich, dass Probleme der Überprüfung und Beurteilung von Schulleistungen nicht losgelöst von der Unterrichtsgestaltung und von erzieherischer Intervention betrachtet werden dürfen und dass sie auch in bildungspolitischen und soziologischen Zusammenhängen gesehen werden müssen. Entgegen einem mit der Okkupation der Pädagogischen Diagnostik durch die Psychologie zusammenhängenden Zeittrend, Fragen der Leistung und Leistungsdiagnostik mit kühler sozialtechnologischer Rationalität zu behandeln, will dieses Buch auch das pädagogische Ethos artikulieren und reaktivieren, das durch den Einzug ökonomischer und neoliberaler Sichtweisen in das Schulsystem verschüttet zu werden droht. Es ist deshalb an vielen Stellen wertend und parteilich und der Vision einer humanen und gerechten Schule für alle Kinder unserer Gesellschaft verpflichtet.

Nürnberg, Februar 2009 *Werner Sacher*

[1] TIMSS = Third International Mathematics and Science Study; PISA = Programme for International Student Assessment; IGLU = Internationale Grundschul-Lese-Untersuchung; DESI = Deutsch-Englisch-Leistungen International

1 | Zum Sinn des Leistens, Prüfens und Beurteilens

1.1 Leistung, Leistungsstreben, Leistungsanforderungen, Leistungsorientierung, Leistungsprinzip

1.1.1 Leistung

Die sprachlichen Wurzeln von „Leistung" – idg. „leis-" = „Fußspur, Furche" und got. „laistjan" = „einer Spur nachfolgen" (Trübner 1943, S.438ff) – deuten auf ein normatives Moment des Leistungsbegriffs: Die Spur ist vorgegeben, an ihr hat man sich zu orientieren. So sind auch Leistungen von Schülern Ausdruck des Grades, in dem sie Maßstäben und Anforderungen zu entsprechen vermögen. *Leistung ist der Vollzug und das Ergebnis einer Tätigkeit, die mit Anstrengung verbunden, auf die Erlangung eines Zieles gerichtet und auf Gütemaßstäbe und Anforderungen bezogen ist. (Klafki 1996, S.228; Schröder 2000, S.287)*

In der Physik ist der Gütemaßstab der Leistung die benötigte Zeit: Leistung wird dort bekanntlich definiert als Arbeit pro Zeiteinheit. Auch die Leistung von Menschen kann an der Zeit gemessen werden, innerhalb deren sie erbracht wird. Daneben gibt es dafür aber auch ganz andere Gütemaßstäbe, z. B. den Grad der Übereinstimmung einer Tätigkeit mit einem Ideal oder Vorbild, ihre Exaktheit und Präzision, ihre Kreativität, ihre Umweltverträglichkeit, entstehende Kosten usw.

1.1.2 Leistungsstreben

Leistungsstreben ist das Bestreben, etwas zu leisten. Alle Menschen streben nach Anerkennung durch ihre Umgebung, zumindest durch relevante Bezugspersonen. Ein wichtiger Weg, solche Anerkennung zu erlangen, führt über Leistungen, welche deren Beifall finden. Und in dem Maße, wie Menschen diesen erhalten, wächst ihr Selbstbewusstsein und ihre Selbstachtung.

Leistungsstreben zeigt sich schon beim kleinen Kind in aller Deutlichkeit, bleibt – wenn es nicht durch schwere Frustrationen beeinträchtigt wird – im Leben des Erwachsenen bestimmend und dauert letztendlich fort bis zum Tode. Auch alte und kranke Menschen möchten noch zu irgendetwas nütze sein, und das Gefühl, etwas zu leisten, trägt ganz wesentlich zu ihrem Wohlbefinden, ja vielfach sogar zu ihrer Genesung bzw. zu ihrer Gesundheit bei.

1.1.3 Leistungsanforderung

Leistungsanforderungen nennen wir nachdrücklich artikulierte Erwartungen hinsichtlich zu erbringender Leistungen. Solche Erwartungen und die ihnen zu Grunde liegenden Maßstäbe können von außen herangetragen oder von den Leistenden selbst formuliert werden, d. h. Leistungsanforderungen können Fremd- oder Selbstanforderungen sein. Man muss sich bei der Unterscheidung von Fremd- und Selbstanforderungen allerdings im Klaren darüber sein, dass auch Selbstanforderungen in der Regel auf internalisierte Fremdanforderungen zurückgehen. Zugespitzt könnte man sagen, dass die Schule vielfach Kinder und Jugendliche dazu bringt und dazu bringen muss, „dass sie das gerne tun (aus eigener Initiative), was sie tun müssen.“ (Fend 1971, S.103)

Doch wenn auch die Unterscheidung von Selbst- und Fremdanforderungen nicht ganz trennscharf ist, so hilft sie doch, einen verbreiteten Fehlschluss zu vermeiden: Dass das Leistungsstreben zum Menschsein gehört und insofern auch jeder Mensch etwas leisten will, legitimiert keineswegs beliebige Fremdanforderungen, auch nicht willkürliche Leistungsanforderungen an Schüler. Gerade, wenn es ein Grundbedürfnis des Menschen ist, etwas zu leisten, sollte es solcher Anstöße von außen eigentlich gar nicht bedürfen – es sei denn, es ist darum zu tun, sich seines Leistungsstrebens zu bemächtigen und damit weit gehend Kontrolle über ihn zu erlangen. Die effektivste Methode, Menschen zu beherrschen, besteht ja bekanntlich darin, dass man ihre Grundbedürfnisse kontrolliert.

Die Frage nach der Legitimation von Leistungsanforderungen, welche Erzieher und pädagogische Institutionen an dafür nicht von sich aus motivierte junge Menschen herantragen, kann nicht einfach übergangen werden. Sie stellt vielmehr das zentrale Problem der Leistungserziehung dar. Auch der häufig bemühte Vorgriff auf die Zukunft junger Menschen und ihr angebliches Wohl ist nicht unproblematisch. Diese Zukunft ist ja, genau besehen, nur unter großer Unsicherheit prognostizierbar. Deshalb ist ein solcher Vorgriff zumindest immer dann suspekt, wenn die erhobenen Leistungsanforderungen jungen Menschen nicht verständlich zu machen sind und nur mit Druck- und Zwangsmaßnahmen durchgesetzt werden können.

1.1.4 Leistungsorientierung

Leistungsorientierung ist die Ausrichtung des Wertsystems eines Individuums, einer Gruppe oder einer Gesellschaft auf den führenden Wert Leistung. Das Leistungsmotiv wird dann für das Leben eines Einzelnen oder eines Sozialverbandes dominant. Selbst wenn dabei Druck und Zwang fehlen, ist eine allzu ausschließliche Leistungsorientierung nicht unbedenklich: Kein Mensch nämlich kann auf die Dauer in dem Bewusstsein leben, nur so viel wert zu sein, wie er leistet. Jeder braucht auch Lebensverhältnisse, in denen er sich ohne Vorbedingungen, einfach um seiner selbst willen, angenommen und geschätzt wissen darf. So muss ein Kind, um gesund aufzuwachsen, der Zuneigung und Wertschätzung seiner Eltern auch dann sicher sein können, wenn es Misserfolge in der Schule erleidet, selbst wenn diese von ihm mitverschuldet sind. Alte und Kranke brauchen das Bewusstsein, auch dann noch angenommen und geachtet zu sein, wenn sie für ihre Umgebung keine Leistungen mehr erbringen. Das gilt auch für alle anderen Menschen, die auf Grund von Umständen, die sie nicht zu verantworten haben, keine Leistung erbringen.

Leistungsorientierung erfordert das kompensatorische Prinzip der Solidarität bzw. – etwas pathetisch ausgedrückt – der Prinzip der barmherzigen Liebe, das tief in der christlich-abendländischen Tradition verwurzelt ist. Barmherzige Liebe ist aber nicht nur ein Korrektiv zur Leistungsorientierung und Leistungsanforderung: Sie ist zugleich der Nährboden, auf dem Leistung sich überhaupt erst gesund entwickeln und gedeihen kann.

1.1.5 Leistungsprinzip

Von der Leistungsorientierung müssen wir das Leistungsprinzip unterscheiden. *Das Leistungsprinzip ist ein gesellschaftliches Verteilungsprinzip, welches Chancen und Positionen nach Leistung zuweist – nicht etwa nach Abstammung, Bekanntschaft, weltanschaulicher Nähe usw.* Das Leistungsprinzip in seiner modernen Ausprägung entstand im Zusammenhang beginnender Demokratisierung und Industrialisierung im 18. und 19. Jahrhundert. (Nipkow 1978, S.7ff.; Furck 1975) In der Ständegesellschaft des Mittelalters war für jedes Mitglied durch die Geburt bestimmt, welche gesellschaftliche Position es erlangen konnte. Seine Leistung spielte bei der Zuteilung von Lebenschancen kaum eine Rolle. Je mehr aber die Privilegien der Geburt an Bedeutung verloren, desto mehr wurden neue Verteilungsprinzipien benötigt. Vor allem bedurfte die moderne Industriegesellschaft eines funktionalen und zweckrationalen Verteilungsprinzips für Berufs- und Lebenschancen, Besitz, Einfluss und Macht, das zugleich höchste Effektivität und Mobilität ermöglichte. Sie fand dieses im Leistungsprinzip.

Das Leistungsprinzip als neues Verteilungsprinzip trug auch dem Gleichheitspostulat der Französischen Revolution Rechnung und hatte zunächst eine emanzipatorische Funktion, vor allem für das Bürgertum: Wer etwas leistete, konnte nun seinen Weg machen, auch wenn er nicht von adeliger Abkunft war.

Ein Markstein in dieser gesellschaftlichen Neuorientierung war die Neuregelung der Stipendienvergabe nach Leistungsgesichtspunkten, vor allem in den theologischen Fakultäten, durch die preußische „Instruktion" vom 23.12.1788. Danach durften Stipendien nur noch an Studenten vergeben werden, die zuvor im Abiturientenexamen das Zeugnis der Reife erworben hatten. (Furck 1975, S.39) Ein anderer Markstein war die preußische Heeresreform von 1806 bis 1814, welche

auch Bürgerlichen die Offizierslaufbahn und den Zugang zu höheren Beamtenpositionen eröffnete, die bis dahin dem Adel vorbehalten waren.
Im 19. Jahrhundert wurde das Leistungsprinzip jedoch zunehmend gegen das nachdrängende Proletariat gewendet. Dasselbe Bürgertum, das dem Leistungsprinzip seinen Aufstieg verdankte, verteidigte nun damit seine Privilegien und kontrollierte den sozialen Aufstieg der Unterschicht, indem es zusammen mit der Oberschicht die Kriterien für Leistung so definierte, wie es der Sicherung der eigenen sozialen Position und der ihres Nachwuchses dienlich war, z. B. durch die starke Betonung des sprachlichen Anteils und die weit gehende Vernachlässigung praktischer Elemente in der höheren Bildung. Das ursprünglich emanzipatorische Leistungsprinzip wurde auf diese Weise zum Repressionsinstrument. Vermutlich überhaupt nur, weil Bürgertum und Oberschicht den Bedarf an Nachwuchs für gehobene Positionen nicht vollständig decken konnten, nahmen stets auch einige Angehörige der Unterschicht am Aufstieg teil.
Das Leistungsprinzip kann offenbar nur dann eine gerechte Verteilungspraxis begründen, wenn Chancengleichheit bereits gegeben ist. Somit ist es nur bedingt als ein Instrument zum Abbau von Chancenungleichheit anzusehen. Bei Chancenungleichheit wird es leicht zum strategischen Instrument von Gruppen und Schichten, die über die Macht verfügen zu definieren, was als hohe Leistung gelten soll. Insgesamt scheint das Leistungsprinzip „sozial gerechte und funktional angemessene Zuordnungen und Verteilungen mehr ideologisch vorzutäuschen als tatsächlich zu gewährleisten.“ (Nipkow 1978, S.10)
Die gesellschaftliche Umdeutung des Leistungsprinzips verdarb schließlich auch die mit dem Aufstieg des Bürgertums verknüpfte Bildungsidee: Statt des zu Beginn des 19. Jahrhunderts propagierten neuhumanistischen Ideals einer allseitig gebildeten Persönlichkeit beherrschte bald eine arg schematisierte und sehr äußerliche Vorstellung von Allgemeinbildung die Schule. Es kam zur Fixierung fester Jahrespensen, zum Vorherrschen überprüfbarer Fertigkeiten und Fähigkeiten, zur Abwertung beruflicher Bildung und nichtklassischer Bildungsinhalte.
Mit der wieder statisch gewordenen gesellschaftlichen Ordnung korrespondierte die Verwendung eines statischen Begabungsbegriffs: Unterschiede im Schulerfolg wurden als Ausdruck natürlicher Ungleichheit der Bevölkerungsschichten gedeutet. Diesem Begabungsbegriff entsprechend, legte die Schule die Hauptbetonung auf abschließende Leistungskontrollen. Sie versäumte es fast vollständig, diagnostische Leistungsfeststellungen durchzuführen, wie sie erforderlich gewesen wären, um kompensatorische und fördernde Maßnahmen für die weniger Leistungsfähigen zu ergreifen. Es galt ja als gesichert, dass es bei diesen nicht viel zu fördern gab. Und dahinter stand unausgesprochen, dass die Förderung von Unterschichtkindern gesellschaftlich einfach unerwünscht war, da sie ja die Privilegien des Bürgertums und der Oberschicht gefährdet hätte. Für die in der gegenwärtigen pädago-

gischen Diskussion erhobene Forderung nach einer Abkehr von der traditionellen Prüfungs- und Beurteilungskultur, welche einseitig auf Lernergebnisse fixiert ist und Lern- und Leistungsprozesse zu wenig beachtet, sind viele gute Gründe geltend zu machen. (Vgl. dazu im Einzelnen Abschnitt 10.4) Ein gewichtiger ist auch dieser, dass die traditionelle Prüfungs- und Beurteilungskultur in einer heute nicht mehr haltbaren Begabungstheorie verankert und einem überholten Gesellschaftsmodell verpflichtet ist. Dieser Einwand kann auch gegen eine allzu strikte Outputorientierung der Leistungsbeurteilung von Schülern vorgebracht werden, wie sie neuerdings im Gefolge der PISA-Prozesse vermehrt praktiziert wird.

Die knappe Skizze der neuzeitlichen Geschichte des Leistungsprinzips offenbart seine enorme Ideologieanfälligkeit: Als Leistung gilt immer, was mächtige gesellschaftliche Gruppen als solche definieren. Schon das lässt fragwürdig erscheinen, ob die Verteilung von Bildungs- und Berufschancen nach dem Leistungsprinzip ohne weiteres als gerecht gelten darf.

1.2 Zur Übertragbarkeit des Leistungsprinzips auf die Schule

Selbst Lehrkräfte halten es z. T. für ganz „natürlich“, dass die Schule sich inmitten einer Leistungsgesellschaft als Leistungsschule versteht. So einfach liegen die Dinge freilich nicht. Denn einer Übertragung des Leistungsprinzips von der Wirtschafts- und Arbeitswelt auf die Schule steht eine ganze Reihe von Schwierigkeiten entgegen.

Zum einen ist es nur eine Halbwahrheit, dass wir in einer Leistungsgesellschaft leben. Denn die begehrten Positionen werden auch in unserer gegenwärtigen Gesellschaft keineswegs nur nach der erbrachten Leistung zugeteilt, sondern auch nach anderen Verteilungsprinzipien:

- Neben dem Leistungsprinzip gibt es immer noch *Vorrechte der Geburt,* die zwar andere Formen angenommen haben, aber nie aufhörten zu bestehen. Jencks u. a. (1973) zeigten, dass in den westlichen Industriegesellschaften etwa die Hälfte aller schichtspezifischen Vorteile und Handicaps von den Eltern auf ihre Kinder übergehen. Die vom PISA-Konsortium wiederholt festgestellte große soziale Ungleichheit der Bildungschancen in Deutschland zeigt, dass diese Verhältnisse gerade bei uns in besonderem Maße ungebrochen fortdauern.
- Mit dem Leistungsprinzip konkurriert ferner das *Anciennitäts-Prinzip*. D. h. Positionen werden oft nach dem Alter oder nach der Dauer der Zugehörigkeit zu einer Institution oder zu einem Betrieb vergeben.
- Ein weiteres Verteilungsprinzip ist das *Ideologie-Prinzip*: Häufig ist für den Berufs- und Lebenserfolg die gemeinsame Zugehörigkeit zu einer Weltanschau-

ungsgruppe oder zu einer Partei und die loyale Ergebenheit ihr gegenüber entscheidend.

- Das Ideologieprinzip geht mit fließenden Grenzen über in das *Bekanntheits- und Beliebtheitsprinzip:* Oft ist es ausschlaggebend, Entscheidungsträger in formellen und informellen Gruppen persönlich zu kennen oder doch wenigstens Leute zu kennen, die sie persönlich kennen. Und natürlich sollte dieses Kennen nach Möglichkeit einschließen, dass der Bewerber es verstand und versteht, sich sozial angenehm zu machen.
- Schließlich wird unsere gesellschaftliche Verteilungspraxis aber auch durch das *Sozialprinzip* bestimmt: Unser soziales Netz gewährleistet eine halbwegs erträgliche menschliche Existenz auch dann, wenn Menschen aus Gründen, die sie nicht selbst zu verantworten haben, keine Leistung erbringen, wie es bei Alten, Kranken und Arbeitslosen der Fall ist.

Das Leistungsprinzip ist also nur eines von sechs in unserer Gesellschaft herrschenden Verteilungsprinzipien. Wir sollten sie deshalb zutreffender als eine stark leistungsorientierte Gesellschaft bezeichnen und nicht als Leistungsgesellschaft. An einer solchen Sprachregelung ist pädagogisch viel gelegen: Lehrkräfte können leicht Enttäuschungen bei jungen Menschen vorprogrammieren, wenn sie ihnen im Widerspruch zur faktischen Pluralität der Verteilungsprinzipien den Eindruck vermitteln, es käme in unserer Gesellschaft ausschließlich auf Leistung an.

Moderne Industriegesellschaften haben außerdem zunehmend Schwierigkeiten, das Leistungsprinzip anzuwenden und darauf eine gerechte Verteilungspraxis zu gründen:

- *Die Leistungen im wirtschaftlichen und öffentlichen Leben werden immer komplexer.* Der Beitrag, den der Einzelne dazu liefert, ist immer weniger zu überschauen. Er ist eingebunden in eine vielschichtige und verzweigte Arbeitsorganisation mit zahlreichen sachlichen und personellen Komponenten. Es ist oft schlechterdings unmöglich zu entscheiden, wo Effekte eines einzelnen Arbeitsbeitrags und wo Systemeffekte vorliegen. Die Lehrerarbeit ist dafür ein gutes Beispiel: Ihr Ergebnis wird außer von der Kompetenz und vom Einsatz der Lehrkraft offensichtlich auch von der Zusammensetzung der Klasse, von der Arbeit anderer Kollegen, von der Ausstattung der Schule, vom Lehrplan und vielen anderen Faktoren beeinflusst.
- *In unserer pluralistischen Gesellschaft gibt es kaum noch eindeutige und allgemein anerkannte Ansichten darüber, was gute Leistung eigentlich ausmacht.* Wie sollte man sonst z. B. erklären, dass Bankmanager, Profi-Fußballer und Schlagersänger mehr verdienen als der Bundeskanzler oder der Bundesbankpräsident? Zwar mag weithin Konsens bestehen, dass Eigeninitiative und kritisches Mitdenken ebenso zu guter Arbeitsleistung gehören wie fehlerfreies, rasches Arbeiten, pünktliche und gewissenhafte Befolgung von Anweisungen, praktische Aner-

kennung des Betriebszwecks, Wahrung des Arbeitsfriedens und Anerkennung der Leitungsstruktur des Betriebs. Im Einzelnen kann diesen unterschiedlichen Leistungsaspekten in verschiedenen Betrieben aber höchst unterschiedliche Bedeutung beigelegt werden.

- Multinationale Konzerne agieren auf den globalen Märkten nach Strategien, die einseitig auf Aktienkurse und Profitmaximierung ausgerichtet sind und oft die Leistungen ganzer Belegschaften ignorieren. Selbst berufliche Höchstleistung sichert schon lange nicht mehr den beruflichen Aufstieg, oft nicht einmal mehr den Erhalt des Arbeitsplatzes.

Einer Übertragung des Leistungsprinzips vom wirtschaftlichen auf den schulischen Bereich stehen außerdem pädagogische Bedenken entgegen:

- Selbst wenn wir eine reine Leistungsgesellschaft mit einem einheitlichen Leistungsverständnis hätten, könnte es angemessen sein, jungen Menschen während der Schulzeit erst einmal zu helfen, ichstarke Persönlichkeiten mit Selbstvertrauen und Lebensmut zu entwickeln, bevor sie nachher dem oft schon fast unmenschlichen Leistungsdruck im Arbeitsleben ausgesetzt sind. Vielleicht können sie ihn ja gar nicht aushalten, ohne ernsten Schaden zu nehmen, wenn sie nicht zuvor eine solche Schonzeit genossen haben. *Seit wann hätte Erziehung sich bloß als Anpassung an gesellschaftliche Verhältnisse zu verstehen?*
- Der schulische Wettbewerb um Bildungs- und Lebenschancen ist in einem erheblichen Maße verzerrt. *Nicht jeder Schüler hat dieselbe Chance, sein Leistungsoptimum zu zeigen.* Allein mit dem Forträumen von Hindernissen, die einem freien Leistungswettbewerb im Wege stehen, ist es nicht getan. Auch nach der Herstellung einer solchen formalen Chancengleichheit existieren immer noch Barrieren des sozialen Milieus, die es Angehörigen der unteren Bevölkerungsschichten erschweren oder sogar verunmöglichen, ihren Fähigkeiten entsprechende Leistungen zu erbringen. Zu den bekannten schichtspezifischen Vor- und Nachteilen kommt ein typisches Vermeidungsverhalten von Eltern und Kindern aus der Unterschicht, auf welches die französischen Soziologen Bourdieu und Passeron (1971) bereits in den Siebzigerjahren hinwiesen: Eltern aus unterprivilegierten Schichten und Bevölkerungsgruppen resignieren häufig schon im Vorfeld der Entscheidung. Der Übertritt ins Gymnasium z. B. wird oft gar nicht erst gewagt, wenn die Grundschulnoten nicht mit hoher Sicherheit den erfolgreichen Abschluss einer höheren Bildung erwarten lassen. Eine zu frühe und zu ausschließliche Anwendung des Leistungsprinzips würde große Schülergruppen benachteiligen.

1.3 Zur Geschichte der Prüfungen, Zeugnisse und Zensuren[1]

Periodische Leistungsbeurteilungen und Prüfungen gehörten nicht schon immer und nicht überall zur Schule. Obgleich sich Vorläufer schon bei den alten Ägyptern und in der Antike nachweisen lassen, kam die Schule in ihrer fünftausendjährigen Geschichte viereinhalbtausend Jahre weit gehend ohne formalisierte Notensysteme und Zeugnisse aus. Die zunehmende Verbreitung von Zeugnissen und Prüfungen war im Übrigen nicht nur ein Indiz für wachsenden Druck in der Schule, sondern auch Zeichen eines zunehmenden Interesses für die Schüler und eines erstarkenden Verantwortungsgefühls für ihre Lernprozesse.

Die wichtigsten Vorläufer der heutigen Zeugnisse sind die seit dem 16. Jahrhundert verbreiteten *Benefizienzeugnisse*. In ihnen wurde dem Empfänger testiert, dass er im Hinblick auf seine charakterlichen Eigenschaften und seine Leistungen würdig sei, an einem sog. Freitisch teilzunehmen (d. h. kostenlose Verpflegung zu erhalten) und mit einem Stipendium unterstützt zu werden. Diese Zeugnisse waren also im Grunde Empfehlungsschreiben für bedürftige Schüler. Sie nahmen unter ihnen eine Auslese im Hinblick auf ihre Förderungswürdigkeit vor. Kinder wohlhabender Eltern brauchten natürlich keine solchen Zeugnisse und waren folglich auch der Selektion durch sie nicht unterworfen.

Zu einer ersten Perfektion gelangte das Prüfungs- und Beurteilungswesen im 16. und 17. Jahrhundert an den jesuitischen Schulen. An den staatlichen höheren Schulen etablierte es sich auf breiter Front erst im 18. und 19. Jahrhundert.

Die Verordnungen und die entsprechende Praxis schwankten lange zwischen freien Formulierungen, die unseren Verbalzeugnissen, und Schematismen, die unseren Noten vergleichbar waren.[2] Beispiele für frei formulierte Zeugnisse finden sich noch weit bis ins 19. Jahrhundert herauf – auch an Gymnasien.

Auch die *Abschlussprüfung für das Gymnasium*, deren Bestehen Zulassungsbedingung für ein Universitätsstudium war, wurde erst Ende des 18./Anfang des 19. Jahrhunderts eingeführt. Bis dahin besuchte man das Gymnasium, solange man sich Gewinn davon versprach, und wechselte zur Universität über, wenn es einem sinnvoll schien. Auch von dieser ging man häufig ohne förmliches Examen ab, um ein Amt zu übernehmen.

Selbst das Nichtbestehen der in Preußen 1788 eingeführten Abiturientenprüfung schloss zunächst noch nicht vom Universitätsstudium aus. Mit dem Reifezeugnis wurde nur der Nachweis der Würdigkeit erbracht, ein Stipendium zu erhalten. Damit verrät das Reifezeugnis seine Herkunft vom Benefizienzeugnis. Es erfüllte hinsichtlich der Studienberechtigung vorerst ebenfalls nur eine Selektionsfunktion für die unteren Schichten der Bevölkerung. Die eigentliche Intention des

Staates bei der Einführung des Abiturientenexamens galt auch gar nicht der Kontrolle des Zugangs zu den Universitäten. Es sollte vielmehr das Niveau des Beamtennachwuchses sichergestellt werden. (Breitschuh 1991) Die begehrten Stellen im Staatsdienst wurden nämlich nur noch an Kandidaten vergeben, welche die Abiturprüfung mit guten Ergebnissen bestanden hatten.
Dass in den 30iger Jahren des 19. Jahrhunderts (in Preußen 1834) dann schließlich doch Kandidaten ohne Reifezeugnis in den meisten deutschen Staaten der Zugang zur Universität verwehrt wurde, hatte politische Gründe: Nach den revolutionären Unruhen des Vormärz befürchteten die deutschen Fürstenhäuser einen Umsturz und versuchten auf diesem Wege letztlich, politisch missliebige Elemente von den Universitäten fern zu halten und die sich dort sammelnde Opposition auszutrocknen. Es ging ihnen weniger um die Sicherung ausreichender wissenschaftlicher Vorkenntnisse für das Studium als um die Kontrolle des Verhaltens und der Gesinnung der Studienanwärter. (Breitschuh 1991)
Im Zusammenhang dieser Entwicklung kam es auch zur Einführung eines *Zeugnisses der mittleren Reife*. Mit ihm war die Berechtigung zum einjährigen Militärdienst und der Zugang zur Offizierslaufbahn verbunden.
Die Durchsetzung der allgemeinen Schulpflicht Ende des 18./Anfang des 19. Jahrhunderts in den deutschen Ländern[3] war eng verbunden mit der Ausfertigung von *Entlassungszeugnissen* (sog. Schulentlassscheinen), aus welchen die ordnungsgemäße Erfüllung der Schulpflicht hervorging. Ohne Schulentlassschein durfte niemand als Dienstbote oder Lehrling beschäftigt werden, und auch die Genehmigung, ein Haus zu erwerben oder zu heiraten, hing davon ab.

Dieser kurze Blick in die Geschichte der Zensuren, Prüfungen und Zeugnisse zeigt, dass sie schon früh der Auslese und der Sozialisation dienten, wobei diese Funktionen zunächst stärker bei den unteren Bevölkerungsschichten griffen als bei den einflussreicheren, also bereits im Ansatz schichtspezifisch verzerrt waren. Die Ablösung freier Formulierungen in den Zeugnissen durch Ziffernnoten geht im Großen und Ganzen konform mit der Ausdehnung der Selektionsfunktion auf alle Bevölkerungsschichten. Offensichtlich diente die Einführung von Ziffernnoten vor allem der Vereinfachung der Selektion. Daneben entsprang sie wohl auch dem Bemühen um größere Gerechtigkeit bei der Selektion, das freilich angesichts der nicht zu beseitigenden Ungenauigkeit und Unsicherheit schulischer Leistungsbeurteilungen[4] nicht von Erfolg gekrönt sein konnte.

1.4 Funktionen von Prüfungen, Zeugnissen und Zensuren

Prüfungen, Zensuren und Zeugnisse hatten im Laufe der Geschichte ganz unterschiedliche Funktionen. Manche wuchsen ihnen erst in der jüngsten Vergangenheit zu, ohne dass sie alterehrwürdige andere verdrängten.

1.4.1 Selektion und Stigmatisierung

Schulleistungsüberprüfungen und -beurteilungen dienen der Auslese befähigter Anwärter auf höhere Bildungslaufbahnen, begehrte Abschlüsse und angesehene berufliche und gesellschaftliche Positionen.
Angesichts der Knappheit der begehrten Positionen ist es zwar unvermeidlich, dass bei ihrer Zuteilung und auch schon bei der Zulassung zu den Zugangswegen eine strenge Auslese erfolgt. Aber die Art, wie sie über Prüfungen, Zeugnisse und Noten abgewickelt wird, ist in mehrfacher Hinsicht problematisch:
Bei unserer Selektionspraxis ist unsicher, inwieweit tatsächlich nach Leistung ausgelesen wird. Noten erlauben nämlich – wie wir noch sehen werden (vgl. 5.4) – lediglich sehr unsichere Rückschlüsse auf Schülerleistungen.
Die Selektion ist schichtspezifisch verzerrt. Schon der kurze Blick in die Geschichte zeigte, dass zunächst nicht alle Bevölkerungsschichten in gleicher Weise von der Selektionsfunktion der Prüfungen, Zeugnisse und Zensuren betroffen waren. Erst im 19. Jahrhundert erfasste die Selektionsfunktion zunehmend auch die Mittel- und Oberschicht. Es lässt sich belegen, dass ihre Verallgemeinerung noch nicht abgeschlossen ist und die Selektionsfunktion von Zeugnissen und Zensuren auch in unserer Zeit die verschiedenen Bevölkerungsschichten mit ungleicher Schärfe trifft[5]: Die PISA-Studie zeigte, dass in Deutschland Kinder der Oberschicht eine 4,28 mal so hohe Chance haben, ein Gymnasium zu besuchen, wie Arbeiterkinder. Wenn man nur Kinder gleicher kognitiver Grundfähigkeiten und gleicher Lesekompetenz berücksichtigt, bleibt diese Chance immer noch 2,96 mal so hoch. (Deutsches PISA-Konsortium 2001, S.357)
In Deutschland setzt die schulische Selektion zu sehr auf Prognose und zu wenig auf Bewährung. Leistungsprognosen sind insbesondere bei jüngeren Kindern äußerst problematisch, deren Leistungsbild oft noch unklar und in beständiger Veränderung und Entwicklung begriffen ist.
Die Selektion beginnt in unserem Bildungssystem viel zu früh. Nur in Deutschland und Österreich haben Kinder eine lediglich vierjährige gemeinsame Schulzeit. In Liechtenstein beträgt diese immerhin schon fünf Jahre, in weiteren 38 Staaten jedoch sechs und mehr Jahre! (Schmitt 2001, S.17)

Der internationale Leistungsvergleich der PISA-Untersuchung zeigte, wie problematisch ein so früher Selektionszeitpunkt ist: Je früher ausgelesen wird, umso stärker hängt das Einschlagen einer höheren Bildungslaufbahn von der Schichtzugehörigkeit ab, in PISA-Terminologie: umso höher ist der soziale Gradient. Deutschland nimmt mit einem Gradienten von 0,60 international eine traurige Spitzenstellung ein.

Dabei wäre es ein Irrtum zu glauben, dass eine frühe Selektion der Elitebildung zugute komme: Schon die IEEA-Studie der UNESCO zeigte, dass spät selektierende Bildungssysteme mit ihrer Begünstigung der Breitenförderung zugleich auch die besten Voraussetzungen für die Förderung von Hochbegabungen bieten. (Svenson 1962; Reble 1981, S.14ff.)

Auch an den PISA-Ergebnissen lässt sich die Problematik einer zu frühen Selektion verdeutlichen: Leider liegen nur für 22 Länder (darunter Deutschland) Daten zum frühesten Selektionszeitpunkt vor (OECD 2002a, S.195; OECD 2002b, S.56). Aber die Schüler derjenigen 15, welche erst im 14. Lebensjahr oder später selektieren, erzielten im PISA-Lesetest eine durchschnittliche Punktezahl von 503, die Schüler jener Länder hingegen, welche schon vor dem 14. Lebensjahr selektieren, nur eine solche von 476. Der Unterschied läßt sich statistisch absichern.[6] Auch die Unterschiede hinsichtlich des Anteils der Risikoschüler, die nur das unterste Leseniveau I oder noch nicht einmal dieses erreichten, sind bestürzend: Hier stehen durchschnittlich 16,1% Risikoschülern in den später selektierenden Ländern 25,1% in den früher selektierenden gegenüber. Dieser Unterschied ist ebenfalls statistisch absicherbar.[7] Dagegen werden Vertreter der deutschen Elitebildungsideologie einwenden, dass durch die in Deutschland übliche frühe Selektion die bestmögliche Förderung der Begabten gewährleistet sei. Wenn dies zuträfe, müssten aber die früher selektierenden Länder einen höheren Anteil an Spitzenschülern haben, welche das höchste Leseniveau V erreichen. Es zeigt sich jedoch, dass 8,7% Spitzenschülern in den später selektierenden Ländern lediglich 6,3% in den früher selektierenden gegenüberstehen. Dieser Unterschied ist zwar nicht statistisch absicherbar[8], doch die Erwartung eines höheren Anteils von Spitzenschülern in den früher selektierenden Ländern lässt sich erst recht nicht belegen und absichern. Der beobachtbare Trend stützt eher gegenteilige Vermutungen.

Die Selektionsentscheidungen sind meist viel zu endgültig. Gerade bei jungen Menschen ist es völlig absurd anzunehmen, dass sich ihre Leistungsfähigkeit nicht noch infolge von Entwicklungsschüben und Umwelteinflüssen grundlegend ändern könnte. Es bedürfte eines Systems fairer Möglichkeiten, im zweiten und dritten Anlauf eine Revision einmal getroffener Selektionsentscheidungen zu bewirken. Zwar gibt es zweite und dritte Bildungswege. Aber der Einsatz und Aufwand, den ihr Beschreiten bisher erfordert, ist immer noch um ein Vielfaches höher als jener, der für das Absolvieren des ersten Bildungsweges erbracht werden muss.

Mit der Selektion ist nicht nur die Zuweisung von Berechtigungen, sondern vielfach auch die Stigmatisierung der Abgewiesenen verbunden. Die Schüler, welche bei der Auslese auf der Strecke bleiben, werden als mehr oder weniger minderwertig abgestempelt und – je nach Konjunkturlage in wechselnder Deutlichkeit – als ein Heer von Versagern ausgegrenzt, das in gesellschaftlichen und wirtschaftlichen Krisen bevorzugt als Manövriermasse benutzt wird. Die Folgen einer so frühzeitigen Stigmatisierung für die Persönlichkeitsentwicklung sind katastrophal.

1.4.2 Sozialisation

Meistens verdeckter, aber nicht weniger wirksam ist die Sozialisationsfunktion von Zensuren und Zeugnissen:

- Durch Prüfungen, Noten und Zeugnisse wird die nachwachsende Generation in die Leistungsorientierung unserer Gesellschaft eingeübt, wobei leider oft ein verengtes und überspitztes Leistungsverständnis zu Grunde liegt.
- ass Ausleseentscheidungen sich nicht nur an den Schulleistungen, sondern auch an den Gesinnungen und Einstellungen junger Menschen orientieren, gehört keineswegs der Geschichte an. Auch heute noch ist der Schulerfolg zum Teil von angepasstem Verhalten abhängig.
- Die Notenbürokratie macht die jungen Menschen mit einer formal-bürokratischen Behandlung vertraut, die von individuellen Besonderheiten weit gehend abstrahiert und nach oft recht äußerlichen und für die Leistung belanglosen Kriterien wie Lebensalter, Geschlecht, Wohngegend und Schulart kategorisiert. In gewisser Weise ist die Notenbürokratie ein heimlicher Lehrplan zur Einübung in die bürokratische Gesellschaft.
- Sie sorgt für die Akzeptanz eines Zertifikatenunwesens, in dem es primär darauf ankommt, Leistungen in amtlichen Dokumenten testiert zu bekommen oder irgendwann einmal testiert bekommen zu haben, und in dem der Nachweis tatsächlicher Kompetenz nachgeordnete Bedeutung hat.
- Sie leistet ferner einen entscheidenden Beitrag zur „Abkühlung", zum sog. „cooling out"[9]

Auf dieses *„Cooling out"* soll etwas ausführlicher eingegangen werden:
Jede leistungsorientierte demokratische Gesellschaft ist mit dem Problem konfrontiert, dass sie zunächst möglichst alle ihre Mitglieder im Höchstmaß motivieren muss, begehrte Positionen anzustreben und dafür Leistungen zu erbringen, dass sie dann aber bei den in diesem Wettbewerb Unterliegenden die angeheizte Motivation wieder „abkühlen", ihnen eine realistische Selbsteinschätzung vermitteln und sie mit ihrem Misserfolg aussöhnen muss.
Die anfängliche Motivierung aller, zum Wettbewerb um die begehrten Positionen anzutreten, ist nötig, damit die Gesellschaft sich bei der Selektion auf eine möglichst breite Basis stützen kann und wirklich die Besten von allen in die rang-

höchsten Positionen gelangen. Davon hängt schließlich die Konkurrenzfähigkeit auf dem Weltmarkt ab. Bei den Erfolglosen muss darauf aber eine Abkühlung der Motivation, eben das „cooling out“, folgen, damit sie ihr allzu positives Selbstkonzept korrigieren, ihre Grenzen erkennen und ihre Aufstiegserwartungen entsprechend korrigieren. Andernfalls würden Neidgefühle überhandnehmen, und es wären letzten Endes der soziale Friede und der gesellschaftliche Zusammenhalt gefährdet.

Für diese Abkühlung benutzt eine Gesellschaft gewöhnlich folgende Strategie:

- Den weniger Erfolgreichen werden alternative Ziele angeboten, deren soziales Ansehen nicht allzu weit unter dem der ursprünglichen Ziele liegt. Wer z. B. die allgemeine Hochschulreife nicht erwirbt, kann das Fachabitur machen und an einer Fachhochschule Diplomingenieur F. H. werden statt Diplomingenieur Univ. an einer Technischen Universität, wenn auch zunächst mit einem geringerem Einkommen und mit einer weniger verantwortungsvollen Tätigkeit.
- In schrittweisem „Degagement“ wird die Fixierung der weniger Erfolgreichen auf die höheren Ziele gelockert. Dies geschieht z. B. durch permanente Anstöße zu einer Revision der ursprünglich zuversichtlichen Selbstbeurteilung. Wenn wir schwächere Schüler durch häufige Leistungsüberprüfungen und -bewertungen beständig mit ihrer geringen Leistungsfähigkeit konfrontieren, dann hat das genau diese Wirkung des „Degagements“: Der Schüler, dem wir immerzu die Nase auf seine schlechten Leistungen stoßen, denkt am Ende, was er denken soll: „Ach Gott, wie bin ich dumm.“ Damit das funktioniert, muss er sich permanent mit den Besseren vergleichen. Einen solchen Vergleich regen Ziffernnoten sehr viel stärker an als Verbalzeugnisse; denn sie weisen den Rangplatz in der Gruppe so unmissverständlich zu, dass auch der Letzte begreift, wo er steht.
- Die Ablehnung der weniger Leistungsfähigen bei der Bewerbung um höhere Positionen wird nach Möglichkeit einer Objektivierung unterworfen. Man kann eine Ablehnung eher akzeptieren, wenn man glaubt, dass sie nicht persönlich gemeint ist und dass sie nicht auf willkürlichen Entscheidungen beruht. Um wenigstens den Anschein der Objektivität zu erzeugen, ist es günstig, Entscheidungen auf wissenschaftliche oder angeblich wissenschaftliche Grundlagen zu stellen und möglichst exakt zu begründen. In diesem Zusammenhang kommt der Scheinobjektivität und Scheinexaktheit der Ziffernbenotung enorme Bedeutung zu: Kritische Rückfragen von Eltern und Schülern werden gewöhnlich schon im Keim erstickt, wenn eine Lehrkraft vorrechnen kann, dass sich eine umstrittene Zeugnisnote durch Mittelung einer Reihe von Einzelnoten exakt – möglichst auf mehrere Nachkommastellen – so ergibt, wie sie erteilt wurde.[10] Auch die immer noch zu findende (problematische!) Benotung nach der Normalverteilung[11] umgibt sich gerne mit der Gloriole eines wissenschaftlichen Verfahrens.

- Für die weniger Erfolgreichen werden sogen. „Trostspender", z. B. in der Gestalt von Beratern, zur Verfügung gestellt. Sie verweisen auf alternative Ziele und Laufbahnen und helfen, Misserfolge zu verarbeiten. Die in unserem Schulsystem in den letzten Jahren auf- und ausgebauten psychologischen Dienste erfüllen neben mancherlei begrüßenswerten Aufgaben auch diese, die Erfolglosen mit ihrem Misserfolg zu versöhnen und ihn durch Umlenkung auf andere Laufbahnen weniger fühlbar zu machen.
- Schließlich ist man um Vermeidung aller eindimensionalen Modelle von Leistung, Aufstieg und Karriere bemüht. Jeder Fähigkeit wird an ihrem Ort ein eigener Wert zugeschrieben. So konnte ein früherer bayerischer Kultusminister sagen, den verschiedenen weiterführenden Schulen und ihren Abschlüssen komme trotz fehlender Gleichartigkeit dennoch Gleichwertigkeit zu – nach dem Motto „Alle sind gleich, nur manche sind gleicher!"

Besondere Beachtung verdient der Umstand, dass es für das Funktionieren der Abkühlung durch Prüfungen, Zeugnisse und Noten nicht einmal erforderlich ist, dass diese den Leistungsstand richtig wiedergeben.

Damit Abkühlung erreicht wird, genügt es, Leistungen sehr oft zu überprüfen und (möglichst in Form von Ziffernnoten) zu beurteilen und dies mit den Anspruch wissenschaftlicher Exaktheit und Objektivität zu verbinden. Dann wird ein junger Mensch schließlich auch an die Gerechtigkeit der Auslese und des gesamten Schul- und Gesellschaftssystems glauben – selbst wenn ihm in Wirklichkeit keine Gerechtigkeit widerfährt.
Ist Abkühlung also eine manipulative Befriedungsstrategie, die wir ablehnen müssen? Ganz so einfach liegen die Dinge nicht. Das von Goffman und seinen Interpreten beschriebene Problem existiert, und es muss irgendwie gelöst werden. Insofern sind auch die Beiträge der Schule zum „cooling out" zunächst wertfrei zu sehen. Problematisch werden sie erst dadurch, dass die Selektion, bei welcher ein Großteil der Schüler abgewiesen wird, zugleich stigmatisiert, zu früh erfolgt, schichtspezifisch verzerrt und viel zu endgültig ist. Eine weit gehende Entschärfung der Problematik wäre zu erreichen, wenn man die Funktionen des Prüfens und Beurteilens dem Leitziel der Förderung unterordnen und frühzeitig die Selbstbeurteilung der Schüler anregen und kultivieren würde. (Vgl. unten 11.2.)

Wenn Ziffernnoten in unserem Schulsystem so beharrlich verteidigt werden, dann geschieht dies wohl vor allem um ihrer Sozialisationsfunktion willen. Diese würde nämlich durch ihre Abschaffung stark beeinträchtigt. Dass sie ebenso wie die Selektionsfunktion dem Förderungsgedanken entgegenarbeitet, der für jedes pädagogische Konzept unverzichtbar ist, steht aber außer Frage. Wünschenswerter wäre es, jungen Menschen den Stellenwert ihrer Leistungen mit inhaltlichen

Argumenten wahrheitsgemäß aufzuzeigen und sie auch mit den Ursachen für ihre geringeren Leistungen vertraut zu machen, die ja meistens nur z. T. von ihnen allein zu verantworten sind, sowie ihnen Gelegenheit zu geben, die Berechtigung und die Grenzen bürokratischer Strukturen zu diskutieren. Es spricht viel dafür, dass all dies stärker zum Tragen käme, wenn es keine Ziffernnoten gäbe.

1.4.3 Legitimation

Leistungserhebungen und -beurteilungen dienen auch der Legitimation bildungspolitischer, administrativer und unterrichtlicher Entscheidungen.
Ergebnisse sorgfältiger empirischer Begleituntersuchungen von Schulprojekten sind im Allgemeinen zu vielschichtig, um von einer breiten Öffentlichkeit rezipiert zu werden. Auch Bildungspolitiker brauchen in einer Demokratie eine Massenbasis. Sie greifen deshalb gewöhnlich zu recht einfachen Argumenten, um ihre Entscheidungen zu legitimieren. Schulnoten haben in diesem Zusammenhang wegen ihrer allgemeinen Verständlichkeit große Bedeutung. Wenn man z. B. auf besonders gute Abiturnotendurchschnitte im eigenen Bundesland verweisen kann, darf man sich der Sympathien des Wählervolks sicher sein.
Auch Schulen und Lehrer pflegen sich über Noten zu legitimieren: Wenn der Durchschnitt nicht allzu gut ist, dann wurde offenkundig Leistung abgefordert. Wenn sich außerdem schlechte Noten nicht allzu sehr häufen, dann hat man den Schülern anscheinend auch etwas beigebracht und keine überzogenen Anforderungen gestellt.

1.4.4 Kontrolle

Prüfungen, Zeugnissen und Noten dienen auch der Kontrolle der Lehrer, der Lehrpläne, ganzer Schulen, Schularten und Schulsysteme.
Im Einzelnen ist das Verhältnis zwischen Notenniveau und unterstellter pädagogischer Qualität von Lehrplänen, Schule und Unterricht allerdings widersprüchlich: Zwar gelten im Allgemeinen gute Noten als Indiz für erfolgreiches Lehren und Lernen. Zugleich aber wird ein gewisser Anteil an schlechten Noten als Ausweis dafür genommen, dass etwas verlangt wurde. Dementsprechend muss eine Lehrkraft sowohl peinliche Untersuchungen über sich ergehen lassen, wenn der Notendurchschnitt in einer Prüfung sehr schlecht ist, als auch dann, wenn die Noten überdurchschnittlich gut ausfallen. Am vorteilhaftesten ist es, keine irgendwie auffälligen Noten zu vergeben.

1.4.5 Prognose

Die meisten „Abnehmer“ von Zeugnissen und Noten, auch die betroffenen Schüler selbst, interpretieren diese prognostisch, d. h. sie leiten Erwartungen hinsichtlich des weiteren Lernfortschritts und der künftigen Leistung daraus ab. Soweit

Prüfungsergebnisse und Noten in amtlichen Statistiken verarbeitet werden, dienen sie auch als gesellschaftliche und wirtschaftliche Planungsdaten. Man versucht, daraus Aufschluss über das verfügbare Potenzial an Begabungen und Nachwuchskräften in verschiedenen Branchen zu gewinnen und Konsequenzen für die Bildungs- und Beschäftigungspolitik zu ziehen.
Bei alledem ist es von nachgeordneter Bedeutung, ob Lehrer ihren Zeugnissen und Noten eine prognostische Bedeutung beimessen oder nicht, d. h. ob sie solche Voraussagen überhaupt machen wollen. Ihre Zeugnisse und Noten werden ihnen gewissermaßen aus der Hand genommen und auch ohne ihr Zutun prognostisch interpretiert.

1.4.6 Information und Rückmeldung

Prüfungsergebnisse, Noten und Zeugnisse haben auch die Funktion, Schüler, Eltern, sonstige Erziehungsberechtigte, potenzielle Arbeitgeber, betriebliche Ausbilder und Lehrkräfte aufnehmender Klassen und Schularten über den erreichten Lernstand und die gemachten Lernfortschritte zu informieren.
Dadurch, dass Zeugnisse und Noten Schülern eine Rückmeldung über ihren Leistungsstand geben, erfahren diese, wie sie innerhalb des Leistungskontinuums der Klasse liegen, in welchem Ausmaß sie den Anforderungen der Schule entsprechen, ob sie ihre Lernanstrengungen intensivieren müssen oder ob sie davon ausgehen dürfen, dass der bisherige Arbeitseinsatz genügt.
Eine solche Rückmeldung ist im Allgemeinen wirksamer, wenn sie sich nicht auf die Information über die bisher erzielte Leistung beschränkt, sondern auch Hinweise zur weiteren Gestaltung des Lern- und Bildungswegs und ermutigende Bemerkungen enthält. Rückmeldungen über Misserfolge müssen psychologisch viel einfühlsamer gestaltet werden als solche über Erfolge. Rückgemeldete Erfolge sind meist wirklich Anreiz zu weiteren Lernanstrengungen. Unsensibel rückgemeldete Misserfolge aber führen leicht dazu, dass Schüler ihre Anstrengungen mehr und mehr aufgeben und schließlich resignieren. Vor allem bei den Leistungsschwächeren kommt es oft zu verheerenden Auswirkungen auf die Lern- und Leistungsmotivation und auf die weitere Persönlichkeitsentwicklung.

1.4.7 Disziplinierung

Die Rückmeldungen, welche Schüler über ihre Leistungen erhalten, haben oft auch einen disziplinierenden Effekt: Sie können z. B. eine realistischere Selbsteinschätzung und vermehrte Anstrengungsbereitschaft bewirken, wo sich Leichtsinn und Oberflächlichkeit breit zu machen drohen. Insoweit ist es noch durchaus legitim, einer Klasse oder einzelnen Schülern anhand des Ergebnisses einer Prüfung zu demonstrieren, dass zusätzliche Anstrengung, bessere Aufmerksamkeit, höhere Sorgfalt oder eine andere Verbesserung des Lernverhaltens vonnöten ist, um den

Anforderungen zu genügen. Die Grenze zur Manipulation wird aber überschritten, wo Prüfungen zum Zweck einer solchen Demonstration besonders schwierig gestaltet und eigens streng beurteilt werden. *Es kann nur darum gehen, die natürlichen und wirklichen Folgen eines unangemessenen Lernverhaltens vor Augen zu führen, nicht aber darum, diese Folgen künstlich in eine bestimmte Richtung zu steuern! Auch aus disziplinarischen Gründen Schüler ohne Vorwarnungen in Misserfolge hineinschlittern zu lassen, die abzusehen sind, ist bedenklich, besonders bei jüngeren Schülern.*

In pure Unterdrückung artet die Disziplinierungsfunktion dort aus, wo Noten als Mittel eingesetzt werden, um eine Klasse oder einzelne Schüler in Verhaltensbereichen gefügig zu machen, die in keinem unmittelbaren Zusammenhang mit der Leistung stehen, um also z. B. Vergeltung zu üben für mancherlei Unbotmäßigkeiten, deren Schüler fähig sind. In solchen Fällen sind Lehrkräfte als Erzieher gefordert, die sich mit pädagogischen Maßnahmen zu helfen wissen, nicht als Gegner, die schamlos die eigene Machtposition ausnützen, indem sie ihren Ermessensspielraum bei Prüfungen und Leistungsbeurteilungen gezielt zum Nachteil der Schüler verwenden und damit selbst ein aggressives Modell abgeben, das auf dem Weg über sozial-kognitive Lernprozesse Nachahmer unter den Schülern findet und neue Schwierigkeiten hervorruft.

1.4.8 Lehr- und Lerndiagnose

Lehrerinnen und Lehrer benötigen in regelmäßigen Abständen eine Diagnose des Lernstandes der Schüler als Grundlage für die Gestaltung des weiteren Unterrichts. Erst in Kenntnis der Lernvoraussetzungen, des Leistungsstandes und der zu Tage getretenen Defizite können Lehr- und Lernprozesse sinnvoll geplant werden, lassen sich z. B. überhaupt erst angemessene Anforderungen festlegen, effiziente Methoden auswählen, günstige Medien bestimmen, geeignete Differenzierungsmaßnahmen ergreifen usw. Besonders herausgehobene Zeitpunkte für solche Diagnosen stellen Beginn und Ende größerer Unterrichtseinheiten dar. Im ersten Fall geht es um die Vorkenntnisse, auf denen der Unterricht aufbauen kann, im zweiten um die im Unterricht vermittelten Kompetenzen, die meistens zugleich Vorkenntnisse für künftigen Unterricht darstellen. Daneben ist aber auch eine unterrichtsbegleitende Diagnose bedeutsam, die Aufschluss darüber gibt, ob die Lernprozesse überhaupt in Gang kommen und in die geplante Richtung laufen.

Dabei kann die Diagnose nicht von der Prognose getrennt werden: Wenn im Anschluss an eine Diagnose des Lernstandes unterrichtliche Maßnahmen ergriffen werden, dann offensichtlich in der prognostischen Annahme, dass diese zu Lernerfolgen führen. Auch die Entscheidung, nach einer Leistungsüberprüfung ein neues Gebiet im Unterricht zu behandeln, impliziert die Prognose, dass auf der Grundlage der erarbeiteten Kenntnisse ein Fortfahren möglich und sinnvoll ist.

Prüfungen dienen aber nicht nur der Diagnose des Lernstandes und Lernerfolges der Schüler, sondern auch der Diagnose des Lehrerfolges. *In der Praxis wird viel zu wenig gesehen, dass in jeder Prüfung auch die Qualität der Lehrleistung der Lehrkraft auf dem Prüfstand steht.* Da diese gewöhnlich sowohl die Prüfung gestaltet und durchführt als auch die Ergebnisse beurteilt, ist sie einer starken Versuchung ausgesetzt, sich zumindest unbewusst dieser Konfrontation mit ihrem Lehrerfolg zu entziehen und Fehlleistungen in der Prüfung allein den Schülern anzulasten.

1.4.9 Lern- und Leistungserziehung

Leistungsüberprüfungen und -beurteilungen haben Rückwirkungen auf die Leistungserziehung der Schüler und sind Teil einer Erziehung der Schüler zur eigenverantwortlichen Gestaltung ihrer Lernprozesse. Solche Lernerziehung ist zum einen nötig, weil die jungen Menschen eines Tages, wenn die Schulzeit zuende ist, ihre Lernprozesse ohne fremde Hilfe organisieren können müssen, zum andern aber, weil auch während der Schulzeit die Lehrkraft Lernprozesse lediglich provozieren und unterstützen, aber nicht im eigentlichen Sinne „machen“ kann.

Für diese Lernerziehung genügt es nicht, lediglich durch entsprechende Rückmeldungen wünschenswerte Reaktionen bei den Schülern auszulösen. Sie müssen darüber hinaus zu autonomen Lernhandlungen angeleitet und schließlich befähigt werden, ihre Lernprozesse zunehmend selbst zu steuern und zu verantworten.

Ein junger Erwachsener, der nach der Schulzeit seine Lernprozesse selbst in die Hand nimmt, muss eine Reihe von Entscheidungen treffen und Handlungen vollziehen, die sonst Sache der Lehrkraft sind:

- Schon die Festlegung des Lernziels sollte nicht nur nach dem Lustprinzip und nach Wunschvorstellungen erfolgen, sondern auch in realistischer Einschätzung des bisherigen Könnens und des wahrscheinlich Erreichbaren. D. h. in die Zielsetzung muss eine Diagnose der Ausgangslage eingehen.
- Der Lerner muss mit Rücksicht auf sein Können und sein Ziel sinnvolle Lernhandlungen planen und dabei den mutmaßlichen Erfolg taxieren.
- Während des Lernens bedarf der Lerner immer wieder der realistischen Vergewisserung über den erreichten Leistungsstand. D. h. er muss irgend eine Art von Leistungserhebungen durchführen, um den Erfolg bisheriger Lernhandlungen zu kontrollieren, um plausible Vermutungen über Zusammenhänge zwischen ergriffenen Maßnahmen und Lernerfolgen anzustellen und ggf. die Lernplanung zu ändern.
- Er muss Maßnahmen der Selbstmotivierung und Selbstdisziplinierung ergreifen. Der autonome Lerner sollte im Stande sein, sich selbst zu bestätigen, sich über Erfolge zu freuen und sich nach Misserfolgen wieder Mut zuzusprechen.

Der in der Schule erlebte Unterricht sollte ein Modell sein, an dem Schüler alle diese Kompetenzen erlernen können. Dabei kommt auch den Praktiken der Leistungsüberprüfung und -beurteilung große Bedeutung zu. Damit Schüler daran lernen können, in Eigenverantwortung durchgeführte Lernprozesse zu überprüfen, müssen die von den Lehrkräften angewandten Praktiken allerdings bis ins Einzelne offen gelegt und verständlich gemacht und auch beizeiten Beteiligungsmöglichkeiten für die Schüler eingeräumt werden. Leistungsüberprüfung und -beurteilung muss also auch ein Inhalt des Unterrichts werden, und den Schülern ist durch sukzessive Einführung von Selbstbeurteilung (vgl. unten 11.2) Gelegenheit zu geben, Leistungsüberprüfung und -beurteilung zu erlernen.

1.5 Scheinerfüllung der Funktionen durch Ziffernnoten

Ziffernnoten erfüllen die meisten Funktionen der Leistungsbeurteilung äußerst unzureichend, im Grunde eigentlich nur scheinbar: Nur wenn man Sozialisation mit bloßer Anpassung an die Gesellschaft verwechselt und die deutsche Gesellschaft als reine Leistungsgesellschaft missversteht, kann man sagen, dass Noten in nennenswertem Ausmaß zur Sozialisation beitragen. Wegen ihres hoch abstrakten Charakters, der geringen Transparenz ihres Zustandekommens und ihrer unzulänglichen Messqualität (siehe 2.3) können Noten auch die anderen ihnen zugeschriebenen Funktionen nicht wirklich erfüllen.[12]

1.6 Funktionale Überfrachtung schulischer Prüfungen und Leistungsbeurteilungen

Die Funktionen von Prüfungen, Zensuren und Zeugnissen sind außerordentlich vielfältig – so vielfältig, dass man ganz offensichtlich nicht allen in gleicher Weise gerecht werden kann. Die Situation wird dadurch noch verschärft, dass manche dieser Funktionen diametral entgegengesetzte Anforderungen an die Praxis stellen:

- Für die gesellschaftlichen, politischen und schulorganisatorischen Funktionen (Selektion, Sozialisation, Legitimierung, Kontrolle und sich auf gesellschaftliche Prozesse beziehende Prognose) sind Leistungsdaten erforderlich, die man gut vergleichen kann.
- Für die unterrichtlichen und erzieherischen Funktionen (Information und Rückmeldung, recht verstandene Disziplinierung, Lernerziehung und (sich auf individuelle Lern- und Entwicklungsprozesse beziehende) Prognose, ist eine solche vergleichende und formalisierende Prüfungs- und Benotungspraxis

kaum sinnvoll. Für diese Funktionen braucht man Angaben, welche die Leistungsentwicklung und den Leistungsstand der einzelnen Schüler differenziert widerspiegeln.

- Bei der Lehr- und Lerndiagnose stehen oft Lernergebnisse im Mittelpunkt.
- Wenn man aber Schülern Rückmeldungen und Anreize geben will, muss man dies zu erheblichen Teilen schon während des Lernprozesses tun und sehr viel stärker auf Leistungsentwicklungen eingehen.

Man hat angesichts solcher und anderer Antinomien offenbar nur die Wahl zwischen zwei Möglichkeiten: Man kann versuchen, möglichst alle Funktionen zu erfüllen, was dann unvermeidlich nur oberflächlich und formal geschehen kann. Die ehrlichere Alternative besteht darin, bestimmten Funktionen Priorität einzuräumen und andere höchstens marginal zu berücksichtigen. *Die unterrichtlichen und erzieherischen Funktionen können in einer sich als Lehr- und Bildungseinrichtung verstehenden Schule unmöglich entbehrt werden. Sie müssen wir in erster Linie zu erfüllen suchen, und zwar möglichst im Sinne eines Verständnisses von Leistung als Selbstverwirklichung.* Die gesellschaftlichen, politischen und schulorganisatorischen Funktionen stehen dem alltäglichen Tätigkeitsfeld der Lehrkraft wesentlich ferner und dienen überwiegend außerunterrichtlichen und nichtpädagogischen Zwecken. Ob Schule dazu überhaupt etwas beitragen muss und ob dies ausgerechnet durch Prüfungen, Zeugnisse und Noten zu geschehen hat, darf bezweifelt werden.

Anmerkungen

1 Vgl. dazu von Hohenzollern/ Liedtke 1991; Fischer-Elfert 1991; Rösger 1991; Buchinger 1991; Keck 1991; Breitschuh 1991; Ziegenspeck 1973; Ziegenspeck 1999.

2 Das bayerische Regulativ über „Schul-Censuren" von 1809 verbot in tabellarischer Form verfasste Schülerzensuren und verpflichtete die Lehrer wieder zur Verwendung qualitativer Prädikate, nachdem vorher in Bestimmungen von 1793 und 1805 durchaus schon Schematismen vorgeschrieben worden waren. (Buchinger 1991, S.95ff.)

3 Versuche ihrer Einführung hatte es schon früher gegeben, in Preußen z. B. 1717 und in Bayern 1770.

4 Von Hohenzollern/ Liedtke 1991, S.31f. Vgl. auch unten 5.4.4.

5 Vgl. Jencks u. a. 1973 und neuerdings für deutsche Verhältnisse vor allem Hartmann 2001 u. Hartmann/ Kopp 2001.

6 Der Mittelwertsvergleich ergibt eine Irrtumswahrscheinlichkeit von lediglich $p = 0{,}031$.

7 Der Mittelwertsvergleich ergibt eine Irrtumswahrscheinlichkeit von lediglich $p = 0{,}019$.

8 Der Mittelwertsvergleich ergibt eine Irrtumswahrscheinlichkeit von $p = 0{,}214$.

9 Das Theorem des „cooling out" geht zurück auf den amerikanischen Soziologen Erving Goffman (1952) und wurde von Burton R. Clark (1973) und Rudolf Schmid (1977) weiterentwickelt.

10 Zur Unzulässigkeit solcher Berechnungen vgl. 2.1.

11 Siehe dazu die Einwände in 5.5.

12 Vgl. dazu im Einzelnen Sacher 2002a.

2| Zur Messqualität von Prüfungen und Leistungsbeurteilungen

2.1 Die Beurteilung von Schulleistungen als Messvorgang

Manche Autoren bezeichnen die Erhebung und Beurteilung von Schulleistungen als Leistungsmessung. Dieser Sprachgebrauch ist dann sinnvoll, wenn man einige Begriffe auseinander hält:
Vom Messen können wir in einem weiteren und in einem engeren Sinne sprechen. *Messen im weiteren Sinne ist die Zuordnung von Kategorien zu Objekteigenschaften.* Dabei versteht man unter *Kategorien* eindeutige und logisch trennscharfe (disjunkte) Begriffe. Man sagt auch, dass im diesem Falle auf *Nominalskalenniveau* gemessen wird. In diesem Sinne ist z. B. die Gruppierung von Textilmaterialien nach den Farbnuancen Pink, Aubergine, Altrosa, Kardinalsrot etc. bereits ein Messvorgang.

Messen im engeren Sinne ist die Zuordnung von Zahlen zu Objekteigenschaften. Wenn wir statt der Kategorien Pink, Aubergine usw. Lichtfrequenzen verwenden, um Farbtöne zu kennzeichnen, dann messen wir in diesem engeren Sinne. Dies kann auf drei verschiedenen *Skalenniveaus* geschehen:

- *Ordinalskalenniveau (bzw. Rangskalenniveau)* liegt vor, wenn wir den zu messenden Eigenschaften Zahlen zuordnen, die eine Rangfolge zum Ausdruck bringen sollen. Eine solche Messung führt z. B. ein Lehrer durch, der seine Klasse einen Wettlauf über den Schulhof machen lässt und feststellt, wer als Erster, Zweiter, Dritter usw. einläuft.
- Auf *Intervallskalenniveau* misst man, wenn den Objekteigenschaften Zahlenwerte zugeordnet werden, die auch etwas über Abstände aussagen. Gleich großen Unterschieden in den gemessenen Eigenschaften entsprechen dann auch gleich große Unterschiede in den Messwerten. Intelligenzquotienten sind Ergebnisse von Messungen auf Intervallskalenniveau: Ein Mensch mit einem IQ von 130 ist um genau so viel intelligenter als einer mit einem IQ von 120, wie dieser intelligenter ist als ein dritter mit einem IQ von 110.

- *Verhältnisskalenniveau* liegt vor, wenn für die zugeordneten Messwerte auch ein Nullpunkt definiert ist. Erst dann besteht die Möglichkeit, Aussagen über Größenverhältnisse zu machen. Z. B. ist es bei Intelligenzquotienten nicht zulässig zu sagen, jemand mit einem IQ von 150 habe eine doppelt so hohe Intelligenz wie ein anderer mit einem IQ von 75. Intelligenz wird nämlich nur auf Intervallskalenniveau gemessen; ein Intelligenzquotient 0 ist nicht definiert. Auch ein noch so stark geistig behinderter Mensch hat zu irgendwelchen Graden Intelligenz. Aber wenn ein Schüler beim Weitsprung 3,60m schaffte, dann ist er doppelt so weit gesprungen wie einer, der nur eine Weite von 1,80m erzielte. Die Leistung im Weitsprung wird auf Verhältnisskalenniveau gemessen. Es gibt hier ja einen Nullpunkt: 0,0m – die Leistung, die wir einem Schüler eintragen, wenn er keinen gültigen Versuch hat.

Sofern wir Schulleistungen verbal begutachten, messen wir sie im weiteren Sinne; denn natürlich sollten die dabei verwendeten Begriffe eindeutig und trennscharf sein, sonst leidet die Aussagekraft solcher Gutachten ganz erheblich. Wenn wir zur Bewertung Ziffernnoten verwenden, messen wir Schulleistungen bereits im engeren Sinne. Aber auf welchem Skalenniveau tun wir das? Versetzen wir uns in die Rolle des außenstehenden Lesers eines Zeugnisses: Dieser weiß nichts darüber, ob der Abstand einer 1 von einer 2 derselbe ist wie der einer 5 von einer 6 usw. Klar ist nur, dass eine 1 besser ist als eine 2, diese wiederum besser als eine 3 usw. Die 1 könnte nämlich z. B. mit 34 von 35 erreichbaren Punkten erzielt worden sein, die 2 mit 32 und die 3 mit 23 Punkten. Es zeigt sich somit: *Schulnoten messen Leistungen nur auf Ordinalskalenniveau.*
In der Schulpraxis geht man mit dem Skalenniveau der Noten oft sehr abenteuerlich um: „Zunächst wird jede Benotung in der Stummheit der Innerlichkeit des Prüfers als eine Art Wortbenotung vorgenommen. Anschließend geht man zur Ziffernbenotung über, wechselt von *Nominalskalen* (Worte/ Ziffern) zu *Ordinalskalen* (Ziffer/ Zahl), geht zur Differenzierung und der Berechnung von Mittelwerten stillschweigend zu einer *Verhältnisskala* über, wechselt anschließend zur Gewinnung von Platzziffern (Einordnung in eine Rangfolge) wieder die Skalenart, geht also zurück zum *Ordinalskalenaspekt*, um bei der Interpretation der Noten bzw. des Zeugnisses wieder *nominal* zu skalieren, indem man die Notenwerte gemäß den auf den Zeugnisformularen klein gedruckten Zuordnungen in Worten liest als ‚sehr gut', ‚gut', ..." (Fischer 1991, S.243)
Dass Schulnoten lediglich Messwerte auf Ordinalskalenniveau sind, hat eine wichtige Konsequenz: Es ist mathematisch unzulässig, aus Ordinaldaten arithmetische Mittelwerte (sog. Durchschnitte) zu berechnen, so wie überhaupt jeder rechnerische Umgang mit Ordinaldaten unstatthaft ist. (Fischer 1991, S.235)

Das auf Ordinaldaten anzuwendende „Maß der zentralen Tendenz“ ist eigentlich der Median, d. h. der mittlere Wert in einer Rangordnung. Im Falle der ranggeordneten Noten 1, 2, 2, 3, 4 wäre dies die (an dritter Stelle, also genau in der Mitte liegende) 2. Der Median ist aber für Zwecke der Benotung nicht brauchbar, weil er unempfindlich gegenüber der Größe der unter und über ihm liegende Werte ist. In unserem Beispiel würde sich der Median 2 auch ergeben haben, wenn die Reihe der Noten 2, 2, 2, 5, 6 gelautet hätte! Deshalb wird man in der Praxis oft nicht umhin können, dennoch einen arithmetischen Mittelwert aus einer größeren Zahl von Einzelnoten zu errechnen, um wenigstens einen *Anhaltspunkt* zu bekommen, wo in etwa die Gesamtleistung liegt, die man in einer Zeugnisnote ausdrücken will. Man muss sich aber im Klaren darüber sein, dass Mittelwerte von Noten lediglich eine *grobe Information* über die mittlere Leistung geben, und man darf deshalb keinesfalls den Nachkommastellen noch Bedeutung beimessen. Bei schwankenden Noten muss die Lehrkraft auf Grund ihres pädagogischen Ermessensspielraums eine eigenverantwortliche Entscheidung fällen. Es ist ein Armutszeugnis, wenn diese Entscheidung auf den Taschenrechner abgeschoben wird! Im Übrigen ist die schematische Berechnung von Notendurchschnitten auch deshalb problematisch, weil damit ignoriert wird, in welcher Reihenfolge die einzelnen Noten erzielt wurden. Die Notenreihe 2, 3, 3, 4, 3, 5 spiegelt eine ganz andere Leistungsentwicklung wider als die Notenreihe 5, 4, 3, 3, 3, 2, obwohl in beiden Fällen der Durchschnitt 3,33 beträgt.

Verwaltungsvorschriften, die z. T. sogar regeln, wann und ob Notendurchschnitte gerundet werden dürfen, sind mit dem pädagogischen Ermessensspielraum nicht vereinbar. Man darf Zweifel äußern, ob sie überhaupt juristisch bindend sein können, da sie so offensichtlich auf einem sachlichen Fehler beruhen: Zumindest im Schulbereich dürfen nämlich auf Grund anderer Verwaltungsvorschriften keine Zwischennoten gegeben werden. Dass die Einzelnoten somit immer ganze Zahlen sein müssen, hat aber Konsequenzen, die beachtet werden müssen: „Schon der Hauptschüler lernt, dass bei der rechnerischen Verarbeitung von Messwerten im Ergebnis nicht mehr Dezimalen hinter dem Komma auftreten dürfen, als es der Genauigkeitsschwelle der Ausgangswerte (hier: der Einzelnoten; W. S.) entspricht.“ (Fischer 1991, S.241)

2.2 Anforderungen an Messungen

Messungen müssen bestimmten Anforderungen genügen, wenn ihre Ergebnisse sinnvoll verwertbar sein sollen, den sog. *Gütekriterien:*

2.2.1 Objektivität

Die Objektivität einer Messung bezeichnet den Grad, in welchem ihre Ergebnisse unabhängig von der Person des Messenden sind. Auf die schulische Leistungsüberprüfung und -bewertung bezogen, lautet die *Grundfrage der Objektivität: Sind die Ergebnisse meiner Prüfung unabhängig von meiner Person? Käme ein anderer Prüfer zu denselben Ergebnissen?*

Im Einzelnen unterscheidet man drei *Aspekte der Objektivität:*

- Die *Durchführungsobjektivität* bezeichnet das Ausmaß, in dem der Messvorgang reglementiert und vereinheitlicht ist. *Ihre Grundfrage lautet: Bin ich sicher, dass auch andere Lehrkräfte die Prüfung genauso gestalten würden?* In diesem Zusammenhang ist vor allem zu denken an die Aufgabenstellung, an die gewährte Bearbeitungszeit, an gegebene Erläuterungen und Hilfestellungen, an erlaubte Hilfsmittel und verbotene Kooperation mit Nachbarn.
- Die *Auswertungsobjektivität* bezeichnet das Ausmaß, in dem die beschreibende Erfassung der Prüfungsleistung bei der Korrektur reglementiert und vereinheitlicht ist, bei welcher richtige von falschen Lösungen unterschieden und vollzogene Teilschritte und Ausfälle registriert werden. *Die Grundfrage der Auswertungsobjektivität lautet: Bin ich sicher, dass auch andere Lehrer nach demselben Schema auswerten und zu demselben Ergebnis gelangen würden?*
- Die *Interpretationsobjektivität* bezieht sich auf die Bewertung, in deren Zusammenhang die zunächst durch Lösungs- und Fehlerhäufigkeiten charakterisierten Leistungen einer Beurteilung unterzogen werden – sei es in der Gestalt einer Note oder eines Verbalzeugnisses. *Die Grundfrage der Interpretationsobjektivität lautet: Kann ich davon ausgehen, dass auch andere Lehrkräfte meine Bewertungsrichtlinien anwenden und so bewerten wie ich?*

2.2.2 Reliabilität

Die Reliabilität bzw. Zuverlässigkeit einer Messung bezeichnet ihre Genauigkeit und Sicherheit. Auf die schulische Situation der Leistungsüberprüfung bezogen, lautet die *Grundfrage der Reliabilität: Inwieweit kann ich sicher sein, dass mein Messergebnis den wahren Ausprägungsgrad der Leistung repräsentiert und nicht über Gebühr von Messfehlern verfälscht ist?*

Noch nicht einmal im naturwissenschaftlich-technischen Bereich ist es möglich, sich über die Reliabilität von Messergebnissen dadurch zweifelsfreien Aufschluss zu verschaffen, dass man die Messergebnisse mit den wirklichen Eigenschaftsausprägungen vergleicht. Messergebnisse können immer nur mit anderen Messergebnissen verglichen werden. In der Testpsychologie – auch bei der Konstruktion von Schulleistungstests – überprüft man die Reliabilität nach der Wiederholungs-, Halbierungs- und Paralleltestmethode:

- Im Falle der *Wiederholungsmethode* wird derselbe Test nach einiger Zeit ein zweites Mal durchgeführt.
- Bei Anwendung der *Halbierungsmethode* unterteilt man den Test in zwei etwa strukturgleiche Hälften und wertet sie getrennt aus.
- Bei der *Paralleltestmethode* entwickelt man zwei strukturgleiche Varianten des Tests, die entweder unmittelbar nacheinander oder mit größerem zeitlichen Abstand dargeboten werden.

Vom Grad der Übereinstimmung, die man bei der gesonderten Auswertung der wiederholten Tests bzw. der Testhälften bzw. der Parallelformen erhält, schließt man dann zurück auf die Höhe der Reliabilität.

Die Testwiederholungsmethode erweist sich unter schulischen Alltagsbedingungen als unbrauchbar, weil der Lernprozess zwischen den Wiederholungen natürlich weiter vorangetrieben werden muss. Ebenso gestaltet sich die Anwendung der Halbierungs- und Paralleltestmethode problematisch, weil es sehr schwierig ist, völlig strukturgleiche Testhälften und Testvarianten herzustellen. Wir werden unten (5.4.3 und 5.4.4) ein geeigneteres Verfahren zur Überprüfung der Reliabilität vorschlagen.

2.2.3 Validität

Validität bzw. Gültigkeit einer Messung ist dann gegeben, wenn gewährleistet ist, dass tatsächlich das gemessen wird, was man vorgibt zu messen. Bezogen auf die schulische Leistungsüberprüfung lautet die *Grundfrage der Validität: Misst meine Prüfung wirklich vor allem jene Fachkompetenz, die sie messen will?*

Eine völlig isolierte Messung einzelner Fachkompetenzen ist freilich nicht möglich: In irgendwelchen Graden wird immer sprachliche Kompetenz, Lebenserfahrung, Allgemeinwissen und Allgemeinintelligenz mitgeprüft. Wir sollten aber jedenfalls Prüfungen anstreben, bei welchen mitgemessene Komponenten aus anderen Fächern und Bereichen das Leistungsbild nicht allzu sehr verfälschen.

In manchen Fällen kann eine Verzerrung der in Frage stehenden Fachleistung durch andere Leistungskomponenten vermieden werden, wenn man diese aus der Bewertung heraushält. Es ist z. B. unmöglich, schriftsprachliche Leistungen zu erbringen, ohne dass sich darin zugleich die orthografische Kompetenz zeigt. Fließt die Rechtschreibleistung aber mit in die Aufsatznote ein, werden die Schüler wahrscheinlich treffende und originelle Wendungen nicht gebrauchen, wenn sie sich über deren Schreibung nicht sicher sind, und stattdessen eher zu farblosen Allerweltsausdrücken greifen. D. h. Rücksichten auf die Orthografie können an-

spruchsvolleren Stil und komplexere Syntax verhindern. Wenn man die Rechtschreibung nicht mitbewertet, dürfte es aber kaum zu solchen Verzerrungen des schriftlichen Ausdrucks kommen.
Wenig nützen würde es hingegen, wenn man sich in einer Mathematikprüfung darauf beschränkte, sprachliche Kompetenzen lediglich von der Bewertung auszunehmen, indem man etwa das sprachliche Niveau von Antwortsätzen unberücksichtigt ließe. Hier kann die Sprachkompetenz auch ganz unmittelbar die gezeigte Mathematikleistung beeinträchtigen: Mathematisch gut befähigte Schüler mit sprachlichen Schwächen könnten z. B. an der anspruchsvollen Formulierung einer Textaufgabe scheitern, obwohl sie ohne weiteres in der Lage wären, das mathematische Problem zu lösen, wenn es ihnen nur gelänge, es aus der sprachlichen Darstellung zu entnehmen. Um solche Verzerrungen zu vermeiden, muss man deshalb dafür Sorge tragen, dass auch die vom Prüfer verwendeten Formulierungen möglichst geringe sprachliche Anforderungen stellen.
Gewöhnlich werden fünf *Aspekte der Validität* unterschieden:
- Inhaltsvalidität
- Prognosevalidität
- Übereinstimmungsgültigkeit
- Konstruktvalidität
- Testfairness

Inhaltsvalidität
Inhaltsvalidität bedeutet die inhaltliche Übereinstimmung des Messverfahrens und der gemessenen Eigenschaft mit einer vorher gegebenen Beschreibung derselben. Auf die schulische Leistungsüberprüfung spezifiziert, lässt sich als entsprechende *Grundfrage* formulieren: *Misst meine Prüfung Kompetenzen, welche der Schüler im Unterricht wirklich erwerben konnte?*
Auch die Rechtsvorschriften zur Leistungsüberprüfung fordern letztlich Inhaltsvalidität, wenn sie verlangen, dass Prüfungen aus dem Unterricht hervorgehen sollen. Gleichwohl wird das Kriterium der Inhaltsvalidität in der Praxis häufig verletzt: Schule prüft und beurteilt z. B. im Deutschunterricht oft Kompetenzen, die zum größeren Teil in der Familie erworben wurden, oder sie bewertet in beträchtlichem Maße Lebenserfahrung mit. Nicht zuletzt deshalb greift die Selektionsfunktion für Kinder unterschiedlicher sozialer Schichten sehr ungleich: Wenn allzu sehr in die Leistungsbeurteilung mit eingeht, was Kinder außerhalb der Schule lernen, dann wird mehr oder weniger der soziale Kontext mitbeurteilt.
Man kann im Übrigen noch nicht ohne weiteres sagen, dass Schüler wirklich Gelegenheit hatten, Kompetenzen im Unterricht zu erwerben, wenn der entsprechende Lehrstoff irgendwann einmal „angesprochen“ wurde. Er muss vielmehr so gründlich behandelt worden sein, dass eine wirklich ausreichende Lerngelegenheit

bestand. Er muss im Unterricht auf demselben Niveau (Faktenwissen, Verständnis, Problemlösen, Transfer) behandelt worden sein, auf dem er in der Prüfung abgefordert wird. Ferner muss auch die Prüfungsform mit den unterrichtlichen Arbeitsformen übereinstimmen, d. h. man darf nur schriftlich prüfen, wenn auch gelernt werden konnte, Kompetenzen schriftlich nachzuweisen, nur mündlich, wenn die mündliche Darstellung, und nur praktisch, wenn die praktische Durchführung und Anwendung im Unterricht vermittelt wurde. Und schließlich müssen die in der Prüfung eingeräumten Bearbeitungszeiten mit jenen übereinstimmen, die im Unterricht gewährt wurden. Es ist ein eklatanter Verstoß gegen die Inhaltsvalidität, wenn Schüler in einer Prüfung Aufgaben in relativ kurzer Zeit lösen müssen, obwohl sie im Unterricht stets wesentlich langsamer arbeiten durften.
Sind mit der Forderung nach Inhaltsvalidität Transferaufgaben eo ispo von Prüfungen ausgeschlossen, da sie doch eine Übertragung von erworbenen Kompetenzen auf neuartige Fälle und Situationen fordern, die so im Unterricht noch nicht behandelt wurden? Keineswegs. Aber es muss gewährleistet sein, dass im Unterricht tatsächlich ausreichend Gelegenheit bestand, das Vollziehen von Transfer zu erlernen. Das heißt nicht etwa, dass die in Frage stehende Transferaufgabe schon behandelt worden sein muss. Dann läge ja kein Transfer mehr vor. Aber die Schüler müssen Gelegenheit gehabt haben, Strategien zu erlernen, nach denen sie vorgehen können, und außerdem müssen ihnen sämtliche Elemente der Transfersituation bekannt sein, die sie in der Prüfung bewältigen sollen.

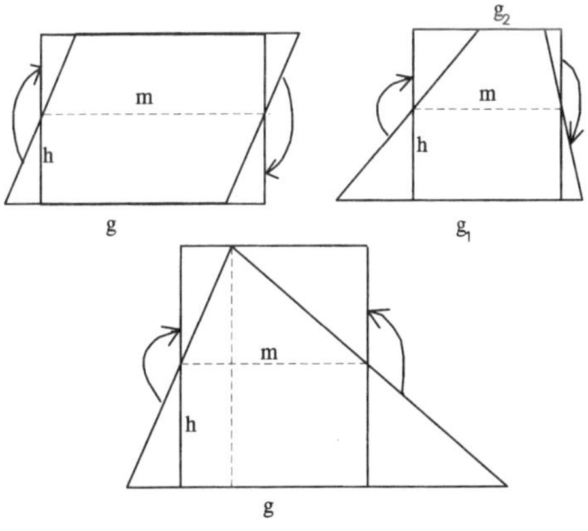

Abbildung 1: Transfer bei der Flächenberechnung

Ich will das an einem Beispiel verdeutlichen: Nehmen wir an, Schüler sollen in einer Mathematikprüfung einen Berechnungsweg für die Dreiecksfläche finden, nachdem im Unterricht die Berechnung der Rechtecks- und Parallelogrammfläche behandelt wurde. Die anzuwendende Strategie, die im vorangehenden Unterricht zu vermitteln ist, könnte dann darin bestehen, nichtrechteckige Flächen durch Abschneiden von Flächenstücken und Anfügen an einer anderen Stelle in gleich große Rechtecksflächen umzuwandeln. Es wäre sinnvoll, diese Strategie im Unterricht am Beispiel der Parallelogramm- oder Trapezfläche zu vermitteln. Weiterhin müssten die Elemente der Transfersituation „Dreiecksfläche" schon bekannt sein, d. h. die Schüler sollten verschiedene Arten von Dreiecken und ihre Bestimmungsstücke (Seiten, Winkel, Höhe, Seiten- und Winkelhalbierende, Mittellinie) kennen, darunter auch die, welche sie zur Bewältigung der Transferaufgabe benötigen.

Unter diesen Voraussetzungen kann dann auch die Transferaufgabe gelöst werden, die Berechnungsvorschrift für die Dreiecksfläche zu finden.

Auch die *curriculare Validität* (die Übereinstimmung der Leistungsüberprüfung mit den Anforderungen des Lehrplans) fällt unter den Aspekt der Inhaltsvalidität. Sie ist umso schwieriger zu prüfen, je vager ein Lehrplan abgefasst ist, und umso leichter, je mehr er operationalisierte Anforderungen enthält. Viele standardisierte Leistungstests, die auf dem Markt erhältlich sind, haben unzureichende curriculare Validität – schon allein deswegen, weil sie oft bundesweit angeboten werden, z. T. sogar lediglich eingedeutschte Versionen ausländischer Tests sind, während in den Ländern der Bundesrepublik auf Grund der in der Verfassung verankerten Kulturhoheit der Länder jeweils eigene Lehrpläne gelten.

Prognosevalidität

Prognosevalidität ist dann gegeben, wenn man aus den Messergebnissen zutreffende Schlüsse auf Ergebnisse künftiger Messungen ziehen kann, wenn sich also z. B. aus Prüfungsergebnissen richtige Prognosen für den künftigen Lernerfolg ableiten lassen. Prognosevalidität lässt sich vor allem dadurch herstellen, dass die Bedeutung der Prüfungsinhalte für den künftigen Lernprozess bedacht wird. Ihre *Grundfrage* lautet: *Legt meine Prüfung wirklich angemessen Gewicht auf das, was für den weiteren Lernprozess bedeutsam ist?*

Bedeutsam für den künftigen Lernprozess ist das, was künftig immer wieder aufgegriffen und als Grundlage vorausgesetzt wird. Wenn z. B. eine Grundschullehrerin im Fach Deutsch der Rechtschreibleistung und in Mathematik den Kopfrechenfertigkeiten große Bedeutung beimisst, im Gymnasium dann aber sehr viel mehr Gewicht auf Stil und auf mathematisches Denken gelegt wird, dann haben die Prüfungsleistungen der Grundschüler in diesen Fächern geringe Prognosevalidität.

Im Sinne der Prognosevalidität ist es also erforderlich, vorausschauend zu prüfen, ja auch schon zu unterrichten, d. h. unter Berücksichtigung der Anforderungen, denen Schüler im weiteren Lernprozess genügen sollen. Auf diese Weise wird auch die Kohärenz und Kontinuität schulischer Lernprozesse über größere Zeiträume hinweg verbessert.
In gewisser Weise ergänzen die Aspekte der Inhaltsvalidität und der Prognosevalidität einander: Inhaltsvalidität soll Gewähr leisten, dass der Zusammenhang zum vorangehenden Unterricht gewahrt wird, Prognosevalidität verlangt den Blick auf künftigen Unterricht. In unserem Beispiel müssten Gymnasiallehrer, wenn sie der Inhaltsvalidität Rechnung tragen wollten, auch berücksichtigen, inwieweit Schüler während ihrer Grundschulzeit überhaupt Gelegenheit hatten, einen guten Stil zu erlernen und mathematisches Denken zu üben. Wenn lediglich postuliert wird, dass bestimmte Kompetenzen durch die Grundschule vermittelt sein sollten, wird leicht gegen die Inhaltsvalidität verstoßen. Grundschullehrkräfte wiederum sollten sich dadurch um Prognosevalidität bemühen, dass sie berücksichtigen, welche Schwerpunkte die Sekundarstufe setzt.

Übereinstimmungsgültigkeit
Übereinstimmungsgültigkeit liegt vor, wenn mit verschiedenen Untersuchungsinstrumenten gewonnene Resultate übereinstimmen. In diesem Zusammenhang verdient es stets unsere Aufmerksamkeit, wenn mündliche und schriftliche und ggf. auch praktische Leistungen eines Schülers in demselben Fach allzu weit auseinander liegen. Es könnte z. B. durchaus sein, dass die Leistungen eines Schülers in schriftlichen Prüfungen deshalb deutlich gegen die mündlichen Leistungen abfallen, weil die Situation der schriftlichen Prüfung allzu sehr mit Ängsten besetzt ist, so dass in ihr mehr die psychische Belastbarkeit als die Fachkompetenz gemessen wird.

Konstruktvalidität
Konstruktvalidität schließlich ist gegeben, wenn die gemessenen Eigenschaften mit einem theoretischen Modell übereinstimmen. Sie ist z. B. bei einem Intelligenztest gegeben, wenn durch die abgeprüften Kompetenzen alle Dimensionen der Intelligenz im Sinne einer bestimmten Intelligenztheorie bzw. eines bestimmten Faktorenmodells der Intelligenz gleichmäßig abgedeckt werden.
Der schulischen Leistungsüberprüfung sollten nach Möglichkeiten Kompetenzmodelle zugrunde liegen, d. h. Vorstellungen, was alles zur Leistung in einem bestimmten Fach oder Bereich gehört und welche Kompetenzniveaus man unterscheiden kann. (Gelungene Beispiele gab das PISA-Konsortium mit der Beschreibung der Lesekompetenz, der mathematischen Kompetenz und der naturwissenschaftlichen Kompetenz). Die Konstruktvalidität ist dann verletzt, wenn die durch eine Prüfung gemessenen Eigenschaften nicht mit dem jeweiligen Kom-

petenzmodell übereinstimmen, wenn also z. B. in einer Geschichtsprobe nur Wissen abgeprüft wird, obwohl im Kompetenzmodell auch historisches Verständnis gefordert ist.

Testfairness
Validität bedeutet auch, dass durch die Aufgabenstellung keine Gruppe von Probanden benachteiligt werden darf (Lukesch 1998, S.85). Gegen diesen Aspekt der Validität verstößt z. B. eine Mathematikprüfung, die in der Mehrzahl Sachrechenaufgaben aus der Männerwelt enthält, weil dann vermutlich Mädchen größere Schwierigkeiten haben als Jungen, sich in die Sachverhalte hineinzudenken.

2.2.4 Nebengütekriterien

Neben den Hauptgütekriterien der Objektivität, Reliabilität und Validität werden manchmal noch sogen. Nebengütekriterien aufgeführt (Lukesch 1998, S.90ff.), von denen hauptsächlich die drei nachstehenden Bedeutung für die Schulpraxis haben:

- *Ökonomie:* Der Materialverbrauch und der Zeitaufwand für die Durchführung und Auswertung einer Prüfung sollten sich in vernünftigen Grenzen halten.
- *Nützlichkeit und Zumutbarkeit:* Die Beanspruchung durch eine Prüfung sollte sowohl für die Schule und die Gesellschaft als auch für die Kandidaten in einem vernünftigen Verhältnis zu ihrer Bedeutung stehen. Den ersten Aspekt bezeichnet man als Nützlichkeit, den zweiten als Zumutbarkeit.
- *Akzeptanz:* Sie meint das Ausmaß der Übereinstimmung einer Prüfung mit verbreiteten Meinungen, Einstellungen und Wertmustern.

2.3 Forschungsergebnisse und Verbesserungsvorschläge zur Messqualität von Schulnoten[1]

2.3.1 Zur Objektivität

Die Objektivität der schulischen Leistungsüberprüfung und -bewertung müsste sich darin zeigen, dass verschiedene Lehrer dieselbe Schülerleistung gleich beurteilen. Bei vielen entsprechenden Forschungen fand man aber beträchtliche Beurteilungsdivergenzen verschiedener Lehrer. Allgemein bekannt sind die enormen Schwankungsbreiten bei der Beurteilung von mündlichen Leistungen und von Aufsätzen. Weniger bekannt ist, dass es auch in Mathematik erhebliche Divergenzen zwischen den Beurteilungen verschiedener Lehrer gibt. Erst vor wenigen Jahren wieder stellte das deutsche PISA-Konsortium differenzierte Auswertungen für die einzelnen Bundesländer vor, aus denen hervorgeht, dass an deutschen Schulen auch im Fach Mathematik gleiche Schülerleistungen mit höchst unterschiedlichen Noten bewertet werden. (Deutsches PISA-Konsortium 2003, S.321ff.)

Maier (1988) und Schröter (1981) fanden vier Arten von Abweichungen im Urteil von Lehrkräften: Es gab Unterschiede hinsichtlich der registrierten Fehler, der festgesetzten Höchstpunktzahlen, der angewandten Notenschlüssel und der Punktezuteilung für bestimmte Schülerleistungen.
Die Beurteilungsunterschiede zwischen verschiedenen Lehrkräften gehen z. T. auf deren Persönlichkeitsmerkmale zurück: Unter anderem beeinflussen Alter, Geschlecht, Ausbildung und berufliche Motivation des Prüfers, seine Auffassung von seiner Rolle, sein augenblicklicher Status, schon vor der Prüfung existierende Vorstellungen und erste Eindrücke von den Kandidaten sowie der Grad der Ermüdung des Prüfers die Beurteilung.
Man kann die Urteilsübereinstimmungen zwischen Prüfern auch quantitativ erfassen. Bei Intelligenztests liegen die entsprechenden Koeffizienten zwischen 0,95 und 0,99 (bei einem möglichen Minimum von 0,00 und einem Maximum von 1,00). Für schulische Leistungsbeurteilungen erhält man Werte von 0,35 bis 0,85.
Enorm unterschiedlich wird die Gewichtung und die Ermittlung mündlicher Leistungen gehandhabt: Wienert kam in einer Befragung von Sachkundelehrern in der gesamten BRD zu dem Ergebnis, dass die Zeugnisnote zu 15% bis 50% auf mündliche Leistungen zurückgeführt wird. Außerdem gewichteten die befragten Lehrkräfte bei der Beurteilung der Mitarbeit Wiederholungen, Antworten auf Lehrerimpulse und die Darstellung eigener Gedanken recht unterschiedlich. (Schröter 1981, S.198f.)

Welche *Möglichkeiten zur Verbesserung der Objektivität* stehen uns zu Gebote?

- Man sollte sich die *Prozeduren* der Durchführung, Auswertung und Interpretation von Prüfungen bzw. Prüfungsergebnissen *bewusst machen* und sie *präzise beschreiben*, dann sie mit *Kollegen abstimmen* und schließlich *fixieren*.
- Allerdings wäre es zu naiv anzunehmen, dass schon allein die Explikation und Präzisierung von Verfahrensvorschriften eine hinreichende Vereinheitlichung bewirken könnte. Man muss zusätzlich durch *Beurteiler-Trainings* sicherstellen, dass verschiedene Prüfer sie auch übereinstimmend anwenden.
- Für die Objektivierung der *Auswertung und Interpretation* ist es unbedingt erforderlich, beide Aktivitäten *möglichst zu trennen* und sich die Beurteilung einer Leistung erst nach ihrer vollständigen beschreibenden Erfassung zu gestatten. Zwingend notwendig ist es, sich im Kollegenkreis über Beurteilungsmodalitäten abzustimmen. In sozialen Zusammenhängen ist Objektivität nur als Intersubjektivität zu erreichen! Weitere Hinweise erhält man aus der Diskussion um die sog. Urteilsfehler, auf die ich unten im Abschnitt 2.5 ausführlicher eingehe.
- Schließlich bieten auch die neuerdings eingeführten Orientierungs-, Vergleichsarbeiten und Jahrgangsstufentests Gelegenheit, die eigene Prüfungs- und Beurteilungspraxis in einem größeren und objektiveren Zusammenhang zu sehen und evtl. von daher zu korrigieren.

2.3.2 Zur Reliabilität

Auch um die Reliabilität der schulischen Leistungsüberprüfung ist es, soweit wir aus einschlägigen Forschungen etwas darüber wissen, nicht gut bestellt: Während für standardisierte Tests die entsprechenden Koeffizienten (bei einem Minimalwert von 0 und einem Maximum von 1) zwischen 0,80 und 0,95 liegen, betragen sie für schriftliche Prüfungen 0,50 bis 0,80; für mündliche Prüfungen liegen sie gewöhnlich unter 0,50.

Am häufigsten wurde die Reliabilität bei wiederholter Beurteilung untersucht. Es zeigte sich immer wieder, dass dieselben Lehrer zu verschiedenen Zeiten auf dieselben Arbeiten verschiedene Noten geben. Die Reihenfolge, in welcher Arbeiten korrigiert werden, scheint die Beurteilung stark zu beeinflussen. Widersprüchliche Befunde gibt es dazu, ob am Anfang oder am Ende einer Korrekturphase strenger beurteilt wird.[2] Noch am reliabelsten werden extrem gute und schlechte Leistungen beurteilt, während für mittlere Leistungen gewöhnlich nur eine geringe Reliabilität erzielt wird.

Welche *Maßnahmen zur Verbesserung der Reliabilität* von Leistungsüberprüfungen kann man unter den Bedingungen des Schulalltags ergreifen?

- Man sollte beachten, dass *Prüfungen eine umso geringere Reliabilität haben, je weniger Aufgaben sie umfassen.* Besonders mündliche Prüfungen, Kurzarbeiten und Stegreifaufgaben sind von mäßiger Reliabilität.
- Wenn *Messfehler* nicht zu vermeiden und nicht zu verringern sind, dann kommt es darauf an, sie *wenigstens zu kennen,* um von den Messergebnissen vernünftigen Gebrauch zu machen. Nach Ingenkamp (1985, S.40) beträgt der Messfehler unserer Zensuren im Allgemeinen eine ganze, mindestens aber eine halbe Notenstufe nach unten und oben. Schwankungen zwischen zwei benachbarten Noten können somit allein durch die mangelnde Reliabilität der Leistungsüberprüfung verursacht sein. (Im Zusammenhang mit dem im Kapitel 5 vorgestellten Benotungsmodell werde ich auch ein Verfahren aufzeigen, wie man die mutmaßlichen Messfehler annähernd quantitativ bestimmen kann.)

2.3.3 Zur Validität

Die Validität schulischer Leistungsbeurteilungen wird durch eine Vielfalt sach- und fachfremder Einflüsse beeinträchtigt:

- *Durch Einflüsse der Region und des Bundeslandes:* In verschiedenen Regionen und Bundesländern wird unterschiedlich streng benotet.
- *Durch Einflüsse der Schulen, Schularten und Schulstufen:* Beim Übergang von der Grundschule ins Gymnasium z. B. gibt es vielfach einen regelrechten „Notenknick". Im Gymnasium werden die Notendurchschnitte trotz der Selektion im Laufe der Zeit nicht besser. Anscheinend werden die Maßstäbe von Jahr zu

Jahr verschärft. Besonders in Sozialkunde, Biologie, Physik, Mathematik und Englisch sind die Noten in der Oberstufe schlechter als in der Unterstufe. In Religion, in den musischen Fächern, in Erdkunde, Deutsch und Latein allerdings werden sie in der Oberstufe eher etwas besser (Hopp & Lienert 1965).

- *Durch Einflüsse der Fächer:* In den sprachlichen Fächern, insbesondere in den Fremdsprachen, werden üblicherweise mehr schlechte als gute Noten vergeben. In den Realienfächern ist die Bilanz einigermaßen ausgeglichen. In den musischen Fächern, in Sport, Religion und Handarbeit werden mehr gute als schlechte Noten vergeben. Hier verkürzt man die Benotungsskala vielfach unter der Hand auf drei bis vier Notenstufen. In der Grundschule werden Mathematik und Muttersprache am strengsten beurteilt. Ganz allgemein kann man sagen, dass ein Fach umso strenger bewertet wird, je mehr die Leistungen schriftlich überprüft werden, je mehr sprachliche Anforderungen impliziert sind, je mehr Stunden ein Fach im Stundenplan einnimmt und je mehr es ein sog. Hauptfach darstellt. Strenger ist die Beurteilung auch in Fächern und Bereichen, die als besonders exakt gelten (Mathematik, Naturwissenschaften, Orthografie), obwohl für sie der Nachweis einer tatsächlich exakteren Benotung keineswegs erbracht ist.
- *Durch Einflüsse der Klasse:* Lehrer orientieren sich bei der Leistungsbewertung häufig am Leistungsniveau der jeweiligen Klasse. Das hat zur Folge, dass gleiche Noten in verschiedenen Klassen völlig unterschiedliche Kompetenzgrade repräsentieren können. Weck (1976) konnte zwischen den mittleren, mit Leistungstests gemessenen Leistungen verschiedener Klassen und ihren Notenmittelwerten keinen Zusammenhang (keine signifikanten Korrelationen) nachweisen. Ingenkamp (1975, S.50f) führte in 6. Klassen der Berliner Grundschule auf den Lehrplan abgestimmte Leistungstests in Mathematik durch und verglich die Ergebnisse mit den durch die Lehrer erteilten Noten. In manchen Klassen erreichten die mit „gut" benoteten Schüler lediglich knapp 30, in anderen über 50 Test-Rohpunkte. Er fand, dass der „objektiv erfassbaren gleichen Leistung ... in verschiedenen Klassen ganz unterschiedliche Zensuren (entsprechen). Ein Testergebnis, das in einer Klasse mit der Zensur 2 korrespondiert, kann in anderen Klassen der Zensur 5 oder sogar 6 zugeordnet werden." Ähnliche Ergebnisse gab es in Deutsch und Englisch. Nicht nur Zensuren, sondern auch Übertrittsempfehlungen werden, wie wiederum Ingenkamp zeigte, stillschweigend auf das Leistungsniveau der Klasse zurückbezogen.
- *Durch Einflüsse der Schichtzugehörigkeit:* Kinder der Unterschicht werden in fast allen Fächern schlechter zensiert als solche aus gehobenen Schichten, ganz besonders in sprachlichen Fächern, am stärksten in Deutsch (Ingenkamp 1989b).

- *Durch Einflüsse des Geschlechts, diverser Verhaltensmerkmale und des äußeren Habitus:* Mädchen werden günstiger beurteilt als Jungen[3]. Bei mündlichen Prüfungen beeinflussen Wortschatz, Reaktion, Ausdruck, Redegewandtheit und Gehemmtheit sowie Sprechflüssigkeit, Sprechtempo und Vorinformationen über die Kandidaten die Prüfungsleistung. Kräftiges Schminken der Lippen wirkt sich negativ, das Tragen von Brillen positiv auf die Note aus. (Ingenkamp 1981 u. 1989a)
- *Durch Einflüsse der äußeren Form schriftlicher Arbeiten:* Ingenkamp fand, dass bei der Korrektur und Bewertung offenbar diejenigen Aspekte besonders stark gewichtet werden, welche für die Lehrkräfte leicht zu erfassen sind. Das sind aber nicht eo ipso die fachlich bedeutsamsten. So konnte z. B. in mehreren Untersuchungen nachgewiesen werden, dass der weitaus größte Teil der in Prüfungen verwendeten Aufgaben und Fragen sich auf Faktenwissen bezieht.

Ein besonderes Problem schulischer Leistungsbeurteilungen ist ihre unzulängliche *Prognosevalidität.*

Ingenkamp (1977a, 1977b) zufolge hat das Lehrerurteil, wie es sich in Zeugnissen und Gutachten niederschlägt, lediglich eine Prognosevalidität von 0,25 bis 0,30 für den Erfolg an weiterführenden Schulen (bei einem Maximalwert von 1,00). Lukesch (1998, S.498) zufolge werden allenfalls Werte von ca. 0,50, bei der Bildung von Indikatoren aus mehreren Fächern (multiple Vorhersagen) Koeffizienten bis zu 0,70 erreicht. Die Validität für den Zusammenhang zwischen Abiturnoten und Studienerfolg liegt nach neueren Metaanalysen im Mittel bei 0,46. (Vierlinger 1999, S.57) Eine brauchbare Korrelation besteht lediglich zwischen der Fachnote und der Examensnote im entsprechenden Studienfach.

Ähnlich niedrig ist auch der Zusammenhang zwischen dem Notendurchschnitt des Abiturzeugnisses und dem Studienerfolg, und noch verheerender ist der zwischen Examen und Berufserfolg.

Wie schlecht diese Prognosevaliditäten sind, mag ein Beispiel verdeutlichen: Angenommen, man habe unter 1000 Bewerbern 200 geeignete Personen auszuwählen, und es befinden sich 200 geeignete Personen unter den Bewerbern. Bei einer Prognosevalidität von 0,30 würde man dann 66 Geeignete finden, jedoch 134 Ungeeignete auswählen und ebenfalls 134 Geeignete abweisen. Selbst bei einer Prognosevalidität von 0,70 würde man nur 112 Geeignete identifizieren, dafür aber 88 Ungeeignete aufnehmen und 88 Geeignete abweisen. (Vierlinger 1999, S.57)

Maßnahmen zur Verbesserung der Validität von Prüfungen und Leistungsbeurteilungen könnten darin bestehen, dass man

- *in nichtsprachlichen Fächern die Anforderungen an die Sprachkompetenz bewusst gering hält* und sprachliche Leistung auf keinen Fall mitbewertet,

- in allen Fächern wenigstens hin und wieder Prüfungen so gestaltet, dass *keine Gedächtnisleistungen* abverlangt werden und die *Bearbeitungsgeschwindigkeit* nicht so wichtig ist,
- *Prüfungen möglichst angstfrei gestaltet,*
- mindestens gelegentlich *Schulleistungstests* zur Kontrolle einsetzt,
- eine allein *am Leistungsstand der jeweiligen Klasse orientierte Beurteilung vermeidet,*
- sich mögliche *Störfaktoren* und *verzerrende Effekte* der Leistungsbewertung immer wieder nachdrücklich *vergegenwärtigt,*
- die sog. *Urteilsfehler* durch geeignete präventive Maßnahmen zu vermeiden oder doch jedenfalls zu minimieren sucht (vgl. dazu unten 2.5),
- *mit engem Bezug auf den vorangehenden und folgenden Unterricht prüft:* Entscheidend zur Verbesserung der Inhalts- und Prognosevalidität könnte beitragen, dass wir uns bemühen, *schulische Lernprozesse kontinuierlicher zu gestalten,* d. h. künftige Anforderungen beizeiten zu bedenken und vorhandene Grundlagen ausreichend zu berücksichtigen. Ich werde diesen Ansatz unten im Zusammenhang der Überlegungen zur Ermittlung der sog. Mindestkompetenzen weiter verfolgen. (Vgl. 3.4, 5.7 und 6.2.9)
- Was für den Techniker verschiedene Messverfahren und -geräte sind, das sind für den Lehrer die *verschiedenen Prüfungsformen* (schriftliche, mündliche und praktische Prüfung), *Prüfungssituationen* (vor der Klasse, alleine etc.) und die diversen *Aufgabenformen* (offene, halb offene und geschlossene Aufgabenformen, also z. B. in freier Formulierung zu beantwortende Fragen, Lückentexte, Multiple-Choice-Aufgaben usw. – vgl. im Einzelnen 3.2.3). Um die Übereinstimmungsgültigkeit zu verbessern, sollte man sie möglichst vielfältig und abwechslungsreich benutzen.

2.4 Das Objektivitäts-Validitäts-Dilemma der Leistungsmessung

Objektivierung der Leistungsmessung ist notwendigerweise immer auch Vereinheitlichung und Schematisierung. Daraus folgt, dass das Bemühen um Objektivität zu einem Teil immer auf Kosten der Bandbreite zulässiger Leistungen geht. D. h. es gibt einen *Grundkonflikt zwischen Objektivität und Kreativität.* Künstlerische Gestaltungen z. B. sind sicher dann am besten vergleichbar und am objektivsten zu beurteilen, wenn man von allen Schülern dasselbe Thema bearbeiten lässt und ihnen darüber hinaus eine einheitliche Technik und gleiche Materialien vorschreibt. Die kreativsten Leistungen hingegen würde man wahrscheinlich erhalten, wenn man Thema, Technik und Material freistellte.

Objektivität ist das grundlegende Gütekriterium. Wenn noch nicht einmal die Personunabhängigkeit der Leistungsmessung gewährleistet ist, sind Überlegungen zur Reliabilitiät und Validität gegenstandlos. Andererseits kann halbwegs brauchbare Objektivität unter schulischen Alltagsbedingungen nur in wenigen, eng begrenzten und rigide geregelten Situationen, am ehesten noch in schriftlichen Prüfungen hergestellt werden. Das Streben nach größtmöglicher Objektivität führt deshalb leicht dazu, nur Formen der Leistung und Beurteilung zuzulassen, die den Erfordernissen der Testtheorie einigermaßen genügen. (Winter 1991, S.16) Dies hat dann naturnotwendig zur Konsequenz, dass viele andere ausgeklammert werden und zahlreiche Leistungen und Leistungsaspekte der Schüler außer Betracht bleiben. Qualitäten des Lernprozesses und Leistungsdaten aus Beobachtungen fallen größtenteils unter den Tisch. *Das Bemühen um die Sicherung von Objektivität geht somit ersichtlich auf Kosten der Validität: Das, was einigermaßen objektiv erhoben und beurteilt werden kann, repräsentiert die Schülerleistung nur noch sehr ausschnitthaft und unvollständig.* Diese Gefahr wird in der aktuellen Diskussion über Bildungsstandards und bei den vermehrt praktizierten klassen- und schulübergreifenden Vergleichs- und Orientierungsarbeiten gerne übersehen.
Außerdem ist Personunabhängigkeit bzw. Subjektneutralität – wie man Objektivität auch paraphrasieren könnte – eine Norm, die schwer mit pädagogischen Intentionen in Einklang zu bringen ist: Erziehung und Bildung sind Prozesse, die in hohem Maße mit zwischenmenschlichen Beziehungen zu tun haben. Wollten Lehrer und Erzieher konsequent ihre Subjektivität heraushalten, würden sie die Beziehungen zu den Schülern ihrer Authentizität und damit ihres pädagogischen Charakters berauben.

2.5 Urteilsfehler bei der schulischen Leistungsbeurteilung

Die Messqualität schulischer Leistungsbeurteilungen leidet auch beträchtlich darunter, dass Lehrkräften sog. Urteilsfehlern unterlaufen. Ebenso wie andere Personengruppen, die in sozialen Zusammenhängen Urteile abgeben müssen (Richter, Sozialarbeiter, Ausbilder etc.), können Lehrkräfte es nie ganz vermeiden, dass ihre persönlichen Eigenarten, Vorlieben und Abneigungen in ihre Urteile einfließen und sie verfärben und verzerren.
Ich werde im Folgenden die beiden bedeutsamsten Gruppen der Urteilsfehler aufzeigen und jeweils einige Gegenmaßnahmen vorschlagen.

2.5.1 Ungleichmäßige Ausschöpfung des Beurteilungsspektrums

Bei diesem Urteilsfehler unterscheidet man vier Varianten:

- *Strengefehler:* In diesem Falle besteht eine Neigung, auch schon kleinere Mängel relativ stark zu gewichten und vorwiegend negative Urteile abzugeben bzw. schlechte Noten zu erteilen. Es gibt ausgesprochene „Strengbeurteiler", welche die guten und sehr guten Noten nur selten benutzen. Die Begründung, es handle sich einfach um eine schlechte Klasse, ist immer dann anzuzweifeln, wenn sich solche Strengbeurteilung bei einer Lehrkraft in mehreren Klassen zeigt, evtl. sogar in solchen, die bei anderen Kollegen und in anderen Fächern keineswegs negativ auffällig sind.
- *Mildefehler:* „Mildbeurteiler" sind das genaue Gegenstück der Strengbeurteiler. Sie vergeben hauptsächlich günstige Beurteilungen und gute Noten und machen kaum Gebrauch von den schlechteren.
- *Tendenz zur Mitte:* Beurteiler, welche diesen Fehler begehen, scheuen überhaupt vor extremeren Urteilen zurück, seien es nun positive oder negative. Es gibt bei ihnen eine Häufung von mittleren Urteilen und durchschnittlichen Noten. Sie erteilen kaum Einsen und Sechsen und vergeben auch Zweien und Fünfen eher selten. Meistens liegt hier eine gewisse Entscheidungsunlust, manchmal auch Ängstlichkeit vor. Denn Urteile nahe an der Mitte sind in aller Regel leichter zu vertreten und ecken nicht so leicht an.
- *Tendenz zu Extremurteilen:* Solche Beurteiler greifen übermäßig oft zu Extremurteilen. Bei ihnen gibt es relativ selten mittlere Urteile und durchschnittliche Noten. Manchmal handelt es sich dabei um leicht erregbare Naturen, welche sich rasch für gelungene Leistungen begeistern, aber auch schnell von fehlerhaften Arbeiten enttäuscht sind. Über der Begeisterung werden dann oft leicht kleinere Mängel übersehen, so wie umgekehrt über den wahrgenommenen Fehlern häufig die gelungenen Teile nicht mehr hinreichend erfasst und gewürdigt werden.

In welcher Variante auch immer: Ungleichmäßige Ausschöpfung des Beurteilungsspektrums führt zu einem Verlust an Differenzierung in den Urteilen und zu einer Über- oder Untertreibung positiver oder negativer Leistungsaspekte. *Was kann man tun, um diesen Urteilsfehler nach Möglichkeit auszuschalten?*

- *Jede Lehrkraft sollte sich Klarheit* darüber verschaffen, *zu welchem Fehlverhalten sie neigt.* Die persönliche Urteilstendenz zeigt sich am ehesten über längere Zeiträume hinweg, bei einer größeren Zahl von Schülern, in mehreren Klassen und im Vergleich mit Kollegenurteilen.

  Man nehme sich also einmal die eigenen Beurteilungen über einen längeren Zeitraum und über eine größere Anzahl von Schülern vor und beobachte an der Häufigkeit der vergebenen guten, mittleren und schlechten Urteile, ob irgendeine Art der Urteile auffällig häufig vorkommt. Weitere Abklärung kann ein Blick auf Urteile anderer Lehrkräfte über dieselben Schüler und Klassen bringen. Oft verbirgt sich hinter der Wahrnehmung, dass Schüler bei einem Kollegen, dessen Klasse man übernimmt, nichts Ordentliches gelernt haben oder von einem Kollegen, an welchen man sie schließlich abgibt, hoffnungslos überfordert werden, nur eine fehlerhafte Tendenz des eigenen Urteils.

- *Eine Hilfe ist in Zweifelsfällen das Gespräch mit Kollegen* und die *Bewertung von Schülerleistungen durch mehrere Beurteiler.* Gewiss können Differenzen auch zu Lasten von Beurteilungsfehlern der anderen gehen. Immer dann aber, wenn das eigene Urteil aus dem Rahmen fällt, sollte man die Verzerrung zunächst einmal bei sich selber suchen.
- *Man sollte sich klar darüber werden, welche Beurteilungstendenzen* sich von der *Tradition des unterrichteten Faches* und von der *Schulart und Schulstufe her nahe legen.* Es gibt Fächer, in denen überwiegend mild, und solche, in denen hauptsächlich streng beurteilt wird. Religion, die musischen Fächer und Sport können als Beispiele für die ersteren, Latein, Mathematik und Naturwissenschaften als Exempla für die letzteren stehen. Und ebenso gibt es Traditionen der Mild- und Strengbeurteilung auf den verschiedenen Schulstufen und in den verschiedenen Schularten. So wird in der Grundschule, insbesondere in den Anfangsjahren, eher mild, in der Kollegstufe eher streng beurteilt. (Vgl. dazu auch oben 2.3.3)
- Besonders dann, wenn Lehrkräfte in verschiedenen Altersstufen unterrichten oder von einer zur anderen wechseln, sollten sie sich durch das Studium entwicklungspsychologischer Fachliteratur, evtl. auch durch Gespräche mit Kollegen, welche schon lange auf dieser Stufe unterrichten oder durch geeichte Schulleistungstests *über die alterstypische Leistungsfähigkeit der Schüler informieren.* Bei Fehleinschätzungen der alterstypischen Leistungsfähigkeit wird man nämlich leicht unversehens zum Mild- oder Strengbeurteiler.
- Sowohl im Hinblick auf gravierend erscheinende Schwächen und Lücken als auch auf offenbar hervorstechende Stärken in Prüfungsleistungen sollte man immer wieder einmal nachprüfen, *ob solche Schwächen und Stärken nicht vielleicht doch häufiger vorkommen, als man zunächst meint,* und somit gar nicht in dem vermuteten Maße Ausnahmeerscheinungen sind. Auf diese Weise wird man der Tendenz zu Extremurteilen entgegenwirken.
- *Ein ehernes Prinzip sollte es sein, in jedem Leistungsbild sowohl nach Stärken als auch nach Schwächen zu suchen.* Die meisten Leistungen sind nämlich niveaumäßig mehr oder weniger heterogen; solche, die unter allen Aspekten gut oder schlecht sind, stellen die Ausnahme dar. Auch die Berücksichtigung dieses Grundsatzes kann die Tendenz zu Extremurteilen reduzieren.

2.5.2 Interferenzen im Urteil (Voreingenommenheiten)

Zu Verzerrungen des Urteils über Schülerleistungen kommt es auch dadurch, dass dieses von anderen Urteilen über den Kandidaten beeinflusst wird. Im Einzelnen unterscheidet man bei dieser Art von Urteilsfehlern:

– *Reihungsfehler:* Reihungsfehler ergeben sich aus dem Zusammenhang mit vorangehenden Urteilen. So wird z. B. eine durchschnittliche Leistung oft besser beurteilt, wenn unmittelbar vorher eine sehr mäßige zu bewerten war, und man findet sie leicht schlechter, wenn ihr eine besonders gute Leistung voranging. Auch Erwartungen über Sequenzen von Ereignissen können Reihungsfehler bewirken. Die meisten Lehrkräfte würden nur mit großen inneren Widerständen fünf Aufsätze oder fünf mündliche Prüfungen, die unmittelbar aufeinander folgen, mit „sehr gut" bewerten. Das kollidiert nämlich mit dem unausgesprochenen Dogma, dass es so viele Einsen hintereinander gar nicht geben kann. Wahrscheinlich wären diese Hemmungen bei Mathematikarbeiten oder Diktaten geringer, da hier nach allgemeiner (aber nicht ganz richtiger!) Auffassung objektiver geurteilt wird.
– *Logische Fehler:* Nicht selten zieht man voreilige Schlussfolgerungen von einem Leistungsmerkmal, das man schon kennt, auf ein anderes, erst zu beurteilendes. Wenn ein Schüler vorzügliche Leistungen in Mathematik erbringt, dann wird leicht angenommen, dass eo ipso auch seine Leistungen im Fach Physik sehr gut sein müssten. Ähnlich schließt man von einem differenzierten mündlichen Ausdruck auf gute schriftliche Gestaltungsleistungen und von einer vorzüglichen Gedächtnisleistung auf ein entsprechend hohes Maß an Verständnis. Solche Schlüsse sind zwar im Allgemeinen nicht unsinnig, im Einzelfall aber können sie sehr in die Irre gehen.
– *Halo-Effekte:* Hier bestimmt ein globaler Allgemeineindruck die Wahrnehmung einzelner Merkmale. Es besteht z. B. eine Gefahr, dass Schüler, die durch ihr Auftreten, ihre Kleidung, ihr Sprachverhalten usw. insgesamt einen unordentlichen Eindruck machen, schlechtere Beurteilungen auf Leistungen erhalten, als sie eigentlich verdienen. Ähnlich wirkt der Ruf, der einem Schüler vorauseilt – der Ruf des Sitzenbleibers, des Kindes aus einer schulbekannten Problemfamilie usw. Beim Star der Klasse hingegen ist es leicht möglich, dass das positive Gesamtbild auch Schwächen überstrahlt. Schüler erleben gerade die sich im Halo-Effekt auswirkenden Voreingenommenheiten sehr eindringlich und klagen rückblickend oft darüber, dass es bei bestimmten Lehrern nahezu unmöglich gewesen sei, von schlechten Noten wieder wegzukommen.

Um den Interferenzfehlern zu begegnen, sollte man bei der Leistungsbeurteilung folgende Grundsätze beherzigen:

- *Die Beschreibung einer Leistung ist von ihrer Bewertung möglichst zu trennen.* Erst ganz am Ende, wenn die Beschreibung abgeschlossen ist, sollte man sich eine Bewertung erlauben. Eine Schwierigkeit liegt hier freilich darin, dass unsere Alltagssprache nicht sehr viele Begriffe anbietet, mit welchen man Eigenschaften und Verhaltensweisen von Menschen wertfrei beschreiben kann. Lehrer (und wohl Pädagogen überhaupt) sind aber auch nicht genügend geschult im Gebrauch einer reinen Beobachtungssprache, sehr viel weniger als z. B. Psychologen, in deren Ausbildung großer Nachdruck auf die Vermittlung einer diagnostischen Terminologie gelegt wird.
- *Ein Gesamturteil sollte man sich immer erst bilden, nachdem man reichlich Daten zu Einzelaspekten gesammelt hat.* Damit sich nicht doch unter der Hand viel zu früh ein Gesamteindruck bildet, ist es oft ratsam, erst bestimmte Aspekte durch alle vorliegenden Schülerarbeiten hindurch zu verfolgen und dann auf dieselbe Weise mit den weiteren Aspekten zu verfahren, also z. B. zunächst die Aufgabe 1 einer Prüfung bei allen Schülern zu korrigieren, dann Aufgabe 2 usw.
- *Besonders anfällig für Interferenzfehler sind Fächer, in welchen Leistungen in einer eher anschaulichen oder doch jedenfalls ganzheitlichen Weise vorliegen,* so dass sich ein früher oder gar anfänglicher Gesamteindruck beinahe naturnotwendig herausbildet. Das ist z. B. bei Produkten des Kunstunterrichts, bei Übungen an Turngeräten, z. T. auch bei Aufsätzen der Fall, kaum hingegen bei mathematischen oder naturwissenschaftlichen Leistungen, wo der Gesamteindruck meistens erst aus dem sequenziellen Erfassen vieler Einzelheiten aufgebaut werden muss.
- *Man sollte sich immer vorher überlegen, auf welche Aspekte man bei der Betrachtung einer Schülerleistung achten will.* Sich hauptsächlich von zufälligen Beobachtungen leiten zu lassen, die sich anscheinend von selbst einstellen, ist höchst gefährlich.
- *Ebenso ist es erforderlich, solche Aspekte immer konkret und differenziert zu formulieren:* Damit man nicht leistungsrelevante Merkmale einfach übersieht oder gar dem Halo-Effekt aufläuft, wird man sich in vielen Fällen differenzierte Check-Listen machen müssen. Globale Beurteilungsgesichtspunkte sind nicht ausreichend.
- *Zu Interferenzfehlern kommt es besonders leicht, wenn die zu beurteilenden Leistungsmerkmale nicht deutlich ausgeprägt sind,* also bei Schülern, über die wir nur wenig wissen und deren Leistungen im unauffälligen Mittelbereich liegen.
- *Es ist unbedingt erforderlich, von Zeit zu Zeit das Bild, das man von einem Schüler hat, zu überprüfen und ggf. zu revidieren.* Man vergegenwärtige sich, was man von ihm denkt, wie man ihn einschätzt, was man von ihm erwartet usw., und

fixiere die Überlegungen evtl. schriftlich. Dann betrachte man dieses „Bild" ausdrücklich als ein bloß hypothetisches und versuche, es nach dem Wissenschaftsparadigma des Kritischen Rationalismus durch Beobachtungsdaten zu widerlegen. Erst wenn das nicht gelingt, kann ein solches Schülerbild vorläufig beibehalten werden – bis zur nächsten Überprüfung. Bei einem planmäßigen Vorgehen sollte es möglich sein, wenigstens ein bis zwei mal während eines Schuljahres für jedes Schülerbild einen solchen Revisionsversuch zu machen. Auch unter ungünstigsten organisatorischen Voraussetzungen müsste es immer noch möglich sein, solche Versuche wenigstens hinsichtlich der positiv oder negativ besonders auffälligen Schüler zu unternehmen.

- *Besondere Vorsicht ist geboten im Umgang mit Vorinformationen über Schüler,* wie man sie in Schülerakten findet, aber auch im Lehrerzimmerklatsch vermittelt bekommt. Vor allem bei neu übernommenen Klassen sollte man sich unbedingt erst einmal ein eigenes Bild von den Schülern machen.
- *Sehr hervorstechende Merkmale von Schülern sollte man wenigstens zeitweise einmal „auszublenden" versuchen,* damit sie nicht andere, ebenfalls vorhandene Eigenschaften einfach überstrahlen. So kann man sich die stets vor schlimmsten Rechtschreibfehlern strotzenden Aufsätze eines Schülers einmal von anderen Schülern „ins Reine" übertragen lassen, bevor man sie überhaupt liest. Oder man versuche einmal konzentriert, nur auf den sachlichen Gehalt in den Antworten eines Schülers zu achten, der sich immer sehr unbeholfen ausdrückt, oder man bemühe sich, ein häufig störendes Kind als besonders aktives oder als einsames und infolgedessen kontaktsuchendes oder als hochgradig kreatives Kind zu sehen.
- Um Reihungsfehlern vorzubeugen, sollte man *bei mündlichen Prüfungen, aber auch bei Korrekturen Reihenfolgen gezielt variieren* und keinesfalls etwa immer nach der Sitzordnung oder nach dem Alphabet vorgehen. Bei längeren Korrekturen oder bei einer Vielzahl von mündlichen Prüfungen sind hinreichend Pausen einzuplanen. Diese dienen einerseits der Abschwächung von Kontrasteffekten. Zum andern wird damit auch rhythmischen Schwankungen der Beurteilungsstrenge begegnet, die sich infolge von Ermüdungseffekten gerne einstellen.

Die generelle Handlungsrichtlinie, um Beurteilungsfehlern zu begegnen, lautet: Man muss sich im wörtlichen Sinne ein Bild vom Schüler und von seiner Leistung „machen"! Nur, wenn wir unser Bild vom Schüler nicht unkontrolliert zu Stande kommen lassen, sondern es uns systematisch nach festen und klaren Regeln erarbeiten, verhindern wir, dass zufällig ablaufende und unbewusste Prozesse unsere Wahrnehmung und unser Urteil bestimmen.

Anmerkungen

1 Vgl. dazu im Einzelnen die ausführlicheren Darstellungen bei Ziegenspeck 1999, Abschnitt 2.2, und Lukesch 1998, Abschnitt 12.4.

2 Vgl. Ingenkamp 1977a, Ingenkamp 1977b, Pokorny & Frazier 1966, Colton & Peterson 1967, Baurmann 1973 und Betz 1974.

3 Ingenkamp 1981; Ingenkamp 1989a; Ingenkamp 1989b; Rank 1962; Knoche 1969. Ähnlich Hopp / Lienert 1965 für die Unterstufe der Gymnasien. Dort kommt es aber anscheinend auf der Oberstufe zu einer Angleichung in der Beurteilung der Geschlechter.

3| Die Planung und Anlage von Prüfungen

3.1 Strategien der Leistungsüberprüfung

Die Überprüfung und Beurteilung von Schülerleistungen lässt sich in eine geordnete Abfolge von Einzelhandlungen zerlegen, die im Schulalltag vielleicht nicht jedes Mal reflektiert und bewusst vollzogen werden, die aber zumindest grundsätzlich abzuarbeiten sind, wenn eine in sich stimmige Praxis der Leistungsüberprüfung zu Stande kommen soll. Eine solche geordnete Folge von Einzelhandlungen und Entscheidungen nennt man eine Strategie.

In der alltäglichen schulischen Prüfungs- und Beurteilungspraxis werden allerdings nicht selten einzelne Handlungen und Entscheidungen übersprungen:

- Es kommt nicht zu einem reflektierten *Konzipieren der Prüfung.* Stattdessen werden häufig irgendwelche Aufgaben und Fragestellungen improvisiert oder zusammenkopiert.
- Oft unterbleibt die *Wahl eines Benotungsmodells* vor der Prüfung. Manchmal wird darüber noch nicht einmal nachgedacht, wenn die Prüfungsleistungen schließlich zur Bewertung anstehen. Die Noten werden stattdessen irgendwie nach Tradition, Gutdünken und Intuition vergeben.
- Das *Beschreiben und Bewerten* der Leistung wird nur selten sauber getrennt. Meistens fließt beides unkontrolliert ineinander.
- Zwar gibt es durchaus Lehrkräfte, welche nach einer Prüfung deren Konzeption und die einzelnen Aufgaben einer selbstkritischen Nachbetrachtung unterziehen. Die Durchführung einer gründlichen *Prüfungs- und Aufgabenanalyse* hingegen ist ein seltener Ausnahmefall.
- Nicht immer werden aus Prüfungen die nötigen *Handlungskonsequenzen* gezogen. Vielmehr fährt man oft nach dem Bewerten der Schülerleistungen ganz selbstverständlich mit jenem Unterricht fort, der vor der Prüfung betrieben wurde. Und an die Schüler ergeht häufig nur der pauschale Appell, sich besser vorzubereiten, statt differenzierte Hinweise im Sinne einer Lernberatung zu geben.

Wenn man sich für die so genannte kriteriale Bezugsnorm entscheidet (vgl. dazu die folgenden Kapitel 4 und 5), sollte man die nachstehende Strategie einhalten:

Strategie kriteriumsbezogenen Prüfens
1. Konzipieren der Prüfung
2. Punkte- bzw. Fehlerzuweisung
3. Festsetzen der Mindestkompetenz
4. Überprüfen der Messfehler
5. Anlegen einer Benotungsskala
6. Durchführung der Prüfung
7. Beschreiben der Leistung (Korrektur)
8. Vorläufiges Bewerten der Leistung
9. Prüfungs- und Aufgabenanalyse
10. Endgültiges Bewerten der Leistung
11. Handlungskonsequenzen

Auch Lehrkräfte der Anfangsklassen, die keine Ziffernnoten erteilen müssen, sind an diese Strategie gebunden. Entfallen kann hier lediglich das Anlegen einer Benotungsskala. Ich werde im Folgenden die Konzipierung der Prüfung, die Punkte- und Fehlerzuweisung und das Festsetzen der Mindestkompetenz ausführlicher behandeln. Die weiteren Schritte sollen im abschließenden Abschnitt 3.6 wenigstens angedeutet werden. Auf sie wird teilweise in späteren Kapiteln noch einmal eingegangen.

3.2 Das Konzipieren der Prüfung

Das Konzipieren der Prüfung umfasst wiederum eine Reihe einzelner Handlungen und Entscheidungen, die wir uns nun vor Augen führen wollen:

Das Konzipieren der Prüfung
1. Auswahl der Prüfungsinhalte
2. Auswahl der Prüfungsform
3. Auswahl der Aufgabenformen
4. Festsetzen des Anforderungsniveaus
5. Bestimmen des Aufgaben- und Prüfungsumfangs
6. Formulierung der Aufgaben
7. Anordnung der Aufgaben
8. Planung der Prüfungssituation
9. Ausarbeiten einer Musterlösung

3.2.1 Auswahl der Prüfungsinhalte

Gewöhnlich können wir bei weitem nicht alle im Unterricht behandelten Inhalte zum Gegenstand einer Prüfung machen. Wir müssen uns vielmehr darauf beschränken, nur einen Teil davon zu überprüfen. Da wir auf Grund solcher Stichproben jedoch die generelle Fähigkeit (die Kompetenz, nicht bloß die Performanz) der Schüler beurteilen wollen, darf die Auswahl der Prüfungsinhalte nicht zufällig und willkürlich erfolgen. Sie ist vielmehr systematisch und begründet vorzunehmen.

Ich führe eine begriffliche Unterscheidung ein, die im nächsten Kapitel weiter ausgeführt wird:

- Wenn wir Schüler über den gesamten behandelten Stoff mit allen denkbaren Aufgabenformen prüfen würden, zeigte sich ihre Kompetenz bzw. ihr *Grundkönnen.*
- An einer Aufgabenstichprobe, wie sie eine Prüfung normalerweise enthält, lässt sich nur die Performanz bzw. das *Prüfungskönnen* der Schüler ablesen.

Damit *Verzerrungen durch die Auswahl der Prüfungsinhalte* möglichst klein bleiben, sind die folgenden *Regeln* zu beachten:

Die Aufgabenstichprobe der Prüfung sollte repräsentativ für die Grundmenge aller überhaupt möglichen Aufgaben sein.

Diese Forderung erweist sich durchaus als erfüllbar, wenn wir bedenken, dass uns für Zwecke der schulischen Leistungsüberprüfung eigentlich nur jenes Grundkönnen interessieren muss, das im Unterricht erworben wurde. Was Schüler aus anderen Quellen schöpfen konnten, steht ohnehin nicht zur Diskussion.

Repräsentativ wird die Aufgabenstichprobe der Prüfung also vor allem dann sein, wenn sie den zu Grunde liegenden Unterricht möglichst proportional abbildet. D. h. zunächst einmal: Was im Unterricht viel Platz einnahm (über lange Zeitstrecken behandelt und geübt wurde), muss auch bei der Auswahl des Prüfungsstoffes besonders berücksichtigt werden. Die verbreitete Praxis, auf Stoff zurückzugreifen, der in der letzten Stunde vor der Prüfung noch schnell im Vorübergehen erwähnt wurde, ist mit diesem Grundsatz nicht zu vereinbaren.

Wenn Repräsentativität nicht erreichbar ist, dann sind im Zweifelsfalle bedeutsamere Inhalte gegenüber weniger bedeutsamen vorzuziehen.

Die Einschätzung der Bedeutsamkeit erfolgt dabei retrospektiv und prospektiv:

- *Retrospektiv* insofern, als wir dabei auf den vorangegangenen Unterricht zurückblicken: Inhalte gelten uns als umso bedeutsamer, je mehr Bedeutung ihnen darin eingeräumt wurde. Im Allgemeinen wird sich die Bedeutung, die ein Inhalt im Unterricht hatte, in der dafür aufgewendeten Zeit widerspiegeln. Insoweit mündet diese Überlegung in die Forderung nach proportionaler Abbildung ein. Es kann aber auch vorkommen, dass bedeutsame Inhalte auf andere Weise hervorgehoben wurden, z. B. durch Exkursionen, Klassenfahrten, Projekte, durch den Einsatz besonderer Medien usw. Allerdings sollte man sicherstellen, dass solche Maßnahmen beim Schüler wirklich das Bewusstsein der Bedeutung erzeugen. Allein der Hinweis der Lehrkraft, das, was jetzt behandelt werde, sei besonders wichtig, schafft dieses Bewusstsein nicht zuverlässig genug.

- *Prospektiv* insofern, als wir dabei auf künftigen Unterricht und auf künftige berufliche, öffentliche und private Anwendungen vorausblicken: Inhalte sind umso bedeutsamer, je mehr von ihnen der künftige Lernerfolg auf dem betr. Gebiet, in dem betr. Fach und in der betr. Bildungslaufbahn abhängt und je stärker die erfolgreiche Anwendung im künftigen Berufsleben, im öffentlichen und im privaten Leben des Schülers durch ihre Beherrschung bedingt ist. Ein Inhalt hat umso mehr Lernbedeutsamkeit, je häufiger künftige Lehr- und Lernprozesse ihn voraussetzen und wieder aufnehmen. Die Bedeutsamkeit für das künftige berufliche, öffentliche und private Leben des Schülers können wir danach einschätzen, wie stark die entsprechenden Kompetenzen gegenwärtig in beruflichen Bereichen sowie im öffentlichen und im privaten Leben benötigt werden – soweit hier Prognosen in unserer schnelllebigen Zeit überhaupt möglich sind.

Die Berücksichtigung des retrospektiven Aspekts der Bedeutsamkeit sichert zusammen mit dem Prinzip der proportionalen Abbildung die Inhaltsvalidität der Prüfung. Den prospektiven Aspekt zu bedenken, gewährleistet Prognosevalidität. *Wenn weder Repräsentativität noch Präferenz des Bedeutsameren realisierbar ist, sollte man die verschiedene Teilgebiete und Bereiche des Unterrichts in der Prüfung wenigstens einigermaßen gleichmäßig berücksichtigen.* Ein derartiges schematisches Auswahlverfahren ist immer noch besser als eine willkürliche und zufällige Auswahl.

3.2.2 Auswahl der Prüfungsform

Bekanntlich kann man schriftlich, mündlich und praktisch prüfen. *Entgegen der verbreiteten Meinung, es sei mehr oder weniger naturgegeben, in welcher Form in welchem Fach zu prüfen ist, vertreten wir hier die These, dass in den meisten Fächern, wenn auch vielleicht nicht auf jede, so doch auf unterschiedliche Weise geprüft werden kann.* Eine Praxis, die einfach in den eingefahrenen Schienen der Tradition verläuft, ist ebenso verfehlt, wie willkürliche Entscheidungen und subjektive Vorlieben es sind.

Warum sollte man z. B. Physik nicht auch praktisch prüfen können? Wäre nicht sogar ein sehr viel weiter gehendes Verständnis einer Versuchsanordnung gefordert, wenn man sich nicht mit deren schriftlicher oder mündlicher Beschreibung begnügte, sondern ihren funktionsfähigen Aufbau verlangte? Wäre nicht die Aufführung eines Dramas oder doch wenigstens eines Aktes daraus nach eigener Inszenierung eine mindestens ebenso gute Überprüfung des Verständnisses wie das Verfassen der üblichen Interpretationen? Und wieso eigentlich wird im Kunstunterricht das Begreifen der Regeln des Bildaufbaus und der Farbkomposition so häufig über eigene Gestaltungsversuche überprüft und so selten durch mündliche oder schriftliche Analyse eines vorliegenden Produktes?

Vor allen Dingen drei Erwägungen sollte man bei der *Auswahl der Prüfungsform* anstellen:

Erstens: Hinsichtlich der Prüfungsform sollte jede Leistungsüberprüfung ein proportionales Abbild der Arbeitsformen des vorangegangenen Unterrichts sein.
Auch die Wahl einer Prüfungsform muss sich am vorangegangenen Unterricht orientieren, d. h. sie muss hauptsächlich Aktivitäten von der Art fordern, wie sie auch im Unterricht vorherrschten. Eine Versuchsanordnung zum Zweck der Leistungsüberprüfung nachbauen zu lassen, ist nur zulässig, wenn auch im Unterricht umfänglich praktisch gearbeitet und geübt wurde.

Zweitens: Die Prüfungsformen sind unter sorgfältigem Abwägen ihrer Vorzüge und Nachteile auszuwählen:
Der wichtigste Vorzug der schriftlichen Prüfungsform besteht darin, dass die Leistung am Ende als relativ beständiges Produkt vorliegt. Man kann dieses Produkt (die „Arbeit“) wiederholt betrachten, verschiedenen Beurteilern vorlegen und eine abgegebene Bewertung durch mehrere Beurteilungen absichern.
Wie rasch der Eindruck mündlicher Leistungen verblasst – auch wenn sie protokolliert werden – und wie schwierig es manchmal ist, dem Geprüften eine falsche Selbstwahrnehmung zu demonstrieren, ist allgemein bekannt.
Die Ergebnisse praktischer Prüfungen sind z. T. ebenso unbeständig wie mündliche Leistungen (nämlich dann, wenn es sich um Handlungsabläufe handelt, wie z. B. das Ausführen einer Übung an einem Turngerät oder die Gestaltung einer Pantomime), z. T. aber auch genauso dauerhaft wie schriftliche Produkte (nämlich immer dann, wenn sie in ein „Werk“ einmünden, wie z. B. ein Aquarell, eine Handarbeit oder ein technisches Modell).
Bei schriftlichen Prüfungen und bei praktischen Prüfungen, deren Gegenstand ein Handlungsprodukt ist, ist im Allgemeinen die Objektivität und Reliabilität besser als bei mündlichen Prüfungen und bei praktischen Prüfungen, deren Objekt ein Handlungsablauf ist. Die Objektivität und Reliabilität praktischer Prüfungen hängt davon, ob der Handlungsablauf oder ein Handlungsprodukt Gegenstand der Beurteilung ist.
Die meisten Schüler fühlen sich in schriftlichen und praktischen Prüfungssituationen (in diesen vor allem dann, wenn ein Werkstück zu gestalten ist) entspannter als in mündlichen Prüfungen. Sie empfinden es als Vorzug, etwas Bedenkzeit zu haben und nicht immer sofort reagieren zu müssen. Sie können für sich alleine überlegen und arbeiten und sind nicht unmittelbar mit dem Prüfer und der Klassenöffentlichkeit konfrontiert.
Andererseits kann man in schriftlicher Form fast nur kognitive Kompetenzen abprüfen. Die mündliche Prüfungsform erlaubt dem Kundigen über Mimik, Gestik und Körperhaltung wenigstens einige Rückschlüsse auf emotionale Komponenten. Ganzheitlichen Charakter tragen am ehesten aber praktische Prüfungen. In ihnen können sowohl kognitive als auch emotionale und psychomotorische Kom-

petenzen – und oft alle zugleich an einer einzigen Aufgabenstellung – überprüft werden. Die Vorherrschaft der schriftlichen und mündlichen Prüfungsform resultiert vermutlich nicht zuletzt aus der kognitiven Kopflastigkeit unseres gesamten Schulbetriebs.

Nicht selten sind praktische Prüfungen lebensnäher und lebensrelevanter als schriftliche und mündliche. Außerhalb der Schule ist sehr viel seltener bloßes Bescheidwissen über einen Sachverhalt gefragt als wirkliche Handlungskompetenz. Wer z. B. einen Motor reparieren kann, dem wird allgemein Respekt gezollt – sehr viel mehr als dem, der nur erklären kann, wie und warum er funktioniert oder nicht funktioniert. Wenn es der Schule wirklich ernst wäre mit dem Grundsatz, dass für das Leben gelernt werden soll, dann müssten praktische Prüfungen gegenüber schriftlichen und mündlichen als die valideren vorgezogen werden und dementsprechend häufiger sein.

Aus ihrem oftmals engeren Bezug zum außerschulischen Leben resultiert auch, dass praktische Prüfungen meistens motivierender für die Schüler sind.

Dafür sind sie in vielen Fällen aber auch sehr aufwändig in der Organisation, insbesondere, soweit sie auf das Herstellen von Werkstücken abzielen. Das dürfte der Hauptgrund dafür sein, dass sie im Schulalltag so selten vorkommen.

Auch die mündliche Prüfung hat ihre Vorteile: Sie ist unaufwändig sowohl in der Vorbereitung als auch in der Bewertung. Vor allen Dingen aber ist sie die einzige adaptive Prüfungsform: Die Prüfer können sich hier während der Prüfung den besonderen Fähigkeiten und Schwächen des Kandidaten anpassen, Zusatzfragen stellen, Hilfen geben und auch das Anforderungsniveau insgesamt flexibel gestalten.

Sofern bei angemessenem Verhalten der mündlichen Prüfer die Kompetenz des Schülers gründlicher erfasst wird, ist die mündliche Prüfung oft auch valider als die schriftliche.

Welche Prüfungsform schließlich gewählt wird, hängt vor allem davon ab, welche Funktionen der Leistungsüberprüfung und -beurteilung man bevorzugt. Schriftliche Prüfungen sind ohne Zweifel am besten geeignet für Verwaltungs- und Selektionszwecke: Sie sind einfach zu organisieren, zu reglementieren und zu beaufsichtigen und liefern vorzeigbare und gut vergleichbare Produkte – letztlich Aktenvorgänge, wie sie sonst auch in bürokratischen Organisationen anfallen. Dagegen ist zu bezweifeln, ob man durch sie am sichersten ermitteln kann, inwieweit Schüler fachlich-sachlichen Anforderungen entsprechen, und ob man so am ehesten jene Informationen über ihren Leistungsstand erhält, welche man benötigt, um sie gezielt zu fördern.

Drittens: Insgesamt sollte man sich bemühen, vielfältige Prüfungsformen zu verwenden und – wenn irgend möglich – nicht alle Leistungsüberprüfungen in derselben Form abzuwickeln.

Die angeführten Beispiele lassen erkennen, dass wir mit dem Wechsel einer Prüfungsform auch jeweils anderen Begabungs- und Fähigkeitsprofilen der Schüler eine Chance einräumen. Vielleicht kann der Schüler, der nie auch nur eine halbwegs zufrieden stellende künstlerische Gestaltung zu Wege bringt, durchaus ein Fremdprodukt verständig analysieren. Kunstsachverstand wird ja auch in der Berufswelt beileibe nicht nur den praktizierenden Künstlern zugesprochen – was wäre sonst von Kunsthistorikern, Galeristen und Theaterkritikern zu halten? Und möglicherweise könnten manche unserer sprachlich nicht sehr gewandten Hauptschüler, die sich infolgedessen auch bei der schriftlichen Darstellung eines physikalischen Sachverhaltes schwer tun, in einer praktischen Prüfung gleichwohl ein zureichendes Verständnis demonstrieren.

Das gegenwärtige Vorherrschen der schriftlichen und mündlichen Prüfungsform läuft auf eine Bevorzugung theoretischer Begabungen hinaus. Wahrscheinlich arbeitet die darauf gründende Selektion vor allem zu Gunsten der Mittel- und Oberschicht. Innerhalb der Strategie einer normenintegrierenden Leistungsüberprüfung, die nach Möglichkeit auch der Förderung der Schüler dienen will (vgl. 4.3.3), ist eine solche Einseitigkeit untragbar.

3.2.3 Auswahl der Aufgabenformen

Die Auswahl der Aufgabenformen kann sinnvoller Weise erst nach der Festlegung der Prüfungsform erfolgen, da damit auch eine weit reichende Vorentscheidung über die möglichen Aufgabenformen verbunden ist. Vor der Erörterung geeigneter Auswahlkriterien sollen zunächst die verfügbaren Aufgabenformen dargestellt und hinsichtlich ihrer Vorzüge und Nachteile beleuchtet werden.

Eine *Aufgabe* besteht aus drei Teilen:

- *dem Informationsfeld:* Hier werden Ausgangsbedingungen beschrieben, die man kennen muss, um eine Lösung zu finden. Manchmal werden diese Informationen auch einfach als bekannt vorausgesetzt.
- *dem Fragefeld:* Hier wird dem Bearbeiter der Aufgabe das Problem mitgeteilt, welches er auf der Grundlage der verfügbaren Informationen zu lösen hat.
- *dem Antwortfeld:* Oft hat der Prüfer feste Vorstellungen, was er als richtige Antwort oder als Lösung akzeptieren will. Bei geschlossenen Aufgaben werden diese vorher fixierten Antworten und Lösungen, vermischt mit anderen Antwortmöglichkeiten, dem Bearbeiter zur Entscheidung angeboten.

In der Aufgabe: „Die Mutter von Hans und der Vater von Fritz sind Geschwister. In welchem Verwandtschaftsverhältnis stehen deiner Meinung nach Hans und Fritz zueinander: Sind sie Brüder, Neffen, Vettern oder Söhne?“ verteilen sich die einzelnen Aussagen folgendermaßen auf die drei Felder:

- Informationsfeld: „Die Mutter von Hans und der Vater von Fritz sind Geschwister.“

- Fragefeld: „In welchem Verwandtschaftsverhältnis stehen Hans und Fritz zueinander?“
- Antwortfeld: „Sind sie Brüder, Neffen, Vettern oder Söhne?“

Während nun Informationsfeld und Fragefeld einer Aufgabe in jedem Fall sowohl der Lehrkraft als auch dem Schüler vorliegen, kann hinsichtlich des Antwortfeldes unterschiedlich verfahren werden, und daran orientiert sich die *Einteilung der Aufgabenformen:*

- Das Antwortfeld kann (wie im obigen Beispiel) sowohl der Lehrkraft als auch den Schülern zugänglich sein. D. h. auch den Schülern wird im Prinzip die richtige Antwort vorgegeben, wobei sie allerdings erst als eine unter mehreren Möglichkeiten zu identifizieren ist. Die Lehrkraft hat natürlich zusätzlich die Information, welche Auswahlantwort zutrifft. In diesem Falle sprechen wir von *geschlossenen Aufgaben.* Unsere oben angeführte Beispielaufgabe ist eine solche geschlossene Aufgabe.
- Das Antwortfeld ist der Lehrkraft vorgegeben, jedoch nicht dem Schüler. D. h. die Lehrkraft hat präzise, festgelegte Vorstellungen von den richtigen Antworten, während der Schüler keine Lösungsalternativen angeboten bekommt. In diesem Falle sprechen wir von *halb offenen Aufgaben.* Der Schüler muss hier die Antwort gewissermaßen „erfinden“, er kann sie nicht unter mehreren Möglichkeiten auswählen. Für die Lehrkraft hingegen steht von Anfang an fest, wie die Antwort bzw. Lösung lauten muss.
  Um aus unserer Beispielaufgabe eine halb offene Aufgabe zu machen, müsste lediglich das Antwortfeld für die Kandidaten leer bleiben, so dass die Aufgabe mit der Fragestellung endet.
- Das Antwortfeld kann schließlich sowohl für den Schüler als auch für die Lehrkraft unbesetzt sein (und damit fortfallen). Das heißt konkret, dass auch die Lehrkraft noch nicht (völlig) festgelegt ist hinsichtlich der Antworten, die sie als richtig akzeptieren wird. Eine solche Aufgabenform kann sinnvoll sein, wenn kreative Lösungen zugelassen werden sollen, oder wenn es ohnehin keine präzise definierbare Lösungsmenge gibt. In diesem Falle sprechen wir von *offenen Aufgaben.*
  In unserem Beispiel müssten wir die Fragestellung etwas abwandeln, um eine offene Aufgabe zu erhalten, z. B. in der folgenden Weise: „Welche besonderen Chancen impliziert dieses Verwandtschaftsverhältnis für die soziale Erziehung von Hans und Fritz?“

Offene Aufgabenformen sind in der Schulpraxis recht verbreitet. Dabei kann der Umfang der von den Schülern zu gebenden Antworten stark variieren: Falls sie sich sehr kurz fassen, vielleicht auf einen einzigen Satz beschränken dürfen, sprechen wir von *Freiantwortaufgaben*; falls umfangreichere Äußerungen erwartet werden, liegt die *Essayform* vor. Auch Aufsätze in allen Spielarten sind eine Variante der offenen Aufgabenform. Im Einzelnen kann man unterscheiden[1]:

- *Offene Gestaltungsaufgaben:* Schüler sollen auf die Aufgabenstellung „gestalterisch" reagieren, wobei die Gestaltungsleistung eine mündliche, schriftliche oder praktische sein kann.
- *Offene Deutungsaufgaben:* Hier ist eine vorgegebene Situation oder vorgegebenes Material zu interpretieren. Anders als bei der Gestaltungsaufgabe ist dabei der Sinn vom Schüler nicht völlig neu zu stiften, sondern das Material bzw. die Situation enthält bereits einen (vielleicht sogar schon recht allgemein bekannten) Sinn, der vom Schüler gewissermaßen nur wieder zu entdecken ist.
  Als Beispiele fallen einem wahrscheinlich zuerst Interpretationen von poetischen Texten und von Musikstücken ein. Aber auch die Aufgabe „Nehmen Sie unter politischen und wirtschaftlichen Gesichtspunkten Stellung zu den Bestimmungen des Versailler Vertrags!" ist eine Deutungsaufgabe.
- *Offene Assoziationsaufgaben:* Bei dieser Aufgabenart haben Schüler auf vorgegebene Reize hin (Wörter, Geschichten, Bilder, Dinge, Töne etc.) freie Assoziationen zu äußern. Die Reize sind dabei in aller Regel mehrdeutig oder unvollständig, so dass auch hier ein kreatives Moment ins Spiel kommt.
  Ein Beispiel für eine solche Aufgabenstellung ist: „Ein deutscher Kollege sagt zu dem türkischen Bauarbeiter Achmed: 'Du stinkst wieder mal nach Knoblauch.' Schreibe Reaktionen Achmeds auf (Gedanken, Gefühle, Handlungen, sprachliche Äußerungen...), die dir einfallen!

Gewissermaßen quer zu dieser Einteilung liegt eine andere (Reisse 2008, S.124ff.):

- Offene Aufgaben, welche mehrere Lösungen haben bzw. mehrere Ergebnisse zulassen
- Offene Aufgaben, welche auf mehreren Wegen gelöst werden können
- Offene Aufgaben mit offener Aufgabenstellung, die unterschiedlich konkretisiert werden dürfen, z. B.: „Ein Wasserhahn tropft! Erläutere die Auswirkungen und begründe diese mittels geeigneter Berechnungen!" (Reisse 2008, S.127)

Bei *halb offenen Aufgaben*[2] unterscheidet man im Einzelnen:

- *Halb offene Freiantwortaufgaben:* Dies sind kleine Fragen, die relativ kurz (oft mit einem einzigen Wort oder einer einzigen Zahlenangabe), jedoch in einer präzise festgelegten Weise zu beantworten sind.
  Als Beispiele seien angeführt:
  „Welcher Kaiser ließ den Bamberger Dom erbauen?"
  „Gib zu den folgenden Abkürzungen politischer Parteien den vollständigen Namen an und schreibe den derzeitigen Vorsitzenden dazu:
  CSU...

SPD...
F.D.P...“

– *Halb offene Ergänzungsaufgaben:* Hier hat der Schüler eine fragmentarische Information zu vervollständigen.
  In der Schulpraxis findet man hauptsächlich die Variante der sog. Lückentexte, also Aufgabenstellungen der folgenden Art:
  „Der Nürnberger .... hat die Taschenuhr erfunden. Sein Mitbürger .... war ein berühmter Bildhauer.“
  Aber auch die folgende Aufgabe ist eine halb offene Ergänzungsaufgabe:
  „Finde die Regel heraus, welche in der folgenden Zahlenreihe steckt und füge die nächsten vier Zahlen hinzu:
  1, 4, 2, 6, 24, 12, 36, 144, 72, ..., ..., ..., ...“
– *Halb offene Substitutionsaufgaben:* Hier muss der Schüler Teile der vorgegebenen Information durch bessere oder richtige ersetzen, wie etwa in der folgenden Aufgabe:
  „Streichen Sie den falschen Teil der Aussage durch und schreiben Sie auf, wie es richtig heißen muss: Karbonsäuren enthalten die Karboxylgruppe-COOH und dissoziieren in wässriger Lösung in Hydroxonium-Ionen und Säure-Kationen R-COO.“

Bei allen halb offenen Aufgabenformen besteht die Gefahr, dass Schüler sie irrtümlich als offene wahrnehmen. Man muss also unmissverständlich deutlich machen, dass eine ganz bestimmte Antwort erwartet wird.

Geschlossene Aufgabenformen sind in der Schulpraxis am ehesten in der Variante der Mehrfach-Auswahl-Antwort-Aufgaben bzw. Multiple-Choice-Aufgaben bekannt. Im Einzelnen sind folgende Varianten zu unterscheiden:

– *Geschlossene Identifikations- und Auswahlaufgaben:*
  Eine richtige oder falsche Lösung ist auszuwählen bzw. zu identifizieren.
  Beispiele:
  „Streiche das Wort durch, welches nicht zu den anderen passt: schreiten – gehen – stolzieren – kriechen“
  „Kreuze das Richtige an:
  Der Wal ist: ❒ ein Fisch ❒ ein Säugetier“
– *Geschlossene Zuordnungsaufgaben:*
  Hier sind vorgegebene Informationen anderen richtig zuzuordnen.
  Beispiel:
  „Die Wortpaare sind durcheinander geraten. Wie müssen sie richtig heißen?

Soldat	–	hüpfen
Kind	–	marschieren
Verwundeter	–	schreiten
Mannequin	–	wanken“

– *Geschlossene Ergänzungsauswahlaufgaben:*
  Informationslücken müssen aus einem vorgegebenen Angebot ergänzt werden.
  Beispiel:
  „Tragen Sie die passenden Kennbuchstaben A bis I in die Textlücken ein:
  Der Knochen eines Skelettstücks ist im Bereich der Diaphyse ... gebaut, im Bereich der Epiphyse hingegen ... Innerhalb des Gelenkraums ist die Epiphyse von ... überzogen.
  A) spongös
  B) kompakt
  C) Synovia
  D) Kollagenfaserbündel
  E) Membrana synovialis
  F) hyaliner Knorpel
  G) epitheliales Gallertgewebe
  H) elastische Fasern
  I) Faserknorpel“
– *Geschlossene Substitutionswahlaufgaben:*
  Teile einer Information müssen durch vorgegebene Informationsteile ersetzt werden.
  Beispiel:
  „Kreuze an, wie es an der unterstrichenen Stelle im folgenden Satz richtig heißen muss: When waving goodbye to our friends, the airplane took off.
  • While waving
  • Upon waving
  • Having waved
  • Waving
  • While we waved“
– *Geschlossene Umordnungsaufgaben:*
  Teile einer vorgegebenen Information sind zu ordnen.
  Beispiel:
  „Bringe die Stilrichtungen in eine chronologische Reihenfolge:
  Expressionismus – Impressionismus – Kubismus – Surrealismus“

Versuchen wir eine abschließende *Bewertung der Aufgabenformen*:
Geschlossenen Aufgabenformen wird von Schulpraktikern gerne nachgesagt, damit lasse sich nur Wissen auf sehr einfachem Niveau überprüfen, nicht aber Verstehen. Das ist jedoch ein unbegründetes Vorurteil. Wenn man sich etwa die große Fülle der Beispielaufgaben zu den verschiedenen Stufen kognitiver Kompetenz in Blooms „Taxonomie von Lernzielen im kognitiven Bereich“ (1972) ansieht, so wird man darunter auch viele geschlossene Aufgaben für die anspruchsvollen Stufen finden, die ganz gewiss nicht mit bloßem Faktenwissen zu lösen sind. Allerdings dürften

Lehrer im Allgemeinen Schwierigkeiten haben, anspruchsvolle geschlossene Aufgaben zu formulieren, weil sie dafür pädagogisch und psychologisch nicht ausgebildet sind.

Geschlossene Aufgabenformen ermöglichen nur eine Überprüfung passiver, nicht jedoch aktiver Verfügbarkeit. Es sind unterschiedliche Leistungen zu erkennen, wenn die Frage gestellt wird, welche der angebotenen Bedeutungen für das englische Verb „to watch" richtig ist: „wandern", „watscheln" oder „beobachten", oder wenn die Frage zu beantworten ist: „Was heißt 'to watch'?" Im ersten Fall genügt es, die richtige Bedeutung wiederzuerkennen (passive Verfügbarkeit, unselbstständiges Erinnern), im zweiten muss man die richtige Bedeutung frei rekonstruieren (aktive Verfügbarkeit, selbstständiges Erinnern). Offensichtlich ist die zweite Leistung die anspruchsvollere. Gleichwohl ist es nicht angemessen, sie immer zu fordern:

- Längst nicht überall im Leben wird aktive Verfügbarkeit benötigt. Z. B. genügt es vollkommen, die Bedeutung von Verkehrsschildern passiv verfügbar zu haben, d. h. sie wieder zu erkennen. Außer dem Gestalter solcher Schilder muss niemand sie aufmalen.
- Längst nicht in allen Fällen, in welchen eine Leistungsüberprüfung mit offenen oder halb offenen Fragestellungen ein totales Leistungsdefizit erbrachte, wurde überhaupt nichts gekonnt. Meistens wäre einiges Wissen wenigstens passiv verfügbar gewesen.

Es legt sich daher dringend nahe, vor Prüfungen jeweils zu bedenken, auf welchem Niveau der Verfügbarkeit eine Kompetenz überprüft werden soll, und dann die entsprechenden Aufgabenformen zu wählen.

Ein Erfassen kreativer Leistungen ist mit geschlossenen und halb offenen Aufgabenformen nicht möglich, da hier definitionsgemäß die Lösungen vorher präzise festgelegt sein müssen. Wo immer es um die Überprüfung kreativer Leistungen zu tun ist, legen sich also offene Aufgabenformen nahe.

Geschlossene Aufgabenstellungen ermöglichen keine Prozessdiagnose der Leistung. Wann immer uns daran liegt, nicht nur in Erfahrung zu bringen, ob Schüler eine Lösung finden oder nicht, sondern auch, welche Lösungswege sie dabei beschreiten, sind wir auf offene und halb offene Aufgaben angewiesen.

Oft wendet man gegen geschlossene und halb offene Aufgabenformen ein, sie vernachlässigten über Gebühr die sprachliche Förderung. Man weist dann etwa darauf hin, dass eine Klasse, die längere Zeit nur Lückentexte bearbeitet hat, kaum noch zusammenhängende Antworten in ganzen Sätzen zu formulieren vermag. Aber andererseits ist auch zu bedenken, dass bei offenen Aufgaben immer die Gefahr besteht, sprachliche Kompetenzen über Gebühr vorauszusetzen und mitzubenoten und somit das Kriterium der Validität zu verletzen. Außerdem sollte die sprachliche Förderung der Schüler im Unterricht stattfinden. Prüfungen sind dafür kaum der angemessene Ort.

Manchmal wird eingewendet, dass die Konstruktion einer Prüfung mit vielen geschlossenen Aufgaben unzumutbar zeitaufwändig sei. Daran ist sicherlich richtig, dass man viel mehr Zeit benötigt, um z. B. 20 geschlossene Aufgaben zum Dreißigjährigen Krieg zu entwickeln, als für die Formulierung der Frage „War der Dreißigjährige Krieg ein Religionskrieg?". *Anderseits jedoch sind Prüfungen, die aus geschlossenen Aufgaben bestehen, sehr ökonomisch zu korrigieren* – sofern man sie entsprechend anlegt, sogar mit einer Auswertungsschablone oder mit einem Computerprogramm. Gerade bei großen Klassen und Kursen fällt dieser Faktor ganz erheblich ins Gewicht.

Nicht zuletzt ist ein Vorzug geschlossener Aufgabenformen, dass die Schüler in derselben Zeit viel mehr Aufgaben bearbeiten können, so dass sich die Messfehler deutlich reduzieren lassen. Hier führt die Aufgabenvermehrung noch nicht einmal unbedingt zu stärkerer Ermüdung der Kandidaten: Die Prüfung muss ja keineswegs länger dauern, wenn an Stelle von wenigen offenen eine größere Zahl geschlossener Aufgaben verwendet wird. Reliabilität ist also durch geschlossene Aufgaben leichter zu sichern als durch offene.

Leistungen, die in halb offenen und insbesondere in geschlossenen Aufgaben erbracht werden, sind besser vergleichbar als solche, die bei offenen Aufgabenstellungen gezeigt werden. Damit erhöht sich auch die Auswertungsobjektivität (vgl. 2.2.1).

In gewisser Weise tut sich hier ein Dilemma auf: Bei offener Aufgabenstellung können die Schüler – sprachliche Kompetenz vorausgesetzt! – ihr individuelles Leistungsprofil optimal zeigen. Aber es kann dann schwierig werden, für die Beurteilung ihrer Leistungen überhaupt noch einen gemeinsamen Maßstab zu finden. Bei geschlossenen Aufgaben bereitet dies überhaupt keine Schwierigkeit. Aber man läuft mit ihnen Gefahr, die unterschiedlichen Leistungsprofile über Gebühr in das Prokrustesbett einer allzu schematischen Fragestellung zu pressen. Die so gut vergleichbaren und so objektiv und reliabel bewertbaren Leistungen sind möglicherweise schon längst nicht mehr valide.

Ganz offensichtlich verführen geschlossene Aufgaben Schüler zum Raten. Besonders wenn nur wenige Auswahlmöglichkeiten angeboten werden, ist die Wahrscheinlichkeit, die Lösung rein zufällig zu finden, sehr hoch. Deshalb sollte man Ja-Nein-Aufgaben, bei denen nur zwischen zwei Möglichkeiten zu wählen ist, unbedingt meiden – die Ratewahrscheinlichkeit beträgt hier immerhin 50%! Außerdem dürfen die falschen Antwortalternativen (die Distraktoren) nicht so unwahrscheinlich sein, dass Schüler sie von vornherein nicht in Betracht ziehen, und die Aufgabenformulierungen sollten auch keine Hinweise auf die richtige Alternative enthalten (etwa durch das Wiederaufnehmen von Begriffen der Fragestellung oder durch das Benutzen sprachlicher Lieblingswendungen der Lehrkraft).

Selbst dann, wenn diesbezüglich sehr sorgfältig verfahren wird, bleibt die Möglichkeit des bloßen Ratens bestehen. Um zu verhüten, dass Prüfungen mit geschlossenen Aufgabenformen zu „Billigprüfungen" werden, muss man den Rateeffekt bei der Benotung einkalkulieren, d. h. so benoten, dass Schüler mit dem Zufallsanteil richtiger Lösungen noch nicht über die 6 hinauskommen. Dies bedeutet z. B., dass bei einer Prüfung mit jeweils vier Antwortalternativen (also einer 25%igen Wahrscheinlichkeit, die richtige Lösung zu erraten) für die Note 5 mehr als 25% der maximalen Punktzahl erbracht werden müssen.

Keine Aufgabenform ist für alle Anlässe zu empfehlen. Jede Aufgabenform bevorzugt bestimmte Schüler und benachteiligt andere. In Anbetracht dieses Umstandes sollte man auf Abwechslung bedacht sein. Dabei sollte man nicht schematisch verfahren, sondern sich an den dargelegten Auswahlkriterien für die Aufgabenformen orientieren.

Bearbeitungstechnisch anspruchsvollere Aufgabenformen (vor allem die verschiedenen Varianten der geschlossenen Aufgaben) müssen im Unterricht ausreichend geübt werden, bevor man sie in Prüfungen verwendet. Sonst läuft man leicht Gefahr, dass die Bewältigung der ungewohnten Aufgabenform die Hauptschwierigkeit für die Schüler darstellt, was die Validität der Ergebnisse erheblich beeinträchtigen würde. *Auch für die Auswahl der Aufgabenformen gilt das Prinzip der proportionalen Abbildung des Unterrichts: Die Aufgabenformen müssen mit den im Unterricht verwendeten Lern- und Arbeitsformen übereinstimmen.*

3.2.4 Festsetzen der Anforderungsniveaus

Ebenso wie die Prüfung hinsichtlich der Inhalte und der Prüfungs- und Aufgabenformen ein proportionales Abbild des vorangegangenen Unterrichts sein soll, muss auch das Anforderungsniveau der einzelnen Aufgaben mit dem Arbeitsniveau im Unterricht übereinstimmen. Verständnis z. B. darf nur dann geprüft werden, wenn der Unterricht auch Verständnis anbahnte. Bewegte er sich nur auf der Ebene von Informationsvermittlung und -wiedergabe, dann ist keine ausreichende Inhaltsvalidität für die Überprüfung von Verständnis gegeben. Die Schüler hatten dann gar nicht die Gelegenheit, im Unterricht zu lernen, was sie in der Prüfung können sollen. Für Selektionszwecke mögen solche Fehlanforderungen, mit denen man die Quote der Versager nach Bedarf steuern kann, vielleicht willkommen sein. Für eine pädagogische Leistungsüberprüfung sind sie untragbar. Im Übrigen schaden sie auch dem Unterricht: Es bildet sich bei den Schülern dann leicht das Bewusstsein, dass es sowieso „nicht viel bringt", im Unterricht mitzuarbeiten und sich auf die Prüfung vorzubereiten, weil die Lehrkraft in der Prüfung immer andere, „unfaire" Aufgaben stellt, mit denen man auch dann Schwierigkeiten hat, wenn man sich zuvor anstrengte.

Auch Fehlanforderungen in umgekehrter Richtung kommen in der Praxis vor: Dann beschränken sich z. B. Prüfungen auf elementares Faktenwissen, während

im Unterricht auf sehr anspruchsvollem Niveau gearbeitet wurde. Hierdurch wird ebenfalls das Kriterium der Inhaltsvalidität verletzt. Lehrer und Schüler wiegen sich dann evtl. in dem falschen Schein, dass ein Großteil der Klasse die gesteckten Lernziele erreicht hat, während in Wahrheit viele nur durch die künstliche Vereinfachung der Prüfung zu akzeptablen Ergebnissen kamen. Früher oder später werden diese Schüler in Schwierigkeiten geraten, wenn sie sich weitere Kompetenzen anzueignen haben, ohne dass sie über die notwendigen Voraussetzungen verfügen. Auch solche Fehlanforderungen haben fatale Rückwirkungen auf den Unterricht: Selbst jüngere Schüler bemerken bald, dass dessen hohe Anforderungen nicht prüfungsrelevant sind und dass es deshalb nicht nötig ist, aufzupassen und mitzuarbeiten, dass es vielmehr genügt, Hefteinträge und Arbeitsblätter zu memorieren.
Zur Abstimmung und Kontrolle der Anforderungsniveaus kann man eine der gebräuchlichen Taxonomien benutzen, also z. B. Heinrich Roths Unterscheidung von Reproduktion, Reorganisation, Transfer und Problemlösen, die allerdings nur für kognitive Lernziele gilt, oder die Taxonomien von Bloom, Krathwohl, Dave, Guilford u. a.[3]

3.2.5 Bestimmung des Aufgaben- und Prüfungsumfangs

Hier sind zwei Entscheidungen zu fällen:
- Wie umfangreich sollen die einzelnen Aufgaben sein?
- Aus wie vielen Aufgaben soll die Prüfung bestehen?

Das Grundkönnen wird umso zuverlässiger abgeprüft, je mehr Aufgaben die Prüfungsstichprobe enthält – sofern gewährleistet ist, dass die einzelnen Aufgaben möglichst unabhängig voneinander bearbeitet und gelöst werden können. Andererseits erfordert eine größere Zahl von Aufgaben auch ein größeres Umstellungsvermögen der Schüler. Auch ist zu bedenken, dass Aufgaben, die anspruchsvollere Kompetenzen abprüfen, naturgemäß umfangreicher sind. Bloßes Faktenwissen kann man in kleinen Fragen abprüfen, Verständnis und Transferleistungen nicht. Ferner werden in Prüfungen mit umfangreicheren Aufgabenstellungen Leistungen besser in ihrer Ganzheitlichkeit erfasst. Die einzelnen Komponenten schriftsprachlichen Gestaltungsvermögens (also etwa systematischer Aufbau, treffende Wortwahl, übersichtlicher Satzbau, Vermeiden häufiger Passivkonstruktionen, Verwendung von Hypotaxen an Stelle von Parataxen usw.) sind – entgegen einer verbreiteten Meinung – durchaus auch mit kleinen, eng begrenzten Aufgaben zu prüfen, etwa in Form von Formulierungs- und Umformulierungsversuchen, z. T. sogar mit Multiple-Choice-Aufgaben. Wie gut Schüler diese Einzelkomponenten zu einer gelungenen Synthese zu bringen vermögen, kann man jedoch nur sehen, wenn man ihnen die umfängliche und komplexe Aufgabe zumutet, einen Aufsatz zu schreiben.

Wir befinden uns hier offensichtlich in einem mehrfachen Dilemma:

- Prüfungen mit vielen kleinen Aufgaben sind im Allgemeinen reliabler als solche mit wenigen komplexen Aufgaben, d. h. sie messen Leistungen genauer und zuverlässiger.
- Prüfungen mit wenigen komplexen Aufgaben sind valider, wenn anspruchsvolle Kompetenzen und ganzheitliche Fähigkeiten abgeprüft werden sollen, d. h. sie erfassen diese Kompetenzen gründlicher.
- Prüfungen mit vielen kleinen Aufgaben sind hingegen meistens valider hinsichtlich der gesamten Breite der in Frage stehenden Kompetenzbereiche, d. h. sie prüfen die vollständige Beherrschung ganzer Gebiete gründlicher. Je weniger Aufgaben wir stellen, umso mehr müssen wir einzelne Bereiche weglassen oder uns auf eine sehr sporadische Überprüfung aller Bereiche beschränken.

Auch hier ist jede einseitige Praxis zu vermeiden. Man sollte mit abwechselnden Schwerpunkten prüfen: einmal mit relativ komplexen Aufgaben, wovon eine Prüfung dann natürlich nur wenige enthalten kann, auf Ganzheitlichkeit und Tiefe hin, ein andermal mit kleineren, aber dafür zahlreicheren und thematisch breiter gestreuten Aufgaben auf Breite und Vollständigkeit hin. Einen guten Kompromiss stellt es dar, in Prüfungen einige komplexere und eine Reihe kleinerer Fragen zu stellen. In mündlichen Prüfungen kann man mit allgemeineren und umfassenderen Fragen beginnen und zu diesen dann speziellere und anspruchsvollere Zusatzfragen stellen („Trichterprinzip").

Bei der Analyse von jeweils ca. 100 Schulaufgaben und Stegreifaufgaben aus mehreren Fächern in 7. bis 10. Realschulklassen, fanden wir allerdings, dass in der Praxis eher wenig komplexe Aufgaben dominieren, was darauf schließen lässt, dass viel zu einseitig nur schlichte kognitive Leistungen abgeprüft werden. Im Allgemeinen hatten die Prüfungen einen relativ niedrigen Komplexitätsgrad: Es waren pro Aufgabe im Durchschnitt nur zwischen 3 und 4 Punkten zu erreichen. (Lederer 2008, S.75 u. S.164)

Prüfungen mit zu wenigen Aufgaben bzw. mit zu wenigen möglichen Rohpunkten oder Fehlern sollten jedenfalls unbedingt vermieden werden. Glück und Pech und zufällig getroffene Stärken und Schwächen der Schüler fallen bei ihnen viel zu sehr ins Gewicht, weil das Leistungsprofil der Schüler nicht hinreichend breit abgeprüft wird. Vor allem Stegreifaufgaben sind in dieser Hinsicht oft problematisch. Allerdings lassen die amtlichen Vorschriften nicht viel Spielraum für eine umfangreichere Gestaltung. Auch dienen Stegreifaufgaben nicht nur der Leistungsfeststellung, sondern sie haben teilweise auch andere Funktionen – z. B. die der Überprüfung der Aufmerksamkeit der Schüler in der vorhergehenden Stunde und die der Kontrolle der häuslichen Arbeit.

3.2.6 Formulierung der Aufgaben

Nachdem diese Vorentscheidungen gefallen sind, können wir endlich an die Ausformulierung der Aufgaben gehen.

Man sollte sich dabei einer gut verständlichen und altersgemäßen Sprache bedienen und nicht geläufige Begriffe vermeiden. Gegen diesen Grundsatz wird in der Praxis häufig verstoßen. Das mag nicht zuletzt daran liegen, dass Lehrer – wie alle Akademiker – in gewissen Graden durch ihre Ausbildung „sprachgeschädigt" sind. Im modernen Wissenschaftsbetrieb stehen die Ideale der Schlichtheit und Klarheit nicht mehr hoch im Kurs. Dazu kommt eine ungute Überfrachtung der Wissenschaftssprache mit Fremdwörtern, von denen längst nicht alle unverzichtbare Termini sind. Gewiss sollen die Schüler an den wissenschaftlichen Sprachgebrauch herangeführt werden. Das bedeutet aber auch, dass sie bei ihrer alterstypischen Sprache abgeholt werden müssen.

Vor allen Dingen muss man bedenken, dass in emotional besetzten Situationen, wie es Prüfungen immer sind, das Sprachverständnis stark eingeschränkt ist. Schüler werden hier häufig schon durch Formulierungen irritiert, die ihnen in einer entspannten Situation keine Verstehensschwierigkeiten bereiten würden. Man sollte das Sprachniveau also schlichter wählen als normalerweise im Unterricht und zusätzliche Strukturierungshilfen durch Hervorhebungen, Nummerierungen, grafische Darstellungen usw. geben. Kompliziertere Satzkonstruktionen haben zu unterbleiben.

Jede Aufgabe sollte klar in einen Informationsteil und in einen Frageteil gegliedert sein. Der Informationsteil muss in übersichtlicher Darstellung alle Informationen enthalten, die der Schüler benötigt, um die Aufgabe lösen zu können. Dann erst sollte die Frage gestellt werden.

Ein Negativ-Beispiel ist das folgende:

„Mutter kauft im Supermarkt ein. Sie nimmt 2kg Äpfel, das kg zu 2,50 €, 3,5kg Tomaten, das kg zu 1,80 €, 1 Brot zu 3,80 €, 4 Stücke Obstkuchen zu je 1,30 € und 300g Putenwurst, wovon 100g 1,60 € kosten. Was bekommt sie heraus, wenn sie mit einem Hunderteuroschein bezahlt und an der Kasse noch 3 Beutel Bonbons zu je 1,50 € und 2 Tafeln Schokolade zu je 1,80 € mitnimmt?"

Die Information über den Kauf der Süßigkeiten und über den Geldschein, mit dem die Mutter bezahlt, hat in der Frage nichts zu suchen. Sie müsste gegeben werden, bevor diese gestellt wird.

Falls man glaubt, voraussetzen zu dürfen, dass Schüler bereits über die benötigten Informationen verfügen (wie z. B. häufig hinsichtlich des sachlichen Gehaltes von Aufsätzen), sollte man sich vor der Prüfung wenigstens stichprobenartig davon überzeugen, dass diese Voraussetzung zutrifft, oder die Schüler beauftragen, sich die entsprechenden Informationen zu beschaffen.

Der Frageteil sollte eine unmissverständliche, präzise Anweisung geben, was Schüler zu tun haben. In Prüfungen ist es eine Unsitte, an Stelle von präzisen Fragen nur offene Impulse zu geben – manchmal sogar in Mathematik. In solchen Fällen müssen Schüler das Fragefeld ergänzen oder präzisieren. Ein Beispiel wäre die Aufgabe: „Von München nach Augsburg braucht ein Regionalzug 43 Minuten, ein ICE 29 Minuten. Von Augsburg nach Nürnberg fährt ein ICE 59 Minuten, ein Regionalzug aber 1 Stunde und 38 Minuten. Rechne!" Die Schüler könnten z. B. die von einem Regionalzug oder von einem ICE benötigte Fahrzeit von München nach Nürnberg ermitteln oder auch die Differenz dieser Fahrzeiten oder die Fahrzeit für eine ICE-Verbindung München-Augsburg mit anschließender Fortsetzung der Reise mit einem Regionalzug nach Nürnberg usw. Eine solche offene Fragestellung ist nur sinnvoll und zulässig, wenn tatsächlich auch vielfältige Lösungen und Antworten akzeptiert werden.

3.2.7 Die Reihenfolge der Aufgaben

Zwar überlässt man es meistens den Schülern, in welcher Reihenfolge sie die einzelnen Aufgaben einer Prüfung bearbeiten wollen. Dennoch verdient die Anordnung der Aufgaben auf dem Angabenblatt unsere Aufmerksamkeit. Bei schriftlichen Prüfungen *liest* der Schüler die Aufgaben zumindest in der vorgegebenen Reihenfolge. Darüber hinaus wird er innerhalb komplexerer Aufgaben kaum die Reihenfolge von Teilfragen verändern – sehr oft ist das auch gar nicht möglich, weil sie aufeinander aufbauen. Erfahrungsgemäß macht der größte Teil der Schüler auch nur sehr mäßigen Gebrauch von dem Recht, die vorgegebene Sequenz zu durchbrechen. In unserer schon erwähnten Nürnberger Untersuchung (Lederer 2008, S.107 u. S.175) fanden wir, dass die Aufgaben der analysierten Prüfungen zu ca. 78% bis 87% an der vorgesehenen Stelle, zu 14% früher und zu 7% später bearbeitet wurden.

Die Reihenfolge, in der wir Aufgaben bei schriftlichen Prüfungen stellen, muss also jedenfalls eine psychologisch und pädagogisch sinnvolle sein, welche die Schüler beibehalten können, ohne Nachteile dadurch zu erleiden.

Es hat sich gut bewährt, nicht gleich am Anfang eine schwierige Aufgabe oder Frage zu stellen. Die Schüler sollten erst einmal mit der Prüfungssituation vertraut werden und das Gefühl haben, ganz gut zurechtzukommen („warming up"). Wird die Prüfung mit einer sehr anspruchsvollen Aufgabe begonnen, können sich blockierende Ängste aufbauen. Diese bleiben dann vielfach auch bestehen, wenn sich die Schüler anschließend einfacheren Aufgaben zuwenden, so dass selbst diese nicht mehr bewältigt werden. Die höchsten Schwierigkeiten wird man eher im Mittelbereich der Prüfung ansiedeln. Auch gegen Ende zu sollten die Anforderungen wieder etwas geringer werden, weil dann meistens schon Ermüdung einsetzt und die Konzentration nachlässt. Bei Prüfungen, die aus vielen kleinen Aufgaben

bestehen, ist es zu empfehlen, auch zwischendurch immer wieder einmal leichtere Aufgaben vorzusehen – gewissermaßen als Erholungsphasen.
In der erwähnten Nürnberger Untersuchung (Lederer 2008, S.79f. u. S.164f.) ergab sich, dass viele Lehrkräfte solche Gesichtspunkte nicht ausreichend berücksichtigen.

3.2.8 Planung der Prüfungssituation

Schließlich sollten auch die Organisation und der Ablauf der Prüfungssituation in den wesentlichen Punkten festgelegt werden:
Die *Prüfungszeit* ist festzusetzen. Man kann Prüfungen nicht beliebig lang ausdehnen, so sehr das im Interesse der Reliabilität wünschenswert wäre. Ist erst einmal die Ermüdungsgrenze erreicht, hat es wenig Sinn, weitere Aufgaben bearbeiten zu lassen. Für die zeitlichen Obergrenzen des Prüfungsumfangs geben Entwicklungspsychologie und Konzentrationsforschung Anhaltspunkte. Es gibt ganz offensichtlich eine zeitliche Begrenzung für Aufmerksamkeitsphasen, während derer ein Mensch konzentriert an einer Aufgabe arbeiten kann. Man ist gut beraten, als solche bei Grundschülern ca. 15 bis 20 Minuten und bei älteren Schülern ca. 30 bis 45 Minuten, seltener 60 Minuten anzusetzen. *Vor allen Dingen aber sollte die Prüfungszeit den Zeitvorgaben entsprechen, die im Unterricht für entsprechende Arbeitsaufgaben gewährt wurden. Auch in dieser Hinsicht muss die Prüfung ein proportionales Abbild des Unterrichts sein.* Die verbreitete Auslagerung von Übungen in Hausaufgaben bringt mit sich, dass wir manchmal nicht einmal wissen, wie lange Schüler zusammenhängend und konzentriert arbeiten können. Auch werden Hausaufgaben oft unterbrochen und in „Raten" gefertigt, ganz abgesehen davon, dass Schüler sie nicht selten zu ungünstigen und untypischen Zeitpunkten anfertigen.
Mit der Prüfungszeit wird zugleich über *das Arbeitstempo* entschieden: *In der Prüfung sollte kein höheres Arbeitstempo abverlangt werden als im Unterricht.* Schüler müssen auch Gelegenheit gehabt haben, im Unterricht zu lernen, in dem Tempo zu arbeiten, das ihnen in der Prüfung abgefordert wird.
Einer besonderen Überlegung bedarf *der Zeitpunkt der Prüfung:* In welcher Woche soll sie stattfinden? Welche anderen Prüfungen liegen in demselben Zeitraum? Käme es womöglich zu einer unguten Häufung? Hindern andere Prüfungen und besondere Ereignisse die Schüler an einer gediegenen Vorbereitung? Welcher Wochentag eignet sich am besten? Wird am Abend zuvor womöglich ein interessantes Fußballmatch übertragen, das ein Großteil der Schüler wahrscheinlich bis tief in die Nacht hinein verfolgt? Welche Stunde erscheint am günstigsten? Die letzten Stunden des Vormittags sind in der Regel ebenso wenig geeignet wie Stunden, denen Sportunterricht vorausging, so dass zumindest manche Schüler relativ erschöpft antreten. (Evtl. hilft hier auch eine Absprache mit der Sportlehrkraft,

einmal einen etwas geruhsameren Sportunterricht durchzuführen.) In der Schulpraxis lässt der Stundenplan allerdings nur wenig Auswahlmöglichkeiten, die aber wenigstens genutzt werden sollten.

Zu bedenken sind ferner *die zugelassenen Hilfsmittel:* Auch hier wieder sollte die Prüfung möglichst in der Kontinuität des Unterrichts stehen. *Man sollte in der Prüfung genau jene Hilfsmittel zulassen, die auch im Unterricht verwendet werden, oder schon im Unterricht darauf hinarbeiten, allmählich mit den in der Prüfung verfügbaren Hilfsmitteln auszukommen.*

Zu planen ist weiterhin *die Eröffnung und der Beschluss der Prüfung:* Will man zunächst einige Informationen an die gesamte Klasse geben, bevor die Angaben und die Schülerblätter ausgeteilt werden? Sollen die Aufgaben vor der Bearbeitung noch einmal vorgelesen und Fragen der Schüler beantwortet werden? Wie unterbindet man dabei Seitengespräche? Auf welche Weise wird das herannahende Ende der Prüfungszeit signalisiert? (Ein regelrechter Count-down während der letzten 10 Minuten, wie ihn manche Lehrkräfte praktizieren, ist ebenso ungünstig wie ein völlig unangekündigter, überfallartiger Abbruch.) Was müssen die Schüler tun, wenn die Zeit um ist – die Blätter zur Lehrkraft nach vorne bringen, sie gruppenweise einsammeln, einfach auf ihren Plätzen bleiben und warten, bis die Lehrkraft sie einsammelt? (Das zuletzt genannte Vorgehen kann leicht zu Differenzen in den Bearbeitungszeiten der einzelnen Schüler führen, zumal dann, wenn man sich auf die bekannten Diskussionen einlässt, ob ein Gedanke noch ausformuliert werden darf, der gerade begonnen wurde.)

Falls die *Lehrkraft* in der Prüfung eine *aktive Rolle* zu spielen hat: Wie will sie diese wahrnehmen? Wird sie z. B., wenn sie ein Diktat gibt, erst den gesamten Text vorlesen? Wie oft und in welchen Sinnabschnitten diktiert sie die einzelnen Sätze? Wird der Text am Ende noch einmal vorgelesen? Sollen die Schüler dabei oder im Anschluss daran Gelegenheit erhalten, Verbesserungen vorzunehmen?

Auch die Ausfüllung einer eher *passiven Rolle der Lehrkraft* sollte in groben Zügen geplant werden. Wie nimmt sie die Beaufsichtigung wahr? Vorne am Pult sitzend oder durch die Bankreihen gehend? Soll sie sich zwischendurch ein Bild von den Leistungen einzelner Schüler machen? Soll sie auftauchende Fragen beantworten? Vor dem Plenum oder jeweils einzeln? Wie reagiert sie auf Unterschleifversuche?

Man sollte auf jeden Fall innerhalb des Kollegiums Absprachen treffen und nach einheitlichen Prinzipien verfahren. (Durchführungsobjektivität! Vgl. 2.2.1.) Außerdem ist zu wünschen, dass Prüfungssituationen von derselben Lehrkraft weitgehend nach dem gleichem Muster gestaltet werden. (Reliabilität! Vgl. 2.2.2.) Größtmögliche Transparenz bevorstehender Prüfungssituationen, ja sogar eine gewisse Ritualisierung, gibt den Schülern die Chance, Prüfungen einigermaßen zutreffend einzuschätzen und das Verhalten in der Prüfung mental durchzuspielen. Dies wiederum ist eine wichtige Voraussetzung für die Prävention von Prüfungsangst.

3.2.9 Ausarbeiten einer Musterlösung

Nach allen diesen Schritten zur Konzipierung der Prüfung sollte man noch eine detaillierte Musterlösung oder einen Erwartungshorizont ausarbeiten. Anders als Testpsychologen, die ihre Leistungstests mindestens einmal erproben, bevor sie ihnen die endgültige Fassung geben, können wir in der Schulpraxis keinen Vorlauf unserer Prüfungen durchführen. Z. T. wird man dies dadurch zu kompensieren suchen, dass man Aufgaben verwendet, die sich schon in anderen Klassen bewährten. *Aber der eigentliche Vorlauf des Lehrers ist die selbst angefertigte Musterlösung.* Sie ist gewiss ein methodisch viel weniger abgesicherter Vorlauf als der des Testpsychologen. Aber sie ist der einzige, den wir haben können. Sich der Mühe einer Musterlösung zu unterziehen, hat eine ganze Reihe von Vorteilen:

- Beim Bearbeiten der Prüfungsaufgaben entdeckt man am ehesten noch Ungereimtheiten, ungewollte Schwierigkeiten und Möglichkeiten des Missverständnisses.
- Die für die Punkte- oder Fehlerzuweisung unerlässliche Aufgliederung in Teilschritte wird sehr viel präziser, wenn man den Weg der Bearbeitung über die Musterlösung tatsächlich auch selbst geht.
- Es ist heilsam, die eigenen Zielvorstellungen in Form der Musterlösung in allen Details und ganz konkret zu fixieren. Man schützt sich auf diese Weise davor, dass sich schließlich die Ziele unbemerkt den tatsächlich erbrachten Leistungen anpassen oder so vage bleiben, dass dadurch Urteilsfehler begünstigt werden.
- Anhand der Musterlösung kann man nach der Prüfung den Schülern und bei Bedarf auch den Vorgesetzten und Eltern die Erwartungen transparent machen, die man hatte.
- Erfahrene Lehrkräfte können auf Grund der für die Anfertigung der Musterlösung benötigten Zeit ziemlich genau die erforderliche Arbeitszeit der Schüler abschätzen, sie wissen z. B. dass ihre Schüler doppelt so lange brauchen wie sie selbst.

Voraussetzung ist allerdings, dass man die Musterlösung in der fiktiven Haltung eines Schülers der betr. Klasse und unter vergleichbaren Bedingungen anfertigt, wie sie in der Prüfungssituation herrschen, auch hinsichtlich der verfügbaren Hilfsmittel. Versuchen wir also, so realitätsgetreu wie möglich Arbeitstempo, Arbeitstechniken, Sprache usw. der betr. Altersstufe zu imitieren.

Es ist durchaus angebracht, sich auch Musterlösungen für mündliche Prüfungsfragen zurechtzulegen, schon um sich das Urteil nicht durch unvorhersehbare situative Effekte verfälschen zu lassen. Sogar selbst angefertigte Musteraufsätze sind eine äußerst heilsame Übung. Es ist ja nicht notwendig, sie den Schülern als nachzuahmende Vorbilder anzupreisen. Oft finden sich für diesen Zweck geeignete Schülerarbeiten. Aber der Selbstklärung und der Präzisierung der unterrichtlichen Nacharbeit dienen sie fast immer.

Prüfungsangst

Das Faktorengefüge der Prüfungsangst ist sehr komplex.[4] Der wichtigste Einflussfaktor scheint der Umgang von Eltern mit den Leistungen ihrer Kinder zu sein. Daneben ist aber auch der Einfluss von Lehrkräften und Mitschülern beträchtlich. Hoher Leistungsdruck, der durch Wettbewerb und Vergleiche mit anderen Schülern verstärkt wird, unrealistisch hohes Anspruchsniveau von Eltern und Lehrern, negative Rückmeldungen auf erbrachte Leistungen und daraus abgeleitete Misserfolgserwartungen können sich verheerend auswirken, so wie umgekehrt eine unterstützende soziale Umgebung in Familie und Schule, ermutigende Rückmeldungen und Erfolgserwartungen angstmindernd sind.
Im Einzelnen sind zwei Komponenten von Prüfungsangst zu unterscheiden:

- die „worry-Komponente“: die Besorgtheit, das Vorwegnehmen negativer Konsequenzen – die Sorge, mit der Zeit nicht zurechtzukommen, sich wieder nicht erinnern zu können, infolge eines schlechten Resultates Ansehen und Zuwendung zu verlieren, den Schulabschluss nicht zu schaffen usw.
- die „emotionality-Komponente“: die Aufgeregtheit, die sich in Zittern, Stottern und Stammeln, Schweißausbrüchen, Herzklopfen usw. äußert.

Das Herstellen einer entspannten Atmosphäre, ggf. gezielte Entspannungsübungen, wirken der Aufgeregtheit ein Stück weit entgegen, nicht unbedingt aber auch der Besorgtheit. Dazu muss man an den Kognitionen der Schüler arbeiten, ihnen Gelegenheit geben, über ihre Sorgen zu sprechen, und ihnen – soweit es möglich ist – den Grund zur Besorgtheit nehmen.
In diesem Zusammenhang kommt der Attribuierung von hoher und niedriger Leistung durch die Schüler hohe Bedeutung zu. Vieles deutet darauf hin, dass die Überzeugung von Schülern, Ursachen für schlechte Leistungen seien variabel und durch sie beeinflussbar, der Entwicklung von Prüfungsangst entgegenwirkt. Man wird ihnen diese Überzeugung aber nur vermitteln können, wenn man auch Bedingungen schafft, unter denen Leistungen nicht schicksalhafte Ereignisse darstellen, sondern wirklich zu einem erheblichen Teil von Schülern kontrollierbar sind. Wo Ergebnisse von Prüfungen allzu sehr auf Glück und Zufall, auf dem Wohlwollen der Lehrkraft und angeblich guter oder schlechter Begabung beruhen, sind solche Bedingungen jedenfalls nicht gegeben.

3.3 Punkte- und Fehlerzuweisung: Schwierigkeit und Bedeutsamkeit

Zum Zweck der Punkte- und Fehlerzuweisung müssen wir die Schülerleistungen in Schritte und Teile, in logisch isolierbare Einzelleistungen zerlegen. Was eine solche logisch isolierbare Einzelleistung ist, lässt sich nicht so einfach sagen. Selbst in einem anscheinend exakten Fach wie Mathematik steht man schnell vor der Frage, ob man eine Multiplikation der Faktoren 18 und 39, die Schüler im Zusammenhang eines längeren Rechenwegs vollziehen müssen, insgesamt als Einzelleistung ansehen oder ob man die einzelnen Schritte der schriftlichen Multiplikation zu Grunde legen will. Im letzteren Falle wäre schon die Überlegung „9 mal 8 ist 72" ein solcher Schritt, und auch hier bliebe noch zu entscheiden, ob das richtige Anschreiben der 2 und das „Merken" der 7 als gesonderte Schritte gezählt werden sollen.

Was man als Einzelleistung ansieht, ist also immer eine Ermessensentscheidung, auch bei der Zählung von Fehlern. Was soll man z. B. davon halten, wenn ein Schüler schreibt „Das Gebäude ist im Stil des rockoko erbaut"? Ist das falsche Wort „rockoko" als ein einziger Fehler zu zählen, einfach, weil es nicht stimmt? Genauer besehen, hat dieser Schüler aber sowohl gegen die Regel „Fremdwörter schreibt man nicht mit tz und nicht mit ck" als auch gegen die Regel der Großschreibung von Substantiven verstoßen. Also zwei Fehler? Aber offensichtlich machte er (durchaus konsequenten) Gebrauch vom Ableitungsprinzip, nur dass er von dem falschen Wortstamm „Rock" ausging. Wie soll eine solche Überlegung gezählt werden?

Bis zu den „logischen Atomen" der Schülerleistung dringen wir schon deshalb niemals vor, weil diese – wenn es sie überhaupt gibt – im Denken der Schüler liegen müssten. Diese aber geben uns nie ab ovo Einblick in ihre Überlegungen, sondern immer nur von bestimmten Ergebnissen an, die sie uns mitteilen. (Dies werden wir im Abschnitt 5.4.1 als „Schwellenproblem" genauer behandeln.) Oft sind sie nicht einmal in der Lage, uns zu erläutern, wie sie zu ihren Ergebnissen kamen. *Wenn die Unterscheidung von Einzel- und Teilleistungen eine Ermessensangelegenheit, also eine Schätzung ist, dann können Noten aber niemals Intervallskalenniveau erreichen!* (Vgl. 2.1) Wir können nämlich unter solchen Umständen nie sicher sein, dass jede dieser Teilleistungen wirklich gleichen Umfang hat. Gleichwohl sollten wir uns nach Kräften bemühen, die unterschiedenen Teilschritte und Teilleistungen etwa gleich umfänglich zu halten, wenn es schon nicht zu vermeiden ist, dass wir diese Unterscheidung mehr oder weniger willkürlich auf einer gröberen oder feineren Ebene vornehmen.

Ein ganz anderes Problem ist, dass wir häufig qualitativ sehr unterschiedliche Teilleistungen (in Form dafür vergebener Rohpunkte) aufaddieren. Im Zweifelsfall sollte man lieber ähnliche Aufgaben enthaltende Teile der Prüfung gesondert bewerten und erst aus diesen Teilnoten eine Gesamtnote bilden.

Im Rahmen des hier vertretenen kriterialen Benotungsmodells (vgl. unter 5.7) ist folgendermaßen vorzugehen:

Jede logisch isolierbare Einzelleistung gleicher Größe ist gleich zu gewichten. Je nach Auswertungsrichtung ist dafür ein Punkt oder ein Fehler zu zählen – nicht mehr und nicht weniger. Die in der Praxis so beliebten Gewichtungen sind hier unzulässig.

Umfangreichere und komplexere Aufgaben allerdings erhalten mehr Punkte und Fehler zugewiesen. Um sie zu lösen, sind ja auch entsprechend mehr Teilschritte und Einzelleistungen erforderlich. Bei Aufgaben und Schritten gleicher Komplexität jedoch machen wir keinen Unterschied, ob es sich um (angeblich) schwierige oder leichte handelt.

Wenn schwierige Aufgaben zugleich solche von hoher Bedeutsamkeit sind, dann sollten Aufgaben dieser Art auch ausführlicher im Unterricht behandelt worden sein. Sofern die Prüfung ein proportionales Abbild des Unterrichts ist, werden sie dann auch zahlreicher in ihr repräsentiert sein, so dass die Beherrschung solcher Aufgaben sich auch stärker auf die Gesamtbeurteilung auswirkt.

Bedeutsamere Aufgaben und Teilschritte stärker zu gewichten, also z. B. mehr Punkte auf sie zu geben als auf weniger bedeutsame, ist jedoch nicht sinnvoll. Wir würden dadurch nur einen höheren Differenzierungsgrad der Prüfung vortäuschen. *Die einzige redliche Art der Gewichtung besteht darin, dass die Prüfung mehr bedeutsame Aufgaben enthalten sollte. Nur so überprüfen wir die bedeutsameren Kompetenzen wirklich gründlicher.* Indem wir mehr Aufgaben zu den bedeutsameren Inhalten stellen, schützen wir uns nämlich davor, uns von der diesbezüglichen Leistung des Schülers ein allzu zufälliges Bild zu machen. D. h. unsere Prüfung muss konsequenterweise im Hinblick auf die bedeutsamsten Inhalte am reliabelsten sein. Mehrfachpunkte aber erhöhen die Reliabilität nicht im Geringsten.

Wie wir im Fortgang der hier dargestellten Strategie sehen werden, *richtet sich die Strenge oder Milde der Benotung nach der durchschnittlichen Bedeutsamkeit einer Prüfung bzw. eines Prüfungsteils.* Erstreckt sich die Prüfung auf insgesamt bedeutsamere Kompetenzen, dann können wir weniger Lücken und Ausfälle akzeptieren. Sie würden sich im weiteren Fortgang des Lernprozesses mehr rächen als Ausfälle bei weniger bedeutsamen Kompetenzen. *Daraus ergibt sich, dass die Benotungsskala umso strenger ist, je bedeutsamer die Prüfungsinhalte sind.*

Weil das hier ausgesprochene Gewichtungsverbot und die verlangte *Orientierung an Bedeutsamkeiten statt an Schwierigkeiten* vermutlich vor allem bei Praktikern viel Befremden erregt, seien hier noch einige weitere Argumente für diese Vorgehensweise angeführt:

Schwierigkeit ist überhaupt keine pädagogische Kategorie. Allein daraus, dass ein Inhalt schwierig oder leicht ist, folgt noch nichts für den Stellenwert, der ihm im Unterricht und in der Leistungsüberprüfung zukommt. Inhalte verdienen hier wie dort erst dann mehr Raum und Gewicht, wenn sie besonders bedeutsam sind.

Bedeutsamkeit und Schwierigkeit gehen nicht unbedingt konform. Das Schwierigere ist nicht eo ipso auch das Bedeutsamere:

- Es gibt Inhalte, die zwar schwierig, aber keineswegs bedeutsam sind. Das Rechnen mit nichtdezimalen Zahlensystemen (Zweiersystem, Dreiersystem, Fünfersystem), das eine Zeit lang in der Grundschule praktiziert wurde und sich dort z. T. immer noch findet, ist alles andere als leicht. Es kommt in der weiteren Schullaufbahn aber kaum noch vor, auch nicht in der Kollegstufe im Leistungskurs Mathematik. Außerhalb der Schule brauchen es eigentlich nur Mathematiker und Informatiker. Es bleibt für die spätere Bildungslaufbahn meistens konsequenzenlos, wenn man diese Operationen nicht beherrscht.
- Es gibt Inhalte, die zwar bedeutsam, aber keineswegs schwierig sind. Man kann nicht gerade sagen, Einmaleinsaufgaben seien schwierig. Dennoch ist ihre Beherrschung zwingende Voraussetzung für das Bewältigen aller höheren arithmetischen Operationen. Analoges gilt auch für das Vokabellernen in den Fremdsprachen.
- Natürlich gibt es auch schwierige und zugleich bedeutsame Inhalte. Quadratische Gleichungen mit einer oder mehreren Unbekannten fallen den meisten Schülern nicht leicht. Aber wer sie nicht beherrscht, hat auch im weiteren Mathematikunterricht Probleme.
- Schließlich können leichte Inhalte zugleich relativ geringe Bedeutsamkeit haben. Es ist kaum mit fatalen Folgen im weiteren Unterricht verbunden, wenn man die wahrscheinlich nicht sehr schwierige Lektion über die „Sightseeings of London“ versäumt. Vielleicht spielt dieser Inhalt noch in der darauf folgenden Prüfung eine Rolle. Aber danach wird er höchstens noch sporadisch auftauchen.

Überdies ist die Schwierigkeit von Lerninhalten keineswegs eine feste Größe: Sie ist innerhalb weiter Grenzen variierbar durch unterrichtliche Maßnahmen, z. B. durch einfühlsamere Methoden, durch Lernhilfen, durch langsameres Vorgehen, durch gründlichere Übung usw. Die Aufgabe des Lehrers besteht gerade darin, die Aneignung bedeutsamer Kompetenzen zu erleichtern. Carl Rogers (1979) hat dem Lehrer eingeschärft, sich als „Facilitator“ (als „Erleichterer“ von Lernprozessen) zu verstehen. Oft ist das Schwierige lediglich das bloß flüchtig im Unterricht Behandelte und kaum Geübte.

Wie schwer ein Inhalt einem Schüler fällt, hängt auch von seinen besonderen individuellen und soziokulturellen Lernvoraussetzungen ab. D. h. Schwierigkeit baut sich aus sachlogischen, sozialen und psychischen Komponenten auf und ist keineswegs nur eine Eigenschaft des Lerninhaltes.

Es gibt elaborierte Theorien über die unterschiedliche Ranghöhe psychischer Prozesse, auf welchen letztendlich die verbreiteten Lernzieltaxonomien beruhen. Aber es ist noch einmal eine völlig andere *Frage, ob die ranghöheren Prozesse immer auch die schwieriger zu vollziehenden sind.* Fakten zu behalten und wiederzugeben, hat sicher einen niedrigeren Rang als die Interpretation von Zusammenhängen. Zugleich aber wissen wir, dass das Einprägen isolierter Fakten (z. B. von Eigennamen) oft erheblich mehr Mühe macht als das Verstehen eines Zusammenhanges.
Wie sehr in der geläufigen Prüfungs- und Beurteilungspraxis die Aspekte der Schwierigkeit und Bedeutsamkeit durcheinander gehen, kann man sich auch verdeutlichen, wenn man identische Leistungen einmal unter dem *Bewältigungs-* und einmal unter dem *Ausfallaspekt* betrachtet: Unter dem Bewältigungsaspekt achten wir darauf, welche Aufgaben und Schritte der Schüler lösen konnte, und wir schließen daraus auf seine Kompetenzen. Unter dem Ausfallaspekt richten wir unser Augenmerk auf die Defizite, die in seiner Leistung offenbar wurden, und wir schließen daraus auf seine Lücken. Im ersten Falle zählen wir richtige Lösungen und Punkte, im zweiten Fehler. Eigentlich sollte es für die abschließende Gesamtbeurteilung der Leistung keinen Unterschied machen, ob wir das eine oder das andere tun. In Wirklichkeit aber werden dabei häufig dieselben Leistungen unterschiedlich gewichtet:
Wenn z. B. in einer Mathematikprüfung sowohl die simple Multiplikationsaufgabe 15 · 23 als auch das Addieren der Brüche 5/18 und 5/24 enthalten ist, dann würden viele Lehrer dazu neigen, auf die richtige Lösung der Bruchrechenaufgabe mehr Punkte zu geben, weil sie diese für schwieriger halten. Auch sähen wir es als einen schlimmen Verstoß gegen die deutsche Orthografie an, wenn ein Schüler „wihr" statt „wir" schriebe. Wir hielten es aber für weniger dramatisch, wenn ein anderer an Stelle von „Libyen" „Lybien" schriebe. Man neigt dazu, für die falsche Schreibung „wihr" einen doppelten Fehler zu zählen, weil sie den weitaus gravierenderen Ausfall erkennen lässt. Unter dem Bewältigungsaspekt betrachtet, müssten wir aber sagen: Wenn es stimmt, dass das Wort „wir" leichter richtig zu schreiben ist als das Wort „Libyen", dann hat der Schüler, der „wir" richtig schreibt, eine kleinere Leistung vollbracht als der, welcher die Schreibung von „Libyen" beherrscht. Würden wir auf die richtig geschriebenen Wörter Punkte geben, dann sollten Schüler für die richtige Schreibung von „Libyen" folglich mehr Punkte erhalten als für die richtige Schreibung von „wir", also vielleicht 2 Punkte statt nur einem. Dann würde aber in logischer Konsequenz einem Schüler, der die Schreibung von „wir" nicht beherrscht, 1 Punkt fehlen, während wir demjenigen, der „Libyen" nicht richtig schreibt, 2 Punkte vorenthalten müssten. *D. h. unter dem Bewältigungsaspekt neigen wir dazu, dieselben Kompetenzen genau umgekehrt zu gewichten wie unter dem Ausfallaspekt.* Analog müssten wir unter dem Ausfallaspekt ein totales Versagen bei der Multiplikationsaufgabe als gravierender

ansehen als ein ebenso totales Versagen bei der Bruchrechenaufgabe. Ein Schüler, der die Multiplikation nicht bewältigt, lässt ja sehr elementare Mängel erkennen. Würden wir in Mathematik Fehler und nicht Punkte zählen, dann würden wir diesen Verstoß wahrscheinlich als doppelten Fehler zählen.
Die Qualität der Schülerleistung kann aber doch wohl nicht davon abhängen, ob wir das Richtige oder das Falsche zählen. Die eine Zählart ist ja lediglich die logische Umkehrung der anderen. Für die Standortbestimmung eines Seefahrers macht es keinen Unterschied, ob er berechnet, wie weit er noch vom Zielhafen entfernt ist oder welche Strecke er seit Verlassen des Heimathafens schon zurückgelegt hat. *Die aufgezeigten Widersprüche sind aber nur dann vermeidbar, wenn man unterschiedliche Gewichtungen von Teilleistungen unterlässt.*
Es sei also noch einmal betont: Allein die Bedeutsamkeit eines Inhalts ist maßgeblich für den Raum, welchen wir ihm im Unterricht und in der Leistungsüberprüfung geben. Gewichtungen nach der Schwierigkeit sind unsinnig. *In unseren Schulen muss endlich eine „Perestrojka" vom Denken in Schwierigkeiten zum Denken in Bedeutsamkeiten vollzogen werden.*

3.4 Festsetzen der Mindestkompetenz

Mindestkompetenzen sind entsprechend der Bedeutsamkeit der Prüfungsinhalte festzusetzen. Nun werden im Schulalltag kaum nur Prüfungsaufgaben aus einem einzigen Bereich gestellt, und sehr oft werden die Bedeutsamkeiten der verschiedenen Bereiche differieren. Man kann in einem solchen Fall die unterschiedlichen Mindestkompetenzen mitteln und auf der Grundlage der mittleren Mindestkompetenz eine Benotungsskala für die gesamte Prüfung erstellen. Besser ist es, für die verschiedenen Teile einer Prüfung gesonderte Mindestkompetenzen festzusetzen und diese Teile auch getrennt zu benoten. Bei der schließlich zu vergebenden Gesamtnote sollten dann Teile mit vielen Aufgaben bzw. Teilleistungen stärker gewichtet werden als solche mit wenigen Aufgaben. Man sollte aber vermeiden, dass Prüfungen aus mehr als zwei bis drei Teilen bestehen. Mit wachsender Zahl der Prüfungsteile kann nämlich ein und dieselbe Punktezahl und dementsprechend auch dieselbe Note durch immer vielfältigere Leistungsprofile (Kombinationen von Leistungen in den verschiedenen Teilen) erreicht werden. Es wird dann immer schwieriger zu beurteilen, ob den verschiedenen Leistungsprofilen auch wirklich gleiche Gesamtleistungen entsprechen. Die Überprüfung der Lernzielerreichung kann ohnehin nur für jeden Teilbereich gesondert vorgenommen werden. Ein „Zusammenrechnen" würde hier ja bedeuten, dass Schüler das Verfehlen eines Lernziels in einem Bereich durch Übertreffen der Anforderungen für ein anderes Lernziel ausgleichen können.

3.5 Die Überprüfung der Messfehler

Bevor man eine Benotungsskala festlegt, sollte man sich die Messfehler ansehen, die sich aus ihrer Verwendung ergeben. (Einzelheiten dazu sind im 5. Kapitel ausgeführt.)

Es ist einer der großen Vorzüge eines kriterialen Benotungsmodells, daß man die Messfehler vor der Durchführung der Prüfung ermitteln kann. Das impliziert die Chance, Prüfungen mit allzu großen Messfehlern noch so abzuändern (durch Vermehrung der Aufgabenzahlen und/ oder feinere Punktezuweisung, also ein Zurückgehen auf kleinere Teilleistungen), daß erträglichere Werte für die Messfehler erreicht werden. In diesem Stadium der Prüfungsplanung sollte man sich also fragen, ob man die Messfehler in der festgestellten Größenordnung akzeptieren will oder ob die Prüfung noch einmal um- und ausgestaltet werden muß. Oft wird das unter schulischen Alltagsbedingungen nicht möglich sein. Dann sollte man aber auf jeden Fall die geringe Urteilssicherheit, welche den Leistungsbeurteilungen bei dieser Prüfung zugrunde liegt, festhalten und bei den späteren darauf basierenden Entscheidungen berücksichtigen.

3.6 Die weiteren Schritte

Die weiteren Schritte werden hier nur noch angedeutet:

- *Das Anlegen der Benotungsskala:* Nach dem Festsetzen der Mindestkompetenz und der Überprüfung des Messfehlers kann die Benotungsskala angelegt werden. Die hier anzustellenden Überlegungen stellen wir im 5. Kapitel dar.
- *Die Durchführung der Prüfung:* Hierbei sind vor allem die im 2. Kapitel dargestellten Gesichtspunkte der Durchführungsobjektivität zu beachten.
- *Die Korrektur (das Beschreiben) und die vorläufige Bewertung der Leistung:* Um Urteilsfehlern (vgl. 2.5) vorzubeugen, sollte man die beschreibende Erfassung der Leistung und ihre Bewertung strikt trennen. Die Korrekturzeichen sollten nicht nur der Selbstvergewisserung des Lehrers dienen, sondern auch dem Schüler gut verständliche Informationen über seine Leistungen und Fehlleistungen geben. Es wäre sehr zu wünschen, dass Lehrkräfte derselben Schule einen gewissen Standard verabreden.
- *Die Prüfungs- und Aufgabenanalyse:* Vor einer definitiven Bewertung der Leistungen sollte eine Prüfungs- und Aufgabenanalyse (Vgl. im Einzelnen Kapitel 6.) vorgenommen werden, um sicher zu gehen, dass die Ausprägung der Schülerleistungen nicht mindestens teilweise von einer ungünstigen Anlage der Prüfung herrührt. Unter Umständen sind missglückte Aufgaben aus der Bewertung zu nehmen, bevor die endgültige Beurteilung festgelegt wird.

– *Die endgültige Beurteilung:* Erst im Anschluss an die Prüfungs- und Aufgabenanalyse kann die Beurteilung der Leistungen endgültig festgelegt werden.
– *Handlungskonsequenzen:* Nach der Prüfung darf nicht automatisch zur Tagesordnung des bisherigen Unterrichts zurückgekehrt werden. Vielmehr ist zu überlegen, welche Konsequenzen aus dem Abschneiden einzelner Schüler und der gesamten Klasse zu ziehen sind. Ich führe nachstehend nur einige Beispiele für Überlegungen an, die hier anzustellen sind:
  - Welche Schüler haben Leistungen innerhalb des Indifferenzbereichs (vgl. dazu 5.4.3) erbracht, so dass sie als unsichere Fälle gelten müssen, über deren Zielerreichung oder Zielverfehlung zusätzliche Informationen einzuholen sind? Wie gedenkt man sich diese zu verschaffen?
  - Welche Schüler müssen besonders gefördert werden, weil sie bestimmte Lernziele nicht erreicht haben? Wie kann und soll ihre Förderung organisiert werden?
  - Welche Schüler brauchen auf Grund ihrer Leistungsentwicklung Lernberatung oder Schullaufbahnberatung? Müssen evtl. auch die Eltern in die Überlegungen mit einbezogen werden?
  - Was ist im Unterricht noch einmal zu wiederholen?
  - Wie ist die Methoden- und Medienorganisation des Unterrichts zu ändern, damit künftig bessere Lernerfolge erreicht werden?

Anmerkungen

1 Vgl. dazu im Einzelnen Rütter 1982. Ich nehme hier nicht alle dort aufgezeigten Varianten auf, weil sie mir z. T. zwar für die psychologische Testpraxis, nicht aber für die schulische Praxis der Leistungsüberprüfung geeignet erscheinen. Einige der nachfolgenden Beispiele sind Rütter entlehnt oder im Anschluss an ihn entwickelt.

2 Ich lasse hier die von Rütter 1982 angeführten halb offenen Auf- und Umbauaufgaben beiseite, weil ihre Anwendung zu Zwecken der Leistungserhebung sehr eingeschränkt ist. Im Übrigen könnte man die Auffassung vertreten, dass es sich dabei um Varianten der Gestaltungsaufgabe handelt.

3 Vgl. Bloom 1972, Krathwohl u.a. 1975, Dave 1968, Guilford 1967.

4 Vgl. dazu im Einzelnen Schnabel 1998.

4| Leistungsbeurteilung als Bewerten

4.1 Die Komplexität schulischer Leistungsmessung

Wenn wir bisher schulische Prüfungen und Leistungsbeurteilungen als einen Messvorgang betrachteten und infolgedessen von Leistungsmessung sprachen, so bedarf dies nun einer Präzisierung. Die Rolle der messenden Lehrkraft ist nämlich weitaus komplexer als diejenige eines messenden Technikers oder Naturwissenschaftlers:

- Anders als diese ist die Lehrkraft unmittelbar beteiligt an der Herstellung der zu messenden Größe. Die gemessenen Schülerleistungen gehen zu einem erheblichen Teil auf ihren Unterricht zurück.
- Lehrkräfte bestimmen letztendlich, was überhaupt gemessen werden soll. Anders als Technikern oder Naturwissenschaftlern, die mit der Ausführung eines Messauftrags betraut sind, wird ihnen das Messobjekt nicht oder allenfalls sehr unbestimmt vorgegeben. Auch wenn sie durch Verwaltungsvorschriften gehalten sind, Leistungen in einem bestimmten Fach und innerhalb dieses Faches auf einem bestimmten Gebiet zu messen, so entscheiden im Einzelnen doch sie selbst über die Auswahl der tatsächlich geprüften Kompetenzen.
- Lehrkräfte müssen sich meistens von Fall zu Fall ihr Messinstrument selbst anfertigen: die Prüfung. Nur ausnahmsweise können vorgefertigte standardisierte Tests eingesetzt werden.
- In die Verantwortung der Lehrkräfte fällt im Allgemeinen auch die Durchführung der Messung. Sie halten selbst die konzipierten Prüfungen in den Klassen ab.
- Sie haben die Messergebnisse abzulesen. Das geschieht durch Korrektur bzw. Protokollierung und Richtig-Falsch-Beurteilung der Leistungen.
- Schließlich haben Lehrkräfte am Ende das Ergebnis der Leistungsmessung auch noch zu bewerten. Es genügt nicht, beispielsweise festzustellen, dass Max 25 Fehler gemacht und Else 24 von 35 Aufgaben gelöst hat. Es muss oft auch noch entschieden werden, ob das nun eine „sehr gute“, eine „gute“, eine „befriedigende“, „ausreichende“, „mangelhafte“ oder „ungenügende“ Leistung ist.

4.2 Benoten als abstraktes und verschleiertes Werten

Die wertenden Handlungsanteile sind in der geläufigen Prüfungs- und Beurteilungspraxis ziemlich verdeckt und versteckt:
Formal stellt die Zuordnung von Noten zu Leistungen einen Messvorgang i. e. S. dar; denn es werden Objekteigenschaften Zahlenwerte zugewiesen. Aber diese Zahlen bringen nicht nur quantitative Unterschiede zum Ausdruck, wie dies Anzahlen richtiger Lösungen, erreichter Punkte oder gemachter Fehler tun. Sie implizieren zugleich auch Werturteile. Wie man eine Leistung einzuschätzen hat, die 3 Fehler enthält, ist zunächst noch offen. Klar ist vorerst nur, dass der Schüler besser gearbeitet hat, als wenn er 4 Fehler gemacht hätte, und schlechter, als wenn ihm nur 2 Fehler unterlaufen wären. Sobald wir auf 3 Fehler aber die Note 2 erteilen, haben wir eine Bewertung vollzogen. Die Note enthält mehr als nur die vergleichende Aussage des Besser und Schlechter. *Benoten ist lediglich formal ein Messen, inhaltlich aber ein Bewerten.*
Techniker oder Naturwissenschaftler müssen gewöhnlich ihre Messergebnisse zwar auch interpretieren, aber nicht unbedingt im Sinne eines „gut" oder „schlecht" bewerten. Wenn ein Schreiner die Länge einer Fensterbank misst und zu dem Ergebnis kommt, dass sie 1,83 m beträgt, dann muss er nicht unbedingt auch noch eine Feststellung darüber treffen, ob das eine gute oder schlechte Länge ist. Zu solchen Werturteilen aber haben Lehrkräfte auf dem Wege der Benotung in aller Regel fortzuschreiten.
Die mit Noten abgegebenen Werturteile sind meistens nicht nur verdeckt, sondern auch unspezifisch und abstrakt. Die Länge einer Fensterbank kann „gut" (weil passend) sein für ein bestimmtes Beschichtungsmaterial, das in einer bestimmten Menge gerade zur Hand ist, oder für ein vorgefertigtes Fenster oder für einen Kunden, dessen Wunsch sie nahe kommt usw. Niemals aber würde es einem Schreiner einfallen, sie als an sich gut oder schlecht zu bezeichnen. Lehrer tun das mit ihren Noten de facto immer. Sollte es aber keinen Unterschied machen, in welcher Hinsicht ein Diktat mit 3 Fehlern bewertet wird? Ist es gleichermaßen „gut" (im Sinne der Erfüllung üblicher beruflicher Anforderungen) bei einer Schülerin, die Sekretärin werden will, und bei einem Mitschüler, der Installateur werden möchte? Müsste man hier nicht auch fragen: gut oder schlecht wofür?
Die Verdecktheit und Abstraktheit der Bewertungen bei schulischen Leistungsbeurteilungen erzeugt eine bedenkliche Scheinobjektivität: Noten geben sich als Ergebnisse exakter Messvorgänge, während sie in Wahrheit Werturteile darstellen, die nur Aussagekraft haben, wenn man den normativen Standpunkt des Wertenden kennt, und Gültigkeit, wenn man diesen teilt.

4.3 Bezugsnormen der Leistungsbeurteilung

4.3.1 Die drei Bezugsnormen

Bewerten kann man etwas nur in Bezug auf eine Norm. Das Werturteil muss gewissermaßen in einer Norm justiert werden, von der her sich bestimmt, was als gut oder schlecht anzusehen ist. Grundsätzlich unterscheidet man drei Bezugsnormen für die Bewertung von Schülerleistungen:

- *Die soziale Norm:* Die Leistungen des Einzelnen wird nach ihrem Verhältnis zur Leistung einer Gruppe beurteilt. Sie gilt als gut, wenn sie der Gruppenleistung (meistens der Leistung der Klasse) entspricht oder sie übertrifft; als schlecht, wenn sie dagegen abfällt. Vielleicht sollte man sie – einem Vorschlag Vierlingers (1999, S.80) folgend – besser als kollektive Norm bezeichnen, um die positiven Konnotationen des Wortbestandteils „sozial" zu vermeiden.
- *Die kriteriale Norm:* Wenn sie angewendet wird, dann liegen der Beurteilung fachlich-sachliche Anforderungen zu Grunde, die unabhängig von der Gruppenleistung formuliert werden. Gut ist eine Leistung, welche diesen Anforderungen genügt oder sie übertrifft, schlecht eine solche, die dahinter zurückbleibt.
- *Die individuelle Norm:* Ausschlaggebend für die Bewertung ist hier der Lernfortschritt, der sich in einer Leistung zeigt. Gut ist eine Leistung dann, wenn ein Schüler sich verbessert oder gleich bleibende Leistungen auf hohem Niveau zeigt, schlecht, wenn es zu einem Rückschritt oder zur Stagnation bei schlechten Leistungen kommt.

Mit diesen drei Bezugsnormen sind die möglichen normativen Grundlagen für die Leistungsbeurteilung erschöpft; denn offenbar kann eine solche Bezugsnorm nur entweder aus dem Schüler selbst oder aus seiner personalen oder aus seiner sachlichen Umgebung genommen werden.

4.3.2 Bewertung der Bezugsnormen

Welche der drei aufgezeigten Bezugsnormen soll man für die Leistungsbeurteilung wählen? Um zu einer Bewertung der Bezugsnormen der Leistungsbeurteilung zu kommen, benötigen wir wiederum Normen, welche wir einer solchen Bewertung zu Grunde legen können:

- Sofern die schulische Leistungsbeurteilung eine Handlung im pädagogischen Feld Unterricht ist, muss man die *Verträglichkeit* der zu Grunde gelegten Bezugsnorm *mit den allgemeinen Erziehungszielen* fordern.
- Soweit die Bewertung der Schülerleistung sich an einen Messvorgang im engeren oder weiteren Sinne anschließt und auch formal die Gestalt eines solchen Messvorgangs hat, sollte sie den Anforderungen der üblichen *Gütekriterien für Messungen* genügen.

Neben diese beiden grundlegenden Forderungen treten drei pragmatische Gesichtspunkte:

- In handwerklich-technischer Hinsicht ist die *Praktikabilität der Benotungsprozeduren* für den Normallehrer zu berücksichtigen, die sich aus der Entscheidung für die eine oder andere Bezugsnorm ergeben.
- Ohne den Status quo von Schule und Gesellschaft als unantastbar anzusehen, sollte man bedenken, inwieweit die *Voraussetzungen für eine Beurteilung nach der in Frage stehenden Norm* gegeben sind oder erst geschaffen werden müssen.
- Schließlich sind auch die mutmaßlichen oder nachweisbaren *Wirkungen einer entsprechenden Beurteilungspraxis* auf Schule, Gesellschaft, Lehrer und Schüler in Erwägung zu ziehen.

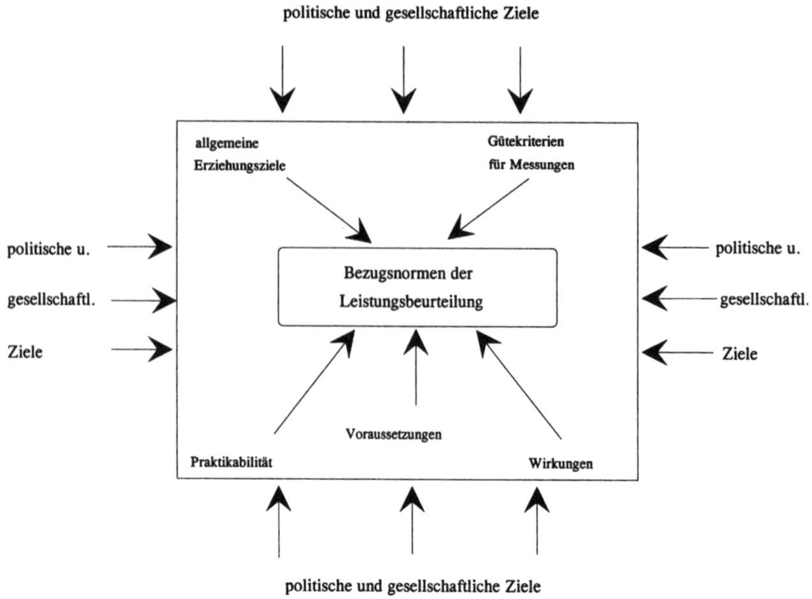

Abbildung 2: Bewertungsraster für Bezugsnormen

Allen Argumenten für oder gegen die Verwendung einer bestimmten Bezugsnorm liegen Vorentscheidungen über politisch-gesellschaftliche Ziele zu Grunde. *Die Entscheidung über die Wahl der in der Leistungsbeurteilung verwendeten Bezugsnorm ist also keine bloß technische Angelegenheit, die nur die Prüfungs- und Benotungspraxis betrifft. Sie ist vielmehr untrennbar verbunden mit den fundamentalen erzieherischen*

und politisch-gesellschaftlichen Zielen, die wir verfolgen. Die gesamte Konzeption des Bildungswesens und der Bildungspolitik stellt den Horizont dar, innerhalb dessen die Bezugsnormenproblematik bedacht sein will.
Hinsichtlich der *Praktikabilität* der Beurteilungsverfahren ist keine Bezugsnorm von vornherein vorzuziehen. Dass im Allgemeinen ein auf der sozialen Norm fußendes Verfahren den Lehrern leichter fällt, rührt hauptsächlich daher, dass hier seit langem mit unzulässigen Vereinfachungen gearbeitet wird, auf die wir in 5.5 eingehen werden.
Auch die Erfüllbarkeit der *Gütekriterien* durch eine entsprechende Beurteilungspraxis führt zu keiner sehr unterschiedlichen Einschätzung der Bezugsnormen: Prinzipiell können auf der Basis jeder Bezugsnorm Beurteilungsverfahren entwikkelt werden, die den Testgütekriterien genügen. Auch hängt es von den zu Grunde liegenden politisch-gesellschaftlichen Normen und den sich daraus ergebenden Funktionen der Leistungsbeurteilung ab, welche Gütekriterien überhaupt von Bedeutung sind. So kommt in einem Bildungssystem, das ausgeprägte selektive Funktionen wahrzunehmen hat, den Kriterien der Objektivität und Reliabilität viel größere Bedeutung zu als in einem solchen, in dem die Förderung der jungen Menschen im Mittelpunkt steht.
Im Folgenden soll die Verträglichkeit der Bezugsnormen mit den übergreifenden Erziehungszielen untersucht werden. Des Weiteren wollen wir ihre Voraussetzungen und Wirkungen prüfen.

Verträglichkeit mit übergreifenden Erziehungszielen
Den drei Bezugsnormen entsprechen unterschiedliche ethisch-weltanschauliche Orientierungen für das Handeln:
- Der *sozialen bzw. kollektiven Bezugsnorm* liegt der stillschweigende Imperativ zu Grunde, so zu sein und so zu handeln wie der Durchschnitt der Alters- und Zeitgenossen. Maßgeblich ist, was die andern tun, wie „man" handelt und ist.
- Die *kriteriale Bezugsnorm* wurzelt in einer Weltanschauung, die nicht im anonymen Gruppendurchschnitt, sondern im „Gesetz der Sache" letzte Orientierung sucht, in einem Gesetz also, das sich der Verfügungsgewalt des Einzelnen und der Gruppe entzieht.
- Die *individuelle Bezugsnorm* entspringt einer Weltansicht, welche den Menschen als ein in sich selbst zentriertes Wesen betrachtet und dem Gesetz, das er in seinem Innern vorfindet, Priorität einräumt.

Es ist evident, dass die Bezugsnormen und ihre zu Grunde liegenden Weltansichten nicht mit jedem Erziehungsziel verträglich sind. Wenn hinsichtlich der übergreifenden Erziehungsziele der Schule Konsens bestünde und wenn sie präzise genug formuliert wären, dann könnte man relativ leicht die dazu passende Bezugsnorm auswählen. In dieser glücklichen Lage befinden wir uns leider nicht: Unsere pluralistische Gesellschaft ermöglicht lediglich eine Verständigung über sehr abstrakte und pauschale Erziehungsziele, gewissermaßen über einen Zielrahmen, von dem allein die konkrete Erziehungsarbeit aber nicht leben kann, der vielmehr inhaltlicher Füllungen sowohl fähig als auch bedürftig ist.

Wenn man verbalen Bekundungen Glauben schenken darf, dann gibt es einen verbreiteten Konsens zumindest dahingehend, dass die jungen Menschen in unseren Schulen zu mündigen und verantwortlichen Mitgliedern der Gesellschaft erzogen werden sollen, zu Selbstbestimmungs- und Solidaritätsfähigkeit, um mit Wolfgang Klafki zu reden, oder in der Diktion von Wolfgang Schulz: zu Kompetenz, Autonomie und Solidarität.

Es liegt nun m. E. klar auf der Hand, dass die Leistungsbeurteilung nach der *sozialen Norm* mit solchen Zielvorstellungen in erheblichem Maße kollidiert. Die allzu ausschließliche Orientierung an den Anderen widerspricht in eklatanter Weise dem, was wir uns unter einem mündigen und selbstständigen Menschen vorstellen. Sie kollidiert auch mit dem Ziel der Solidaritätsfähigkeit. Eine Beurteilung nach der sozialen Norm hat in dieser Hinsicht verheerende Folgen: Schüler müssen hier letzten Endes Andere überrunden, um zu einer besseren Beurteilung zu gelangen. An Stelle von Kooperation wird sehr viel wahrscheinlicher Konkurrenzverhalten gelernt.

Bei der *kriterialen Norm* ist die Außengeleitetheit und Außenbestimmtheit zwar nicht so direkt und in vielen Fällen vielleicht auch nicht so stark wie bei der sozialen Norm. Aber die vorgebliche Orientierung an sachlichen Erfordernissen ist oft nur eine geschickte Tarnung sozialer Beeinflussung. Was sich als Sachzwang gibt, ist nicht selten in Wahrheit nur Druck, der von bestimmten Gruppen ausgeübt wird. So erklärt man uns, dass es unentrinnbare Sachzwänge gebe, die Energiegewinnung aus Atomkraft fortzusetzen, während in Wahrheit vielleicht eine Lobby aus Energieversorgungsunternehmen und Atommeilerproduzenten den Ausstieg aus der Atomenergie hintertreibt. Für die „pressure groups" hat eine solche Strategie den Vorteil, dass sie unerkannt bleiben und sich der unmittelbaren Auseinandersetzung entziehen können. Immerhin aber ermöglicht die kriteriale Norm Schülern Kooperation: Wenn Einer dem Andern dabei hilft, den Anforderungen ebenfalls zu genügen, dann gefährdet das in keiner Weise – wie bei der sozialen Norm – eine günstige Beurteilung der eigenen Leistung.

Aber nur die *individuelle Norm* repräsentiert einen Maßstab, der nicht von außen an die Leistung des Schülers herangetragen wird. Hier wird jeder an sich selbst und an seinen eigenen Fähigkeiten gemessen. Die Außenbestimmtheit der Beurteilung entfällt hier völlig. Ein Mensch, der die Maßstäbe für sein Handeln aus sich selbst nimmt, kommt offenbar dem Ideal der Mündigkeit am nächsten. Allerdings muss er, um diesem Ideal wirklich zu entsprechen, auch soziale Verantwortung übernehmen und Sachgesetze berücksichtigen. *D. h. die Orientierung an der individuellen*

Norm mag wohl Priorität haben, sie muss aber flankiert werden durch die soziale und kriteriale Norm, wenigstens insoweit, dass die soziale Dimension und die Sachdimension mitbedacht, wenn auch nicht unbedingt zum Maßstab gemacht werden. Auch die individuelle Norm ermöglicht Kooperation und Solidarität, sogar auf eine sehr viel menschlichere Weise als die kriteriale Norm: Hier müssen nicht alle dieselben Ziele erreichen. Man kann einander dabei helfen, die je spezifischen eigenen Möglichkeiten zu verwirklichen.

Man kann noch einen Schritt hinter den konsensualen pädagogischen Zielrahmen unserer Gesellschaft zurückgehen: Welche Ziele Erziehung auch im Einzelnen verfolgt, sie muss immer darauf aus sein, junge Menschen in irgendeiner Weise voranzubringen, zu fördern – wenn sie überhaupt die Bezeichnung „Erziehung" verdienen soll. Auch mit dieser *für jede Erziehung konstitutiven Förderungsabsicht* vertragen sich nicht alle Bezugsnormen in gleicher Weise:

Wenn alle Schüler einer Klasse gleichmäßig besser oder schlechter werden, dann ändert das am Notenbild gar nichts, falls wir die soziale Norm anwenden. Die Lage jeder einzelnen Leistung zum Durchschnitt bleibt ja gleich. Wenn es der Lehrkraft im vorangegangenen Unterricht gelungen ist, ihre Förderungsabsicht in die Tat umzusetzen, d. h. die schwachen Schüler zu mittelmäßigen, die durchschnittlichen zu guten und die leistungsfähigen zu noch besseren Leistungen zu bringen, dann muss sie sich bei einer Leistungsbeurteilung nach der sozialen Bezugsnorm gewissermaßen selbst in den Arm fallen: Der Erfolg aller wird am Ende wieder durchgestrichen, die Noten müssen bleiben, wie sie waren. Gestiegen sind schließlich infolge der verbesserten Gruppenleistung nur die Anforderungen. Die Förderungsabsicht lässt sich schon besser durchsetzen bei einer Beurteilung nach der kriterialen Norm, am uneingeschränktesten aber bei einer Beurteilung nach der individuellen Norm: Erst wenn die unterschiedliche Bedeutung derselben Leistungsverbesserung für verschiedene Individuen mit in die Bewertung eingehen darf, ist optimale Förderung möglich.

Schulische und gesellschaftliche Voraussetzungen

Eine Beurteilung nach der individuellen Norm ist eigentlich nur sinnvoll, wenn den Schülern zugleich differenzierte und flexible Lernangebote gemacht werden. Es hilft sehr wenig, den individuellen Gesichtspunkt nur punktuell bei der Leistungsbeurteilung zur Geltung zu bringen, wenn ihm nicht auch bei der Konzipierung der Prüfung und schon im gesamten vorangehenden Unterricht Rechnung getragen wird. Der übliche Unterricht und die traditionelle Prüfungspraxis bieten keine günstigen Voraussetzungen für die Anwendung der individuellen Bezugsnorm. Die Zugrundelegung der individuellen Norm erst bei der Leistungsbeurteilung würde auf einen bloßen Gnadenakt für schwächere Schüler hinauslaufen, ohne dass ihnen auch eine entsprechende individuelle Förderung zuteil wird. Ein sol-

cher Gnadenakt kann für sie peinlich sein. Den leistungsfähigeren Schülern aber wird er leicht als Ungerechtigkeit erscheinen.
Eine Lehrkraft, die auf zwei Schülerarbeiten mit exakt denselben Fehlern verschiedene Noten gäbe, sähe sich gewiss sehr schnell mit Beschwerden von Schülern und Eltern konfrontiert, und sie fände wohl kaum Rückhalt bei der Schulaufsicht und bei den Verwaltungsgerichten. Solange die Selektionsfunktion von Leistungsbeurteilungen so sehr im Vordergrund steht, wie es gegenwärtig noch der Fall ist, darf das auch nicht verwundern. Hinzu kommt, dass die Mehrheit unserer Zeitgenossen Gerechtigkeit im Sinne des Grundsatzes „omnibus idem" („Allen das Gleiche") versteht und nicht im Sinne des Prinzips „suum cuique" („Jedem das Seine, das ihm Gemäße"), obgleich dieses der christlichen Tugend der Barmherzigkeit am ehesten entspräche.
Außerdem müsste die schulische Prüfungspraxis gründlich geändert werden, wenn die individuelle Bezugsnorm eingeführt werden sollte: Um Lernfortschritte zu messen, müsste man mindestens zwei Mal hintereinander dieselben Kompetenzen (wenn auch natürlich nicht mit denselben Aufgaben) prüfen. In der gegenwärtigen Praxis wird aber in der Regel von einer Prüfung zur andern auch das Gebiet gewechselt. Wie sollen wir entscheiden, ob Schüler wirklich Fortschritte im schriftlichen Ausdruck gemacht haben, wenn sie bei einer Beschreibung eine bessere Leistung erbringen als bei einer Erzählung, und ob ihre physikalische Kompetenz gewachsen ist, wenn sie mit Aufgaben aus der Mechanik besser zurechtkommen als mit solchen aus der Optik?
Leistungsbeurteilungen nach der sozialen Norm stimmen mit den gegenwärtigen Verhältnissen in Schule und Gesellschaft sehr viel besser überein. Die Orientierung am Durchschnitt und an Rangverhältnissen erfreut sich auch außerhalb der Schule weiter Verbreitung und großer Beliebtheit. Dass damit auch Konkurrenzdenken und -verhalten einhergeht, wird nicht nur in Kauf genommen, sondern sogar offen oder doch wenigstens insgeheim gutgeheißen. Die verbreitete Leistungsbeurteilung nach der sozialen Norm ist vermutlich ein Stück heimlicher Lehrplan unserer kompetitiven und leistungsorientierten Gesellschaft.
In weitgehender Übereinstimmung mit der gesellschaftlichen Praxis befindet sich auch eine Beurteilung nach der kriterialen Norm. Im Augenblick erfährt die kriteriale Norm in Gestalt der viel diskutierten Bildungsstandards sogar vermehrte öffentliche Aufmerksamkeit. Die Orientierung an solchen fachlich-sachlichen Kriterien erscheint vernünftig, da wir in vielen Zusammenhängen Anforderungen entsprechen müssen, die nicht mit dem Verweis auf Durchschnittsleistungen, sondern sachlich legitimiert werden. Inwieweit sich hinter solchen Sachnotwendigkeiten manchmal lediglich kaschierte Ansprüche bestimmter gesellschaftlicher Gruppen verbergen, ist allerdings nicht immer leicht zu durchschauen. Auch Bildungsstandards sind diesbezüglich zu hinterfragen.

Aufmerksamkeit verdient auch, *wie der Gesetzgeber die Notenstufen definiert:* Unser 6-stufiges Notensystem geht zurück auf eine Vereinbarung der Kultusminister der Länder der Bundesrepublik Deutschland vom 03.10.1968[1], in welcher für die Noten die heute noch verbindlichen Wortbedeutungen festgelegt wurden:

- *sehr gut (1):* „Die Note 'sehr gut' soll erteilt werden, wenn die Leistung den Anforderungen in besonderem Maße entspricht."
- *gut (2):* „Die Note 'gut' soll erteilt werden, wenn die Leistung den Anforderungen voll entspricht."
- *befriedigend (3):* „Die Note 'befriedigend' soll erteilt werden, wenn die Leistung im Allgemeinen den Anforderungen entspricht."
- *ausreichend (4):* „Die Note 'ausreichend' soll erteilt werden, wenn die Leistung zwar Mängel aufweist, aber im Ganzen den Anforderungen noch entspricht."
- *mangelhaft (5):* „Die Note 'mangelhaft' soll erteilt werden, wenn die Leistung den Anforderungen nicht entspricht, jedoch erkennen lässt, dass die notwendigen Grundkenntnisse vorhanden sind und die Mängel in absehbarer Zeit behoben werden können."
- *ungenügend (6):* „Die Note 'ungenügend' soll erteilt werden, wenn die Leistung den Anforderungen nicht entspricht, und selbst die Grundkenntnisse so lückenhaft sind, dass die Mängel in absehbarer Zeit nicht behoben werden können."

Die stereotype Rede von „Anforderungen" kann keinen Zweifel daran lassen, dass hier letztlich die kriteriale Bezugsnorm intendiert ist. Darauf weist auch hin, dass der Bezug auf die Durchschnittsleistung, wie er sich in früheren Vorschriften fand, mit der Vereinbarung von 1968 getilgt wurde und dass bei zentralen Abschlussprüfungen fast immer ein kriterialer Maßstab zu Grunde gelegt wird.

Wie kommt es aber, dass trotzdem Lehrkräfte, welche Schülerleistungen nach der sozialen Norm beurteilen, bislang kaum Schwierigkeiten zu gewärtigen haben, obwohl sie doch eigentlich gegen eine Dienstvorschrift verstoßen? Ich vermute, dass dafür hauptsächlich vier Umstände verantwortlich sind:

- *Die Rede der Vorschriften von „Anforderungen" ist letztlich nur eine leere formale Geste.* Die Anforderungen werden nämlich nirgendwo präzise benannt – auch nicht in den Lehrplänen und auch nicht in den Bildungsstandards. Die letzteren sind in Deutschland ja lediglich Regelstandards, die nur im Großen und Ganzen, aber eben nicht ausnahmslos erreicht werden müssen, wie es bei Mindeststandards der Fall wäre.
- *Die Sozialisationswirkungen einer an der sozialen Norm orientierten Beurteilungspraxis passen vorzüglich ins Konzept einer leistungsorientierten Gesellschaft.*
- *Der Staat selbst gibt ein schlechtes Vorbild.* Er bedient sich einer Reihe von Praktiken, die unverkennbare Affinität zur sozialen Norm haben, vor allem die Rückverpflichtung der einzelnen Schulen und der Bundesländer auf Landes- und Bundesdurchschnitte, die Praxis der Lehrerbeurteilung und ein sich auf Platzziffern stützendes Einstellungsverfahren für Beamte.

- *Die Beurteilungspraxis der meisten Lehrkräfte ist eine Mischform.* Sie orientiert sich z. T. an der kriterialen, z. T. an der sozialen Bezugsnorm. Verstöße gegen die rechtlichen Vorgaben sind deshalb schwer nachzuweisen.

Wirkungen der Bezugsnormen

Über die langfristigen Wirkungen einer Beurteilungspraxis, die sich an einer bestimmten Bezugsnorm orientiert, wissen wir recht wenig. Besser erforscht sind einige *kurz- und mittelfristige Effekte.*[2] Der Vergleich einer Beurteilungspraxis nach der sozialen und nach der individuellen Bezugsnorm ergibt u. a.:

- Schüler, welche überwiegend nach der *sozialen Norm* beurteilt werden, sind *misserfolgsängstlicher* und haben *mehr Schulangst* als solche, die hauptsächlich nach der individuellen Norm beurteilt werden. Diese sind eher erfolgszuversichtlich und fühlen sich in der Schule weniger anonym behandelt.
- *Individuell beurteilende Lehrkräfte dosieren Schwierigkeiten* in Prüfungen und im Unterricht *flexibler, differenzierter und individueller* als sozial beurteilende. Diese neigen eher dazu, relativ uniforme Anforderungen zu stellen. Sie geben weniger zusätzliche Hinweise und Lernhilfen, weniger den Lernprozess begleitende positive Bekräftigungen, stellen aber auch weniger anspruchsvolle Zusatzfragen. Man kann also nicht sagen, dass sie generell einfach mehr fordern. Sie sind vielmehr weniger flexibel in ihren Anforderungen und beherrschen die Techniken des angemessenen Erleichterns und Erschwerens nicht so gut.
- *Individuell beurteilende Lehrkräfte haben in ihren Klassen weniger Motivationsprobleme,* wahrscheinlich, weil sie mehr und differenziertere Rückmeldungen geben.
- *Sozial beurteilende Lehrkräfte erklären Schülerleistungen häufiger aus zeitlich überdauernden Faktoren,* vor allem aus der Begabung. Sie führen Leistungsunterschiede hauptsächlich auf unterschiedliche Fähigkeiten der Schüler zurück. *Individuell beurteilende Lehrkräfte hingegen erklären Leistungen öfter aus situativen, zeitlich variierenden Ursachen,* welche auch kurzfristige Leistungsschwankungen verständlich machen, z. B. aus unterschiedlichem Fleiß, aus wechselnder Aufmerksamkeit und aus variabler Belastbarkeit.
- *Sozial beurteilende Lehrkräfte glauben, dass Schülerleistungen sich auch in längeren Zeiträumen kaum gravierend ändern und dass sie deshalb auch ziemlich gut vorhersagbar sind.* Sie richten dementsprechend ihre Erwartungen am angenommenen generellen Leistungsniveau ihrer Schüler aus. Für gute Schüler ist das ein bequemes Ruhekissen, für schlechte eine schwere Hypothek. Individuell beurteilende Lehrkräfte gehen weniger von einer solchen zeitlichen Stabilität der Schülerleistungen aus und halten sie nicht für längerfristig prognostizierbar. Sie orientieren ihre Erwartungen mehr an der augenblicklichen Leistung ihrer Schüler und revidieren sie deshalb auch öfter.

- *Entsprechend reagieren sozial beurteilende Lehrkräfte in ihren Bekräftigungen und Sanktionen eher auf zeitlich überdauernde, individuell beurteilende mehr auf situative und zeitlich variierende Faktoren.* Das Verhalten der ersteren ist günstiger für fähigere Schüler, die dann im Hinblick auf ihre Begabung gewissermaßen immer einen Vertrauensvorschuss genießen. Das Verhalten der letzteren ist effektiver für schwächere Schüler, denen auch angesichts eines kleinen Augenblickserfolgs zugetraut wird, dass sie ihn öfter replizieren könnten. Das Verstärkungs- und Sanktionsverhalten der sozial beurteilenden Lehrkräfte führt letzten Endes meistens dazu, dass die guten Schüler immer besser, die schlechten aber immer schlechter werden.

Über *Auswirkungen der kriterialen Norm* liegen nur wenige Forschungsergebnisse vor:
- *Rückmeldungen*, die sich an der kriterialen Norm orientieren, wirken offenbar *bei allen Schülern* (bei guten und bei schwachen) *positiv.*
- Die Anwendung der kriterialen Bezugsnorm begünstigt eine positive Einstellung zum Lehrstoff, fördert also die *intrinsische Motivation.*

Ansonsten kann man hier nur *Mutmaßungen* anstellen:
- Wie sich eine Beurteilung nach der kriterialen Norm auf die Leistungsmotivation auswirkt, dürfte auch von der Höhe der Anforderungen und vom Leistungsniveau der Schüler abhängen. *Wahrscheinlich wird häufige Unterforderung die Anstrengungsbereitschaft ebenso beeinträchtigen wie häufige Überforderung.* Am günstigsten sind Anforderungen, die bis an die obere Grenze der Leistungsfähigkeit gehen. Da diese bei den einzelnen Schülern einer Klasse unterschiedlich hoch anzusetzen ist, dürfte eine Beurteilung nach der kriterialen Norm immer dann Motivationsprobleme heraufbeschwören, wenn sie ohne Differenzierung gehandhabt wird.
- *Ambivalent ist vermutlich auch die Wirkung der kriterialen Norm auf den Angstpegel:* Einerseits kann eine kriteriale Beurteilung mehr Transparenz in die Prüfungspraxis bringen als eine soziale, und solche Transparenz sollte im Allgemeinen eine Reduzierung der Prüfungsangst nach sich ziehen – aber nur dann, wenn die Anforderungen als erfüllbar erscheinen.
- *Ich nehme an, dass auch kriterial beurteilende Lehrkräfte ihre Anforderungen eher unflexibel, undifferenziert und uniform handhaben* – warum sollte man manchen Schülern etwas nachlassen, was „um der Sache willen" einfach nötig erscheint? Der kriterialen Beurteilung entspricht letztlich eine logotrope (weit gehend an der Struktur der Unterrichtsinhalte orientierte) Lehrereinstellung, der Differenzierungen von Haus aus fern liegen.[3]
- Vor allem aber dürften mit der kriterialen Norm *oft glatte Überforderungen* legitimiert werden. Es kann leicht dazu kommen, dass wünschenswerte Anforderungen ohne weiteres auch für erfüllbar gehalten werden – was ein Verstoß

gegen das Brückenprinzip Hans Alberts (1975, S.76) ist, dass Sollen Können impliziert, dass – m. a. W. – moralisch (und pädagogisch) gerechtfertigt nur abgefordert werden darf, was ein junger Mensch auch tatsächlich leisten kann. Diese Art von Betriebsblindheit wiederum könnte dazu verführen, allzu einseitig auf den *„guten Willen" (Fleiß, Ausdauer und Anstrengungsbereitschaft) als erklärenden Faktor für Schülerleistungen* zu rekurrieren und darüber sowohl anlagemäßige Grenzen als auch Umwelteinwirkungen zu vernachlässigen. Auf einer anderen Ebene können Bildungsstandards, welche nicht den Zusammenhang von Leistungen mit den Ressourcen und Arbeitsbedingungen der Schule beachten, Leistungsdefizite einseitig und ungerechtfertigt Lehrkräften und Schülern anlasten, obwohl diese Defizite auch von Bildungspolitik und Gesellschaft zu verantworten sind.
– Die Orientierung an sachlichen Anforderungen dürfte kriterial urteilenden Lehrkräften reichlich *Motivationsprobleme* bei ihren Schülern eintragen.

4.3.3 Angemessene Verwendung der Bezugsnormen: ein normenintegrierendes Anforderungsmodell

Wie sollen sich Lehrerinnen und Lehrer angesichts der Pluralität der Bezugsnormen entscheiden? Manche wechseln sie fast nach Belieben. Andere versuchen, einen Kompromiss einzugehen, indem sie eine Synthese aus den drei Bezugsnormen herstellen. Besonders skrupulöse geben sogar jeweils eine gesonderte Note nach jeder der drei Bezugsnormen und nehmen dann eine Mittelwertsberechnung vor (Fischer 1991, S.239). Das ist aber schon allein mathematisch und messtheoretisch Unsinn: Man kann einem Messprozess nur eine einzige Maßeinheit zu Grunde legen (Fischer 1991, S.236), im Falle der Leistungsmessung nur eine der drei Bezugsnormen.

Daraus resultiert die Minimalforderung an eine professionelle Beurteilungspraxis: Es muss angegeben werden, welche Bezugsnorm einer Leistungsbeurteilung – sei es in Form einer Verbalbeurteilung oder in Form von Ziffernnoten – zu Grunde liegt.

Leistungsbeurteilungen ohne diese Angabe sind wie unbenannte Maßzahlen. Man kann mit ihnen ebenso wenig anfangen, wie mit der Information, für eine Flüssigkeit sei eine Temperatur von 35 Grad gemessen worden – ohne dass angegeben wird, ob es sich um Grad Celsius oder Grad Fahrenheit oder Grad Reaumur handelt.

Einen weiter gehenden Vorschlag unterbreitet Klauer (1982a, 1987c): Er rät dazu, die drei Bezugsnormen nebeneinander zu verwenden, jede Schülerleistung also durch jeweils drei Beurteilungen zu charakterisieren, die nach der kriterialen, sozialen und individuellen Norm vorgenommen werden.[4] Probleme für eine solche mehrdimensionale Praxis der Beurteilung dürften sich allerdings ergeben, wenn sie als Grundlage für Selektionsentscheidungen dienen muss: Welche der drei Beurteilungen soll dann ausschlaggebend für die Selektion sein? Werden die beiden dazu nicht herangezogenen Beurteilungen nicht automatisch deklassiert?

Ich möchte im Folgenden wegen dieser Schwierigkeiten eine andere Lösung vorschlagen:

Zunächst müssen wir vor allen Dingen begreifen, dass wir bisher die Problematik der Bezugsnormen in einer unguten Fixierung auf die Beurteilung erbrachter Schülerleistungen erörterten. Eine Leistung, die wir beurteilen, muss aber vorher in einer Prüfungssituation provoziert werden; und damit es überhaupt Leistung zu provozieren gibt, muss sie zunächst einmal in Unterrichtssituationen aufgebaut und entwickelt worden sein. Ebenso wie die Leistungsbeurteilung können aber auch die Prüfung und der Unterricht nach der sozialen, kriterialen oder individuellen Norm gestaltet werden:

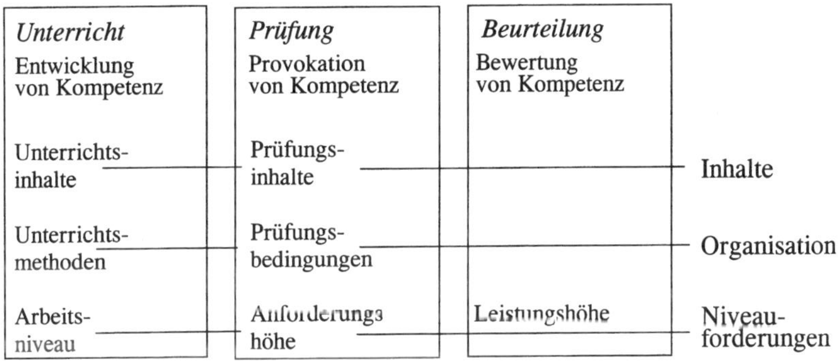

Abbildung 3: Die drei Anwendungsebenen der Bezugsnormen

Dabei erstreckt sich die *Gestaltung der Prüfung* auf drei Komponenten:

- die auszuwählenden *Prüfungsinhalte*, durch welche die Anforderungsrichtung festgelegt wird
- die *Prüfungsbedingungen* (Prüfungs- und Aufgabenformen, Aufgabenformulierung, eingeräumte Bearbeitungszeit etc.)
- die *Anforderungshöhe*, wie sie z. B. in einer schon bei der Prüfung mitgeteilten Benotungsskala zum Ausdruck kommt.

Zu gestaltende *Komponenten des Unterrichts* sind:

- die auszuwählenden *Unterrichtsinhalte*, durch welche die Richtung der Lehr- und Lernprozesse festgelegt wird
- die *methodische Organisation* des Unterrichts (Unterrichtsverfahren, Sozialformen, Medien, Übungs- und Lernzeiten etc.)
- das *Arbeitsniveau* des Unterrichts, wie es etwa mit Heinrich Roths (1976, S.181) hierarchischen Stufen Reproduktion, Reorganisation, Transfer und Pro-

blemlösen beschrieben werden kann, aber auch in der erstrebten *Sicherheit*, mit welcher die zu erlernenden Kompetenzen beherrscht werden sollen.

Bei der abschließenden *Leistungsbeurteilung* wird normalerweise nur die erreichte Leistungshöhe berücksichtigt.

Unterricht, Prüfung und Leistungsbeurteilung und alle ihre Komponenten können wahlweise nach jeder der drei Bezugsnormen gestaltet werden. Dabei bestimmen Inhalt und Organisation des Unterrichts und der Prüfung zu einem ganz erheblichen Teil mit, welche Leistungshöhe am Ende überhaupt erreicht werden kann.

Es ist also in mehrfacher Hinsicht verkürzt, die Bezugsnormenproblematik nur im Zusammenhang mit der Beurteilung der Leistungshöhe der erbrachten Prüfungsleistung zu erörtern. Sie ist ebenso hinsichtlich der Gestaltung des Unterrichts und der Prüfung zu bedenken, und sie kann außer durch Niveauforderungen auch durch inhaltliche Auswahlentscheidungen und durch organisatorische Maßnahmen gelöst werden. Hier liegt m. E. der Schlüssel zur Lösung des Bezugsnormenproblems: Ich schlage vor, alle Niveauforderungen nach kriterialen Gesichtspunkten festzusetzen, Inhalte und Organisationsformen jedoch nach individuellen Aspekten auszuwählen und die soziale Norm lediglich zur Legitimierung dieser drei Anforderungsmomente heranzuziehen. Demnach ist bei der abschließenden Leistungsbeurteilung allein die kriteriale Norm zu Grunde zu legen.

Wenn wir nur das Niveau unserer Anforderungen im Sinne der individuellen Norm an die Leistungsfähigkeit einzelner Schüler anpassen, tun wir nicht wirklich etwas für ihre Förderung. Den Leistungsschwachen hilft nämlich nicht ein Nachlass im Anforderungsniveau, sondern nur die Zuweisung anderer Unterrichtsmethoden und Prüfungsbedingungen sowie anderer Unterrichts- und damit auch Prüfungsinhalte. Wenn man sich erst einmal konsequent bemühen würde, Schülern Unterrichtsmethoden, Prüfungsbedingungen und Anforderungsrichtungen zuzuweisen, die ihren Fähigkeiten entsprechen, dann würde sich wahrscheinlich zeigen, dass viele der vorschnell als leistungsschwach angesehenen Kinder und Jugendlichen nur solche sind, die Anderes und anders lernen und auf andere Weise ihre erworbenen Kompetenzen unter Beweis stellen müssen als die sog. leistungsstarken, vielfach, ohne dass diese Andersartigkeit auf Kosten von Niveau geht. *Man muss endlich einmal Abschied nehmen von der Fiktion, dass alle Menschen gleich viel von demselben und dies auch noch auf dieselbe Weise lernen und ihren Lernerfolg unter den nämlichen Modalitäten unter Beweis stellen können. Hier liegt unstrittig die Berechtigung der individuellen Bezugsnorm.*

Dadurch, dass wir bei der abschließenden Beurteilung der Höhe gezeigter Prüfungsleistungen ausschließlich die kriteriale Bezugsnorm zu Grunde legen, erhält diese eine Führungsrolle zugewiesen. Dies ist auch im Hinblick darauf gerechtfertigt, dass die anderen Bezugsnormen sich letztlich auf sie stützen müssen: Bevor wir die Durchschnittsleistung einer Gruppe ermitteln können, mit welcher im

Sinne der sozialen Bezugsnorm die einzelnen Schülerleistungen zu vergleichen sind, muss diese Gruppe erst einmal mit Anforderungen einer bestimmten Art, wenn auch nicht von bestimmter Höhe konfrontiert werden. Eine Durchschnittsleistung ist nicht zu ermitteln, wenn nicht zunächst festgelegt wird, in welcher (einheitlichen) Richtung etwas geleistet werden soll. Ebenso können wir im Sinne der individuellen Bezugsnorm erst von Lernfort- oder -rückschritten sprechen, wenn Einigkeit über die Richtung der wünschenswerten Lernprozesse besteht. *In Gestalt solcher Richtungsbestimmungen enthalten die soziale und die individuelle Bezugsnorm offensichtlich notwendigerweise ein kriteriales Moment. D. h. sie können alleine gar nicht zur Grundlage einer Beurteilungspraxis gemacht werden.*

Es erhebt sich nun allerdings die Frage, woher man denn weiß, welche Anforderungsrichtungen, welche methodischen Arrangements und welche Prüfungsbedingungen welchen Schülern angemessen sind. In vielen Fällen werden Lehrkräfte nicht schlecht beraten sein, darauf zu achten, was Schüler spontan leisten und gerne leisten möchten, und wie und was sie von sich aus lernen und lernen wollen. Manchmal freilich hat der junge Mensch selbst noch kein Gespür dafür, welche Leistungsmöglichkeiten in ihm schlummern und wie er am besten Kompetenzen erwirbt. Hier ist es die schwierige und höchst verantwortungsvolle Aufgabe der Lehrkraft, weitsichtiger zu sein und Möglichkeiten in ihrer Fantasie vorwegzunehmen, die sich gegenwärtig noch kaum andeuten.
Nun ist eine gehörige Portion Vertrauen auf solche schlummernden Leistungsmöglichkeiten des jungen Menschen im Prinzip zwar eine schöne Sache. Aber was sich etwa in dem Grundsatz artikuliert „Ich bin sicher, dass du im Stande bist, das zu lernen und es auf diese Weise zu lernen, und darum fordere ich es dir ab!" kann ebenso gut Ausdruck tiefen pädagogisch-psychologischen Einfühlungsvermögens sein wie Manifestation maßloser Überforderung. Wie ist eine Absicherung der so leicht fehlgehenden Intuition möglich? Offenbar nur im Rekurs auf ähnliche Lernbiografien anderer Kinder und Jugendlicher. D. h. der einzelne Schüler, über den jetzt entschieden werden muss, wird als Angehöriger einer Gruppe gesehen, über welche bereits Erfahrungen vorliegen. Man weiß, was Schüler dieser Altersgruppe, dieser Bevölkerungsschicht, dieser Region etc. im Allgemeinen leisten und wie sie methodisch zu dieser Leistung geführt werden können, und man nimmt an, dass auch dieser einzelne Schüler dazu im Stande sein wird. *D. h. bei der Zuweisung von Anforderungsrichtungen, Methoden und Prüfungsbedingungen ist es immer ratsam, auf Erfahrungen mit entsprechenden Bezugsgruppen zurückzugreifen. Auch einschlägige Forschungsergebnisse sind an bestimmten Bezugsgruppen gewonnen. Nur im Rückverweis auf solche bereits vorliegenden Erfahrungen kann man letztlich Entscheidungen über Anforderungsrichtungen, methodische Arrangements und Prüfungsbedingungen legitimieren.*

Auch die Grenze zwischen willkürlichen und sachlich-fachlich gerechtfertigten Anforderungsniveaus kann nur durch den Verweis auf Erfahrungen mit vergleichbaren Individuen und Gruppen gezogen werden. Wie uns Hans Alberts Brückenprinzip „Sollen impliziert Können" (1975, S.76) lehrt, ist es nicht nur pädagogisch, sondern sogar ethisch verfehlt, Anforderungen zu stellen (mögen sie auch fachlich und sachlich noch so gut begründbar sein), von denen sich nicht zeigen lässt, dass sie auch erfüllt werden können. *D. h. die unter kriterialen Gesichtspunkten festgesetzten Anforderungsniveaus müssen sich ebenfalls über Erfahrungen mit Bezugsgruppen legitimieren.* Deshalb steht es auch in keinem Widerspruch zur kriterialen Beurteilungspraxis, sich bei der Prüfungs- und Aufgabenanalyse (vgl. Kapitel 6) auf Erfahrungen mit Bezugsgruppen zu beziehen und damit die Angemessenheit von einzelnen Aufgaben und ganzen Prüfungen unter dem Blickwinkel der sozialen Bezugsnorm zu beurteilen.

Somit zeigt sich, dass wir uns der sozialen Bezugsnorm vor allem zur Rechtfertigung unserer Entscheidungen bedienen müssen. Aus der Beurteilung der gezeigten Leistungshöhe jedoch sollten wir sie heraushalten.

Es ergibt sich also das in Abbildung 4 dargestellte normenintegrierende Anforderungsmodell.

Aber kann und darf man auch – wie in diesem Schema unterstellt – Prüfungen nach der individuellen Norm gestalten? Mit Rücksicht auf die geltende Rechtslage und die Prüfungen und Noten vorläufig noch zufallende Selektionsfunktion müssen offensichtlich nicht nur die Anforderungen, sondern auch die Prüfungsbedingungen und Prüfungsinhalte für alle Schüler gleich sein. Dennoch könnten wir dadurch etwas Individualisierung einführen, dass wir in Prüfungen einige Aufgaben gleicher Schwierigkeit zur Auswahl stellen (was wir im Aufsatzunterricht durch das Anbieten verschiedener Themen ja schon immer tun!), die sich dann allerdings hinsichtlich der Aufgabenformen und der Inhalte nicht unterscheiden dürfen.

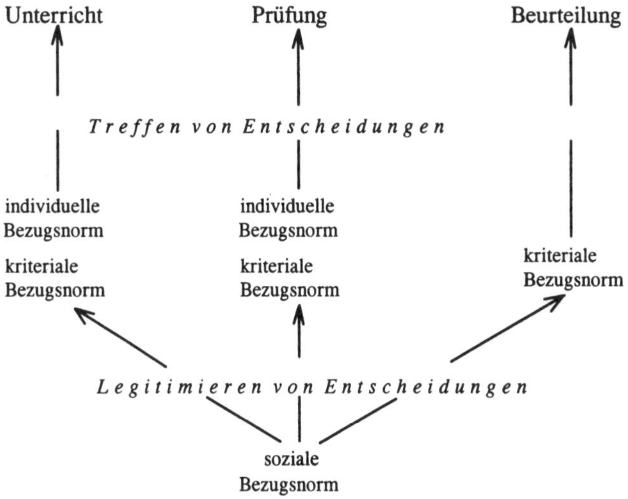

Abbildung 4: Normenintegrierendes Anforderungsmodell

Anmerkungen

1 Vgl. dazu im Einzelnen Ziegenspeck 1999, S.78.
2 Vgl. dazu Rheinberg 1977, 1980, 1982, 1987, 1995; Schwarzer 1982, Krampen 1985, 1987; Schmalt u. a. 1976; Wagner 1977 und Filipp 1978.
3 Im Gegensatz zu einer „paidotropen", weit gehend an den Kindern/ Schülern orientierten Einstellung. Zum Begriffspaar „logotrop" – „paidotrop" vgl. Caselmann 1953.
4 Vgl. dazu auch Fischer 1991, S.236ff.

5 | Benotungsmodelle und ihre Messfehler

5.1 Basisbenotung und Ziffernbenotung

Die Anwendung einer der drei Bezugsnormen führt zunächst nur zu grob abgestuften Urteilen wie „überdurchschnittlich – durchschnittlich – unterdurchschnittlich“, „Verbesserung – gleich bleibende Leistung – Verschlechterung“, „Übertreffen – Erfüllen – Verfehlen der Anforderungen“ oder „Lernzielerreichung – Lernzielverfehlung“. Auch solche Klassifizierungen stellen bereits Benotungen dar, wenn auch nur solche mit zwei oder drei Abstufungen.
Man kann durchaus die Ansicht vertreten, Ziffernnoten seien entbehrlich. Auf eine Basisbenotung in Form der Unterscheidung von Zielerreichern und Zielverfehlern wird man jedoch nie verzichten können. Bereits für sie aber brauchen wir ein Benotungsmodell. Erst recht ist ein solches erforderlich, wenn wir zu feineren Abstufungen bis hin zur sechsstufigen *Ziffernbenotung* fortschreiten wollen.

5.2 Merkmale eines Benotungsmodells

Unter einem Benotungsmodell versteht man eine Regel oder ein Regelsystem, das Schülerleistungen Bewertungen zuweist. Dabei muss diese Zuweisung folgenden Anforderungen genügen:

- *Sie muss logisch eindeutig sein.* D. h. auf gleiche Leistungen müssen immer gleiche Noten bzw. Bewertungen vergeben werden. Die Umkehrung gilt jedoch nicht: Gleichen Noten bzw. Bewertungen können durchaus verschiedene Leistungen entsprechen. Da es im Prinzip so viele Leistungsausprägungen in einer Klasse geben kann, wie sie Schüler umfasst, der Lehrkraft jedoch nur sechs Benotungsstufen bzw. eine begrenzte Zahl von Bewertungen zur Verfügung stehen, ist mit jeder Benotung und Bewertung unumgänglich ein Bündelungseffekt verbunden. Noten und Bewertungen fassen immer ganze Leistungsbereiche zusammen. Die Note 3 steht ebenso für die 3, welche schon fast eine 2 ist, wie für die 3 an der Grenze zur 4. Gewöhnlich stellen Lehrkräfte logische Eindeutigkeit durch sog. Benotungs- oder Zensierungsskalen her. Diese legen fest, auf welche Rohpunkte- oder Fehlerzahlen es welche Noten gibt. (Dazu in 5.3 gleich Näheres.)

- *Sie muss mit der jeweiligen Bezugsnorm verträglich sein (Normvalidität):* Ein Benotungsmodell hat – je nachdem, welche Bezugsnorm zu Grunde gelegt wird – ganz unterschiedliche Eigenschaften der Leistung zu messen. So muss ein an der sozialen Norm orientiertes Benotungsmodell Rangplätze erfassen, ein auf der individuellen Norm basierendes Leistungsveränderungen und ein sich auf die kriteriale Norm beziehendes das Erfüllen sachlich-fachlicher Anforderungen. *Die Forderung der Normvalidität meint also, dass ein Benotungsmodell möglichst nur das Leistungsmerkmal misst, welches für die zu Grunde gelegte Bezugsnorm relevant ist, und dass sie dieses auch tatsächlich misst.*
  Wenn man kriterial benoten will, dann geht es z. B. nicht an, dass – wie weithin üblich – nach der Korrektur eine vorher festgelegte Benotungsskala unter dem Eindruck der tatsächlich von der Klasse gezeigten Leistungen abgeändert wird. Damit kommt die soziale Norm ins Spiel. Die Skala ist dann letztendlich nur vorgeschoben; denn im Grunde gibt die Gruppenleistung den Ausschlag für die Beurteilung. Benotungsskalen gehören zu kriterialen Benotungsmodellen. Bei einer Benotung nach der sozialen Norm wird man die Noten eher nach Quoten vergeben. Dann bekommen z. B. die besten 5% der Klasse eine 1, die nächstbesten 15% eine 2 usw. Bei individueller Benotung sind relative Lernfortschritte zu Grunde zu legen (geringe, größere, beträchtliche Verbesserung gegenüber einer früheren Leistung). In jedem Falle unzulässig ist „taktisches" Benoten, das vermeidet, zu viele gute oder schlechte Noten zu vergeben. In der Praxis allerdings erfreut es sich einiger Verbreitung: So fanden wir bei der Analyse von jeweils ca. 100 Schulaufgaben und Stegreifaufgaben aus mehreren Fächern in 7. bis 10. Realschulklassen, dass häufig schwierigere Prüfungen milder benotet werden. (Jürgens/ Sacher 2000, S.68f.; Lederer 2008, S.104 u. S.173) Eine solche Benotungspraxis zielt ersichtlich darauf ab, unzureichenden Lehrerfolg oder unangemessene Aufgabenstellungen im Nachhinein zu kaschieren!
- *Sie sollte die Anzahl der Entscheidungen minimieren (Entscheidungsökonomie):* Ein Benotungsmodell sollte, sofern es nicht ohnehin nur zwei Bewertungsstufen vergibt (wie etwa „Lernziel erreicht" – „Lernziel verfehlt"), die Anzahl der zu treffenden Entscheidungen so gering wie möglich halten. Keinesfalls sollten die Mindestanforderungen für alle Noten von 1 bis 5 jeweils gesondert festgelegt werden.[1] Bei jeder dieser dann fünf Entscheidungen könnte Subjektivität und Willkür ins Spiel kommen. Am besten ist es, wenn nur eine einzige Entscheidung gefällt werden muss (z. B. über die Mindestanforderung für die 5), und die übrige Einteilung der Skala sich daraus logisch ableiten lässt. Dann kann auch nur einmal Subjektivität und Willkür ins Spiel kommen.
- *Sie sollte Flexibilität ermöglichen.* Dieses Merkmal muss jedenfalls bei allen kriterialen Benotungsmodellen gegeben sein. Die Anforderungen der kriterialen Norm werden normalerweise von Gebiet zu Gebiet und von einer Schulart

bzw. Schulstufe zur anderen unterschiedlich sein müssen. Das verwendete Regelsystem muss also ermöglichen, verschieden hohe Leistungsanforderungen zu stellen und dementsprechend unterschiedlich streng zu benoten.

– *Die Zuweisung von Noten sollte fehlerkontrolliert erfolgen,* d .h. die Vergabe von Noten muss im Bewusstsein der damit verbundenen Messfehler geschehen und unnötig große Messfehler vermeiden. (Hierzu gleich mehr in 5.4.3 und 5.4.4.)

5.3 Arten von Benotungsskalen

Nach der Art und Weise, wie die Schülerleistungen gezählt werden, kann man prinzipiell *Punkte- und Fehlerskalen* unterscheiden. Bei Punkteskalen wird die Zuordnung der Noten nach der Anzahl der richtig gelösten Aufgaben bzw. der bewältigten Teilleistungen und der darauf gegebenen Rohpunkte vorgenommen. Bei Fehlerskalen vergibt man die Noten nach der Anzahl der gemachten Fehler bzw. der nicht bewältigten Teilleistungen. Nachstehend führen wir zwei Beispiele an:

Punkteskala		Fehlerskala	
26 – 28	P.: 1	0 – 2	F.: 1
21 – 25	P.: 2	3 – 7	F.: 2
15 – 20	P.: 3	8 – 13	F.: 3
10 – 14	P.: 4	14 – 18	F.: 4
5 – 9	P.: 5	19 – 23	F.: 5
0 – 4	P.: 6	24 – 28	F.: 6

Tabelle 1: Punkte- und Fehlerskalen

Fehlerskalen sind logische Umkehrungen von Punkteskalen. Wenn man in unserem Beispiel bei einer erreichbaren Punktezahl von 28 maximal 2 Fehler für die Note 1 erlaubt, dann ist dies dasselbe, wie wenn man auf 26 bis 28 Punkte die Note 1 vergibt usw. In manchen Bereichen wird traditionell so streng benotet, dass es ökonomischer ist, an Stelle der richtigen Teilleistungen die gemachten Fehler bzw. die nicht erbrachten Teilleistungen zu zählen.

Im Sportunterricht werden teilweise Skalen gebildet, welche den Noten an Stelle von Punkten Zeiten oder Strecken oder Gewichte zuordnen.

Nach dem Verhältnis, in welchem die Breiten der Punkte- bzw. Fehlerbereiche einer Skala zueinander stehen, kann man *lineare*[2] *und nichtlineare Skalen (bzw. gleichmäßige oder äquidistante Skalen und ungleichmäßige oder nicht äquidistante Skalen)* unterscheiden:

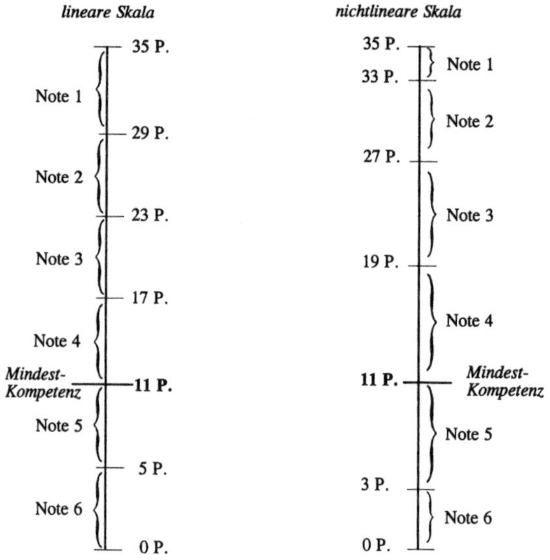

Abbildung 5: Lineare und nichtlineare Notenskalen

Selbstverständlich können auch Fehlerskalen gleichmäßig und ungleichmäßig unterteilt werden.

Welchen Skalentyp sollte ein gutes Benotungsmodell verwenden?
Lineare Skalen weisen jeder Notenstufe gleich breite Punkte- und Fehlerbereiche zu. Dies hat zur Folge, dass die Anforderungen für die einzelnen Notenstufen immer gleich sind. Auf 83,3% bis 100% der Gesamtpunkte (= das obere Sechstel des Punktebereiches) gibt es immer eine 1, auf 66,7% bis 83,3% (= das nächst niedrigere Sechstel des Punktebereiches) immer eine 2 usw. Die Verwendung einer solchen Skala verstößt offensichtlich gegen das oben formulierte Kriterium der Flexibilität: Die lineare Skala erlaubt keine unterschiedlich strengen Benotungen. Sie schreibt eine Einheitsbenotung fest, die pädagogisch nicht vertretbar ist, es sei denn, man unterzieht sich der Mühe, das Anforderungsprofil aller Prüfungen gleich zu halten.[3] Aber auch dann noch würde man wohl kaum ein Diktat als „befriedigend" bezeichnen, in dem nur 50% aller Wörter richtig geschrieben sind, und wahrscheinlich auch nicht einen Vokabeltest, in dem ein Schüler gerade nur die Hälfte aller erfragten Vokabeln wusste. Genau dies aber würde die lineare Skala vorschreiben.

In der Praxis wird denn auch eine durchgehend lineare Skala eher selten verwendet. Meist benutzt man stattdessen *partiell lineare Skalen*, bei welcher nicht alle Notenstufen gleich breit gehalten sind. So legen z. B. viele Lehrer zunächst den „Sockel" für die Note 5 fest, d. h. sie entscheiden, welche Leistung ein Schüler mindestens erbringen muss, damit er gerade noch eine 5 bekommt. Der zwischen dem „Sockel" und der perfekten Leistung liegende Punkte- oder Fehlerbereich wird dann gerne gleichmäßig auf die Noten 1 bis 5 verteilt. Auf Leistungen unterhalb des Sockels gibt es die Note 6. Dafür ein Beispiel:

Gesamtpunktzahl: 50 P.
Sockel für die 5: 11 P.
somit Note 6 für: 0 bis 10 Punkte
für die Noten 1 bis 5 verbleibender Bereich: 11 bis 50 P.
Also sind noch 40 Punkte (Grenzen eingerechnet!) auf 5 Notenstufen zu verteilen, d. h. auf jede entfallen 8. Es ergibt sich folgende partiell lineare Skala:

43 bis 50 P.:	1
35 bis 42 P.:	2
27 bis 34 P.:	3
19 bis 26 P.:	4
11 bis 18 P.:	5
und Restbereich für die 6:	
0 bis 10 P.:	6

Sinnvoller ist es allerdings, nicht zuerst den „Sockel" für die 5, sondern die Mindestkompetenz festzulegen, also jene Leistung, die mindestens erbracht werden muss, damit ein Schüler überhaupt die 4 erhält. Dies ist ja zugleich die Schwelle für die Lernzeilerreichung. (Vgl. dazu im Einzelnen 5.7) Den Bereich bis zu maximalen Punktezahl verteilt man dann gleichmäßig auf die Noten 1 bis 4, den Bereich unterhalb der Mindestkompetenz sollte man zu gleichen Hälften auf die Noten 5 und 6 verteilen.
Ungünstig sind *willkürlich eingeteilte Skalen*, bei welchen für jede Note eigens festgelegt wird, auf welche Punkte- oder Fehlerzahlen sie vergeben wird. Sie verstoßen gegen das oben formulierte Kriterium der Entscheidungsökonomie.

5.4 Messfehler bei der Leistungsbeurteilung

Messfehler treten unvermeidlich überall dort auf, wo gemessen wird, auch im naturwissenschaftlichen und technischen Bereich. Es ist also nicht ungewöhnlich, dass sie auch bei der schulischen Leistungsmessung vorkommen. Ein gravierender Unterschied besteht jedoch darin, dass Naturwissenschaftler und Techniker ihre Messfehler und deren Größenordnung kennen und in Rechnung stellen, während Lehrkräfte gewöhnlich keine Ahnung davon haben, mit welchen Messfehlern ihre Leistungsbeurteilungen behaftet sind.
Wenn beispielsweise ein Ingenieur eine Brücke baut, welche eine Tragfähigkeit von 20 Tonnen haben soll, dann wird er sich vergewissern, mit welcher Fehlertoleranz er bei einer bestimmten Konstruktion rechnen muss. Angenommen, sie betrage 20%. In diesem Falle wird er eine Brücke, die 20 Tonnen tragen soll, vorsichtshalber für eine Tragfähigkeit von 25 Tonnen bauen. Abzüglich der Fehlertoleranz von 20% beträgt deren Belastbarkeit dann auch im ungünstigsten Falle noch das geforderte Minimum von 20 Tonnen. Die schulische Benotungspraxis kennt ein solches Einkalkulieren von Messfehlern nicht, weil die üblichen Benotungspraktiken die Forderung der Fehlerkontrolliertheit nicht erfüllen.

5.4.1 Ursachen von Messfehlern

Über die pauschale Feststellung hinaus, dass Messfehler überall dort auftreten, wo gemessen wird, interessiert uns natürlich, warum sie bei der Leistungsbeurteilung vorkommen:

- Messfehler rühren z. T. davon her, dass die oben erörterten *Gütekriterien* der Objektivität, Reliabilität und Validität bei Messungen in sozialen Zusammenhängen immer nur unvollkommen erfüllt werden können.
- Bei jeder Leistungsmessung haben wir es mit einem *Schwellenproblem* zu tun: Die Leistungen eines Schülers können sich gewöhnlich nur von bestimmten „Schwellenwerten“ an zeigen. Wie nahe er möglicherweise einer Lösung schon war, ist oft nicht sichtbar. Meist ist es nicht so, dass ein Schüler, der ein leeres Blatt abgibt, von dem geprüften Stoff überhaupt keine Ahnung hat. Vermutlich ging während der Bearbeitungszeit durchaus einiges in seinem Kopf vor, und wahrscheinlich war nicht alles davon für die Bewältigung der Aufgaben irrelevant. Aber er konnte keine Lösungen daraus entwickeln, und er unterließ es – vielleicht unkluger Weise –, seine Überlegungen zu verschriftlichen. Die Lehrkraft aber befindet sich in der Lage, nur beurteilen zu können, was die Schwelle der sinnlich wahrnehmbaren Darstellung überschreitet. Das aber muss keineswegs identisch sein mit dem, was ein Schüler „eigentlich“ kann.
- Bei jeder Leistungsmessung haben wir es mit einem *Rundungsproblem* zu tun:

Wir formulieren das Ergebnis als diskrete Größe[4], während die Schülerleistung eine kontinuierliche Größe ist. Jede Lehrkraft kennt das Problem der Grenzfälle: Eigentlich verdient ein Schüler den Rohpunkt für eine richtige Antwort nicht. Aber er ist auch nicht angemessen bewertet, wenn er ihn nicht erhält, denn einiges ist immerhin da. Oftmals hilft man sich durch die Vergabe von halben Punkten. Aber dasselbe Dilemma kann natürlich auch bei der Vergabe von Punktebruchteilen auftreten. Verschärft begegnet uns diese Problematik, wenn wir aus einzelnen Noten eine Zeugnisnote bilden. Zwischennoten sind nach den Vorschriften der meisten Bundesländer nämlich nicht erlaubt, so dass hier auf ganze Noten auf- und abgerundet werden muss. Es ist ein Irrtum zu glauben, die Vor- und Nachteile, welche Schüler durch solche Rundungen haben, würden sich gegenseitig aufheben. Für eine größere Zahl von Schülern mag das durchaus zutreffen. Wie es sich beim Einzelnen verhält, ist eine ganz andere Frage. Es ist durchaus möglich, dass ein Schüler durch solche Rundungen überwiegend benachteiligt oder begünstigt wird.

- Bei jeder Leistungsmessung haben wir es mit einem *Stichprobenproblem* zu tun, d. h. wir überprüfen meistens die in Frage stehenden Kompetenzen nicht vollständig, sondern bloß stichprobenartig.

Im Folgenden werde ich nur dem Stichprobenfehler nachgehen und die übrigen Fehlerquellen ausklammern, und zwar deshalb, weil diese sich der Schätzung durch ein mathematisches Modell entziehen. *Das heißt aber, dass der tatsächliche Messfehler meistens größer ist als der im Folgenden aufgezeigte und nach den unterbreiteten Vorschlägen berechnete.* Um Schwellen- und Rundungsfehler einigermaßen in Grenzen zu halten, sollte man hinreichend fein korrigieren, d. h. viele Einzelheiten und Details berücksichtigen, und möglichst auch Aufgaben stellen, die den Denk- und Lösungsprozess erkennen lassen. Hinsichtlich der Gütekriterien sei auf die im 2. Kapitel bereits unterbreiteten Vorschläge verwiesen.

5.4.2 Der Stichprobenfehler

Unseren Prüfungen liegt meistens nur eine Stichprobe aller jener Aufgaben zu Grunde, die zum Prüfungsstoff eigentlich gestellt werden könnten und auch gestellt werden müssten, wenn wir ihn vollständig abprüfen wollten. Das eigentliche Können des Schülers oder – wie ich es nenne – sein „*Grundkönnen*" wird also in aller Regel nur sehr unvollständig durchleuchtet. Er kann dabei Glück oder Pech haben, je nachdem, ob wir ihn mehr über seine Stärken oder seine Schwächen prüfen. Er kann nicht sein Grundkönnen demonstrieren, sondern nur ein ausschnitthaftes „*Prüfungskönnen*". Auf der Grundlage des gezeigten Prüfungskönnens versuchen wir in der Regel jedoch, ein Urteil über sein Grundkönnen abzugeben.

Ich will dies an einem Beispiel veranschaulichen (vgl. Abbildung 6): Nehmen wir an, in einer Grundschulklasse solle das Achter-Einmaleins überprüft werden, und zwar inklusive der entsprechenden Divisions- und Platzhalteraufgaben. Das ergäbe 4 mal 10 = 40 mögliche Aufgaben. Das Grundkönnen eines Schülers sei nun so beschaffen, dass er von den 40 möglichen Aufgaben 30 richtig lösen könnte. Es beträgt somit 75%. (Die in der Abbildung jeweils eingerahmten Aufgaben sollen solche sein, die er nicht zu lösen vermag.) In der Prüfung wird nun eine aus 15 Aufgaben bestehende Stichprobe zur Bearbeitung gegeben. In dieser Stichprobe sind 9 Aufgaben enthalten, die dieser Schüler lösen kann. Er wird also ein Prüfungskönnen von nur 60% zeigen. Die Prüfungsstichprobe enthält unverhältnismäßig viele Aufgaben, die ihm schwer fallen, und so stellt er sich in der Prüfung ungünstiger dar, als es seinem Grundkönnen eigentlich entspricht.
Natürlich ist es ebenso gut möglich, dass die Prüfungsstichprobe überproportional viele von den Aufgaben umfasst, die ein Schüler beherrscht. Dann täuscht sein Prüfungskönnen einen Leistungsstand vor, der dem Grundkönnen nicht entspricht. Die Lehrkraft muss aber nun auf der Basis des gezeigten Prüfungskönnens das Grundkönnen des Schülers schätzen. Sie befindet sich dabei in derselben Situation wie eine Wahlforschungsgruppe, die kurz nach der Schließung der Wahllokale anhand der Ergebnisse in einigen bereits ausgezählten Stimmbezirken eine Hochrechnung des Gesamtergebnisses vornimmt. Auch die Lehrkraft rechnet gewissermaßen das Grundkönnen des Schülers aus dem gezeigten Prüfungskönnen hoch. Es besteht allerdings ein ganz wesentlicher Unterschied: Irgendwann im Laufe der nächsten Tage folgt der Wahlhochrechnung das amtliche Wahlergebnis auf der Grundlage aller ausgezählten Stimmen. Etwas Entsprechendes gibt es in der schulischen Leistungsbeurteilung gewöhnlich nicht; es bleibt hier vielmehr bei der anfänglichen Hochrechnung. Wie jede Hochrechnung ist natürlich auch die Schätzung des Grundkönnens anhand des gezeigten Prüfungskönnens mit einem Schätzfehler verbunden.

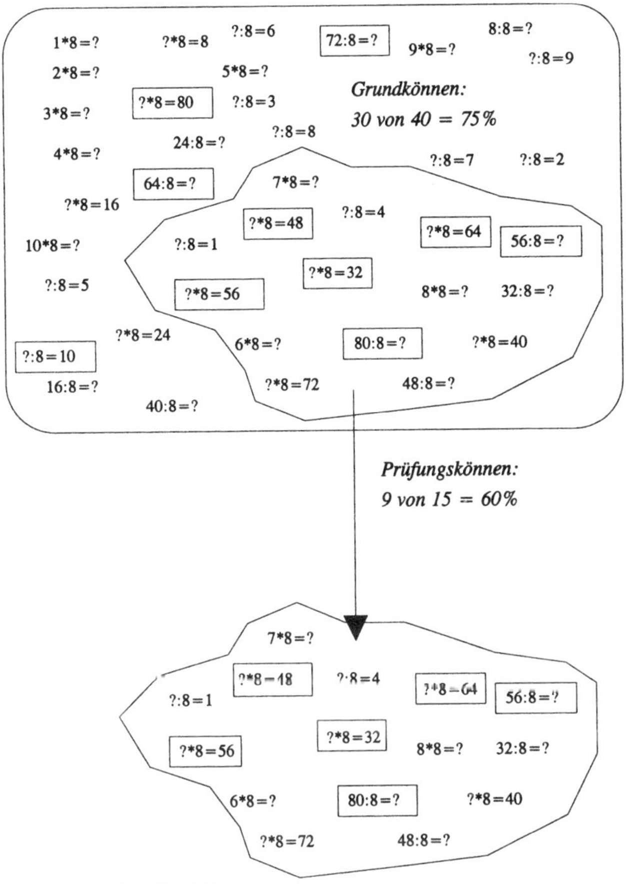

Abbildung 6: Der Stichprobenfehler

5.4.3 Indifferenzbereiche

Auch der einfachere Fall der Basisbenotung (d.h. der Unterscheidung von Lernzielerreichern und Lernzielverfehlern) ist mit Messfehlern behaftet: Nehmen wir an, wir hätten eine kleine Prüfung aus 40 Aufgaben zum kleinen Einmaleins konstruiert, und wir würden fordern, dass ein Schüler, den wir als Erreicher des Lernziels ansehen wollen, mindestens 60% von ihnen richtig löst. Dann wären anscheinend alle Schüler, welche 24 oder mehr Aufgaben lösen, als Zielerreicher anzusehen. Dass die Klassifizierung dieser Schüler als Zielerreicher aber gleichwohl mit einem Messfehler behaftet ist, wird deutlich, wenn wir uns fragen, ob

denn z. B. ein Schüler, der 25 Aufgaben löste und dementsprechend zunächst als ein knapper Zielerreicher anzusehen wäre, nicht vielleicht hinsichtlich seines Grundkönnens in Wahrheit ein knapper Zielverfehler ist. Vielleicht enthielt die Prüfung zufällig etwas mehr von den Aufgaben, die er beherrscht, als von jenen, die ihm Schwierigkeiten bereiten, so dass er ganz einfach Glück hatte? Aus ähnlichen Gründen könnte ein Schüler, der nur 23 Aufgaben löste, hinsichtlich seines Grundkönnens ein knapper Zielerreicher sein, der Pech hatte.
Die Wahrscheinlichkeit solcher zufälligen Verzerrungen ist natürlich geringer bei sehr guten und bei sehr schlechten Leistungen: Wenn ein Schüler 38 Aufgaben löste, dann hatte er wohl kaum nur Glück, so wie er auch kaum bloß Pech hatte, wenn er nur 3 Aufgaben schaffte.
Wenn wir diese Überlegung mit im Auge behalten, sind nicht nur Zielerreicher und Zielverfehler, sondern auch „unsichere Fälle" zu unterscheiden. Mit den letzteren wollen wir Schüler bezeichnen, die nicht hinreichend sicher als Zielerreicher oder Zielverfehler gelten können. Das werden in der Regel solche sein, deren Leistung in unmittelbarer Nachbarschaft der Mindestforderung für die Zielerreichung liegt, in unserem Beispiel also dicht unter oder über 24 Punkten.

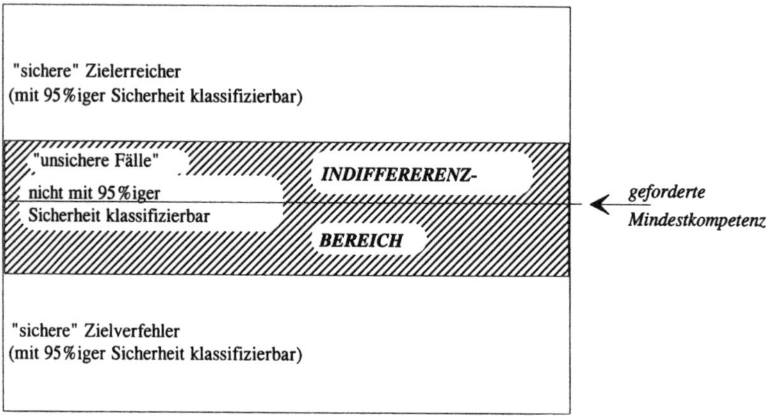

Abbildung 7: Der Indifferenzbereich der Zielerreichung

Wenn man eine bestimmte Sicherheit für das Urteil über Zielerreichung und Zielverfehlung fordert – z. B. mindestens 95% Wahrscheinlichkeit, ein zutreffendes Urteil zu fällen –, kann man eine rechnerische Abschätzung dieses so genannten Indifferenzbereiches vornehmen, in welchem die „unsicheren Fälle" liegen.[5] In unserem Beispiel, in welchem die Schüler mindestens 60% der 40 Aufgaben lösen sollen, um als Zielerreicher zu gelten, ergäbe sich ein Indifferenzbereich von 19 bis

29 Aufgaben (die Grenzen jeweils noch zum Indifferenzbereich gehörend). D. h. wir dürften in diesem Falle nur bei Schülern, welche mehr als 29 Punkte erzielten, sicher sein, dass es sich um Zielerreicher handelt, und wir dürften lediglich bei solchen, die auf weniger als 19 Punkte kämen, davon ausgehen, dass sie das Lernziel verfehlten. Bei allen übrigen wäre eine Aussage über die Zielerreichung mit der gewünschten Sicherheit von 95% nicht möglich.
Mit den „unsicheren Fällen", d. h. mit Schülern, deren Prüfungsleistung innerhalb des Indifferenzbereichs liegt, muss man sich diagnostisch weiter auseinandersetzen, um zu einem abschließenden Urteil zu kommen.

Berechnung von Indifferenzbereichen

Für mathematisch Interessierte (und nur für sie!) seien die der Berechnung zu Grunde liegenden Modellannahmen kurz erläutert:
Bei einem exakt gearbeiteten Spielwürfel beträgt die Wahrscheinlichkeit, eine bestimmte Augenzahl, sagen wir eine Eins, zu würfeln, ein Sechstel. Das heißt aber keineswegs, dass bei sechs Würfen immer eine Eins oder auch nur eine einzige Eins erzielt wird. Vom Mensch-Ärgere-dich-nicht-Spiel her wissen wir alle, dass es zu unserem Leidwesen durchaus vorkommen kann, dass wir zwei- und sogar drei- oder viermal bei sechs Würfen eine Eins erzielen, manchmal sogar unmittelbar hintereinander. Die Wahrscheinlichkeit von 1/6 für jede der sechs Augenzahlen gilt nämlich nur bei unendlich vielen Versuchen. Die tatsächliche Trefferquote wird dieser Wahrscheinlichkeit umso näher kommen, je häufiger wir würfeln. Wenn wir also 300 mal würfeln, dann werden wir tatsächlich um die 50 Einsen erzielen. Kommt es hier zu gröberen Abweichungen, dann ist der Würfel nicht exakt gearbeitet.
Mit Hilfe der sog. Binomialverteilung (die man in jedem Statistiklehrbuch abgehandelt findet) kann man die Wahrscheinlichkeit berechnen, mit welcher bei einer endlichen Anzahl von Versuchen eine bestimmte Anzahl von Treffern erzielt wird:
Es gilt ganz allgemein:

$$W = \binom{n}{k} \cdot p^{k} \cdot (1 - p)^{n - k}$$

Dabei ist

n = Anzahl der Versuche, hier der Würfe
k = Häufigkeit, mit welcher das Ereignis, hier das Würfeln einer Eins, bei diesen Versuchen eintritt
p = Wahrscheinlichkeit, mit welcher das Ereignis, hier das Würfeln der Eins bei unendlich vielen Versuchen eintritt – in diesem Falle also 1/6
W = Wahrscheinlichkeit, dass das Ereignis – hier „Würfeln einer Eins" – bei der endlichen Anzahl von n Versuchen eintritt

In unserem Beispiel ergäbe sich für die Wahrscheinlichkeit, dass bei sechs Versuchen drei mal eine Eins gewürfelt wird:

$$W = \binom{6}{3} \cdot \left(\frac{1}{6}\right)^3 \cdot \left(\frac{5}{6}\right)^{6-3} = 0{,}0535 = 5{,}36\%$$

Auf demselben Wege kann man auch berechnen, mit welcher Wahrscheinlichkeit mehr als zwei Einsen erzielt werden. Man muss dann lediglich in der aufgezeigten Weise die Wahrscheinlichkeiten für drei, vier, fünf und sechs Einsen ermitteln und addieren.

Man stelle sich nun vor, ein Schüler habe in seinem Grundkönnen einen Kompetenzgrad von 1/6, d. h. er könnte, wenn man ihm alle nur möglichen Aufgaben stellen würde, genau 1/6 davon lösen. Wir können diesen Wert als seine Erfolgswahrscheinlichkeit bei unendlich vielen Aufgaben bzw. Versuchen betrachten. Statistisch können schon Versuchszahlen von ca. 60 wie eine unendlich große Zahl behandelt werden, weil die daraus resultierenden Ungenauigkeiten praktisch nicht mehr bedeutsam sind. Ein solche Anzahl überhaupt möglicher Aufgaben wird für das Grundkönnen im Allgemeinen aber leicht erreicht, gewöhnlich sogar weit übertroffen.

Wenn wir nun z.B. wissen möchten, mit welcher Wahrscheinlichkeit ein solcher Schüler 24 von 40 Aufgaben oder mehr lösen kann, dann können wir genauso wie im Würfelbeispiel vorgehen: Wir errechnen die Wahrscheinlichkeiten, dass er 24, 25, 26 ... 40 Aufgaben löst, und erhalten die gesuchte Gesamtwahrscheinlichkeit als Summe all dieser Werte.

Bei der Berechnung des Indifferenzbereichs legen wir als Erfolgswahrscheinlichkeit den Kompetenzgrad der Mindestkompetenz zu Grunde, der ja zugleich der Grenzwert der unsicheren Fälle ist. Wir berechnen zunächst die Wahrscheinlichkeit, dass ein Schüler mit dieser Erfolgswahrscheinlichkeit (Kompetenz) alle 40 Aufgaben löst. Erhalten wir dafür einen Wert über 5%, dann reicht der Indifferenzbereich nach oben bis zur vollen Punktzahl. Ist der ermittelte Wert jedoch kleiner als 5%, dann berechnen wir als Nächstes die Wahrscheinlichkeit, dass dieser Schüler 39 Aufgaben löst, und addieren sie zu derjenigen für 40 Lösungen. Ist die Summe jetzt größer als 5%, dann ist 39 die obere Schranke des Indifferenzbereichs. Andernfalls fahren wir fort und berechnen die Wahrscheinlichkeit, dass dieser Schüler 38 Lösungen erzielt, addieren sie zur bisherigen Summe und vergleichen sie wiederum mit der 5%-Schranke. Auf diese Weise fahren wir solange fort, bis wir die obere Schranke des Indifferenzbereichs gefunden haben.

Analog wird die untere Schranke des Indifferenzbereichs bestimmt: Hier ermitteln wir zunächst die Wahrscheinlichkeit, dass ein Schüler mit dem Kompetenzgrad der Mindestkompetenz 0 Aufgaben löst, und addieren bei negativem Ausgang der 5%-Probe die Wahrscheinlichkeiten für eine Lösung, zwei Lösungen usw. dazu.

Bei diesem Berechnungsverfahren wird gleiche Schwierigkeit aller Aufgaben der Prüfung unterstellt: Jede Aufgabe wird ja behandelt wie ein Versuch mit demselben Würfel. Dagegen wenden Lehrkräfte in aller Regel zu Recht ein, dass es unter schulpraktischen Bedingungen kaum möglich, ja nicht einmal wünschenswert sei, lauter gleich schwere Aufgaben zu stellen. Wenn die Aufgabenschwierigkeiten nicht gleich sind, dann müsste man dem Berechnungsverfahren für die Wahrscheinlichkeiten jedoch an Stelle der Binomialverteilung die verallgemeinerte Binomialverteilung zu Grunde legen. Diese setzt allerdings voraus, dass die unterschiedlichen Schwierigkeiten der Aufgaben bekannt sind, was ein neues Problem aufwirft; denn Lehrer kennen die Schwierigkeit der Aufgaben, welche sie stellen, gewöhnlich gar nicht genau. (Dass sie es vielfach behaupten, ersetzt nicht den empirischen Nachweis eines bestimmten Schwierigkeitsgrades!)
Klauer (1988) hat nun gezeigt, dass bei Zugrundelegung der verallgemeinerten Binomialverteilung die berechneten Messfehler etwas kleiner sind als bei Zugrundelegung der Binomialverteilung. D. h. dass nach dem von mir vorgeschlagenen und angewendeten Verfahren für den Fall gleicher Aufgabenschwierigkeiten evtl. etwas zu große Indifferenzbereiche ermittelt werden, falls die Aufgaben in Wirklichkeit ungleiche Schwierigkeiten haben. Das ist aber durchaus vertretbar: Da wir in der Regel die wirklichen (unterschiedlichen) Schwierigkeiten nicht kennen, ist es zweckmäßig vom ungünstigsten Fall auszugehen – und dies ist der Fall gleicher Aufgabenschwierigkeiten. Zudem gehen Fehlerquellen, die aus dem Schwellen- und Rundungsproblem resultieren, ohnehin nicht in unsere Berechnung des Messfehlers ein, so dass die Gefahr, ihn durch das aufgezeigte Verfahren zu überschätzen, kaum besteht.

Analoge Überlegungen wie bei der Berechnung eines Indifferenzbereichs der Lernzielerreichung kann man hinsichtlich der Erlangens oder Verfehlens bestimmter Notenstufen anstellen. Auch hier gibt es Indifferenzbereiche, in welchen Schülerleistungen liegen, die man nicht hinreichend sicher z. B. den Aussagen „Note Drei erreicht“ oder „Note Drei verfehlt“ zuordnen kann. *Das führt in letzter Konsequenz dazu, dass man unter schulischen Alltagsbedingungen, zu denen auch nicht allzu umfangreiche Prüfungen gehören, meistens nur zwei bis drei Leistungsniveaus hinreichend sicher unterscheiden kann, nicht aber sechs Notenstufen oder gar 15 Kollegstufenpunkte.*
Bei einer Prüfung seien 47 Punkte erreichbar, und es werde die folgende Benotungsskala verwendet:

Benotungsskala einer Prüfung

40 - 47 P:	1
32 - 39 P:	2
24 - 31 P:	3
16 - 23 P:	4
8 - 15 P:	5
0 - 7 P:	6

Berechnet man die Indifferenzbereiche für die verschiedenen Notenstufen und beachtet man die Überschneidungen der Indifferenzbereiche, so ergeben sich folgende mit 95%iger Wahrscheinlichkeit richtige, also „sichere" Zuordnungen:

erzielte Punktzahl	mit 95%iger Sicherheit zu erteilende Note
44 - 47	1
38 - 43	1 oder 2
36 - 37	1, 2 oder 3
30 - 35	2 oder 3
27 - 29	2,3 oder 4
22 - 26	3 oder 4
19 - 21	3, 4 oder 5
13 - 18	4 oder 5
11 - 12	4, 5 oder 6
4 - 10	5 oder 6
0 - 3	6

Tabelle 2: Zuweisung „sicherer" Beurteilungen bei einer Prüfung

Es zeigt sich, dass meistens zwei, in manchen Fällen sogar drei Notenstufen nicht hinreichend sicher auseinandergehalten werden können. Das deckt sich auch mit den Erfahrungen von Lehrkräften: Darüber, ob eine Schülerleistung gut, schlecht oder mittelmäßig ist, können Kollegen sich gewöhnlich leicht verständigen. Die Schwierigkeiten beginnen dann, wenn auch noch entschieden werden soll, ob die mittelmäßige Leistung mit der Note 3 oder 4, die gute mit 1 oder 2 und die schlechte mit 5 oder 6 zu bewerten ist.

Häufig glauben Lehrkräfte, diesen Problemen sei abzuhelfen durch eine weitere Differenzierung unseres Notensystems, also durch Zwischennoten oder mehr als sechs Notenstufen. Man muss hier aber Messgenauigkeit und Anzeigegenauigkeit unterscheiden: Eine digitale Personenwaage möge Gewichte auf 50g genau anzeigen. Wenn es sich um ein sehr preisgünstiges Modell handelt, kann man bei unmittelbar aufeinander folgenden Wiegeversuchen jedoch durchaus Ergebnisse bekommen, die um mindestens ein halbes Kilogramm differieren. D. h. die

Messgenauigkeit ist weitaus geringer als die Anzeigegenauigkeit, und unter diesen Bedingungen ist die hohe Anzeigegenauigkeit letztendlich wertlos oder sogar irreführend. *Eine weitere Differenzierung unseres Notensystems würde das Problem der Messfehler keineswegs lösen. Dadurch würde lediglich die Anzeigegenauig-keit, nicht aber die Messgenauigkeit erhöht werden. Diese aber hängt von der Anlage der Prüfung und von der Diagnosekompetenz der Lehrkraft und nicht von der verfügbaren Beurteilungsskala ab.*

5.4.4 Überprüfung der Messungenauigkeit einer Benotungsskala

Mit dem Konzept des Indifferenzbereiches haben wir nun ein Instrument zur Verfügung, um die Messungenauigkeit einer Benotungsskala zu überprüfen. Allerdings wäre es für die Schulpraxis zu aufwändig, jeweils die Indifferenzbereiche aller Notenstufen zu berechnen und daraus auf die sicher zu erteilenden Beurteilungen zu schließen. Es genügt im Allgemeinen, den Indiffe-renzbereich für die Zielerreichung zu ermitteln und dabei an Stelle der recht komplizierten Berechnung ein grafisches Näherungsverfahren zu verwenden:

Nehmen wir an, in einer Prüfung seien maximal 20 Punkte erreichbar, und für die Zielerreichung werden 10 Punkte, also 50% der maximalen Punktezahl, gefordert. Den zugehörigen Indifferenzbereich ermitteln wir, indem wir in Abbildung 8 bei der erreichbaren Gesamtpunktzahl 20 eine Senkrechte errichten. Diese schneidet die durchgezogene Linie für die Obergrenze des Indifferenzbereiches bei einer Mindestkompetenz von 50% (OGr 50%) im Punkt A. Ziehen wir von diesem Schnittpunkt A eine Waagrechte zur y-Achse, so wird diese bei ungefähr 14 geschnitten. D. h. die Obergrenze des Indifferenzbereichs beträgt 14. Analog finden wir einen Schnittpunkt unserer Senkrechten mit der gestrichelten Linie für die Untergrenze des Indifferenzbereiches bei einer Mindestkompetenz von 50% (UGr 50%) bei B. Die Waagrechte von B zur y-Achse wiederum schneidet diese zwischen 6 und 7. D. h. die Untergrenze des Indifferenzbereichs liegt bei ca. 6. Der Indifferenzbereich erstreckt sich somit von 6 bis zu 14 Punkten, wobei die Grenzen 6 und 14 *mit* zum Indifferenzbereiches gehören. Wenn wir eine Urteilssicherheit von mindestens 95% für die Feststellung der Zielerreichung und der Zielverfehlung wünschen, dann können erst Schüler mit mehr als 14 Punkten mit der geforderten Sicherheit als Zielerreicher eingestuft werden, so wie umgekehrt

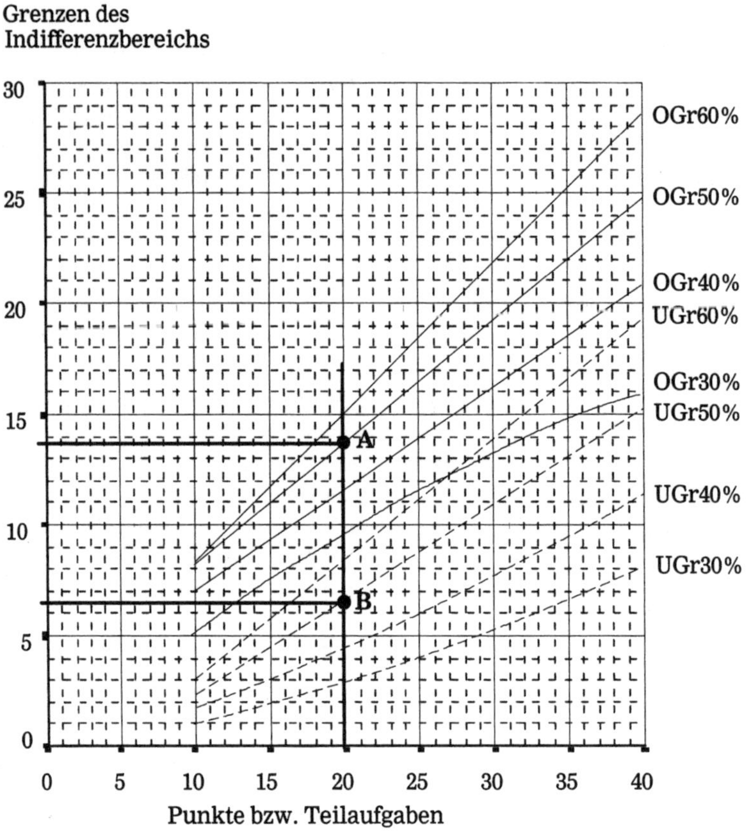

Abbildung 8: Beispiel für die grafische Ermittlung des Indifferenzbereichs

Ogr	Obergrenze des Indifferenzbereichs
Ugr	Untergrenze des Indifferenzbereichs

nur solche mit weniger als 6 Punkten sichere Zielverfehler sind. Schüler hingegen, welche Punktezahlen zwischen 6 und 14 haben, sind „unsichere Fälle", über deren Einstufung als Zielerreicher oder Zielverfehler wir nicht sicher genug urteilen können, die also noch weiteren diagnostischen Maßnahmen unterzogen werden müssen.

Abbildungen zur Bestimmung des Indifferenzbereichs bei umfangreicheren Prüfungen und bei Diktaten (Fehlerbewertung!) finden sich im Anhang.

In manchen Fällen muss beim Ablesen der Ober- und Untergrenzen des Indifferenzbereichs aus den Abbildungen 16 bis 18 des Anhangs interpoliert werden:

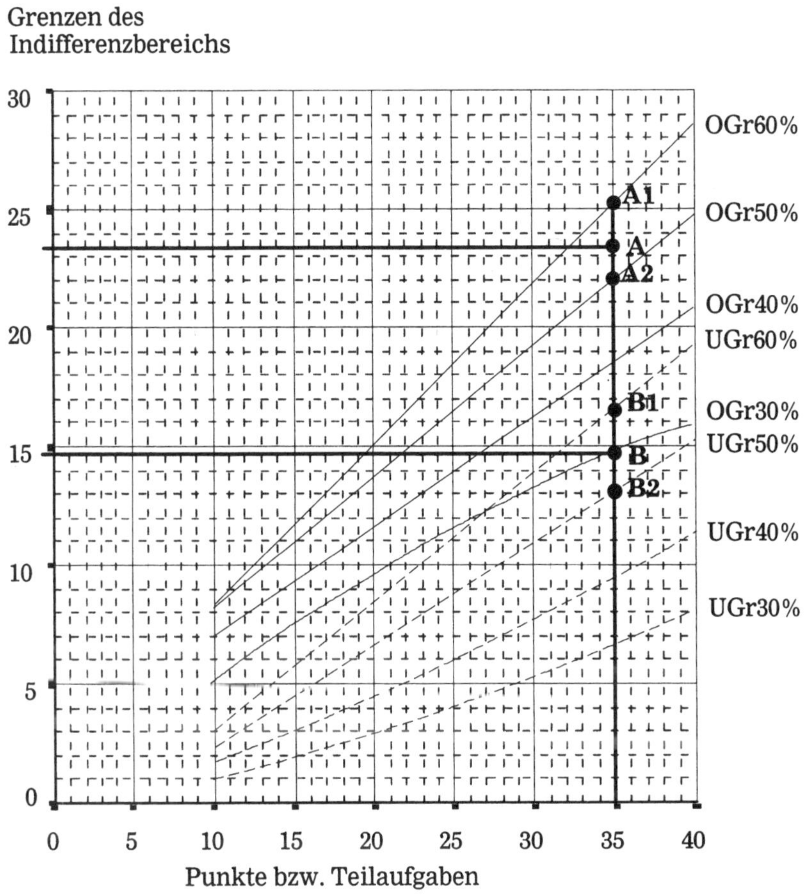

Abbildung 9: Beispiel für das Ablesen des Indifferenzbereichs mit Interpolation

Hätten wir z. B. bei einer Prüfung mit maximal 35 erreichbaren Punkten eine Mindestkompetenz von 19 Punkten für die Zielerreichung gefordert, was rund 54% der maximalen Punktezahl entspricht, so wäre eine senkrechte Linie bei 35 Punkten zu errichten, welche die durchgezogene 50%- und 60%-Linie bei A1 und A2 schneidet. Wir wählen dann, weil unsere Mindestkompetenz 54% beträgt, einen Punkt A zwischen A1 und A2, und zwar etwas näher an A2, weil 54% näher an 50% als an 60% liegt, ziehen von diesem eine Waagrechte zur y-Achse und lesen dort die Obergrenze etwa bei 23 Punkten ab. Analog ermitteln wir als Untergrenze des Indifferenzbereiches 15.

Haben wir keine Ziffernnoten zu vergeben, etwa weil wir es in den Anfangsklassen der Grundschule bei Verbalbeurteilungen belassen können, genügt die Ermittlung des Indifferenzbereiches und damit der sicheren Zielerreicher und Zielverfehler sowie der unsicheren Fälle. Sollen aber auch Noten vergeben werden, betrachten wir noch zusätzlich, welche Notenbereiche der Indifferenzbereich abdeckt. Angenommen, in unserem ersten Beispiel solle folgende Benotungsskala verwendet werden:

Note	Erreichte Gesamtpunktzahl
1	19 - 20
2	16 - 18
3	13 - 15
4	10 - 12
5	5 - 9
6	0 - 4

Tabelle 3: Benotungsskala für eine Prüfung

Der sich von 6 bis zu 14 Punkten erstreckende Indifferenzbereich deckt den Bereich der Note Vier vollkommen ab: Schüler, welche 10 bis 12 Punkte erzielen, liegen auf jeden Fall im Indifferenzbereich. Außerdem ragt der Indifferenzbereich nach oben weit in die Note Drei hinein: Auch Schüler mit schlechten und mittelmäßigen Dreien, die 13 oder 14 Punkte erzielen, liegen im Indifferenzbereich. Nach unten deckt der Indifferenzbereich auch den größten Teil der Note 5 mit ab: Schüler mit Punktezahlen zwischen 6 und 9 Punkten liegen ebenfalls darin. Lediglich die schlechteste Fünf, die man auf 5 Punkte bekommt, liegt nicht mehr im Indifferenzbereich. Insgesamt ergibt sich ein wenig zufriedenstellendes Bild: Nur Schüler mit guten Dreien (15 Punkten), Zweien oder Einsen können als sichere Zielerreicher angesehen werden. Umgekehrt sind nur Schüler mit einer schlechten Fünf oder mit einer Sechs als sichere Zielverfehler zu klassifizieren. Wahrscheinlich wird man bei vielen Schülern mit Noten von 3 bis 5 aber nicht genügend sicher beurteilen können, ob sie das Lernziel erreicht oder verfehlt haben. Es legt sich nahe, die Aufgabenzahl zu vermehren.

Auf diesem Wege kann in Abhängigkeit von der erzielbaren Messgenauigkeit stets ein angemessener Prüfungsumfang gefunden werden. Nehmen wir z. B. an, die Noten für eine Prüfung würden nach folgender Skala festgelegt:

Note	Anteil der Gesamtpunktzahl
1	95% - 100%
2	80% - 94%
3	65% - 79%
4	50% - 64%
5	25% - 49%
6	0,0% - 24%

Tabelle 4: Benotungsskala für eine Prüfung

Wir ermitteln nach dieser Einteilung die Notenskalen für Prüfungen mit 12, 20 und 50 erreichbaren Gesamtpunkten sowie die zugehörigen Indifferenzbereiche:

Note	12 Gesamtpunkte		20 Gesamtpunkte		50 Gesamtpunkte	
	Unter-grenze	Ober-grenze	Unter-grenze	Ober-grenze	Unter-grenze	Ober-grenze
1	12	12	19	20	48	50
2	10	11	16	18	41	47
3	8	9	13	15	33	40
4	6	7	10	12	25	32
5	3	5	5	9	13	24
6	0	2	0	4	0	12
	Indifferenzbereich: 3–9		Indifferenzbereich: 6–14		Indifferenzbereich: 20–30	

Tabelle 5: Indifferenzbereiche und Notenbereiche bei Prüfungen unterschiedlicher Länge

Betrachten wir nun die Lage der Indifferenzbereiche zu den Notenbereichen, so ergeben sich für die drei Prüfungen sehr unterschiedliche Bilder:

- Es zeigt sich, dass bei nur 12 erreichbaren Gesamtpunkten der Indifferenzbereich (3–9 P) die Bereiche der Noten 3, 4 und 5 völlig abdeckt. Eine sichere Zielerreichung kann sonach nur bei Erlangen der Noten 1 oder 2 angenommen werden, eine sichere Zielverfehlung nur bei der 6.
- Eine Verlängerung der Prüfung auf 20 Punkte und entsprechend mehr Teil-Aufgaben führt dazu, dass zumindest nicht mehr die besten der Dreierschüler (15 Punkte) und die schlechtesten der Fünferschüler (5 Punkte) im Indifferenzbereich liegen.
- Eine weitere Verlängerung der Prüfung auf 50 Punkte und entsprechend mehr Teil-Aufgaben hat zur Folge, dass bereits die besseren Viererschüler (mit Punktezahlen von 31 und 32) und die schlechteren Fünferschüler (mit Punktzahlen von 13 bis 19) aus dem Indifferenzbereich herausfallen, also entweder als sichere Zielerreicher oder als sichere Zielverfehler eingestuft werden können.

Bei der kurzen Prüfung mit nur 12 Gesamtpunkten ist der Messfehler offenbar so groß, dass schon die Beurteilung der Zielerreichung und Zielverfehlung überwiegend nicht mit genügender Sicherheit vorgenommen werden kann – von der Erteilung der sechs Notenstufen ganz zu schweigen. Schon eine Verlängerung auf 20 Gesamtpunkte schafft diesbezüglich etwas günstigere, wenn auch noch nicht voll befriedigende Verhältnisse, die sich erst bei einer weiteren Verlängerung auf ca. 50 Punkte bzw. Aufgaben allmählich einstellen.
Eine Verringerung des Messfehlers durch Verlängerung der Prüfung wird in der Praxis natürlich nicht immer möglich sein. Man sollte sich aber auf jeden Fall vergegenwärtigen, mit welcher Genauigkeit man tatsächlich (nur) misst!

5.4.5 Weitere praktische Konsequenzen

Es sollte jedenfalls deutlich geworden sein, dass es absolut unsinnig ist, Nachkommastellen von berechneten Notendurchschnitten noch irgendeine praktische Bedeutung beizulegen. Wenn wir Noten lediglich mit sehr begrenzter Genauigkeit vergeben können, sollten wir uns selbst und andere darüber nicht mit einer Genauigkeitsillusion hinwegtäuschen. Es ist unter diesen Umständen angemessener, Entscheidungen aus pädagogischer Verantwortung zu fällen, als sie der Rundungsautomatik von Taschenrechnern anzuvertrauen.
Um die mit der Notenvergabe verbundenen Messfehler nicht unnötig groß werden zu lassen, ist es hilfreich, sich einige Gesetzlichkeiten vor Augen zu halten:

- Je größer die Aufgabenzahl bzw. die Anzahl der Bewertungseinheiten ist, desto kleiner ist der Messfehler und desto größer die Sicherheit der Beurteilung. Und umgekehrt: Je kleiner die Aufgabenzahl bzw. die Anzahl der Bewertungseinheiten, desto größer der Messfehler und desto geringer die Sicherheit der Beurteilung. Sehr kurze Prüfungen (z. B. Stegreifaufgaben) sind mit besonders großen Messfehlern behaftet.
- Die Gesetzlichkeit „Je länger die Prüfung, umso kleiner der Messfehler" gilt allerdings mit einer gewichtigen Einschränkung: Mit wachsender Aufgabenzahl nähern wir uns auch irgendwann einmal (bei jüngeren Kindern vielleicht sogar sehr schnell) der Ermüdungsgrenze. Wird sie überschritten, dann heben die Konsequenzen des Ermüdungseffektes den Zugewinn an statistischer Sicherheit auf, weil dann die Validität (vgl. 2.2.3) beeinträchtigt wird: Wir messen dann nicht mehr die jeweilige Fachleistung, sondern allgemeine Belastbarkeit.
- Extremnoten (Einsen und Sechsen) werden bei allen Skalenarten sicherer beurteilt. Die Messfehler sind in der Regel bei den mittleren Noten am größten.
- Je breiter man den Bereich für eine bestimmte Note auf einer Skala anlegt, umso sicherer, je schmäler, umso unsicherer kann diese Note beurteilt werden.

5.5 Die Problematik von Benotungsmodellen, die sich an der sozialen Norm orientieren

Um von einer bloßen Angabe des Rangplatzes oder der Lage zur Durchschnittsleistung zu einer der sechs Notenstufen zu gelangen, braucht man irgendeine Vorstellung darüber, wie häufig sehr gute, gute, befriedigende, ausreichende, mangelhafte und ungenügende Leistungen in der Bezugsgruppe vorkommen. D. h. es bedarf einer Verteilungsannahme. Oft wird hier die Normalverteilung zu Grunde gelegt:

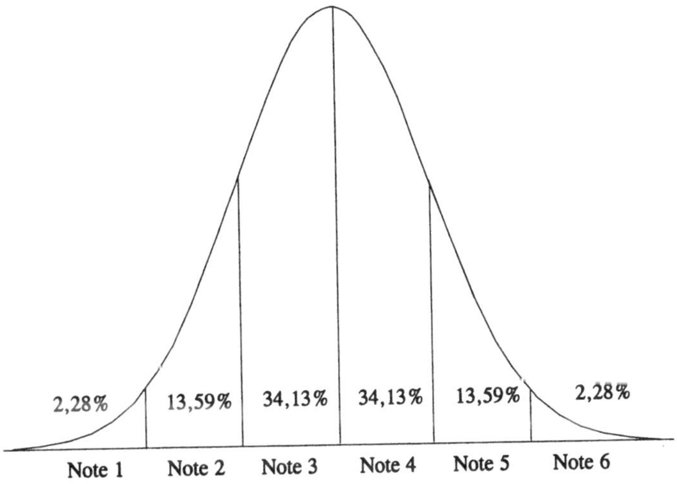

Abbildung 10: Zuweisung von Noten nach der Normalverteilung

Mit der Fragwürdigkeit der Normalverteilungsannahme werden wir uns gleich befassen. Zunächst soll das Vorgehen bei einer an die Normalverteilung angelehnten Benotung aufgezeigt werden: Gewöhnlich wird von der Normalverteilung abgeleitet, mit welcher prozentualen Häufigkeit die sechs Notenstufen vorkommen sollen. Vorausgesetzt, dass man die Normalverteilung in Bereiche von jeweils einer Standardabweichung Breite unterteilt, sind dies für die Noten 1 und 6 je 2,28%, für die 2 und 5 je 13,59% und für die 3 und 4 je 34,13%. In der Praxis arbeitet man oft mit stark gerundeten und vereinfachten Zahlen, etwa 5%, 15% und 30%. In diesem Falle würde in einer Klasse von 20 Schülern der beste (5% = 1/20 von 20) eine Eins bekommen, die drei folgenden (15% = 3/20) würden eine Zwei erhalten, jeweils sechs eine Drei und eine Vier, drei weitere eine Fünf und der schlechteste eine Sechs.

Es gibt hier also gewissermaßen Quoten für die einzelnen Noten. Wenn eine Quote erschöpft ist, wird – der Rangordnung entsprechend – mit der nächst schlechteren Note fortgefahren.
An Stelle der Normalverteilung kann auch eine andere Verteilung unterlegt werden, z. B. eine Gleichverteilung. Dann würden jeweils 16,7% der Schüler eine der sechs Notenstufen erhalten.
In Japan werden jeweils 5% der Schülerleistungen den Notenstufen 5 und 1, jeweils 20% den Notenstufen 4 und 2 und 50% der Notenstufe 3 zugewiesen. (Vögeli-Montovani 1999, S.85)
Der entscheidende Punkt bei solchen Benotungsmodellen ist nun der, dass die Verteilung der Leistungen in der Gruppe *vor der Benotung* bekannt sein muss. Wenn man sie erst aus der Verteilung der Leistungen in der jeweiligen Prüfung (etwa der Rohpunkte) ermitteln wollte, würde man sich offensichtlich in einen logischen Zirkel begeben. Die Testpsychologie scheidet deshalb die Eichstichprobe streng von der Untersuchungsstichprobe. Es ist natürlich auch nicht zulässig, eine bestimmte Verteilung mit heroischer Entschlossenheit einfach zu postulieren. Über eine willkürliche Verteilungsannahme wird dann das ganze Verfahren der Leistungsbeurteilung willkürlich und subjektiv – was auch immer man nachträglich an mathematischen Finessen einbaut. *Der einzig solide Weg, verlässliche Kenntnis von der tatsächlichen Leistungsverteilung in einer Gruppe zu erhalten, führt über eine Voruntersuchung. Wie eine solche unter schulischen Alltagsbedingungen zu realisieren sein sollte, ist jedoch noch nicht einmal von ferne abzusehen.*

In der Schulpraxis ist leider trotz alledem eine Benotung, die sich an die Normalverteilung anlehnt, immer noch recht verbreitet. Ich will hier nur die beiden wichtigsten *Argumente gegen die Normalverteilungsannahme von Schulleistungen* anführen[6]:
Die Normalverteilung ist eine Verteilung der großen Zahlen. Selbst dann, wenn Schülerleistungen an und für sich normalverteilt wären, müssten noch keineswegs die Leistungen in einer Klasse mit einer – statistisch gesehen – geringen Schülerzahl von 30 bis 40 so verteilt sein. Der Amerikaner Blom zeigte, dass die Chancen, eine Normalverteilung bei so kleinen Probandenzahlen vorzufinden, nur etwa 1 zu 400 sind. W. L. Fischer urteilt als Mathematiker: „Für eine Klasse eine Normalverteilung der Noten (Leistungen) vorauszusetzen oder formal in den Bewertungen zu erzwingen, ist statistischer Unsinn." (Fischer 1991, S.243)
Die Normalverteilung ist eine Zufallsverteilung. Sie ist sogar unter allen Zufallsverteilungen die am häufigsten vorkommende. D. h. die Wahrscheinlichkeit, dass irgendeine zufällig auftretende Größe normalverteilt ist, ist in der Tat sehr hoch. Aber genau dieser Charakter einer Zufallsverteilung wirft eine Reihe schwer wiegender pädagogischer Fragen auf:

Es mag sogar hin und wieder der Fall sein, dass am Beginn des Schulunterrichts – am ausgeprägtesten vielleicht am Anfang des ersten Schuljahres – Schülerleistungen nach dem Zufall verteilt sind. Besteht aber dann die Aufgabe der Lehrkraft nicht darin, eine solche zufällige Leistungsverteilung in der Weise systematisch zu „verzerren", dass aus den schlechten Leistungen wenigstens halbwegs mittelmäßige, aus den durchschnittlichen gute und aus den guten sehr gute werden? M. a. W., sollte sich die von der Lehrkraft zu erwartende Förderung nicht so auswirken, dass die Leistungsverteilung im Bereich der guten Leistungen „schief" wird?
Ganz offensichtlich ist die Normalverteilung eher die Verteilungsform von Leistungen vor einer systematischen Förderung als nach einer solchen. Tests, welche der Testpsychologe entwickelt, dienen häufig dazu, die Fähigkeiten und Lücken im Leistungsprofil von Schülern zu erfassen und ihnen dann besondere Fördermaßnahmen zuzuweisen. Da hier die Leistungsmessung dem Unterricht vorangeht, kann der Testpsychologe noch halbwegs legitim Normalverteiltheit der Schülerleistungen annehmen. Wenn jedoch eine Lehrkraft nach längeren unterrichtlichen Förderungsbemühungen bei der abschließenden Leistungsüberprüfung wiederum Normalverteiltheit der Leistungen annimmt, dann unterstellt sie damit zugleich die Erfolglosigkeit ihrer Förderungsbemühungen: Sie geht davon aus, dass die Leistungsverteilung in ihrer Klasse immer noch eine zufällige ist – so als wären alle ihre Förderungsbemühungen fruchtlos geblieben.
Für systematische Verzerrungen einer vielleicht anfänglich gegebenen Normalverteiltheit der Schülerleistungen sollte eigentlich auch unser schulisches Selektionssystem sorgen: Über Sitzenbleiben, Übertritte und „dropping out" (vorzeitiges Verlassen einer Schule) müsste es eigentlich dazu kommen, dass in den oberen Klassen und in den höheren Schulen gute Leistungen, in Haupt- und Sonderschulen schlechte häufiger auftreten. Hier kann man allerdings einwenden, dass Lehrkräfte sich nach einer Selektionsmaßnahme jeweils auf die neue Ausgangsverteilung beziehen. Das heißt dann aber, dass für die erfolgreichen Schüler die Anforderungen sukzessive verschärft werden, so dass ein Teil von ihnen wiederum gefährdet ist. Das mag für die Aussiebung einiger weniger Spitzenleistungen vielleicht sogar funktional sein. Aber dafür müssen viele andere mit ihrem gewissermaßen programmierten Scheitern einen hohen Preis bezahlen. Außerdem ist ein solches Vorgehen wenig sinnvoll, um Leistungen zu entwickeln, was ja die Hauptaufgabe des Lehrers ist. Man könnte auch einwenden, die beständige Mehranforderung, die sich aus der Orientierung am Durchschnitt einer Gruppe ergibt, welche gute Lernfortschritte erzielt, habe motivierende Wirkung. Das gilt aber allenfalls für die leistungsstarken Schüler. Die schwachen hingegen können so ihren Rückstand nie aufholen; sie werden immer weiter zurückfallen und schließlich resignieren. Und auch die leistungsstarken Schüler sollten besser durch anspruchsvollere Lernangebote motiviert werden statt durch strengere Bewertung, die ja keineswegs eine inhaltliche Förderung ersetzt.

Eine schulische Leistungsbeurteilung, welche mit der Normalverteilungsannahme arbeitet, ist also in mehrfacher Hinsicht problematisch, so dass man dringend von ihr abraten muss. Sie umgibt sich völlig zu Unrecht mit der Gloriole der Wissenschaftlichkeit und sollte endlich aus unseren Schulen verschwinden.

5.6 Schwierigkeiten von Benotungsmodellen, die sich an der individuellen Norm orientieren

Ebenfalls vor kaum lösbaren Problemen steht man, wenn man ein individuelles Benotungsmodell konstruieren will:
Man muss dazu vor allem wissen, in welchem Ausmaß Leistungen bei Schülern dieser Altersstufe, dieser Schulart, dieses Geschlechts usw. zufallsbedingt schwanken können. Nur dann ist es möglich zu beurteilen, ob eine Veränderung überhaupt als bedeutend einzustufen ist, oder ob es sich nur um eine zufällige Schwankung handelt. Die entsprechenden Informationen könnte man sich im Prinzip auch hier durch Vorerhebungen beschaffen, die freilich, wie oben schon bemerkt, im Schulalltag kaum durchzuführen sind.
Dazu kommt die Schwierigkeit, dass ein offensichtliches Ungleichgewicht der Veränderungsmöglichkeiten bei guten und schlechten Schülern berücksichtigt werden muss: Ein Schüler, der bisher gute Leistungen zeigte, hat weitaus weniger Möglichkeiten, sich noch zu verbessern, als einer, der am Ende des Leistungsspektrums rangiert. Ein und dieselbe kleine Verbesserung kann also bei verschiedenen Schülern völlig Unterschiedliches bedeuten. Entsprechendes gilt für die Verschlechterungsmöglichkeiten. Und schließlich ist auch noch der Fall der Leistungskonstanz zu bedenken. Es bedeutet ja offensichtlich nicht dasselbe, wenn eine Leistung auf niedrigem Niveau stagniert, wie wenn sie sich gleich bleibend auf hohem Niveau hält.
Ein Benotungsmodell, dass allen diesen Überlegungen Rechnung trägt, muss offenbar einigermaßen anspruchsvoll sein.[7] Insgesamt scheinen die Vorgehensweisen, die bei einem konsequent individuellen Benotungsmodell anzuwenden sind, noch sehr wenig durchdacht.

5.7 Vorschläge für ein kriteriales Benotungsmodell

Auch in einem kriterialen Benotungsmodell ist es nicht möglich, den Messfehler zu schätzen, ohne gewisse Annahmen zu machen. Zwar ist hier keine Verteilungsannahme erforderlich, doch bereitet das Ermitteln der sachlich-fachlichen Anforderungen einige Schwierigkeiten. Wie wir uns hier behelfen können, sei deshalb nun im Einzelnen aufgezeigt:

Jede Lehrkraft fällt permanent Entscheidungen über Zielerreichung und Zielverfehlung: Es muss ja in regelmäßigen Zeitabständen darüber befunden werden, ob in der Behandlung des Stoffes weitergegangen werden kann oder ob noch zusätzliche Übung nötig ist. Man muss sich m. a. W. darüber klar werden, ob wenigstens die große Mehrheit der Schüler das Lernziel erreicht hat oder nicht. Um diese stillschweigend und oft wenig reflektiert geübte Praxis zu einem Modell für kriteriale Basisbenotung weiterzuentwickeln, ist es nötig, die Klassifikationsentscheidung (die Einteilung in Zielerreicher und Zielverfehler) zunächst einmal explizit, dann logisch eindeutig und hinsichtlich ihres Messfehlers durchschaubar zu machen.
Logische Eindeutigkeit ist dadurch herzustellen, dass wir das Kriterium für die Klassifikation operationalisieren. Nach Mager (1971) muss für eine solche Operationalisierung
– ein beobachtbares Endverhalten,
– eine Situation, in welcher dieses Verhalten gezeigt werden soll,
– und ein Beurteilungsmaßstab angegeben werden.
Das *Endverhalten* und die *Situation* werden im Allgemeinen hinreichend präzise durch die Prüfung und deren einzelne Aufgaben definiert. Wenn wir uns z. B. vergewissern wollen, ob das Lernziel „Beherrschung des kleinen Einmaleins mit 5“ erreicht ist, dann müssen wir uns darüber klar werden, ob wir nur Aufgaben der Form 5 • n = ? oder auch Umkehraufgaben der Form ? • 5 = n, n : 5 = ? oder n : ? = 5 stellen wollen, ob die Schüler nur numerische oder auch „eingekleidete“ Aufgaben bearbeiten sollen, ob sie dies schriftlich oder mündlich tun müssen, wie viele Aufgaben von jeder Sorte unsere Prüfung enthalten soll, wann sie stattfinden und wie viel Bearbeitungszeit eingeräumt werden soll, welche Hilfsmittel die Schüler verwenden dürfen usw.
Darüber hinaus muss aber auch ein *Beurteilungsmaßstab* angegeben werden, anhand dessen wir entscheiden, ob wir einen Schüler als Zielerreicher einstufen, d. h. *wir müssen uns darüber klar werden, welchen Anteil richtiger Lösungen ein Zielerreicher mindestens erzielen muss. Ich bezeichne diesen Beurteilungsmaßstab als Mindestkompetenz.* Diese quantitativen Anforderungen stehen natürlich in einem engen Zusammenhang mit qualitativen Anforderungen, wie sie in der Art der Aufgabenstellung und in der Anlage und Durchführung der Prüfung enthalten sind.
Nach welchen Kriterien legt man nun die Mindestkompetenz fest? Ohne Zweifel können Mindestkompetenzen nicht einfach aus der Struktur eines Faches deduziert werden. Sie sind vielmehr das Ergebnis eines Interpretationsprozesses unter dem leitenden Gesichtspunkt der Lernbedeutsamkeit. D. h. wir müssen uns klar darüber werden, welche Bedeutung dem in Frage stehenden Inhalt und seiner Beherrschung für den weiteren Lernprozess zukommt. Mit Bezug darauf können wir definieren: *Die Mindestkompetenz bezeichnet den Kompetenzgrad, über welchen Schüler mindestens verfügen müssen, um auf dem jeweiligen Gebiet erfolgreich weiterzulernen.*

Mit dieser Rückbindung an die Lernbedeutsamkeit impliziert die Mindestkompetenz eine prognostische Aussage: Wir sagen letztlich für diejenigen Schüler, welche über die Mindestkompetenz verfügen, künftige Lernerfolge voraus. Das kann – wie bei allen Prognosen – nur unter Unsicherheit geschehen. Zugleich wird durch die Anbindung der Mindestkompetenz an den weiteren Lernprozess die Leistungsbeurteilung und in logischer Konsequenz auch das Prüfen und Unterrichten „vorausschauend", d. h. an dem orientiert, was für den weiteren Lernprozess bedeutsam und für dessen erfolgreiche Weiterführung wichtig ist. *Damit bekommt die übliche Richtung der Prognose eine etwas andere Wendung: Wir wollen nicht primär die künftige Leistungsentwicklung von Schülern vorhersagen, sondern wir stellen Überlegungen an, was jetzt zu tun ist, damit diese erfolgreich verläuft.*

Wie sollen Lehrer aber nun praktisch bei der Ermittlung der Mindestkompetenz vorgehen? Zunächst zeigt sich, dass die oben gegebene Definition der Mindestkompetenz einer zweifachen *Präzisierung* bedarf, nämlich

- hinsichtlich dessen, was man als Erfolg versteht, wenn man von *erfolgreichem* Weiterlernen spricht, und
- hinsichtlich des Zeithorizontes, den man mit der Rede vom *Weiter*lernen im Auge hat.

Als *erfolgreich* können wir einen schulischen Lernprozess ansehen, solange die künftigen Leistungen nicht in den Bereich unter der Note 4 abfallen, womit in unserem Schulsystem die nachteiligen Konsequenzen beginnen. Im Übrigen legt die Wortbedeutung der Note 4 („ausreichend") nahe, mit ihr das Urteil zu verbinden, das Lernziel sei eben noch erreicht worden. In manchen Fällen freilich empfiehlt es sich, eine andere Note als Erfolgskriterium zu Grunde zu legen: Beim qualifizierenden Hauptschulabschluss an den bayerischen Schulen z. B. muss in bestimmten Fächern die Note 3 erreicht werden, damit die Prüfung als bestanden gilt. Hier wird man dann natürlich besser die 3 als Indiz für künftige Lernerfolge ansehen.

Der *Zeitraum*, auf welchen die Prognose erfolgreichen Weiterlernens sich bezieht, kann unterschiedlich gewählt werden:

- Man kann sich auf das aktuelle Schuljahr beschränken oder auf den Zeitraum, in dem man eine Klasse weiterführt. Da man die eigenen künftigen Anforderungen und den eigenen künftigen Unterricht kennt, müsste man eigentlich auch einigermaßen genau wissen, welche gegenwärtigen Leistungen eines Schülers künftigen Lernerfolg erwarten lassen und welche nicht.
- Man kann den Zeithorizont etwas weiter abstecken und die Aussage des erfolgreichen Weiterlernens auf eine ganze Schulstufe beziehen, also etwa auf die Grundschule, die Mittelstufe des Gymnasiums etc.

- Schließlich können wir die gesamte Schulzeit bis hin zu ihrem Abschluss in die Prognose einbeziehen. In diesem Fall sind dann auch Leistungen bei Abschlussprüfungen ein Erfolgskriterium.
- Im Prinzip ist es auch möglich, mit der Mindestkompetenz (meist unsichere!) Prognosen hinsichtlich des Berufs- und Lebenserfolgs zu verbinden. Damit überschreiten wir allerdings die Grenze zwischen Lernbedeutsamkeit und allgemeiner Lebensbedeutsamkeit.

In einer präzisierten Form lautet die Frage nach der Mindestkompetenz somit: Was müssen Schüler auf dem geprüften Gebiet mindestens können, damit sie aller Voraussicht nach im weiteren Unterricht wenigstens „ausreichende" Leistungen erzielen?

Auch so ist diese Frage nicht leicht zu beantworten. Das ist nicht zuletzt darauf zurückzuführen, dass hier die pädagogisch-psychologische Forschung die Schule schmählich im Stich lässt. An und für sich müsste es ja möglich sein festzustellen, welche Mindestkompetenzen Lehrkräfte auf einem bestimmten Gebiet tatsächlich fordern, wenn sie Zielerreicher und Zielverfehler unterscheiden. Die Angemessenheit verschieden hoch angesetzter Mindestkompetenzen könnte dann in einer Längsschnittuntersuchung überprüft werden: Man müsste verfolgen, wie viele von den Schülern, die als Zielerreicher klassifiziert wurden, innerhalb des gewählten Zeitraums doch unter die 4 absinken und wie viele von den Zielverfehlern sich trotzdem auf dem Niveau der 4 halten oder sogar darüber bleiben. Aus dem Verhältnis erwartungskonformer zu erwartungswidrigen Fällen könnten dann Rückschlüsse auf die Angemessenheit der Mindestkompetenz gezogen werden. Ich gestehe zu, dass sich solche Mindestkompetenzstudien im Detail um einiges komplizieren würden, wenn man an die Durchführung ginge: Es müsste in Rechnung gestellt werden, dass Schülerleistungen nicht nur eine Funktion des Vorwissens, sondern z. B. auch der Qualität des Unterrichts, der Anregung der häuslichen Umwelt, der Unterstützung durch Eltern sowie der Dynamik kindlicher und jugendlicher Entwicklung sind. Aber die Faktorenkomplexion solcher Untersuchungen wäre mit dem methodischen Repertoire moderner sozialwissenschaftlicher Forschung durchaus zu bewältigen. Jedenfalls ist es nicht nachvollziehbar, dass entsprechende Untersuchungen noch nicht einmal in Angriff genommen sind. Selbst logische und empirische Analysen von Voraussetzungsstrukturen in Lernstoffen und Untersuchungen von Lernwegen, die ebenfalls ein Stück weiterhelfen könnten, stecken noch in den Kinderschuhen. Solange nicht durch ausgedehnte Feldforschung einigermaßen geklärt ist, was man auf früheren Stufen schulischer Lernprozesse fordern muss, wenn man bestimmte Lernergebnisse haben will, könnten die Kultusadministrationen zumindest Expertenratings vornehmen lassen und Expertengutachten einholen. Auch dies ist bislang nicht geschehen. Brauchbare Anhaltspunkte geben Bildungsstandards, soweit sie für die betr. Fächer und Jahrgangsstufen bereits vorliegen.

Die vorläufig noch alleine gelassenen Lehrerinnen und Lehrer können sich jedoch ein gutes Stück weit durchaus selbst behelfen:

- Ein „Abbruchkriterium", nach welchem sie entscheiden, ob sie im Stoff fortfahren oder noch weiter üben, haben sie ohnehin, zumindest ein implizites. Der sachliche Gehalt dieses Abbruchkriteriums aber ist nichts anderes als das, was wir hier Mindestkompetenz nennen. Was hindert Lehrkräfte, sich dieses Kriterium explizit klar zu machen und es zu präzisieren?
- Auch wenn die vorliegenden Lehrpläne keine Mindestkompetenzen formulieren, so geben sie doch dem gründlichen Leser eine ganze Reihe von Anhaltspunkten, für wie bedeutsam bestimmte Kompetenzen von den Lehrplanmachern gehalten werden. Man muss z. B. nur verfolgen, in welchem Maße auf solche Kompetenzen später wieder zurückgegriffen wird. Das setzt allerdings voraus, dass man auch die Lehrpläne von Jahrgängen und Schularten bzw. -stufen studiert, in denen man selbst nicht unterrichtet.
- Ähnliche Hinweise können wir auch Schulbüchern entnehmen.
- Ferner ist es möglich und ohnehin dringend geboten, Gespräche mit jenen Kollegen zu führen, welche die „Abnehmer" unserer Schüler sind: Was setzen sie voraus? Was greifen sie wieder auf? Was ist ihnen besonders wichtig?
- Und schließlich dürften alle Lehrkräfte nach einigen Jahren Berufspraxis in verschiedenen Jahrgangsstufen Erfahrungswerte in Bezug auf Mindestkompetenzen haben: Irgendwie wissen sie gewöhnlich doch, dass ein Schüler die allergrößten Schwierigkeiten bekommen wird, wenn er auf einem bestimmten Gebiet nicht diese und jene Lücken schließen kann – einfach, weil sie ein ähnliches Fiasko schon einige Male erlebt haben.
- Abschlussprüfungen, vor allem solche mit zentraler Aufgabenstellung, geben ebenfalls wertvolle Hinweise, welche Kompetenzen für den künftigen Lernerfolg von größerer und geringerer Bedeutung sind.
- Schließlich sind auch aus dem Abschneiden von Schülern bei klassen- und schulübergreifenden Orientierungsarbeiten wertvolle Informationen zu entnehmen.

Zugegebenermaßen sind dies alles nur einstweilige Notbehelfe. Aber wir müssen uns ihrer bedienen, solange uns keine verlässlicheren Informationen zur Verfügung stehen. Am ehesten scheint es möglich und zumutbar, Mindestkompetenzen für den Nahbereich des künftigen eigenen Unterrichts zu formulieren.

Die schlichteste Art und Weise, eine Mindestkompetenz festzusetzen, wäre die, einfach jenes Können zu Grunde zu legen, das man einem Schüler abverlangt, der die Note 4 eben noch bekommen soll. So kann man zumindest anfangen. Allerdings müsste man sich in der Folge unbedingt darum bemühen, diese Anforderung auch hinsichtlich ihrer Lernbedeutsamkeit zu rechtfertigen.

In der Alltagspraxis dürfte es im Allgemeinen völlig ausreichen, einige wenige Kompetenzgrade zu unterscheiden. Der verbreiteten Beurteilungspraxis entsprechen etwa folgende:

	mindestens richtige Lösungen	höchstens zulässige Fehler
grundlegende Kompetenzen	50%	8%
häufiger benötigte Kompetenzen	40%	10%
seltener benötigte Kompetenzen	30%	12%

Diese Kompetenzgrade sollten aber in keinem Falle unreflektiert oder gar dogmatisch übernommen werden. Mein Vorschlag sollte eher als Ausgangspunkt für eine Diskussion im Kollegium dienen.

Man könnte es für angemessener halten, nur diejenigen Schüler als Zielerreicher zu klassifizieren, welche die entsprechende Leistungsform fehlerfrei beherrschen. Das würde zwar die Gefahr ausschließen, dass die Mindestkompetenz zu gering angesetzt wird. Aber die Realität des Schulalltags ist doch wohl, dass in den meisten Fällen nur ein kleiner Teil der Klasse zu fehlerfreier Leistung gelangt. Das mag man zum Anlass der kritischen Bemerkung nehmen, in der Schule würden die meisten Lernprozesse vor ihrem erfolgreichen Abschluss abgebrochen. Anderseits ist kaum zu leugnen, dass ein Großteil jener Schüler, die in einem bestimmten Stadium eines schulischen Lernprozesses keine fehlerfreien Leistungen zu Wege bringen, durchaus erfolgreich weiterlernen, ja sich sogar bedeutend steigern können. Ganz offensichtlich muss man nicht in allen Gebieten denselben Grad an Perfektion erlangen, um erfolgreich weiterlernen zu können. In Gebieten, welche für den weiteren Lernprozess sehr bedeutsam sind, ist ein besonders hoher Kompetenzgrad erforderlich. In anderen genügt ein geringeres Maß. So wird man beispielsweise im Englischunterricht mehr Sicherheit in der Beherrschung englischer Vokabeln fordern als in der Verfügbarkeit landeskundlicher Kenntnisse.

Anmerkungen

1 Für die Note 6 gibt es keine Mindestanforderung. Man erhält sie auch schon auf 0 Punkte.

2 Eine in allen Notenstufen lineare Skala kann man übrigens nur erstellen für Gesamtpunktzahlen, welche (wie im folgenden Beispiel) ein um 1 vermindertes Vielfaches von 6 sind. Es ist nämlich auch der Fall zu berücksichtigen, dass 0 Punkte erreicht werden. In der Praxis allerdings wird man oft mit Gesamtpunktzahlen arbeiten müssen, bei welchen solche Prozeduren nicht „aufgehen", d. h. man wird Notenbereiche erhalten, deren Breiten etwas differerieren. Solche Kompromisse einzugehen, erscheint sinnvoller, als mit Gewalt Gesamtpunktzahlen herzustellen, mit denen sich günstig rechnen lässt. Es besteht dann nämlich die Gefahr, dass irgendwelche Prüfungsteile unangemessen gewichtet werden, nur um eine erwünschte Gesamtpunktzahl zu erhalten.

3 Für die Kollegstufe gibt es sogar entsprechende Vorschriften, die sog. „Normenbücher", welche die Kultusministerkonferenz entsprechend der Vereinbarung vom 6.2.1975 über die Anwendung einheitlicher Prüfgsanforderungen in der Abiturprüfung herausgab.

4 D. h. als eine Größe, die nur bestimmte Werte annehmen kann, welche durch endliche Intervalle voneinander getrennt sind. Ein Schüler kann im Zeugnis nur eine der Noten von 1 bis 6 haben, nicht

jeden beliebigen Zwischenwert. Kontinuierliche Größen hingegen können auch jeden beliebigen Zwischenwert annehmen.

5 Für mathematisch Interessierte ist das rechnerische Verfahren auf den folgenden Seiten im umrahmten Text dargestellt.

6 Weitere Argumente finden sich in Sacher 1984, S.19ff.

7 Vorgelegt wurde ein solches Modell von Klauer 1987a.

6| Prüfungs- und Aufgabenanalyse[1]

6.1 Begründung und Analysegesichtspunkte

Immer wieder einmal kommt es vor, dass Prüfungen unerwartet schlecht ausfallen. Lehrer neigen zu einem nicht geringen Teil dazu, dann den Schülern mehr oder weniger massive Vorwürfe zu machen und sie ihre Enttäuschung deutlich spüren zu lassen. Nicht selten aber ist eine solche Reaktion übereilt und falsch. Denn die Ursachen schlechter Prüfungsergebnisse können mindestens vierfacher Art sein:

- Es ist möglich, dass die Schüler dem Unterricht tatsächlich nicht mit der nötigen Aufmerksamkeit und Anteilnahme folgten und sich nicht mit der gebührenden Sorgfalt und dem erforderlichen Fleiß auf die Prüfung vorbereiteten. Dabei kann, was als mangelnde Aufmerksamkeit und Mitarbeit erscheint, in Wahrheit auch Ausdruck von psychischen oder physischen Störungen sein, also z. B. von Konzentrations- oder Antriebsschwäche und leichter Ermüdbarkeit. D. h. es muss auch in diesem Fall nicht unbedingt ein Mangel an gutem Willen vorliegen.
- Eine andere Möglichkeit ist, dass die geprüften Kompetenzen im vorangegangenen Unterricht nicht effektiv genug vermittelt wurden.
- Denkbar ist weiterhin, dass die Prüfung unglücklich angelegt war und auf ungünstige Weise durchgeführt wurde.
- Manchmal ist die Mehrheit der Schüler auch einfach durch die Ansprüche eines Faches überfordert, was die Konsequenz einer falschen Schullaufbahnentscheidung oder auch Folge eines unangemessenen Lehrplans sein kann.

Entsprechend sind auch verschiedene Ursachen für das überdurchschnittlich gute Ausfallen einer Prüfung denkbar, und es ist zu simpel, in jedem Fall gleich den Schluss zu ziehen, die Anforderungen seien zu einfach gewesen und müssten künftig verschärft werden.

Um der intellektuellen Redlichkeit willen, aber auch im Interesse einer Optimierung des Unterrichts und der Prüfungspraxis ist es also dringend geboten, nach Prüfungen kritische Rückschau zu halten und abzuwägen, welche Faktoren zu unerwarteten Ergebnissen führten. Dabei sollte es selbstverständlich sein, auch die Schüler altersgemäß in die retrospektive Analyse einzubeziehen.

Freilich werden sie sich kaum einbringen, wenn sie absehen können, dass sie ohnehin immer die Schuld für ihr Versagen zugeschrieben bekommen und mit Vorwürfen überhäuft werden. Ein Gewinn bringendes Prüfungsnachgespräch muss in einer sachlichen Atmosphäre und in einer explorativen Grundhaltung geführt werden. Vor allem muss für die Schüler auch erkennbar sein, dass tatsächlich Konsequenzen bei künftigen Prüfungen und im folgenden Unterricht gezogen werden. Sonst besteht die Gefahr, dass sie sich aus einem solchen Meinungsaustausch bald wieder zurückziehen, weil sie keinen Sinn darin sehen.

In diesem Kapitel will ich mich hauptsächlich mit dem dritten der genannten Ursachenkomplexe befassen und einige Techniken an die Hand geben, mit denen man sich Aufschluss über die Angemessenheit einzelner Aufgaben oder ganzer Prüfungen verschaffen kann.

Die Unterstellung, solche Angemessenheit könnte hin und wieder einmal nicht gegeben sein, ist in keiner Weise ehrenrührig für Lehrkräfte: Anders als die meisten Berufe, die mit Messungen zu tun haben, müssen Lehrkräfte ja in aller Regel in Gestalt der Prüfungen und Aufgaben gewissermaßen ihre „Messinstrumente" selbst bauen. Wenn man bedenkt, dass dies unter viel bescheideneren Bedingungen zu geschehen hat als etwa bei der Konstruktion von psychologischen Leistungstests, dann ist es überhaupt nicht erstaunlich, dass hin und wieder auch ungeeignete „Messinstrumente" entstehen.

Manche Lehrkräfte sind sich der Unvollkommenheit ihrer „Messinstrumente" durchaus bewusst und versuchen diese ggf. dadurch zu kompensieren, dass sie überraschend schlecht ausfallende Prüfungen etwas nachsichtiger benoten. Damit wird zwar verhütet, dass Schüler die Konsequenzen für etwas tragen müssen, was sie nicht zu verantworten haben. Aber da nicht geklärt wird, welche Aufgaben im Einzelnen untauglich waren und warum sie sich nicht bewährten, kann der Fall sich jederzeit wiederholen. Darum empfiehlt es sich dringend, an Stelle eines solchen „Pannenrabatts" eine Prüfungs- und Aufgabenanalyse durchzuführen.

Es sind hauptsächlich die folgenden Fragestellungen, mit denen man sich nach einer Prüfung befassen sollte:

- Häuften sich Fehler und Ausfälle einer bestimmten Art?
- Waren die Aufgaben von angemessener Schwierigkeit?
- Hatten die Aufgaben eine ausreichende Trennschärfe?
- Wurde das gesteckte Lernziel von den einzelnen Schülern und von der Klasse insgesamt erreicht, so dass mit gutem Gewissen im Unterricht fortgefahren werden kann?
- Gab es Verzerrungen durch zu knapp bemessene Arbeitszeit?
- Traten Ermüdungseffekte auf?
- Sind auffällige Leistungsveränderungen bei einzelnen Schülern oder bei der ganzen Klasse zu beobachten?
- War die geforderte Mindestkompetenz angemessen?

Nicht immer natürlich wird man alle diese Fragestellungen zu beantworten suchen, und erst recht nicht wird man sie immer auf die gesamte Prüfung und auf sämtliche Schüler anwenden. Die ersten beiden Fragen freilich sollten wir uns nie schenken. Die übrigen wird man zur weiteren Aufklärung heranziehen, wenn einzelne Aufgaben oder Prüfungen insgesamt zu unerwarteten Ergebnissen führten oder die ganze Klasse oder einzelne Schüler ungewöhnliche Leistungen zeigten. Man kann gegen eine nachträgliche Prüfungs- und Aufgabenanalyse einwenden, dass sie zu spät komme und dass aus ihren Ergebnissen kein Nutzen mehr zu ziehen sei. Denn die Prüfung dürfe ja nicht im Nachhinein geändert werden. Aber selbst dies ist mit Einschränkungen möglich: Mindestens gelegentlich können nachträglich einzelne ungeeignete Aufgaben aus der Bewertung genommen werden. Zur Vermeidung rechtlicher Probleme sollte man dann aber den wenigen Schülern, welche diese Aufgaben bewältigten, die damit erreichten Punkte als Zusatzpunkte anrechnen. Auch die Wiederholung einer gesamten Prüfung ist in vielen Fällen rechtlich zulässig. Der hauptsächliche *Gewinn der Aufgabenanalyse* liegt aber gar nicht in einer Nachbesserung der aktuellen Prüfung, sondern

- *im Gewinnen von Ansatzpunkten für anschließende unterrichtliche Maßnahmen*
- *in der Sensibilisierung des Prüfers für die Angemessenheit von Aufgabenstellungen und Prüfungen*
- *in der Erarbeitung eines Repertoires von bewährten Aufgaben*
  (Allerdings müssen Aufgaben, die sich in einer Klasse bewährten, nicht notwendig auch gute Aufgaben in anderen sein. Aber die Alternative, völlig unerprobte Aufgaben zu stellen, ist noch weitaus problematischer.)

6.2 Praktische Hinweise zur Analyse ausgewählter Aspekte

6.2.1 Fehleranalyse

Es genügt nicht, die Häufigkeit der Ausfälle und Fehler festzustellen. Wir müssen uns darüber hinaus Rechenschaft geben, welche Fehler vorkamen, wo (bei welchen Aufgaben) und bei wem sie besonders oft auftraten und warum sie gemacht wurden.

Fehlerarten können wir nach mehreren Gesichtspunkten unterscheiden, z. B.

- nach mutmaßlichen Ursachen:
  - Wahrnehmungsfehler
  - Missverständnisse und Verwechslungen
  - Flüchtigkeits- und Leichtsinnsfehler
  - Wissensfehler
  - Verständnisfehler

- nach ihrer Auftretensweise:
  - systematische Fehler, die von einem Schüler konsequent und durchgängig gemacht werden
  - typische Fehler, die für bestimmte Schüler charakteristisch sind
  - verbreitete Fehler, die von vielen Schülern gemacht wurden
- nach fachlichen Gesichtspunkten: Fehler in bestimmten Fachgebieten, z. B. in einer Fremdsprache verwechselte Vokabeln, Grammatikfehler, Fehler in der Idiomatik, stilistische Fehler oder in der Mathematik arithmetische Fehler, Fehler bei der Auflösung von Klammertermen, Fehler beim Umstellen von Gleichungen usw.

Wahrnehmungsfehler, Missverständnisse, Verwechslungen, Flüchtigkeits- und Leichtsinnsfehler sind eher harmlos. Im Zweifelsfall kann man den Schülern noch einmal ähnliche Aufgaben stellen, um in Erfahrung zu bringen, ob sie in einer entspannten Situation grundsätzlich in der Lage sind, sie zu lösen. Bei Wissens- und Verständnisfehlern kann weiter unterschieden werden, ob die Ausfälle im aktuellen Stoff liegen oder ob es sich um Vorkenntnisdefizite handelt.

Immer dann, wenn sich Fehler einer bestimmten Art oder Fehler an einer bestimmten Stelle häufen, liegt zumindest der Verdacht nahe, dass die Ursachen in der Anlage der Prüfung oder im Unterricht liegen. Natürlich kann es ebenso gut sein, dass die Schüler sich nicht gründlich genug vorbereiteten oder dem Unterricht nicht aufmerksam genug folgten. Man sollte sich aber hüten, allzu rasch und allzu ausschließlich auf diese Erklärungen zurückzugreifen.

6.2.2 Schwierigkeit

Wie in 3.4 und 5.7 schon ausgeführt, sehen wir nicht Schwierigkeit, sondern Bedeutsamkeit als zentrales Konstruktionskriterium für Prüfungen an. Infolgedessen lehnen wir Gewichtungen von Prüfungsaufgaben nach unterschiedlicher Schwierigkeit ab – aber natürlich nicht nach unterschiedlicher Komplexität – und plädieren dafür, Überlegungen zur Lernbedeutsamkeit einzelner Aufgaben und ihrer Inhalte in den Mittelpunkt zu stellen. Gleichwohl muss man in Prüfungen natürlich auf eine angemessene Schwierigkeit der Aufgaben achten und dafür Sorge tragen, dass die Schüler nicht überfordert werden.

Lehrkräfte sprechen von „Schwierigkeit“ gerne im Sinne einer sogen. Apriori-Schwierigkeit, die man einer Aufgabe unmittelbar ansehen kann, noch bevor man sie Schülern in einer Prüfung stellt. Inwieweit man solche Apriori-Schwierigkeiten zutreffend einschätzen kann, ist aber höchst fraglich.

Wir empfehlen, stattdessen den empirischen (aposteriorischen) Schwierigkeitsbegriff der Testpsychologie zu verwenden, nach dem Aufgaben nicht dann als schwierig gelten, wenn Lehrkräfte sie dafür halten, sondern dann, wenn nur wenige Schüler sie zu lösen vermochten, und entsprechend als leicht solche, die viele bewältigten (Lienert/ Raatz 1998, S.73ff.).

Die Schwierigkeit bzw. der Lösungsanteil einer Aufgabe wird bei Punktebewertung definiert als (Lienert/ Ratz 1998, S.73[2])

$$[1a]\quad LA = \frac{\text{Summe der von allen Schülern erreichten Punkte}}{\text{Schülerzahl} \cdot \text{maximale Punktzahl}} \cdot 100$$

Der Lösungsanteil kann schwanken zwischen 0 (extreme Schwierigkeit: Niemand hat die Aufgabe auch nur teilweise gelöst.) und 100 (Alle haben sie vollständig gelöst.).

Beispiel:
Auf eine Aufgabe wurden bei vollständig richtiger Beantwortung 2 Punkte vergeben. Von 25 Schülern einer Klasse, welche bei der Prüfung mitgeschrieben haben, wurden insgesamt 34 Punkte erzielt.
Lösungsanteil der Aufgabe:

$$LA = \frac{34}{25 \cdot 2} \cdot 100 = 68$$

Entsprechend dem recht hohen Lösungsanteil ist diese Aufgabe als eher leicht einzuschätzen.

Bei Fehlerbewertung rechnen wir:

$$[1b]\quad LA = \left(1 - \frac{\text{Summe der von allen Schülern gemachten Fehler}}{\text{Schülerzahl} \cdot \text{maximale Fehlerzahl}}\right) \cdot 100$$

Aufgaben von extremer Schwierigkeit (die von weniger als 20% oder sogar noch nicht einmal von 10% aller Schüler gelöst bzw. von mehr als 80% oder sogar 90% falsch gemacht werden) – sog. „Einserbremsen" – sollte man nicht verwenden und ggf. auch im Nachhinein aus der Bewertung nehmen. Die wirklich souveränen Schüler erkennen wir weniger zuverlässig daran, dass sie eine einzelne extrem schwierige Aufgabe lösen, als daran, dass sie mehrere Aufgaben von hoher Schwierigkeit gleich bleibend gut bewältigen.
In der Testpsychologie ist es üblich, auch Aufgaben von geringer Schwierigkeit, die von 80% oder sogar von 90% der Probanden gelöst wurden[3], als untauglich anzusehen. Wenn wir die kriteriale Norm zu Grunde legen, können solche Bedenken jedoch entfallen. Warum sollte es ein Mangel sein, wenn sehr viele oder gar alle Schüler unsere Anforderung erfüllen? Auch die Prüfungspraxis unserer Schulen scheint im Allgemeinen solchen Überlegungen intuitiv Rechnung zu tragen: In unserer Nürnberger Untersuchung (Lederer 2008, S.81 u. S.165) fanden wir zwar, dass jede dritte Aufgabe von 80% und mehr Schülern gelöst wurde, aber nur ein verschwindend kleiner Teil (weniger als ein Zehntel) von nur 20% oder weniger.
Um den Aufwand in Grenzen zu halten, wird oft nur der Blick auf eine angemessene Schwierigkeit der gesamten Prüfung möglich sein. Eine solche Gesamtschwie-

rigkeit bzw. den Gesamtlösungsanteil ermitteln wir nach denselben Beziehungen [1a] und [1b]. Wir setzen dabei lediglich an Stelle der Punkte- oder Fehlerzahlen einzelner Aufgaben diejenigen der gesamten Prüfung ein.

Beispiel:
30 Schüler haben in einer Prüfung, in welcher maximal 35 Punkte erreichbar waren, insgesamt 598,5 Punkte erzielt. Wir rechnen dann:

$$LA = \frac{598{,}5}{30 \cdot 35} \cdot 100 = 57$$

Die Prüfung hatte insgesamt also etwa mittlere Schwierigkeit.

6.2.3 Trennschärfe

Schüler sollten bei einer Prüfung insgesamt ein umso besseres Gesamtergebnis erzielen, je besser sie die einzelnen Aufgaben bewältigen. Diese Forderung scheint trivial zu sein. Doch kommt es immer wieder einmal vor, dass der Gesamterfolg mit der Meisterung einer bestimmten einzelnen Aufgabe wenig zu tun hat. Diese Aufgabe fällt dann insofern aus dem Rahmen, als sie zum Gesamterfolg nichts beiträgt bzw. – in der Terminologie der Statistik – nicht mit ihm korreliert. Solchen Aufgaben fehlt die Trennschärfe. Sie können im Extremfall sogar seltener von jenen Schülern gelöst worden sein, die in der Prüfung insgesamt besser abgeschnitten haben, als von denen, welche ein schlechteres Gesamtergebnis erzielten. Nehmen wir an, eine Textaufgabe sei sehr kompliziert formuliert, und es gebe unter den Schülern mit passablen Mathematikleistungen eine größere Zahl mit sprachlichen Schwächen. Diese würden dann wahrscheinlich die Fragestellung gar nicht richtig erfassen und nicht zum mathematischen Problem vordringen. Wenn nun die Schüler mit mäßigen Mathematikleistungen mindest durchschnittliche sprachliche Kompetenz besitzen, würden sie diese Aufgabe wahrscheinlich lösen, falls das mathematische Problem ein eher einfaches ist. Für die Bewältigung dieser Aufgabe wäre dann weniger die mathematische als die sprachliche Kompetenz ausschlaggebend. D. h. die Aufgabe wäre nicht valide. *Mangelnde Trennschärfe ist immer ein Indiz für die schlechte Validität einer Aufgabe.*
Aufgaben mit geringer Trennschärfe sollte man ebenso aus der Bewertung nehmen wie allzu schwierige.
Die Trennschärfe kann als Korrelation zwischen der Lösung einer einzelnen Aufgabe (der dabei erzielten Punktezahl) und der in der gesamten Prüfung erzielten Punktezahl berechnet werden.[5] Die an sich recht aufwändige Berechnung kann mit Hilfe der Tabellenkalkulation Excel, die auch die Berechnung von Korrelationen ermöglicht (Menü „Einfügen“, Option „Funktion“, Kategorie „Statistik“, Funktion „KORREL“), sehr einfach durchgeführt werden. Bei der Interpretation der Werte ist zu beachten, dass ein Wert von 1,00 maximale Trennschärfe bedeu-

tet, ein solcher von 0,00 das völlige Fehlen von Trennschärfe und ein Wert von -1,00 paradoxe Trennschärfe (d. h. hier hätten sogar die Schüler die betr. Aufgaben umso häufiger und vollständiger gelöst, je schlechter sie bei den restlichen Aufgaben der Prüfung abschnitten). Man kann die Trennschärfe aber auch schätzen, wenn man die Differenz zwischen der Leistung der besseren und der schlechteren Hälfte der Schüler bei der analysierten Aufgabe betrachtet und sie auf die maximale Differenz bezieht[6]:

$$[2a]\quad Tr = \frac{\text{err. P. der besseren Hälfte - err. P. der schlechteren Hälfte}}{\text{halbe Schülerzahl} \cdot \text{maximale Punktzahl}} \cdot 100$$

err. P.: von der besseren bzw. schlechteren Hälfte bei der analysierten Aufgabe erreichte Punkte

Die maximale Differenz wäre dann erreicht, wenn alle Schüler der besseren Hälfte alle bei der Aufgabe erreichbaren Punkte erhielten und kein Schüler der schlechteren Hälfte auch nur einen einzigen oder einen halben Punkt bekäme. Diese maximale Differenz steht in [2a] im Nenner des Bruches. Der Wert von [2a] gibt also an, wieviel Prozent der maximalen Differenz die beobachtete Differenz zwischen der Leistung der besseren und der schlechteren Hälfte beträgt.

Wir führen die Schätzung an einem Beispiel vor:
Zunächst müssen die Prüfungsteilnehmer nach ihrer Prüfungs-Gesamtleistung in zwei (etwa) gleiche Hälften unterteilt werden. Dann werden die Punkte addiert, welche die zu diesen Hälften gehörenden Schüler bei der analysierten Aufgabe erzielten:

Schlechtere Hälfte		*Bessere Hälfte*	
Schüler	*Erzielte Punkte*	*Schüler*	*Erzielte Punkte*
Ch.	4	Fr.	1
Fa.	1	Mu.	7
Su.	1	Ra.	8
We.	4	Schw.	8
Da.	5	Ti.	6
Mi.	2	Vo.	7
Wa.	7	El.	9
Or.	2	Hu.	9
Be.	6	Lo.	9
Kl.	5	Pr.	9
	Summe: 37		*Summe: 73*

Tabelle 6: Erzielte Punkte bei einer Aufgabe (maximale Punktzahl = 9)

Insgesamt hatten 20 Schüler an der Prüfung teilgenommen. Wenn bei der Aufgabe maximal 9 Punkte erreichbar waren, ist zu rechnen:

$$Tr = \frac{73 - 37}{10 \cdot 9} \cdot 100 = 40$$

Bei Fehlerbeurteilung gilt analog:

$$[2b] \quad Tr = \frac{\text{err. F. der schlechteren Hälfte - err. F. der besseren Hälfte}}{\text{halbe Schülerzahl} \cdot \text{maximale Fehlerzahl}} \cdot 100$$

err. F.: von der besseren bzw. schlechteren Hälfte bei der analysierten Aufgabe gemachte Fehler

Wieviel Prozent der maximalen Differenz muss die beobachtete Differenz Tr betragen, damit wir eine Aufgabe als trennscharf ansehen dürfen? Diederich hat gezeigt, dass bei Aufgaben mittlerer Schwierigkeit die sogenannte biseriale Korrelation der Aufgabenlösungen mit dem Ergebnis der gesamten Prüfung ungefähr das Anderthalbfache der Differenz Tr beträgt. Da man in der testpsychologischen Aufgabenanalyse Aufgaben mit einer biserialen Korrelation unter 0,30 als untauglich und solche mit einer Korrelation um 0,50 als gut geeignet ansieht, sind folglich Aufgaben mit einer Differenz Tr unter 20 nicht mehr trennscharf und solche mit Differenzen Tr von 33 und darüber zufriedenstellend trennscharf. (Wendeler 1971, S.42ff.)

Sofern der Lösungsanteil der analysierten Aufgabe zwischen 20 und 80 liegt, sollte die Differenz Tr mindestens 20, besser aber 33 betragen.

Bei besonders schwierigen und leichten Aufgaben würde man auf diese Weise aber die Trennschärfe unterschätzen. Nun sind zwar Aufgaben mit geringeren Lösungsanteilen als 20 ohnehin als untauglich anzusehen. Dagegen können Aufgaben mit höheren Lösungsanteilen als 80 durchaus sinnvoll sein, z. B. für die Überprüfung von Kompetenzen mit sehr hoher Lernbedeutsamkeit. Einem Vorschlag Wendelers (1971, S.44) folgend, legen wir daher fest:

Bei Aufgaben mit einem Lösungsanteil über 80% genügt auch eine Differenz Tr von mindestens 10, besser aber 17.

Der in unserem Beispiel ermittelte Wert von Tr = 40 zeigt danach also eine voll zufriedenstellende Trennschärfe der Aufgabe an.

6.2.4 Lernzielerreichung

Um mit gutem Gewissen im Unterricht fortzufahren, müssen wir uns vergewissern, ob zumindest der größte Teil der Klasse das gesteckte Lernziel erreicht hat. Dazu ermitteln wir mit Hilfe der im Anhang beigegebenen Grafiken den Indifferenzbereich und gruppieren dann die Schüler in die drei Kategorien der „sicheren Zielerreicher“, der „sicheren Zielverfehler“ und der „unsicheren Fälle“.

In einer Klasse mit 33 Schülern haben 31 eine Schulaufgabe mitgeschrieben. 23 Schüler erzielten Noten von 1 bis 4 (können also als Zielerreicher angesehen werden), 8 hingegen verfehlten die Note 4 (waren also Zielverfehler). Nach Möglichkeit sollte man aber mit Hilfe der Abbildungen 16 bis 18 im Anhang die „sicheren“ Zielerreicher bestimmen, d. h. den Anteil derjenigen Schüler, für welche die Aussage der Zielerreichung mit wenigstens 95%iger Sicherheit richtig ist. Dazu müssen wir auch die Gesamtzahl der Aufgaben bzw. der erreichbaren Punkte (oder bei Fehlerbewertung die Gesamtzahl der Wörter bzw. verschiedenen Schreibungen bzw. die maximale Fehlerzahl) kennen sowie die zu Grunde gelegte Mindestkompetenz. In unserem Beispiel sollen in der Schulaufgabe 45 Punkte erreichbar gewesen sein und für die Note 4 seien mindestens 25 Punkte gefordert gewesen, was einer Mindestkompetenz von ca. 56% entspricht. Wir ermitteln dann einen Indifferenzbereich von 20 bis zu 30 Punkten.
Wenn die Leistungen der Schüler entsprechend Tabelle 7 verteilt waren, liegen die Leistungen von insgesamt 9 Schülern im Indifferenzbereich (grau unterlegt), die somit „unsichere Fälle“ repräsentieren. 17 Schüler haben Punktezahlen oberhalb des Indifferenzbereiches, sind also als „sichere“ Zielerreicher anzusehen. Deren Anteil beträgt somit rund 55% – eine doch etwas klägliche Erfolgsquote, die zu denken geben sollte. Vielleicht war die Prüfung zu früh angesetzt, und es sollte erst noch einmal gründlich geübt werden, bevor die Prüfung dann wiederholt wird.

erreichte Punkte	Schülerzahl	erreichte Punkte	Schülerzahl
3	1	31	2
5	1	32	3
7	1	35	4
13	1	37	2
19	1	39	1
20	1	40	1
22	2	42	2
25	2	44	1
28	4	45	1

Tabelle 7: Verteilung der Schülerleistungen in einer Beispiel-Schulaufgabe

In den Realschulen unserer Nürnberger Untersuchung (Lederer 2008, S.153) fanden wir, dass im Durchschnitt nur 44% aller Schüler sichere Zielerreicher waren, hingegen 10,5% sichere Zielverfehler und weitere 45,5% unsichere Fälle. Solche Ergebnisse sind schwerlich mit pädagogischen Zielsetzungen vereinbar.

6.2.5 Bedeutsamkeit der Aufgaben

Unter der (Lern-)Bedeutsamkeit von Aufgaben verstehen wir das Ausmaß, in welchem ihre Bewältigung Voraussetzung ist für die erfolgreiche Fortsetzung fachlich und thematisch einschlägiger Lernprozesse. Auch hier können wir unsere anfängliche subjektive Einschätzung im Nachhinein empirisch prüfen, wenn wir beobachten, in welchem Maße die erfolgreiche Bewältigung einer bestimmten Aufgabe konform geht mit guten Ergebnissen in den folgenden Prüfungen.

Das nachstehende Beispiel zeigt Aufgaben von recht unterschiedlicher Bedeutsamkeit:

Schüler	*Punkte bei Aufgabe 1*	*Punkte bei Aufgabe 2*	*Gesamtpunkte bei folgender Prüfung*
1	1,0	3,0	10,0
2	2,0	2,0	18,0
3	0,0	2,0	7,5
4	0,5	1,0	7,5
5	0,0	3,0	8,5
6	0,0	3,0	5,5
7	1,0	4,0	9,5
8	0,0	3,0	4,5
9	0,0	4,0	10,0
10	0,0	2,0	9,5
11	2,0	0,0	14,0
12	0,0	1,0	9,0
13	0,0	3,0	6,5
14	2,0	4,0	21,0
15	1,0	4,0	11,0
16	2,0	4,0	21,0
17	0,5	4,0	9,5
18	0,0	2,0	10,5
19	0,0	2,0	20,0
Bedeutsamkeit	r = 0,70	r = 0,08	

Tabelle 8: Leistungen bei zwei Aufgaben einer Prüfung und Gesamtleistung bei der folgenden Prüfung

Die Bedeutsamkeit wird mit Hilfe der Tabellenkalkulation Excel als Korrelation r der Leistungen bei den einzelnen Aufgaben mit der Gesamtleistung bei der folgenden Prüfung ermittelt (Menü „Einfügen", Option „Funktion", Kategorie „Statistik", Funktion „KORREL"). Bei der Interpretation der Werte ist zu beachten, dass ein Wert von 1,00 maximale Bedeutsamkeit anzeigt, ein solcher von 0,00 das völlige Fehlen von Bedeutsamkeit und ein Wert von -1,00 paradoxe Bedeutsamkeit (d. h. hier hätten die Schüler bei der folgenden Prüfung am besten abgeschnitten, welche die betr. Aufgabe der vorangehenden am wenigsten lösen konnten). Es zeigt sich, dass diese Korrelation für die Aufgabe 1 recht zufriedenstellend, für die Aufgabe 2 aber völlig unzureichend ist. Demnach hat die Aufgabe 1 eine hohe, die Aufgabe 2 aber nur eine geringe Bedeutsamkeit für den weiteren Lernprozess.
Solche Überlegungen und Berechnungen sind allerdings nur sinnvoll, wenn die Kompetenzen, welche Gegenstand der beiden Prüfungen sind, aufeinander aufbauen.

6.2.6 Schwierigkeit und Bedeutsamkeit

Die Lösungshäufigkeiten von Prüfungsaufgaben sollte ihrer Bedeutsamkeit entsprechen: Besonders bedeutsame Aufgaben sollten von vielen Schülern bewältigt werden, da ihre erfolgreiche Bearbeitung in hohem Maße Voraussetzung für künftigen Lernerfolg ist.
Ob Aufgaben dieser Anforderung genügen, kann über eine Faustregel kontrolliert werden:

Aufgaben von hoher Bedeutsamkeit sollten mindestens Lösungsanteile von 67% und Aufgaben von mittlerer Bedeutsamkeit solche von 33% haben.

Betrachten wir ein Beispiel:

Aufgabe	*Bedeutsamkeit*	*Lösungsanteil*
1	mittel	61
2	hoch	65
3	mittel	58
4	gering	43
5	gering	19
6	gering	62
7	mittel	19

Tabelle 9: Bedeutsamkeiten und Lösungsanteile von Aufgaben eines Englischtests in einer 7. Hauptschulklasse

Der Lösungsanteil der zweiten Aufgabe entspricht nur ganz knapp ihrer geschätzten Bedeutsamkeit, wenn man die geringfügige Unterschreitung der 67%-Grenze toleriert. Aufgabe 7 jedoch ist in Anbetracht ihrer doch immerhin mittleren Bedeutsamkeit zu selten gelöst worden.

6.2.7 Verzerrungen durch zu knappe Bearbeitungszeit

Häufig wird in Prüfungen nicht genügend Bearbeitungszeit gegeben. Geläufigkeit und Geschwindigkeit können zwar auch Qualitätskriterien für Leistung sein, nämlich in so genannten Speedprüfungen. Wenn es aber darum ging, herauszufinden, ob Schüler in der Lage sind, Aufgaben grundsätzlich richtig und niveauvoll zu bearbeiten (in Powerprüfungen), kann zu knappe Arbeitszeit das Bild verfälschen.

Dass die Bearbeitungszeit nicht ausreichte, erkennen wir im Allgemeinen daran, dass viele Schüler nicht fertig wurden, d. h. eine oder mehrere Aufgaben unvollständig bearbeiteten oder gar nicht erst in Angriff nahmen. Oft häufen sich dann auch Flüchtigkeitsfehler. Der Verdacht, dass die Bearbeitungszeit zu knapp bemessen war, liegt insbesondere dann nahe, wenn die seltener in Angriff genommenen Aufgaben nicht besonders schwierig waren, d. h. von denjenigen Schülern, die zu ihrer Bearbeitung noch Zeit fanden, zu einem erheblichen Teil gelöst wurden.

Im folgenden Beispiel (vgl. Abb. 11) liegt der Schluss auf zu knappe Bearbeitungszeit nahe: Die Inangriffnahme ist bei der 2., 8., 9., 10. und 11. Aufgabe nicht zufriedenstellend. Vorausgesetzt, dass die einzelnen Prüfungsaufgaben überwiegend in der ursprünglichen Reihenfolge bearbeitet wurden, fällt auf, dass dies hauptsächlich spätere Aufgaben sind.

Um zu kontrollieren, ob die späteren und seltener in Inangriff genommenen Aufgaben 7 bis 11 vielleicht besonders schwierig waren, ermitteln wir den Lösungsanteil derjenigen Schüler, welche diese Aufgaben noch in Angriff nahmen:

Mit Blick auf die Lösungsanteile der Schüler, welche die Aufgaben bearbeiteten, kann allenfalls die Aufgabe 9 mit lediglich 41,0% Lösungen als auffällig gelten. Sie könnte in der Tat einfach zu schwierig und überdies zu spät in der Prüfung platziert gewesen sein. Ansonsten aber ist der Verdacht auf zu knappe Bearbeitungszeit erhärtet.

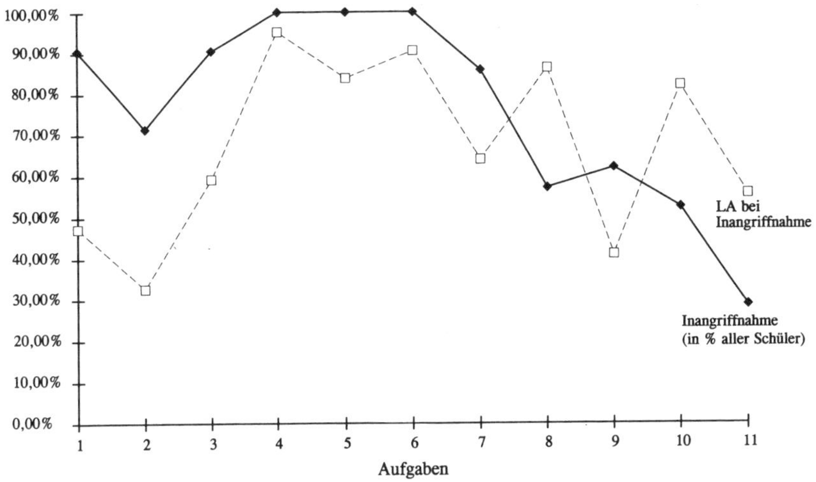

Abbildung 11: Mathematikschulaufgabe in einer 10. Realschulklasse

6.2.8 Ermüdungseffekte

Bei zu langen Prüfungen fallen die Leistungen am Ende ab, und zwar auch dann, wenn ausreichend Bearbeitungszeit eingeräumt wurde. Am eindeutigsten ist die Lage, wenn die Mehrzahl der Schüler die meisten Aufgaben zwar in Angriff nahm, aber in der Schlussphase der Prüfung (ca. im letzten Drittel) immer weniger richtig lösen konnte. Dabei deutet die Befundlage am klarsten auf Ermüdungseffekte hin, wenn die späteren Aufgaben der Prüfung auch deutlich geringere Trennschärfen haben als die früheren. Es ist dann offensichtlich nicht mehr so sehr die geprüfte Fachkompetenz, sondern das Durchhaltevermögen ausschlaggebend für die Bewältigung dieser späteren Aufgaben. Sind hingegen auch noch die späteren Aufgaben ausreichend trennscharf, so könnte ebenso gut der Fall vorliegen, dass die Lehrkraft unglücklicherweise besonders schwierige Aufgaben an das Ende der Prüfung platziert hat.

In unserer Nürnberger Untersuchung (Lederer 1998, S.114 u. S.130) fanden wir über alle Prüfungen hinweg einen deutlichen Zusammenhang zwischen der Positionierung der Aufgabe auf dem Angabenblatt und der Trennschärfe: Je weiter hinten die Aufgabe stand und je später sie deshalb vermutlich von den Schülern bearbeitet wurde, desto geringer war im Durchschnitt die Trennschärfe. Dieser Trend war bei kürzeren Prüfungen mit 16 bis 30 erreichbaren Punkten noch kaum ausgeprägt, wurde dann aber umso deutlicher, je länger die Prüfung war. Das zeigt, dass mit zunehmender Dauer der Prüfung immer mehr Konzentrationsfähigkeit und Durchhaltevermögen und immer weniger die eigentliche Fachkompetenz überprüft wird!

Im nachstehenden Beispiel könnten Ermüdungseffekte vorliegen:

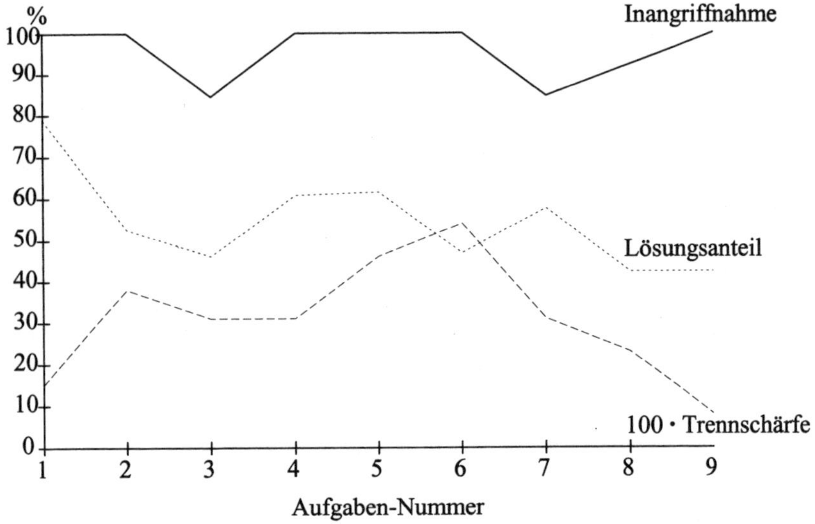

Abbildung 12: Schulaufgabe aus dem Rechnungswesen in einer 8. Realschulklasse

Die Inangriffnahme aller neun Aufgaben ist im Großen und Ganzen zufrieden stellend. Lediglich die Aufgaben 3 und 7 haben etwas geringere Inangriffnahmen. Die Lösungsanteile der einzelnen Aufgaben fallen von der 5. Aufgabe an ab (lediglich bei der 7. Aufgabe ist noch einmal ein kleiner Anstieg zu verzeichnen). Dies ist ein Indiz für nachlassende Konzentration und Leistungsfähigkeit, falls man nicht unterstellen will, es seien unglücklicher Weise gerade in der zweiten Hälfte der Prüfung die schwierigeren Aufgaben platziert worden.

Die Trennschärfe sind insgesamt brauchbar, wenn auch weit davon entfernt, optimal zu sein. Auffällig sind die niedrigen Trennschärfe der ersten Aufgabe und der beiden letzten Aufgaben. Bei der ersten Aufgabe könnte die anfängliche Aufregung das Leistungsbild verfälscht haben, und bei den beiden letzten Aufgaben könnte in der Tat schon Ermüdung eingesetzt haben (vorausgesetzt, dass die Aufgaben größtenteils in der Darbietungsreihenfolge bearbeitet wurden). Diese Annahme wird bestärkt durch die Beobachtung, dass diese Aufgaben auch die geringsten Lösungsanteile von allen aufweisen, gleichwohl aber noch von nahezu allen Schülern in Angriff genommen wurden, so dass die Bearbeitungszeit offenbar durchaus komfortabel bemessen war.

6.2.9 Angemessenheit der Mindestkompetenz

Oft werden wir im Zweifel sein, ob die geforderte Mindestkompetenz für die Zielerreichung (bzw. für die Note 4) nicht zu hoch oder zu niedrig angesetzt war. Indizien (obgleich nicht schlüssige Beweise) können wir dem Vergleich mit früheren Prüfungen entnehmen: Wenn bei einer vorangegangenen Prüfung die Mindestkompetenz richtig angesetzt war, dann sollte ihr Erreichen ja eine gewisse Garantie implizieren, auch künftig das Lernziel nicht zu verfehlen bzw. wenigstens nicht unter die Note 4 abzusinken, so wie umgekehrt Schüler, welche damals die Mindestkompetenz verfehlten, nun nicht ohne weiteres das Lernziel erreicht oder die Note 4 erzielt haben dürften. Wir werden also beobachten, ob es unverhältnismäßig viele „Wechsler" in der einen oder anderen Richtung gibt. Haben wir dafür nicht andere plausible Erklärungen (z. B. zusätzliche oder nachlassende Anstrengungen eines Großteils der Klasse, besondere Förderungsmaßnahmen etc.), dann könnte auch die Unangemessenheit der geforderten Mindestkompetenz in der früheren oder jetzigen Prüfung die Ursache sein.

		2. Prüfung: *Zielerreicher*	2. Prüfung: *Zielverfehler*
1. Prüfung	*Zielerreicher*	ZE in 1. u. 2. Prüfung	ZE in 1., ZV in 2. Prüfung
1. Prüfung	*Zielverfehler*	ZV in 1., ZE in 2. Prüfung	ZV in 1. u. 2. Prüfung

Tabelle 10: Schema zur Überprüfung der Angemessenheit der Mindestkompetenz

Betrachten wir ein Beispiel:

		2. Prüfung: *Zielerreicher*	2. Prüfung: *Zielverfehler*
1. Prüfung	*Zielerreicher*	23	8
1. Prüfung	*Zielverfehler*	1	3

Tabelle 11: Schema zur Überprüfung der Angemessenheit der Mindestkompetenz (Beispiel)

In diesem Beispiel haben acht Schüler, die bei der ersten Prüfung Zielerreicher waren, bei der zweiten Prüfung das Ziel verfehlt. Nur bei einem einzigen Schüler verhielt es sich umgekehrt. Wenn die Mindestkompetenz der ersten Prüfung angemessen angesetzt war, dann sollte es nicht so viele Schüler geben, die in einer folgenden Prüfung versagten, obwohl sie die Mindestkompetenz der ersten Prüfung bewältigten. Es kann aber natürlich auch sein, dass die Mindestkompetenz der zweiten Prüfung zu hoch angesetzt war. Um hier zu einer Entscheidung zu kommen, bedarf es weiterer qualitativer Überlegungen und oft auch längerfristiger Beobachtungen.

6.3 Abschließende Hinweise

Bei der Interpretation der vorgeschlagenen Auswertungen sollten wir jeden Formalismus vermeiden. Die Ergebnisse sind immer mit Bezug auf die konkreten Umstände zu interpretieren. Dass es meistens mehrere Interpretationsmöglich-keiten gibt, wurde an den erörterten Beispielen deutlich.
Ferner darf das Urteil, dass eine Prüfung oder eine Aufgabe unangemessen war, nicht unser letztes Wort sein: Es bleiben dann immer noch die Ursachen abzuklären. So kann z. B. die Trennschärfe einer Aufgabe darunter gelitten haben, dass bei ihrer Formulierung ein wenig geläufiger Begriff verwendet oder im Unterricht nicht deutlich genug auf einen zentralen Aspekt hingewiesen wurde oder die Behandlung an ungünstigen Tagen oder zu ungünstigen Zeiten erfolgte usw. Dass eine Aufgabe nicht so häufig gelöst wurde, wie es ihrer Bedeutsamkeit entsprochen hätte, kann u. a. daher rühren, dass im Unterricht nicht genug geübt wurde, dass den Schülern die Bedeutsamkeit entsprechender Kompetenzen nicht hinreichend klar war, dass manche Schüler an der Grenze ihrer kognitiven Leistungsfähigkeit angelangt sind (also anderen Bildungswegen zugeführt werden müssten) oder auch daher, dass die Bedeutsamkeit der Aufgabe zu hoch eingeschätzt wurde.
Manche der vorstehend erörterten Vermutungen können wir nur weiter abklären, wenn wir mit der Gestaltung künftiger Prüfungen experimentieren, also ggf. mehr Zeit geben, die Prüfung verkürzen, eine Mindestkompetenz anders ansetzen usw. Manchmal wird auch ein offenes und in vertrauensvoller Atmosphäre geführtes Nachgespräch mit den Schülern weiterhelfen. Häufig freilich können Schüler (insbesondere jüngere und kognitiv wenig leistungsfähige) selbst nicht genau sagen, wo ihre Schwierigkeiten eigentlich lagen. In solchen Fällen empfiehlt es sich, ihnen nach der Prüfung noch einmal ähnliche Aufgaben zu stellen, sie bei der Bearbeitung zu beobachten und ganz konkrete Fragen zu ihrer Vorgehensweise stellen.

Anmerkungen

1 Vgl. dazu im Einzelnen Sacher 2002b.

2 Üblicherweise nennt die Testpsychologie den nach den Beziehungen [1a] und [1b] berechneten Index „Schwierigkeit". Diese Terminologie stiftet leicht Verwirrung, weil ein *größerer* Wert des Index eine *geringere* Schwierigkeit repräsentiert. Wir sprechen deshalb im Folgenden vom „Lösungsanteil". Bei dieser Terminologie ist es unmittelbar einsichtig, dass Aufgaben mit höherem Lösungsanteil leichter sind.

3 Bei Fehlerbewertung: die nur von 20% oder sogar nur von 10% aller Schüler falsch gemacht wurden.

4 Dieser Befund wird allerdings brisanter, wenn wir sogen. Vertrauensbereiche für den „wahren Wert" der Aufgabenschwierigkeiten ermitteln. Danach würde der „wahre Wert" für die Lösungsanteile (Aufgabenschwierigkeiten) bei 11,4% aller Aufgaben unter 20%, bei 5,1% sogar unter 10% liegen. (Vgl. im Einzelnen Jürgens/ Sacher 2000, S.103f.)

5 Lienert/ Raatz 1998, S.78ff, S.96f. Da in die Gesamtpunktzahl auch die bei der analysierten Aufgabe erzielten Punkte eingehen, sollte man diese jeweils vorher subtrahieren.

6 In Anlehnung an Wendeler 1971, S.42.

7| Beurteilung mündlicher und ganzheitlicher Leistungen und Bewertung von Diktaten

7.1 Beurteilung ganzheitlicher Leistungen

Die Beurteilung von Leistungen erfolgt synthetisch oder analytisch, d. h. ausgehend von Einzelheiten, aus welchen allmählich ein Gesamturteil aufgebaut wird (wie z. B. aus richtig/ falsch geschriebenen Wörtern oder gelösten/ nicht bewältigten Aufgaben), oder von einem Gesamteindruck, der anschließend unter verschiedenen Gesichtspunkten an Details überprüft und differenziert wird (wie z. B. bei Aufsätzen oder künstlerischen Gestaltungsleistungen).
Die Beurteilungsweise hängt im Wesentlichen davon ab, ob die Leistungen in Form von Sekunden, Zentimetern, relativ einfach abzuzählenden Fehlern, Rohpunkten, Rechenschritten, Einzelantworten usw. vorliegen oder als ganzheitliche Leistungen im Aufsatz, beim Vorlesen, bei einem Lied- oder Instrumentalvortrag, beim Geräteturnen, in Form einer bildnerischen Gestaltung oder eines Werkstücks.
Das verbreitete Zählen und Addieren von Einzelleistungen ist nicht unproblematisch: Häufig sind diese qualitativ unterschiedlich, so dass man sie gar nicht addieren dürfte. Die „Einheitswährung" der Punkte oder Fehler ist vielfach mit einer gewaltsamen Abstraktion von der Art der Leistung erschlichen: Was bedeutet z. B. die Aussage, ein Schüler habe fünf Fehler, wenn er zwei Fehler in der Groß- und Kleinschreibung machte („fenster", „Eilig"), eine falsche Ableitung aus einem Wortstamm („Gewehr leisten" statt „Gewähr leisten") vornahm, einen Verstoß gegen die Schärfungsregeln („hezen" statt „hetzen") und einen dialektbedingten Hörfehler („draurig" statt „traurig") beging? Das Urteil „fünf Fehler" oder gar „Note 3" ist offensichtlich diagnostisch ziemlich wertlos. Ein weiteres Problem stellt häufig dar, welche Einzelschritte man unterscheiden will – relativ grobe oder sehr kleine. (Vgl. dazu oben 3.3.)
Andererseits ist es aber auch höchst bedenklich, sofort zu einem Gesamturteil zu kommen – zumal bei ganzheitlichen Leistungen – und auf diesem vielleicht auch noch zu beharren. Es kommt dann zu den berüchtigten subjektiven „Eindrucksnoten".

7.1.1 Analyseeinheiten, Beurteilungskriterien, Ausprägungsgrade

Eine vorliegende ganzheitliche Leistung ist zunächst in *Analyseeinheiten* zu unterteilen. Gewöhnlich ist die Leistung eines Schülers nicht überall gleich gut. So kann es bei einer Geräteübung sein, dass der Aufgang mittelprächtig gelang, der nächste Teil der Übung dann sehr gut bewältigt wurde, der folgende etwas schlechter und der Abgang schließlich exzellent war. Auch eine bildnerische Gestaltungsleistung, etwa eine Darstellung des Weihnachtsgeschehens, muss nicht in allen Teilen gleiches Niveau haben: So mag es sein, dass Maria und Josef sehr einfühlsam gerieten, Ochs und Esel hingegen recht stereotyp ausfielen, der Stall missriet, die Landschaft im Hintergrund aber einer gewissen Originalität nicht entbehrt.

Außerdem müssen wir einen *Satz von Beurteilungskriterien* verwenden, um die Vieldimensionalität ganzheitlicher Leistungen handhabbar zu machen, also z. B. ihre Kreativität, ihr technisches Niveau, ihren inhaltlichen Reichtum etc. beachten.

Und schließlich müssen wir innerhalb jeder Dimension, die durch ein Kriterium abgedeckt wird, verschiedene *Ausprägungsgrade* unterscheiden, in denen ein Kriterium erfüllt sein kann, z. B. geringe, mittlere und große Originalität, schlechte, durchschnittliche und gute technischen Ausführung usw.

7.1.2 Das Beispiel Aufsatzbeurteilung

Als *Analyseeinheiten* im Sinne von 7.1.1 bieten sich bei Aufsätzen zunächst Einleitung, Hauptteil und Schluss an. Da der Hauptteil gewöhnlich sehr viel umfänglicher ist als Einleitung und Schluss, wird man ihn weiter aufgliedern, etwa nach den Hauptgedanken und den zugeordneten Abschnitten. Letztlich muss eine Einteilung gefunden werden, die bei allen Schülerarbeiten angewendet werden kann, damit eine Beurteilung nach einem einheitlichen Schema möglich ist.

Sodann sind *Kriterien für die Qualität der Leistung* zu entwickeln. Diese werden natürlich von Darstellungsform zu Darstellungsform variieren. Für eine Erlebniserzählung könnten sich etwa folgende Kriterien nahe legen:

- Themenbezug,
- Treffen der Darstellungsform „Erlebniserzählung“, also lebendige, anschauliche und gefühlsbetonte Darstellung,
- Aufbau (Logik, Spannungsbogen),
- Wahrscheinlichkeit, d. h. das Ausmaß, in welchem das Erzählte zumindest so passiert sein könnte,
- Stil,
- Grammatik,
- Ideenreichtum,
- Originalität,
- Orthografie (als anzulegendes Kriterium jedoch strittig!).

Es sind sodann *Ausprägungsgrade* zu beschreiben, d. h. wir müssen präzisieren, was als guter, durchschnittlicher, schlechter Themenbezug, Aufbau, Stil usw. gelten soll. Für guten Stil könnte diese Präzisierung z. B. lauten:
- durchgehende Verwendung der Erzählzeit (Imperfekt oder erzählendes Präsens),
- Abwechslung im Ausdruck (Vermeidung von Wiederholungen),
- Verwendung treffender Adjektive,
- Verwendung treffender Verben,
- durchgehende Bevorzugung starker Verben, Vermeidung von Hilfsverben,
- überwiegend kurze, übersichtliche Sätze,
- keine Häufung von Parataxen, stattdessen übersichtliche Hypotaxen,
- keine Häufung von Partizipialkonstruktionen,
- Bevorzugung des Aktivs, Vermeidung von häufigen Passivkonstruktionen,
- Variation der Satzanfänge,
- Variation der Wortstellung in den Sätzen.

In der Regel sollte man sich auf die drei Ausprägungsgrade „gut", „mittel" und „schlecht" beschränken. Je mehr Ausprägungsgrade wir nämlich auseinander halten wollen, umso leichter geraten wir in die Gefahr, eine Differenziertheit unseres Urteils vorzutäuschen, die wir praktisch gar nicht leisten können.

Ob man daraus Punkte gewinnen, sie addieren und schließlich mit einer der üblichen Punkteskalen zu einer Note gelangen soll, sei dahingestellt. Man könnte dann für die Ausprägungsgrade „gut", „mittel" und „schlecht" 2, 1 und 0 Punkte vergeben, die man über alle Kriterien zu einer Gesamtpunktzahl aufaddiert, wie in Tabelle 12 vorgeführt. Falls man sich für dieses Verfahren entscheidet, muss man jedoch darauf achten, dass die offene Aufgabenform „Aufsatz" nicht unter der Hand in eine halb offene umgewandelt wird. Um Sorge dafür zu tragen, dass die Offenheit gewahrt bleibt, sollte man die Kriterienliste ausdrücklich als unabgeschlossen ansehen und ein oder zwei weitere Kriterien zulassen, die angesichts der konkreten Schülerleistungen ad hoc formuliert und angewendet werden können. Ferner sind auch die Merkmalslisten für die Ausprägungsgrade als offene Listen zu handhaben, d. h. ein Ausprägungsgrad sollte stets auch auf Grund einiger weiterer, zunächst nicht aufgeführter Merkmale zugesprochen werden können. Die meisten Gestaltungsmerkmale sind ja letztlich wiederum vieldimensional. Zweifellos gibt es z. B. unterschiedliche Typen von „gutem" Stil. Goethe, Brecht und Hesse sind drei Autoren, auf welche sicherlich nicht ein und dieselbe Operationalisierung von gutem Stil passt. Selbst „Themenbezug" kann auf ganz unterschiedliche, manchmal überraschende Weise gewahrt sein, wie in dem nachstehenden Beispiel:

Ein schöner Herbsttag

Vor ein paar Tagen sagte mein Vater zu mir: „Bua, morgen ziagst di besser an, wir fahren in die Stadt." So sind wir nach Urfahr gefahren. Von dort gingen wir zu Fuß über die Donaubrücke nach Linz. Dort besuchten wir einen Optiker. Er sah mich an und sagte: „Bua, du schiagelst ja." Dann musste ich viele größere und kleinere Buchstaben lesen. Jedes Mal fragte er: „Ist es so besser oder so?" Ich sagte es ihm. Dann bekam ich Brillen. Jetzt schiagle ich nicht mehr. Das war mein schönster Herbsttag. (Vierlinger 1999, S.41.)

Mit einer offenen Handhabung der Kriterienliste und der Merkmalslisten für die Ausprägungsgrade kommt zugegebenermaßen wieder mehr Subjektivität ins Spiel. Würden wir die Kriterienliste aber als vollständig und abgeschlossen ansehen, liefen wir Gefahr, wichtige Aspekte der Schülerleistung zu übergehen, was einen Verlust an Validität bedeutete.

Eine Frage ist allerdings, wie dabei dann die erreichbare Gesamtpunktzahl zu berechnen ist – falls man eine solche überhaupt ermitteln will: lediglich nach den fixierten Kriterien und festgelegten Merkmalen der Ausprägungsgrade oder unter Einbeziehung der später noch hinzugefügten Kriterien? Wenn man die letzteren auf jeweils nur eines oder zwei beschränkt, erscheint es sinnvoll, die dadurch zu erzielenden Punkte als Zusatzpunkte zu vergeben.

Ein Bewertungsschema für Erlebniserzählungen könnte z. B. wie folgt aussehen:

	Einleitung	*1. Hauptabschnitt*	*2. Hauptabschnitt*	*3. Hauptabschnitt*	*Schluss*
Aufbau (Logik, Spannungsbogen)	durchgängiges Kriterium! 4 Punkte (4 = gelungen; 3 = größtenteils gelungen; 2 = teilweise gelungen; 1 = erhebliche Mängel; 0 = überhaupt nicht gelungen) gewichtet mit dem Faktor 2: *8 Punkte* erreichbar				
Wahrscheinlichkeit des Erzählten	---	*2 Punkte* (2 = wahrsch., 1 = z. T. w., 0 = unw.)	*2 Punkte* (2 = wahrsch., 1 = z. T. w., 0 = unw.)	*2 Punkte* (2 = wahrsch., 1 = z. T. w., 0 = unw.)	---
Stil	*2 Punkte* (2 = gut, 1 = mittel, 0 = schlecht)	*2 Punkte* (2 = gut, 1 = mittel, 0 = schlecht)	*2 Punkte* (2 = gut, 1 = mittel, 0 = schlecht)	*2 Punkte* (2 = gut, 1 = mittel, 0 = schlecht)	*2 Punkte* (2 = gut, 1 = mittel, 0 = schlecht)
Grammatik	*2 Punkte* (2 = gut, 1 = mittel, 0 = schlecht)	*2 Punkte* (2 = gut, 1 = mittel, 0 = schlecht)	*2 Punkte* (2 = gut, 1 = mittel, 0 = schlecht)	*2 Punkte* (2 = gut, 1 = mittel, 0 = schlecht)	*2 Punkte* (2 = gut, 1 = mittel, 0 = schlecht)
Ideenreichtum	---	*2 Punkte* (2 = groß, 1 = mäßig, 0 = gering)	*2 Punkte* (2 = groß, 1 = mäßig, 0 = gering)	*2 Punkte* (2 = groß, 1 = mäßig, 0 = gering)	*2 Punkte* (2 = groß, 1 = mäßig, 0 = gering)
Zusatzpunkte für besondere Gestaltungs leistungen	durchgängiges Kriterium! bis zu *3 Punkte* erreichbar				

Tabelle 12: Bewertung von Erlebniserzählungen (Jürgens/ Sacher 2000, S.86)

Wie man an diesem Beispiel sieht, passen einzelne Kriterien nicht auf alle Analyseeinheiten und andere – wie z. B. „Aufbau" – können nur auf die Gesamtleistung bezogen werden. Im letzteren Falle muss man normalerweise eine Gewichtung vornehmen, damit ein solches „Totalkriterium" ausreichend zu Buche schlägt. Erreichbar wären im obigen Beispiel somit 42 Punkte plus evtl. 3 Zusatzpunkte.

Zu bedenken ist noch ein Weiteres: Auch wenn man nicht bei einem anfänglichen Gesamteindruck stehen bleiben darf, so ist dieser doch auch nicht belanglos, da bei ganzheitlichen Leistungen die Einzelleistungen ausdrücklich aufeinander hinkonfiguriert sein sollen. Sie haben deshalb immer auch eine „übersummative" Qualität, die sich nicht aus Punkten und der Erfüllung einzeln angelegter Kriterien hochrechnen lässt.

Die Beurteilung einer ganzheitlichen Leistung wird letztlich ein hermeneutischer Kreisprozess bleiben müssen, der vom anfänglich-undifferenzierten Gesamteindruck über eine Überprüfung und Korrektur desselben an Details zu einem abschließend-differenzierten Gesamteindruck zurückführt:

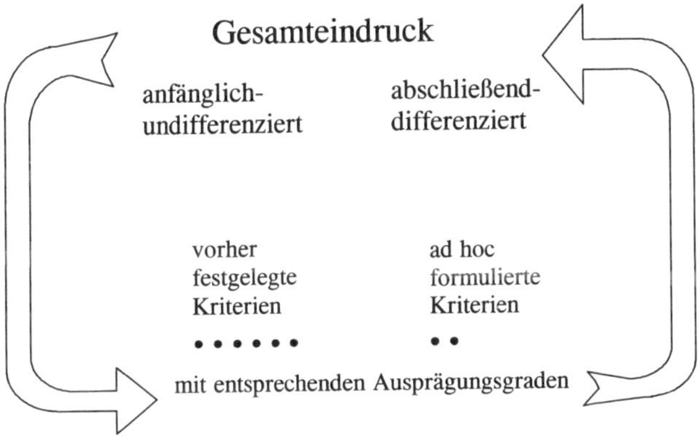

Abbildung 13: Beurteilung ganzheitlicher Leistungen

Am fragwürdigsten ist die Darstellung des abschließend-differenzierten Gesamteindrucks in einer einzigen Ziffer – einer Note. Hier werden ersichtlich Äpfel und Birnen zusammengerechnet. Es wäre in jedem Falle vorzuziehen, wenn es stattdessen bei einer knappen verbalen Würdigung bliebe, wie sie die meisten Deutschlehrer zumindest ergänzend unter Schüleraufsätze schreiben.

Die Entwicklung eines differenzierten Kriterien- und Merkmalsrahmens ist zunächst recht aufwändig. Von dem Ergebnis kann man dann aber auch lange Zeit zehren: Zwar ändern sich natürlich einige Kriterien und infolgedessen auch Merkmale von Ausprägungsgraden, wenn wir von einer Darstellungsform zur anderen

(etwa von der Erzählung zum Bericht) übergehen – aber doch bei weitem nicht alle. Lehrer, die ein solches System anwenden, versichern, dass der Aufwand nach einer gewissen Einarbeitungszeit durchaus zumutbar sei.
Gegenüber den Schülern hat ein solches Beurteilungssystem den Vorzug, dass man jederzeit in der Lage ist, ihnen im Einzelnen darzulegen, worauf es bei einer guten Leistung ankommt. Dabei kann Transparenz der Beurteilung schon im *Vorfeld* der Prüfung hergestellt werden, wo man noch nicht Gefahr läuft, bloß Rechtfertigungen für bereits gefällte Urteile zu geben. Ähnlich erleichtert wird auch das Gespräch mit Eltern, Kollegen und Vorgesetzten.
Man wird aber normalerweise nicht alle Kriterien und Merkmale auf einmal anwenden. Schüler sähen sich sonst mit einer solchen Vielzahl von Anforderungen konfrontiert, dass sie schwerlich damit zurecht kämen. Wir sollten stattdessen aufbauend vorgehen, d. h. wir werden zunächst nur die allerwichtigsten Kriterien und Merkmale einführen und erst dann zusätzliche ins Spiel bringen, wenn diese von den Schülern mehr oder weniger internalisiert sind. Entsprechend sind Schwerpunkte bei der Beurteilung und Nacharbeit zu setzen.

7.2 Mündliche Leistungen und mündliche Prüfungen

Es gibt mündliche Prüfungen, bei denen relativ weite und offene Fragen gestellt werden, um längere Ausführungen des Kandidaten zu provozieren. Im Extremfall kann sogar nur ein Thema vorgegeben werden, so z. B. bei Referaten. Daraus resultieren dann jene Probleme, die wir im vorangehenden Abschnitt behandelten. Es ist aber auch möglich, sehr präzise und enge Fragen zu verwenden, die dem halb offenen oder sogar dem geschlossenen Typ zuzurechnen sind. Bevor wir uns mit den sich daraus ergebenden Schwierigkeiten der Beurteilung befassen, müssen wir uns zunächst die Besonderheit der mündlichen Prüfungsform vergegenwärtigen.

7.2.1 Besonderheiten mündlichen Prüfens

Was mündliche Prüfungen auszeichnet, zugleich aber auch eigene Probleme aufwirft, ist ihr interaktiver und adaptiver Charakter.
Interaktiv sind mündliche Prüfungen insofern, als hier Prüfer und Kandidat während der Prüfung beständig Inhalts- und Beziehungsbotschaften austauschen:
- Anders als bei schriftlichen und größtenteils auch bei praktischen Prüfungen ist hier der Kandidat sofort nach seinen Antworten mit Rückmeldungen über deren Richtigkeit konfrontiert, sei es, dass der Prüfer solche ausdrücklich in verbaler Form gibt oder dass er – vielleicht sogar unbewusst – entsprechende nonverbale Signale sendet. Aber auch der Prüfer muss hier jede Frage, welche der allerersten folgt, bereits angesichts der bisher gezeigten Leistung des Kandidaten

stellen, und auch er empfängt außer den verbalen Äußerungen des Kandidaten nonverbale Signale.
- Überwiegend auf den nonverbalen Kanälen werden in beiden Richtungen auch Botschaften über die Beziehung ausgetauscht: So nimmt der Kandidat vielleicht einen triumphierenden Blick des Prüfers wahr, während er sich vergeblich an einer Frage versucht, oder ein mitleidiges Lächeln oder eine aufmunternde Geste. Der Prüfer wird den verdutzten Gesichtsausdruck des Kandidaten nach einer unerwarteten Frage bemerken, die Schweißperlen auf seiner Stirn und die Unruhe seiner Hände.

Durch die wechselseitige Wahrnehmung und Interpretation solcher Inhalts- und Beziehungsbotschaften wird der Verlauf und Erfolg der Prüfung stark beeinflusst. Der interaktive Charakter mündlicher Prüfungen bringt also ganz erhebliche Beeinträchtigungen der Objektivität (vor allem der Durchführungsobjektivität) mit sich. Aber er enthält auch Vorteile: So kann der Kandidat z. B. um eine Präzisierung der Fragestellung bitten, wenn er sie nicht versteht, oder der Prüfer kann sich eine Antwort genauer erläutern lassen, bei der er nicht völlig sicher ist, ob er sie auch richtig interpretiert.

Vor allem aber eröffnet der interaktive Charakter mündlicher Prüfungen die Chance, sie *adaptiv* zu gestalten. Das heißt, der Prüfer hat hier die Möglichkeit, sich beständig dem Kandidaten anzupassen, anspruchsvollere Fragen zu stellen, wenn er aus der Beantwortung der bisherigen Fragen den Eindruck gewonnen hat, dass der Kandidat noch gar nicht voll gefordert ist, erleichternde Hinweise und Hilfen zu geben, wenn sie sich als nötig erweisen, vielleicht sogar generell die Anforderungen zurückzuschrauben, wenn ihm das angesichts der bisher gezeigten Leistung ratsam erscheint.

7.2.2 Schwierigkeiten mündlichen Prüfens

So sehr der adaptive Charakter mündlicher Prüfungen insgesamt ein Vorzug ist, so bringt er doch auch einige Probleme mit sich. *Vor allem muss der Prüfer hier in beinahe jedem Augenblick der Prüfung mindestens sechs Dinge zugleich tun:*
- dem Kandidaten *zuhören* und
- seine gerade gebotene Leistung auf ihre fachliche Richtigkeit hin *beurteilen,*
- *einschätzen,* ob dieser über- oder unterfordert wird oder angemessen beansprucht ist,
- sich in Abhängigkeit von dieser Einschätzung *weitere Fragen* auf einem angemessenen Niveau überlegen,
- *Beziehungsbotschaften des Schülers* registrieren und interpretieren,
- *eigene Beziehungsbotschaften* senden und ihre Wirkung kontrollieren.

Bei allen diesen Aktivitäten können dem Prüfer Fehler unterlaufen, und alle diese Fehler ziehen sofort Konsequenzen nach sich, weil sie den weiteren Prüfungsverlauf mitbestimmen. Fehlverhalten des Prüfers ist hier meistens nicht mehr revidierbar. Ein einmal überforderter Schüler z. B. wird anschließend vielleicht auch Fragen nicht mehr bewältigen, mit denen er bei einfühlsamerem Prüfen durchaus noch zurechtgekommen wäre.

Außerdem sind mit der mündlichen Prüfungsform besondere Schwierigkeiten der Leistungsbeurteilung verbunden:

- Der adaptive Charakter der mündlichen Prüfung kann leicht dazu führen, dass schließlich auch *unterschiedliche Maßstäbe angelegt* werden. Deshalb ist darauf zu achten, dass eine sukzessive Steigerung des Anforderungsniveaus einem Kandidaten nicht zum Nachteil gereicht, so wie ein anderer keine unbilligen Vorteile daraus ziehen darf, dass bei ihm das Anforderungsniveau im Laufe der Prüfung gesenkt wurde.
- Die Vergleichbarkeit mündlicher Prüfungsleistungen leidet auch darunter, dass gewöhnlich den Kandidaten *jeweils andere Fragen gestellt* werden. Dies ist vor allem der Fall, wenn vor der Klasse mündlich geprüft wird.
- *Mündliche Prüfungsleistungen sind flüchtig.* Sie können nicht wiederholt betrachtet und evtl. weiteren Prüfern vorgelegt werden, wie das bei schriftlichen Arbeiten oder Werkstücken möglich ist.

7.2.3 Zur Organisation mündlicher Prüfungen

Die Überlegungen des vorangehenden Abschnittes zeigten, dass es dringend geboten ist, Maßnahmen zu ergreifen, mit deren Hilfe die Komplexität mündlicher Prüfungssituationen reduziert und ein Mindestmaß an Planmäßigkeit und Vereinheitlichung gewährleistet werden kann:

Es ist ratsam, sich vor der Prüfung einen *Raster für den Aufbau* aus einzelnen Fragengruppen zurechtzulegen. Man muss entscheiden, wie viele Fragen aus welchen Teilbereichen gestellt werden und auf welchen Niveaus die Fragen sich bewegen sollen. Am besten legt man sich eine Art Matrix an. Dazu nachstehend ein Beispiel:

	Kennen	Erkennen	für Interpretation benutzen
Reimschema	x	-	-
Reimarten	x	x	-
Stilfiguren	x	x	x

Tabelle 13: Raster für eine Abfrage im Literaturunterricht

Wie man sieht, muss natürlich bei weitem nicht immer jede Zelle besetzt sein. Entscheidend ist vielmehr, dass die Prüfungen nach einem einheitlichen Schema abgewickelt werden, um die Vergleichbarkeit verschiedener Einzelprüfungen zu verbessern.
Es sind sodann *Ausprägungsgrade der Leistung zu definieren* und diesen ggf. auch *Punkte zuzuschreiben*. Hier gehen wir ebenso vor wie bei der Aufsatzbeurteilung.
Man sollte halbschriftlich prüfen. D. h. zu einem festgelegten Teil sollten die Kandidaten vorgefertigte Fragen gestellt bekommen, die allenfalls der Situation entsprechend variiert werden. Auch dadurch wird die Vergleichbarkeit verbessert. Zugleich wird der Prüfer davon entlastet, alle Fragen in der Situation „erfinden" zu müssen. Zu einem andern, ebenfalls festgelegten Teil jedoch sind Fragen nach dem entworfenen Raster in der Situation zu improvisieren, und zwar so, dass der Raster durch die Gesamtheit der halbschriftlichen und improvisierten Fragen vollständig abgearbeitet wird. Keinesfalls dürfen alle Fragen vor der Prüfung fixiert werden. Sonst heben wir den adaptiven Charakter der mündlichen Prüfung auf und entziehen uns damit eigentlich die Legitimation des mündlichen Prüfens. Wir könnten dann dem Kandidaten die vorher fixierten Fragen ja gleich schriftlich vorlegen.
Dem adaptiven Charakter mündlichen Prüfens ist auch dadurch Rechnung zu tragen, dass die *Reihung der Fragen* offen gelassen und *erst in der Prüfungssituation* vorgenommen wird, und zwar so, wie es dem Leistungsvermögen des Kandidaten am ehesten förderlich ist. Um die Vergleichbarkeit der Prüfungsleistungen zu wahren, werden wir auch schwachen Kandidaten anspruchsvolle Fragen nicht ersparen dürfen. Man wird diese in solchen Fällen jedoch eher in der Schlussphase der Prüfung stellen, wo keine Gefahr mehr besteht, dass die Leistungsfähigkeit der Kandidaten für noch in ihrer Reichweite liegende nachfolgende Fragen beeinträchtigt wird.
Den adaptiven Charakter der mündlichen Prüfung sollten wir ferner dadurch wahren, dass wir *bei Bedarf Hilfestellungen* geben. Allerdings werden diese bei der Bewertung zu berücksichtigen sein.
Der Flüchtigkeit mündlicher Leistungen sollte man entgegenwirken, indem man nach Möglichkeit wenigstens die wichtigsten Schülerantworten und die improvisierten Fragen protokolliert, um anschließend eine wiederholte Betrachtung vornehmen zu können. Günstig sind auch Tonbandaufzeichnungen, sofern Gelegenheit besteht, solche zu machen. Mindestens jedoch sollten mündliche Prüfungsleistungen möglichst unmittelbar nach der Prüfung bewertet werden, solange der Eindruck noch plastisch und detailliert ist. Da wir uns ohnehin für eine kriteriale Bewertung entschieden haben, besteht auch gar kein Anlass, erst die Leistungen weiterer Kandidaten abzuwarten.

Auf den richtigen und subtilen Umgang mit der während der mündlichen Prüfung auf der Inhalts- und Beziehungsebene ablaufenden Kommunikation müssten Lehrkräfte eigentlich im Rahmen ihrer Ausbildung durch eine Einführung in die Kommunikationstheorie und Kommunikationsforschung und durch gezielte Übungen vorbereitet werden. Auch wenn ihnen dieses Ausbildungselement vorenthalten wurde, sollten sie aber wenigstens versuchen, mit Schülern *Gespräche über mündliche Prüfungen* zu führen. Schüler können ihnen viel Wichtiges darüber sagen, wie sie in Prüfungssituationen auf sie wirken und wodurch diese Wirkung hervorgerufen wird. Soweit Lehrkräfte bei dieser Gelegenheit auch Schülern Rückmeldungen über die Wirkung ihrer Botschaften geben, nehmen solche Nachgespräche den Charakter einer Prüfungsberatung an. Davon gibt es sowieso viel zu wenig in unseren Schulen. Für alle Beteiligten ist die Gesprächssituation entspannter, wenn dabei nicht Eindrücke über eine wirkliche Prüfungssituation ausgetauscht werden, sondern wenn eine im Rollenspiel simulierte Prüfung zu Grunde liegt. Solche Rollenspiele empfehlen sich auch, weil sie Möglichkeiten bieten, Ratschläge gefahrlos praktisch zu erproben.
In jedem Fall muss die Optimierung der mündlichen Prüfung sowohl über Maßnahmen organisatorischer Art erfolgen, die auf eine günstigere Gestaltung der Prüfungssituation zielen, als auch über Maßnahmen zur Verbesserung der kommunikativen Kompetenz.

7.2.4 Beurteilung der Mitarbeit

Nur in einer entfernteren Hinsicht unter mündliche Prüfungen fällt die Beurteilung der mündlichen Mitarbeit. Ein besonderes Problem liegt hier in der geringen Anzahl der zu Grunde liegenden Unterrichtsbeiträge – manchmal ist es nur ein einziger pro Unterrichtsstunde! Ein Aufaddieren von Einzelbeiträgen über mehrere Unterrichtsstunden hinweg erfolgt in der Praxis eher selten, allenfalls unvermerkt in der Weise, dass sich allmählich ein „Gesamteindruck" herausbildet. Davon einmal abgesehen, wäre ein solches Addieren auch nicht ohne weiteres zulässig: Es ist ja nicht gesichert, dass Beiträge gleichen Anforderungsniveaus akkumuliert werden, ja manchmal wird noch nicht einmal hinreichend zwischen richtigen und falschen Beiträgen unterschieden, sondern Mitarbeit stillschweigend mit Betriebsamkeit gleichgesetzt.
Um hier zu besser abgesicherten Ergebnissen zu kommen, *sollte man die Mitarbeit der Schüler nach einem festen Plan in verschiedenen Standardsituationen beobachten,* also z. B. bei Wiederholungen und Zusammenfassungen, in Problemlösungssituationen, bei einfachen und weiterführenden Fragen usw. Auch ist es erforderlich festzulegen, wann welche Schüler beobachtet werden sollen, damit eine gleichmäßige Beobachtung aller während des Beurteilungszeitraums gewährleistet ist.

7.3 Diktate und Fehlerbeurteilung

Wie oben (vgl. 5.3) schon ausgeführt, sind Fehlerskalen nur logische Umkehrungen von Punkteskalen. Fehlerbewertung wird in der Praxis angewandt, wo es ökonomischer ist, die wenigen Fehler zu zählen als die vielen richtigen Lösungen, die man erwartet, also vor allem bei Diktaten, aber z. B. auch im Fach Rechnungswesen.
So einleuchtend dieses Vorgehen unter logischer und ökonomischer Betrachtung erscheint, so bedenklich ist es doch in psychologischer Hinsicht: *Es macht einen ganz erheblichen Unterschied, ob Schüler in erster Linie eine Bestätigung über bewältigte Aufgaben oder eine Rückmeldung über Fehler und Lücken erhalten.* Haken und Punkte für richtige Lösungen und markierte Fehler wirken psychologisch völlig unterschiedlich – eher aufbauend und ermutigend oder eher entmutigend und demaskierend.
Außerdem ist die Forderung, dass etwa in Diktaten ohnehin die meisten Wörter richtig geschrieben sein müssen, mit fatalen Konsequenzen für die Messgenauigkeit verbunden.

7.3.1 Unerträglich große Messfehler

Wenn beispielsweise in einem Diktat, das aus 50 verschiedenen Schreibungen[1] besteht, bereits auf mehr als 5 Fehler die Note 5 gegeben wird, dann ist das gleich bedeutend mit einer geforderten Mindestkompetenz von 90% richtiger Schreibungen für die Note 4. Bei keinen anderen Fachleistungen werden Mindestkompetenzen vergleichbar hoch angesetzt. Das mag sachlich durchaus zu rechtfertigen sein. Die fatale Konsequenz ist jedoch, dass unter diesen Umständen die Messfehler katastrophal groß werden.
Wir legen für Diktate mit einem Umfang von 40 bis 200 verschiedenen Schreibungen die in Tabelle 14 wiedergegebene Benotungsskala zu Grunde. Wenn wir jeweils den Indifferenzbereich für die Zielerreichung bei der gewählten Mindestkompetenz von 90% bzw. bei maximal 10% zulässigen Fehlern ermitteln und überprüfen, welche Notenbereiche er abdeckt, dann zeigen sich die in Abbildung 14 wiedergegebenen Verhältnisse:

Fehler	Note
0,00% - 2,50%:	1
2,51% - 5,00%:	2
5,01% - 7,50%:	3
7,51% - 10,00%:	4
10,01% - 12,50%:	5
12,51% u. mehr:	6

Tabelle 14: Benotungsskala für Diktate

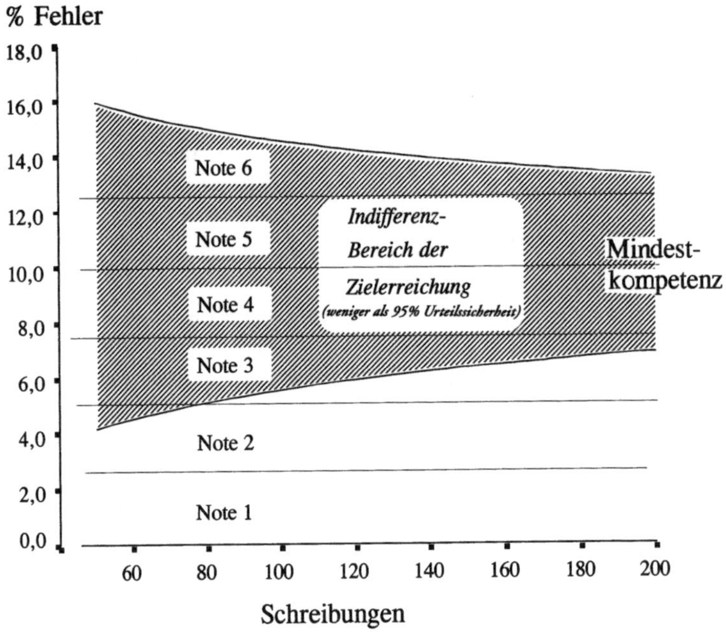

Abbildung 14: Indifferenzbereich der Zielerreichung bei Diktaten

Bei kürzeren Diktaten mit weniger als 80 Schreibungen reicht der Indifferenzbereich von Fehlerzahlen, auf welche es noch die Note 2 gibt, bis hin zu solchen, die bereits der Note 6 entsprechen! D. h. man kann eigentlich nur bei Schülern, die eine gute Zwei oder eine Eins erzielen, sicher sein, dass sie das Lernziel erreicht haben, und nur bei solchen, die eine katastrophale Sechs bekommen, kann man mit hinreichender Sicherheit davon ausgehen, dass sie es verfehlten. Alle anderen sind unsichere Fälle (vgl. dazu oben 5.4.3). Mit zunehmender Länge der Diktate werden zwar sichere Zielerreicher besser diagnostizierbar: Auch gute Dreierschüler können schließlich schon als solche gelten. Es bleibt aber im Wesentlichen dabei, dass unsichere Fälle und sichere Zielverfehler nur schwer unterscheidbar sind. Selbst bei Diktaten mit 200 Schreibungen sind Sechsen immer noch nicht sicher genug als sichere Zielverfehler zu klassifizieren. Unter solchen Bedingungen macht eine Prüfung eigentlich keinen Sinn mehr.

7.3.2 Verschiedene Fehlerarten

Dazu kommt ein weiteres Problem der Diktatbeurteilung: Ein Diktat im Anschluss an mehrere Unterrichtsstunden, in denen z. B. die Schärfung und Dehnung behandelt wurde, kann nicht nur und auch kaum überwiegend Wörter mit Schärfungen und Dehnungen enthalten. Um den Schülern einschlägige Rechtschreibfälle zu präsentieren, benötigt man eine große Anzahl von Füllwörtern, die den Rest des Diktats ausmachen und es ermöglichen, dass das Ganze einen sinnvollen Text darstellt. Nun ist es natürlich ebenso möglich, dass ein Schüler Fehler bei Schärfungs- und Dehnungsfällen macht, wie ihm Fehler beim Füllwortschatz unterlaufen können. Es mag sogar vorkommen, dass er überwiegend Füllwörter falsch schreibt. Mit Rücksicht auf diese Möglichkeit sind Aussagen über die Zielerreichung bei Diktaten generell problematisch, wenn sie einfach nur auf der Gesamtzahl der Fehler beruhen. Denn es gibt ja mindestens *zwei Arten von Fehlern:*

- *Fehler bei lernzielrelevanten Schreibungen,* also bei Rechtschreibfällen, die Gegenstand des vorangehenden Unterrichts waren und
- *Fehler bei Füll- und Grundwörtern,* die im besten Falle irgendwann einmal im Unterricht behandelt wurden, von denen aber oft genug auch einfach angenommen oder gefordert wird, dass man sie beherrscht.

Andere, schwerer zu identifizierende Fehlerarten sind *Leichtsinnsfehler*, die überwiegend auf momentaner Unkonzentriertheit beruhen, und *Hörfehler*.

Man sollte wenigstens die Fehlerarten getrennt auszählen und der Klassifizierung in Zielerreicher und Zielverfehler dann nur die Fehler bei lernzielrelevanten Schreibungen zu Grunde legen. Für die Note mag man auch die übrigen Fehler mit heranziehen.

7.3.3 Lückendiktate

Vielleicht sollte man die problematische Prüfungsform „Diktat" einfach abschaffen. Wahrscheinlich sind Diktate eine nützliche, vielleicht sogar unersetzliche Übungsform. Wir müssen uns aber von dem falschen Glauben frei machen, alle guten Übungsformen seien eo ipso auch geeignete Prüfungsformen.

Wenigstens hin und wieder könnte man an Stelle von herkömmlichen Diktaten Lückendiktate durchführen, wie sie mancherorts schon praktiziert werden: Die Schüler bekommen einen Lückentext, in den hinein ein ausgewählter Wortbestand diktiert wird. Die Lückenwörter können dann ausnahmslos aus lernzielrelevanten Fällen bestehen, und zwar – weil die Füllwörter nicht geschrieben werden müssen – aus einer erheblich größeren Anzahl davon. Auf die richtigen Schreibungen können dann Punkte gegeben werden (auch das Zählen von Fehlern ist natürlich weiterhin möglich), und auf der Basis der maximal erreichbaren Gesamtpunktzahl (bzw. der größtmöglichen Fehlerzahl) lässt sich eine Benotungsskala erstellen, deren Anforderungsniveau im Bereich der übrigen Gebiete und Fächer liegt. Die enorm hohen Mindestkompetenzen, die bei Diktaten gefordert werden, rühren ja letztlich daher, dass man glaubt, eine nahezu perfekte Beherrschung der „simplen" Füll- und Grundwörter fordern zu dürfen, die den größten Teil aller Schreibungen ausmachen.

Anmerkungen

1 Als Schreibungen zählen wir normalerweise die verschiedenen (!) Wörter und evtl., falls wir sie nicht mit diktieren, auch die Satzzeichen.

8| Verbalzeugnisse und Lernberichte

Nach einem Beschluss der Kultusministerkonferenz im Jahre 1970 wurde die verbale Beurteilung von Leistungen sukzessive in allen deutschen Bundesländern zumindest während der ersten beiden Grundschuljahre eingeführt. Damit knüpfte man an Traditionen der Reformpädagogik und an die Praxis alternativer Schulen an, die z. T. schon lange und sehr viel weiter gehend Gebrauch von verbaler Beurteilung machten. In Waldorfschulen werden Noten nur in Übertritts- und Entlasszeugnissen gegeben. Die Peter-Petersen-Schule in Köln gab bereits in den 60iger Jahren Beibriefe zum Notenzeugnis, dann seit 1975 überhaupt keine Noten mehr. Die Ausgabe der Zeugnisse ist immer verbunden mit halbstündigen Elterngesprächen, auf Wunsch auch mit Beteiligung der Kinder. (Landesinstitut 1997, S.43f.)

Die Laborschule Bielefeld wurde zwar erst 1974 – also nach dem genannten KMK-Beschluss – gegründet, hat aber ebenfalls eine sehr extensive und konsequente Praxis der verbalen Beurteilung: Sie verzichtet bis zum 9. Schuljahr auf Noten zu Gunsten von ausführlichen Lernberichten. Ein Ziffern-Zeugnis wird erst nach dem ersten Halbjahr des 10. Schuljahres ausgegeben, auf Antrag auch schon am Ende des 9.[1] Und schließlich ist auf die in den PISA-Tests an der Spitze liegenden skandinavischen Länder hinzuweisen, die weitaus länger als Deutschland auf Ziffernbenotung verzichten.

8.1 Argumente für die Einführung von Verbalzeugnissen

Es ist lohnend, sich rückblickend zunächst noch einmal die Argumente zu vergegenwärtigen, die einst für die Einführung von Verbalzeugnissen ins Feld geführt wurden:

Ziffernnoten seien mit ihren nur sechs Abstufungen ein sehr grobes Raster, durch das viele Eigentümlichkeiten der individuellen Schülerleistung hindurchfallen. Auch wenn man die Zahl der Abstufungen vermehre, so könne doch keine Ziffernbenotung mit der weitaus größeren Flexibilität und Anpassungsfähigkeit einer verbalen Beurteilung konkurrieren. Eine verbale Beurteilung sei für Eltern und Schüler viel aussagekräftiger als Ziffernnoten.

Die herkömmliche Ziffernbenotung informiere nur über Gesamtleistungen, nicht jedoch über das Leistungsprofil, d. h. über die besonderen Stärken und Schwächen eines Schülers in den verschiedenen Bereichen des betreffenden Faches.

Ziffernnoten gäben (jedenfalls nach gängiger Praxis) nur Aufschluss über Endleistungen. Sie schilderten nicht den Lernprozess und informierten nicht über Lernfort- oder -rückschritte.
Ziffernnoten enthielten keine weiterführenden Hinweise und Ratschläge für den künftigen Lernprozess.
Durch die Verwendung von verbalen Beurteilungen an Stelle von Ziffernnoten könne zumindest in den ersten Schuljahren der Leistungsdruck von den Kindern fern gehalten und ihr Selbstvertrauen gestärkt werden. Die zweifellos bessere Vergleichbarkeit von Ziffernnoten gegenüber Verbalzeugnissen verführe dazu, dass schwache Kinder viel zu früh an den Leistungen stärkerer gemessen werden.
Verbalzeugnisse könnten zu einer Verbesserung der Chancengleichheit beitragen. Durch das Entfallen des sozialen Vergleichs werde Konkurrenzverhalten in der Klasse reduziert und Kooperation gefördert.
Verbalzeugnisse könnten die individuellen Lernverläufe der einzelnen Schüler abbilden und neben der kriterialen Bezugsnorm die individuelle stärker berücksichtigen. (Vgl. 4.3.1.)
Verbalzeugnisse könnten nicht nur isolierte Aussagen zu einzelnen Leistungsaspekten machen, sondern – mehr als Ziffernnoten dies vermöchten – die Gesamtpersönlichkeit des Schülers würdigen, z. B. indem sie neben den fachlichen Leistungen das Sozial- und Arbeitsverhalten stärker einbeziehen.
Über Verbalzeugnisse könnten die Lehrkräfte der Anfangsschuljahre stärker zu einer gründlichen Beobachtung ihrer Schüler veranlasst werden.
Dadurch, dass Verbalzeugnisse in der Vergangenheit abgefasst seien, könnten sie einer prognostischen Verwendung von Zeugnissen entgegenwirken, die gerade in den ersten Schuljahren besonders problematisch sei.
Verbalzeugnisse könnten den Kontakt zwischen Schule und Elternhaus verbessern.

8.2 Bedenken und Einwände gegen Verbalzeugnisse

Gegen diese behaupteten Vorzüge der Verbalzeugnisse standen und stehen in der Diskussion aber auch Bedenken:
Man komme auch mit Verbalzeugnissen nicht um eine Benotung herum. Sie enthielten ja ebenfalls eine Bewertung, nur dass sie hier eben hinter Worten mehr oder weniger versteckt sei.
Lehrer würden durch diese Beurteilungsform überfordert. Es bestehe die Gefahr, dass pseudopsychologische Gutachten geschrieben werden.
Worte könnten viel stärker verletzen und diskriminieren als Noten.
Verbalzeugnisse seien für viele Eltern schwieriger zu lesen und zu verstehen als Zeugnisse mit Ziffernnoten.

Verbalzeugnisse enthielten einen viel größeren Interpretationsspielraum als Ziffernnoten und seien immer vieldeutig.
Es werde bei den Lehrkräften ein Ausbildungsstand vorausgesetzt, über den sie größtenteils nicht verfügten: Weder seien sie im Besitze der notwendigen diagnostischen Kompetenzen, noch beherrschten sie eine entsprechend differenzierte beschreibende Sprache für psychische Merkmale. Das treffe in ganz besonderem Maße für das Arbeits- und Sozialverhalten zu.
Besonders angesichts der Tatsache, dass Lehrkräfte mit einer Fülle anderer Aufgaben belastet seien, müsse man fürchten, dass in den Verbalzeugnissen häufig nur stereotype Wendungen durchvariiert werden, wie sie sich in einschlägigen Listen finden.
Die Beurteilung des Sozialverhaltens sei eigentlich eine Einmischung in die Privatsphäre der Familien. Gerade am Beginn der Schulzeit würden unvermeidlich Eltern mitbeurteilt, wenn das Sozialverhalten von Kindern begutachtet werde.
Verbalzeugnisse schränkten die Vergleichsmöglichkeiten allzu stark ein.
Verbalzeugnisse seien kaum so abzufassen, dass sie den Testgütekriterien (vgl. 2.2) genügen. Vor allem die Kriterien der Objektivität und Reliabilität seien kaum erfüllbar.
Nach der zweiten Klasse komme es oft zu einem Bruch, da dann relativ abrupt zur traditionellen Ziffernbenotung übergegangen werde.

8.3 Erfahrungen und Forschungsergebnisse

Inzwischen liegen einige Erfahrungen und Forschungsergebnisse vor, welche die Auseinandersetzung aus dem Stadium bloßer Behauptungen und Vermutungen herausführen.

8.3.1 Messtheoretische Qualität

Die meisten der allgemein bekannten Probleme der Ziffernbenotung – vor allem die unzureichende Erfüllung der Testgütekriterien und die Anfälligkeit für Urteilsfehler – werden auch durch Verbalzeugnisse nicht gelöst. Die Übereinstimmung zwischen verschiedenen Gutachtern (die Objektivität) ist bei Verbalzeugnissen gering, sogar dann, wenn die Verfasser Experten sind. Ebenso schlecht ist es um die Reliabilität und Validität bestellt. Verbalzeugnisse sind messtheoretisch mindestens um nichts besser als Ziffernnoten. Das konnte man eigentlich auch nicht anders erwarten, denn eine „Änderung der Mitteilungsform bedeutet für die Güte des diagnostischen Prozesses überhaupt nichts." (Ingenkamp 1987, S.60) Damit sind Verbalzeugnisse aber noch nicht ad absurdum geführt. Sie zielten ja primär auf pädagogische Effekte und weniger auf die Verbesserung der diagnostischen Praxis.

8.3.2 Umfang, Inhalt und Formulierung

Die Verbalzeugnisse der Grundschullehrkräfte sind im Allgemeinen recht ausführlich: Der Umfang beträgt im Durchschnitt zwischen 100 und 150 Wörtern.[2]

Wie z. T. von Anfang an befürchtet wurde, verwenden manche Lehrkräfte tatsächlich überwiegend formelhafte und stereotype Wendungen, die dem Anspruch an eine individuelle Beurteilung nicht genügen. Verbreitete Wortlisten und Computerprogramme mit Formulierungsbausteinen tragen wahrscheinlich zu dieser Stereotypisierung der Ausdrucksweise bei.

Im Allgemeinen werden kaum Lernprozesse beschrieben, sondern in der Hauptsache auch wieder nur Lernergebnisse, und es werden auch sehr wenig fördernde Hinweise gegeben.

Döring (1994) fand, dass der Leistungsstand der Schüler weitaus ausführlicher beschrieben wurde als ihr Lern- und Sozialverhalten. Es fehlen oft Aussagen über die mündliche Beteiligung am Unterricht und über die Hausarbeiten. Bei der Beurteilung der Fachleistungen werden Leistungen im musischen Bereich gegenüber solchen in Deutsch, Mathematik und im Sachunterricht stark vernachlässigt.

Immerhin findet sich in den meisten Wortgutachten ein ermutigender und bestätigender Grundtenor. Bei der Beurteilung des Sozialverhaltens üben jedoch offensichtlich viele Lehrkräfte Zurückhaltung.

Letztlich werden auch in Wortgutachten alle drei Bezugsnormen (vgl. 4.4.1) verwendet: Nach Ulbricht (1993) beziehen sich die Verbalzeugnisse im Allgemeinen auf Lehrplanvorgaben, sind also der curricularen bzw. der kriterialen Norm verpflichtet. Schwarzer (1980) hatte noch gefunden, dass die individuelle Bezugsnorm jedenfalls bei der Beurteilung der Lernbereiche am häufigsten verwendet wird, während die Lehrkräfte bei der Beurteilung des Sozialverhaltens öfter auf die kriteriale Norm zurückgreifen. Scheerer und Schmied (1985) fanden in einer sehr großen Stichprobe von 1840 Zeugnissen sogar nur 2,4% entwicklungsbezogene Aussagen, was auf eine sehr seltene Verwendung der individuellen Bezugsnorm hinweist. Dieser Befund wurde von Benner und Ramseger (1985) in einer Untersuchung von 450 Grundschulzeugnissen bestätigt.

Dass sich die Verhältnisse nicht grundlegend gebessert haben, ergab die Untersuchung SABA in 41 Klassen an 23 Berliner Schulen (Valtin 2000): Die mit Verbalzeugnissen verknüpften Reformintentionen – mehr Informationsgehalt, stärker ermutigender Charakter, förderdiagnostische Hinweise – waren „nur in Spurenelementen“ verwirklicht. Zu einem ähnlich negativen Ergebnis gelangt eine Begleituntersuchung zu einem nordrhein-westfälischen Schulprojekt.[3]

Selbst in der Laborschule Bielefeld kommt es immer noch vor, dass Eigenschaftsbeschreibungen und Verbalisierungen von Noten statt der eigentlich geforderten Entwicklungsberichte geliefert, also eigentlich immer noch traditionelle Zeugnisse gegeben werden, dass Lehrkräfte stereotype Beurteilungsmuster verwenden, in denen die Schüler sich nicht wieder finden, dass Fachleistungen und Arbeitstechniken einen weitaus größeren Raum einnehmen als überfachliche Kompetenzen und Sozialverhalten und dass weder Entwicklungsperspektiven aufgezeigt noch weiterführende Hinweise gegeben werden. (Lübke 1996; Lütgert 1992)

8.3.3 Verständlichkeit

In welchem Maße Verbalzeugnisse für Eltern und Schüler verständlich sind, ist umstritten. Schmidt (1987) kam in einer Untersuchung niedersächsischer Verbalzeugnisse zu dem Schluss, dass zumindest die Lernstandsbeschreibungen ohne Fachkenntnisse kaum zu verstehen sind. Auch Scheerer und Schmied (1985) sahen einen breiten Raum für Missverständnisse. Andererseits fanden 91% der Eltern in dem schon genannten nordrhein-westfälischen Schulversuch die Wortzeugnisse im Großen und Ganzen verständlich. (Haenisch 1996; Landesinstitut 1997) Dieser Eindruck der Eltern könnte allerdings irrig sein: Auch Christiane Finsterer (2000) fand bei einer Untersuchung an 335 Eltern, dass diesen die Zeugnisformulierungen im Großen und Ganzen verständlich erschienen: Nur bei einem knappen Sechstel (16,20%) der Formulierungen bekundeten die Eltern ernsthaftere Verständnisprobleme. Bei der Überprüfung des tatsächlichen Verständnisses ergab sich jedoch, dass sie nur in etwas mehr als einem Drittel (34,5%) aller Fälle die mit den Formulierungen ausgedrückten Bewertungen richtig erkennen konnten und nur in etwas mehr als der Hälfte (56,91%) aller Fälle in der Lage waren, den Formulierungen sinngemäß richtige Umschreibungen zuzuordnen. Ein reichliches Drittel (35,2%) schätzte die Beurteilungen viel zu positiv ein[4].
Merkwürdigerweise wurde noch kaum untersucht, in welchem Maße Schüler Verbalzeugnisse verstehen. Eine an drei Nürnberger Schulklassen des zweiten Jahrgangs durchgeführte Pilotstudie ergab, dass das Verständnis der Kinder im Wesentlichen durch dieselben Textmerkmale erschwert und erleichtert wird wie das der Eltern. Darüber hinaus gibt es z. T. erhebliche Probleme mit Formulierungen, die ungeläufige und mehrdeutige Begriffe oder Metaphern enthalten: Mehr als 40% der befragten Schüler hatten keine Vorstellung, was die Aussage „Peters Mitarbeit ist rege" bedeuten könnte. Über 30% verstanden die Charakterisierung „Peter teilt sich gerne mit" ganz konkret als Teilen von Süßigkeiten oder Pausebrot. Und ebenfalls über ein Drittel interpretierte die Beschreibung „Peter ist ein lebhafter Schüler" als eine positive im Sinne von „ein guter Schüler". (Vreemann 2001)
Es ist aber weder nötig noch möglich, die Verständlichkeit von Verbalzeugnissen zu perfektionieren. Anzustreben sind letztlich Beurteilungsgespräche, bei welchen die Verbalzeugnisse mit Eltern und Schülern durchgegangen und ihnen erläutert werden. (Vgl. unten11.8.)

Bezeichnenderweise ergaben vergleichende Interviews mit 46 Eltern über Verbalzeugnisse sowohl ihrer eigenen als auch fremder Kinder, dass authentische Zeugnisse der eigenen Kinder weitaus besser verstanden werden als Fremdzeugnisse und dass ihr Verständnis weniger von der Verständlichkeit der Zeugnistexte als von anderen Faktoren der zwischen Schule und Elternhaus stattfindenden Kommunikation über Lernen und Leisten abhängt, z. B. von der Intensität des Kontaktes zwischen Eltern und Lehrkraft. (Klein 2003; Tannert-Kentrat 2003) Das bestätigte sich in unserer Repräsentativerhebung zur Elternarbeit an 574 bayerischen allgemeinbildenden Schulen, die ebenfalls ergab, dass Eltern generell den Zeugnissen umso mehr Informationen entnehmen konnten, je enger sie Kontakt zur Schule hielten. Ferner fanden wir, dass die Verständlichkeit von Zeugnissen vor allem nach der vierten Jahrgangsstufe abnimmt und nicht, wie vermutet, nach dem Übergang zu Ziffernnotenzeugnissen nach dem zweiten Jahrgang. (Sacher 2005, S.68ff.)

8.3.4 Akzeptanz

In einer Hamburger Untersuchung (Jachmann/ Tillmann 2000), bei der 1476 Schüler, 1328 Eltern und 637 Lehrer befragt wurden, ergab sich, dass eine starke Mehrheit der Schüler, Lehrer und Eltern Noten verbalen Beurteilungen vorzieht. Am ausgeprägtesten ist diese Präferenz bei den Schülern, und zwar in beinahe gleichem Ausmaß bei Grund-, Haupt-, Real-, Gesamtschülern und Gymnasiasten! Eltern und Lehrkräfte, welche Kinder in Grund- oder Gesamtschulen haben bzw. dort unterrichten, schätzen verbale Beurteilungen zwar etwas günstiger ein, aber auch sie ziehen mehrheitlich Ziffernnoten vor.

In der Berliner Untersuchung SABA (Valtin 2000) fand sich unter den Schülern im ersten Jahrgang nur eine sehr knappe Mehrheit (49%) für die verbale Beurteilung, 46% der Schüler wollten lieber Noten. (Die restlichen 5% mochten sich nicht festlegen.) Die Akzeptanz der Verbalzeugnisse nahm in den folgenden Jahren weiter ab. Die Schüler wünschten sich am ehesten eine Verbindung von Noten mit kurzen Kommentaren oder mit Elterngesprächen. Die Eltern wollten höchstens für die ersten beiden Schuljahre Verbalzeugnisse und schätzten insgesamt die Bedeutung von Noten höher und günstiger ein (Valtin 2000).

Damit konnten die älteren Ergebnisse von R. Schwarzer (1980), Schmidt (1987) und Rolff (1990, S.42) bestätigt werden. Das Ergebnis von Ulbricht (1993, S.108), wonach nur noch 6,1% der Eltern ein Notenzeugnis wünschen, erscheint angesichts neuerer Untersuchungen ebenso zweifelhaft wie die ältere Untersuchung von Schmack (1979 u. 1981).

In der Begleituntersuchung zu dem genannten nordrhein-westfälischen Schulversuch (Haenisch 1996; Landesinstitut 1997) kristallisierte sich heraus, dass Eltern dann, wenn sie Erfahrungen mit verbalen Beurteilungen haben, mehrheitlich damit zufrieden sind, sie aber ablehnen, wenn sie bisher nur Notenzeugnisse kennen. Allerdings nimmt die Akzeptanz von Verbalzeugnissen nach dem 2. Schuljahr rasch ab. Den Wünschen der Eltern kämen am ehesten Noten mit ergänzenden Kommentaren zur Lernentwicklung entgegen. Die Akzeptanz der Wortzeugnisse durch die Eltern wurde im Laufe des Schulversuches aber deutlich besser. Die Lehrkräfte bekundeten überwiegend einen beträchtlich höheren zeitlichen Aufwand für Verbalzeugnisse, fanden diesen aber angesichts der offenkundigen pädagogischen Vorteile gerechtfertigt.

Auch Schmidt (1987) konnte schon zeigen, dass sich mehr als die Hälfte der Eltern und sogar fast zwei Drittel der Lehrkräfte letztlich Ziffernzeugnisse mit Kommentaren wünschen und dass ein Drittel bis zur Hälfte der Eltern versucht, die Formulierungen der Verbalzeugnisse in Noten zu übersetzen. Insbesondere Eltern leistungsstarker Kinder wünschten bessere Vergleichsmöglichkeiten und plädierten deshalb für Ziffernnoten oder wenigstens für die Ergänzung von Verbalzeugnissen durch Ziffernnoten.

Nach einer Befragung, die Schumann-Erny (2003) an 35 baden-württembergischen Realschulen bei Schülern der 9. Jahrgangsstufe, bei deren Eltern und bei den Arbeitgebern durchführte, bei welchen das Betriebspraktikum abgeleistet wurde, waren Schüler und Eltern mit den traditionellen Ziffernnotenzeugnissen überwiegend zufrieden, während die Arbeitgeber diesbezüglich eine gespaltene Meinung hatten: Hier standen 50% Zufriedenen 50% Unzufriedene gegenüber. (Schumann Erny 2003, S.192) Wiederum die Arbeitgeber wünschten sich auch am ausgeprägtesten eine Kombination aus Ziffernnoten- und Berichtszeugnissen sowie Testate für Zusatzqualifikationen, welche die Schüler über den Lehrplan hinaus erwerben. (Schumann-Erny 2003, S.196f, S.198f) Entgegen einer verbreiteten Meinung sind also die Arbeitgeber am aufgeschlossensten für maßvolle Innovationen hinsichtlich der Dokumentationsform schulischer Leistungsbeurteilungen.

Die nicht allzu große Akzeptanz von Verbalzeugnissen und Lernberichten bei deutschen Eltern könnte dadurch bedingt sein, dass diese Beurteilungsform hierzulande insgesamt – von einigen historischen Vorläufern und von wenigen Modellschulen und Modellprojekten abgesehen – noch keine lange Tradition hat. Entsprechende Untersuchungen in der Schweiz und in Liechtenstein ergaben eine Akzeptanz bei mehr als 80%, z. T. sogar bei mehr als 90% der Eltern! (Vögeli-Mantovani 1999, S.249f.)

8.3.5 Wirkungen

In der schon genannten Hamburger Untersuchung (Jachmann/ Tillmann 2000) waren sowohl Lehrkräfte als auch Eltern und Schüler davon überzeugt, dass gute Noten motivieren. Eine skeptische Minderheit, welche diese Meinung nicht teilte, fand sich lediglich bei den Schülern, und zwar bei den älteren deutlicher als bei den jüngeren und bei den leistungsschwächeren ausgeprägter als bei den tüchtigen.

Die Mehrheit der Eltern und Lehrkräfte war auch der Meinung, dass Noten Schulangst erzeugen und das Selbstwertgefühl der Lernenden beeinträchtigen. Die Schüler allerdings teilten diese Einschätzung überwiegend nicht. Gezielte Nachuntersuchungen und differenziertere Auswertungen ergaben, dass Schulangst vor allem bei Schülern im unteren Bereich der Leistungshierarchie vorkommt, jedoch unabhängig davon, ob die Leistungsbeurteilung durch Noten oder verbal erfolgt.

Auch in der schon angeführten Berliner Untersuchung SABA (Valtin 2000) ließen sich die in der Fachdiskussion immer wieder behaupteten negativen Effekte von Noten (Angstinduktion, Misserfolgsorientierung der Schüler, Begünstigung extrinsischer Motivation) nur in einem geringen Maße feststellen, und es konnten andererseits die erhofften positiven Auswirkungen der Verbalzeugnisse auf die Lernfreude und die Fähigkeitsselbstkonzepte der Schüler nicht bestätigt werden.

Diese ernüchternden Befunde stehen im Kontrast zu Ergebnissen der genannten Begleituntersuchung zu einem nordrhein-westfälischen Schulprojekt (Haenisch 1996; Landesinstitut 1997): Sofern man den erhobenen Aussagen der Lehrkräfte traut, vermindern Verbalzeugnisse demnach durchaus die Versagensängste der Schüler und das Konkurrenzdenken, und sie verbessern die Klassengemeinschaft, das Selbstvertrauen, die intrinsische Motivation und die Freude am Lernen. Die Schüler vermissen angeblich auch nicht – wie oft behauptet wird – den Vergleich mit anderen, und es fehlt ihnen keineswegs der Anreiz zu größtmöglicher Anstrengung. Die verbreitete Befürchtung, dass leistungsstarke Schüler ohne Noten weniger motiviert sind, trifft nach diesen Ergebnissen nicht zu. Andererseits werden schwächere Schüler durch Verbalzeugnisse tatsächlich ermutigt, und es kommt insgesamt zu einer Verstärkung der intrinsischen Motivation.

Die Lehrkräfte werden nach der NRW-Begleituntersuchung durch die zu erstellenden Verbalzeugnisse offenbar wirklich veranlasst, ihre Schüler genauer zu beobachten und besser kennen zu lernen. Es kommt häufig zu einem Perspektivenwechsel: Schüler werden nicht mehr primär in Bezug auf Defizite gesehen, sondern auf ihre Lernfortschritte. (Haenisch 1996; Landesinstitut 1997) Auch Lübke (1996) berichtet von einer Schärfung des diagnostischen Blicks bei den Lehrkräften der Laborschule Bielefeld.

Ferner wurden Wechselwirkungen zwischen dem Unterricht und der Bewertung registriert: Lehrkräfte, die verbale Beurteilungen abgaben, waren verstärkt bereit, sich auch im Unterricht mehr auf die Individualität der Kinder einzulassen und sich an den Möglichkeiten, Bedürfnissen und Interessen der Kinder zu orientieren. Insgesamt entstand angeblich eine angstfreiere, weniger von Konkurrenz geprägte Lernatmosphäre. (Haenisch 1996; Landesinstitut 1997)

Das Berliner Projekt NOVUS[5] allerdings kam zu einem diametral entgegengesetzten Resultat: „Lehrkräfte, die Verbalbeurteilung oder Notengebung präferieren, unterscheiden sich ... praktisch nur wenig in Bezug auf die Unterrichtsgestaltung und so gut wie gar nicht in ihrem Sanktionsverhalten." (Valtin 2000, S.10)
Die NRW-Begleituntersuchung (Haenisch 1996; Landesinstitut 1997) registrierte ferner im Gefolge der Verbalzeugnisse eine Intensivierung der Kommunikation und Kooperation der Lehrkräfte mit den Eltern, bessere Kooperation in den Kollegien sowie verstärkte Diskussion über Lerninhalte, Lernziele und Unterrichtsgestaltung sowie über Unterrichts- und Schülerbeobachtung. Weiterführende Schulen fanden verbale Beurteilungen viel informativer und hilfreicher als Noten.

Insgesamt ist hinsichtlich der etwas inkonsistenten Wirkungen von Verbalzeugnissen zweierlei zu bedenken:
Die praktische Umsetzung der mit dem Programm der Verbalzeugnisse verbundenen Reformintentionen muss bisher als unzureichend angesehen werden. Möglicherweise können sie ihr Wirkungspotenzial unter eingeschränkten Bedingungen noch gar nicht entfalten.
Sodann darf man natürlich von einer bloßen Änderung der Beurteilungsform noch nicht allzu viel erwarten. „Der Ersatz von Ziffernzensuren durch verbale Urteile ist nicht bereits die Reform schlechthin." (Thomas 1987, S.262) Um z. B. Konkurrenzverhalten in der Schule zurückzudrängen und Kooperation wirklich zu fördern, bedarf es eines ganzen Bündels diagnostischer, pädagogischer und didaktisch-methodischer Maßnahmen. Dabei muss letztlich die gesamte Schul- und Lernkultur auf den Prüfstand kommen.

8.4 Formen des Verbalzeugnisses

Formen des Verbalzeugnisses kann man hauptsächlich danach einteilen,
- ob sie gebundene oder freie Formulierungen benutzen,
- ob sie an die Schüler oder an Dritte (normalerweise die Erziehungsberechtigten) adressiert sind.

Durch Kombination dieser Merkmale erhält man die folgenden Formen:

	gebundene Formulierung		*freie Formulierung*
	Anzukreuzende Charakterisierungs-alternativen	Auswahl von Formulierungs-bausteinen	
an Dritte adressiert	1. Rasterzeugnis	2. Bausteinzeugnis	3. Lernbericht
an Schüler adressiert	(4.)	(5.)	6. Zeugnisbrief

Tabelle 15: Formen verbaler Beurteilungen

Die Kombinationen 4 und 5 kommen in Praxis nicht vor, so dass letztlich vier Formen verbaler Beurteilung übrig bleiben:

1. Rasterzeugnisse: Dies sind Beurteilungen, bei welchen in der Art von Multiple Choice Alternativen ausgewählt und angekreuzt werden, z. B.

Kann seine eigene Meinung artikulieren.	-3	-2	-1	0	+1	+2	+3
Legt Sachverhalte klar dar.	-3	-2	-1	0	+1	+2	+3
Denkt sich in die Rolle von Mitschülern hinein.	-3	-2	-1	0	+1	+2	+3

(Auszug aus: Erziehungsdepartement 1995a, Beurteilungsbogen F für Lehrer)

2. Bausteinzeugnisse werden – häufig mit Computerunterstützung – als fortlaufender Text aus Formulierungsbausteinen zusammengesetzt.
Als Beispiele seien angeführt:

– *Lesen:*
Melanie
- kann einen Text wortgetreu und flüssig lesen und die Bedeutung des Gelesenen zum Ausdruck bringen,
- kann den Sinn des Textes erfassen und frei nacherzählen,
- kann zu einem Text Vorstellungen entwickeln und ihre Gedanken dazu äußern.

– *Rechtschreiben:*
Melanie
- hat geübte Diktate und ungeübte Texte mit wenigen Fehlern geschrieben,
- hat Rechtschreibhilfen angewendet,
- kann beim Schreiben Rechtschreibregeln zum großen Teil beachten,
- verfasst gerne eigene kreative Texte.

(nach: Landesinstitut 1997, S.106f)

3. *Lernberichte bzw. Berichtszeugnisse:* Dies sind frei formulierte Berichte über das Kind an dritte Personen (normalerweise an die Erziehungsberechtigten)

4. *Zeugnisbriefe:* Sie sind ebenfalls frei formuliert, aber an die Schüler gerichtet.

Es ist offensichtlich, dass freie Formulierungen eher geeignet sind, Individuelles darzustellen – ein Anspruch, mit dem Verbalzeugnisse ja einst angetreten sind. Allerdings muss man sich bewusst sein, dass unsere Sprache, von Eigennamen abgesehen, kaum über Individualbegriffe verfügt. Wir können Individuelles immer nur im Schnittpunkt von Allgemeinem darstellen. Gleichwohl bleibt fest zu halten, dass dies durch Raster- und Bausteinzeugnisse grobschlächtiger geschieht als durch Berichtszeugnisse und Zeugnisbriefe.
An wen sollen Verbalzeugnisse adressiert sein? Die Lernberichte der Laborschule Bielefeld sind ausdrücklich sowohl an Schüler als auch an Eltern gerichtet und können dementsprechend in der Du- oder in der Er-Sie-Form verfasst sein. (Groeben/ Lenzen 1996 II, 3. Kp.) Letztendlich ist es aber nur schwer nachvollziehbar, dass Zeugnisse nicht direkt an die Schüler adressiert sein sollten – mit Ausnahme von Abschluss- und Abgangszeugnissen, die ja auch eine Art Empfehlungsschreiben darstellen. Die Adressierung an Dritte (gewöhnlich die Eltern) steht in Spannung zur Zielsetzung, die Schüler anzuleiten, ihre Lernprozesse selbstständig zur organisieren. Wenn wir die Schüler als Subjekte behandeln wollen und in ihnen die eigentlichen Akteure ihrer Lernprozesse sehen, dann sollten wir auch unmittelbar mit ihnen über Lernprozesse und Lernergebnisse kommunizieren. Man wird einwenden, dass Zeugnisbriefe an 6 bis 8-jährige Grundschüler weitaus schlichter abgefasst sein müssten als Berichte an Eltern. Aber auch Eltern haben rasch Verständnisprobleme mit sprachlich anspruchsvollen Zeugnissen.[6]
In Waldorfschulen wird zusätzlich zum Zeugnisbrief ein *Zeugnisspruch* vergeben, z. B.:

Für dich, lieber Malte:
All mein Schaffen, all mein Tun
will erst in meiner Seele ruhn.
In des Herzens warmer Stille
erwacht der gute, starke Wille.
(Irmgard Reipert)
(Institut für Waldorfpädagogik 2000)

Der Zeugnisspruch soll das Wesen des Kindes treffen und ihm für die nächste Zeit einen Entwicklungsimpuls geben. Dazu wird er bei verschiedenen Gelegenheiten immer wieder in den Schulalltag eingebunden, also etwa beim Morgenkreis, bei Geburtstagsfeiern usw.

8.5 Vorschläge für die Gestaltung von Verbalzeugnissen

8.5.1 Kategorien des zu beschreibenden Verhaltens

Verbalzeugnisse wollen und sollen nicht einfach ausführlicher in Worten ausdrükken, was die Ziffernnoten lediglich spartanischer darstellen. Sie sollen nicht nur erzielte Fachleistungen, sondern auch Lernprozesse und gesamtpersonale Entwicklungsverläufe darstellen und Anregungen und Hilfen geben. Welche über die fachlichen Leistungen hinausgehenden Aspekte sind zu berücksichtigen?
Hinsichtlich entsprechender Kategorien gibt es eine Vielzahl von Vorschlägen. Sehr verbreitet ist eine Einteilung von Bartnitzky und Christiani (1994, S.54f.). Sie unterscheidet die fünf Kategorien Kooperationsfähigkeit, Selbstständigkeit, Leistungsbereitschaft, Umgang mit Konflikten und Kritik, Verlässlichkeit und Produktivität, die jeweils wiederum differenziert aufgegliedert sind. Allerdings ist diese Einteilung offensichtlich nicht überschneidungsfrei. Letztlich lassen sich alle Kategorien entweder dem Sozial- oder dem Lern- und Arbeitsverhalten zuordnen.
Wir beschränken uns deshalb im Folgenden auf diese beiden Hauptkategorien, zu welchen dann natürlich noch fachliche Gesichtspunkte des Lernens und der Leistung kommen[7]:

Sozialverhalten
(in der Gruppe und in der Schule):

- Gesprächsverhalten,
- Hilfsbereitschaft, Rücksichtnahme, Einfühlungsvermögen,
- Kontaktfähigkeit,
- Kooperationsverhalten,
- Integrationsfähigkeit,
- Selbstvertrauen, Selbstsicherheit, Selbstständigkeit (eigene Meinung),
- Konfliktverhalten, Toleranz,
- Kritikfähigkeit,
- Verlässlichkeit,
- Verantwortungsbewusstsein,
- Regelbefolgung, Pflichtbewusstsein,
- Disziplin.

Lern- und Arbeitsverhalten:

- Regelmäßigkeit, Pünktlichkeit,
- Ordnung,
- Sorgfalt,
- Fleiß,
- Arbeitstempo,
- Anstrengungs- und Leistungsbereitschaft,
- Interesse, Neugier,
- Aufmerksamkeit, Mitarbeit, Konzentration, Ausdauer, Arbeitseifer,
- Verkraften von Anforderungen,
- Selbstvertrauen, Selbstständigkeit,
- Auffassungsgabe und Aufgabenverständnis,
- Systematisches Lernen, Einsatz von Arbeits- und Lerntechniken und Lernstrategien,
- Kreativität.

Tabelle 16: Gesichtspunkte für Verbalzeugnisse

8.5.2 Hinweise für die Formulierung

Grundsätzliche Erwägungen und Erfahrungen der schulpsychologischen Dienste (Arnold 1997a; Arnold 1997b) legen die folgenden Hinweise für die Formulierung von Wortgutachten und Lernberichten nahe:

- Man sollte nicht Persönlichkeitseigenschaften (auch nicht die allgemeine Begabung), sondern Verhaltensweisen des Kindes beschreiben: Eigenschaftszuschreibungen können leicht zu Etikettierungen werden. „Maria begegnete Mitschülern und Lehrkräften freundlich" ist in diesem Sinne eine bessere Formulierung als „Maria ist ein freundliches Kind".
- Vergleiche mit anderen Schülern sollten unbedingt vermieden werden.
- Anstelle der Verben „lernen" und „können" sollten treffendere verwendet werden: auffassen, rechnen, lesen, schreiben, darstellen, wiedergeben, verstehen, Gespür haben/zeigen, erzählen, vergleichen, erklären, begründen, beachten, anwenden, überdenken, benutzen, verbessern, auseinandersetzen usw.
- Nominalformen sind zu vermeiden: Sie entpersönlichen die Berichte und und neutralisieren das Subjekt des Lernens. Also nicht „Das Lesen von unbekannten Texten bereitet noch Schwierigkeiten ...", sondern „Du tust dich noch schwer, unbekannte Texte zu lesen ...")
- Qualifizierende und quantifizierende Aussagen ziehen die Aufmerksamkeit der Eltern (und wohl auch der Schüler) besonders stark auf sich und werden von ihnen leicht aus dem Kontext gelöst. Z. T. lässt sich dies dadurch vermeiden, dass man die solchen Aussagen zu Grunde liegenden Bezugsnormen explizit benennt: „Du hast dich im Sachunterricht häufiger gemeldet als in Mathematik." Oder: „Du bist eine von den Schülerinnen in der Klasse, die sich nur selten melden."
- Besondere Vorsicht ist insbesondere geboten im Umgang mit dem Adjektiv „gut" und seinen Abstufungen. Schüler und Eltern interpretieren solche Aussagen gerne als verdeckte Ziffernbenotung. Vorzuziehen sind konkrete und verhaltensnahe Formulierungen: „Du hast in allen Unterrichtssituationen konzentriert gearbeitet ..." statt „Du kannst dich gut konzentrieren ..."
- Es kann durchaus angebracht sein, unterschiedliche Grade der Sicherheit und Verbindlichkeit in den Formulierungen auszudrücken: „Ich hatte den Eindruck, dass ..."
- Lernberichte und Wortgutachten sollten zwar auch Ermutigung und Emphase zeigen („Es hat mich beeindruckt, mit welcher Ausdauer Du Platzhalteraufgaben geübt hast..."), jedoch nicht in Verbindung mit Einstufungen („fand ich gut") oder Imperativen und Ermahnungen („... musst dich unbedingt weiter so bemühen").
- Statt unspezifische Empfehlungen für das weitere Lernen abzugeben, sollte man präzise Verhaltensvorschläge machen. Sonst missraten weiterführende Hinweise

leicht zu mehr oder weniger verdeckten Imperativen. Also nicht: „Du solltest dem Unterricht aufmerksamer folgen." Besser wäre: „Wenn Du Deinen Arbeitsplatz besser in Ordnung hältst und mehr zur Lehrerin schaust, wird es Dir leichter fallen aufzupassen."

- Doppelte und kombinierte Negationen sind für Grundschüler und auch für manche Eltern kaum verständlich: „Es fiel Dir nicht schwer, fehlerfrei von der Tafel abzuschreiben." Die Formulierung „Versuche bitte, Dich nicht mehr so oft mit unterrichtsfremden Gegenständen zu beschäftigen" fordert zu einem Handeln auf, dessen Ziel in einem Unterlassen besteht!
- Vermengungen von Aussagen über das Lern- und Arbeitsverhalten und über den Lernerfolg sind problematisch: Eine Formulierung wie „Du hast Dich bemüht, auch den Zehnerübergang zu bewältigen" kann als verschleierte Aussage verstanden werden, die zum Ausdruck bringen soll, dass das Lernziel zwar angestrebt, aber nicht erreicht wurde. Besser ist es, das Lern- und Arbeitsverhalten und den Lernerfolg gesondert zu beschreiben: „Du hast Dir bei Aufgaben mit Zehnerübergang große Mühe gegeben. Bis jetzt kannst Du sie leider nur teilweise richtig rechnen."
- Negativprognosen sollte man unbedingt vermeiden („Wenn Du weiterhin Deine Hausaufgaben so unordentlich machst ..."), weil sie leicht Angst erzeugen. Besser ist es, eine Beschreibung des defizitären Verhaltens mit dem Aufzeigen des Abstandes vom Lernziel und mit weiterführenden Hinweisen zu verbinden: „Die Hausaufgaben machst Du häufig noch recht unordentlich. Da bist Du noch weit hinter dem zurück, was wir verabredet haben. Wenn Du dich um eine regelmäßigere Schrift und um eine übersichtlichere Platzeinteilung bemühst, wirst Du auch weniger Fehler machen."
- Die Verwendung der Zeiten sollte den Aussageintentionen entsprechen:
  - Zum Berichtszeitpunkt vorhandene, aufgebaute Fähigkeiten sollten bilanzierend im Präsens beschrieben werden: „Du schreibst die meisten Grundwörter fehlerlos."
  - Während des zurückliegenden Lern- und Leistungsprozesses gezeigtes Verhalten, das in einer Folgebeziehung zu späterem Verhalten steht, sollte im Perfekt dargestellt sein. So kann ein Stück Lernentwicklung beschrieben werden: „Du hast Dir in diesem Halbjahr angewöhnt, erst einmal nachzudenken. Deshalb gibst Du nun häufig vollständigere Antworten."
  - Das Präteritum dient zur Beschreibung eines zurückliegenden, in der Vergangenheit abgeschlossenen Verhaltens, das wir aus einem besonderen Grunde für erwähnenswert halten: „Als wir Weihnachtsschmuck bastelten, warst Du mit Feuereifer bei der Sache."
  - Im Futur I können Ausblicke auf die kommende Zeit verfasst sein: „Diese kleinen Unsicherheiten wirst Du nun sicher auch bald überwinden."

Weitere Gesichtspunkte lassen sich aus unseren Nürnberger Untersuchungen[8] gewinnen:

- Erwartungsgemäß hängt die Verständlichkeit von syntaktischen und stilistischen Merkmalen ab. So sind Fremdwörter und Fachbegriffe oder lange und komplizierte Sätze ungünstig. Aber auch allzu kurze und schlichte Sätze beeinträchtigen die Verständlichkeit. Das Optimum ist offenbar ein mittlerer Grad an sprachlicher Differenziertheit. Weniger differenzierte Formulierungen lassen anscheinend zu viele Deutungen offen, sehr komplexe hingegen können leicht verwirren.
- Indirekte Formulierungen (Andeutungen) werden schlechter verstanden als direkte Aussagen. Indirekte Formulierungen verwenden Lehrkräfte gerne zur Kennzeichnung von Mängeln und Lücken. So wird z. B. nicht unverblümt geschrieben, dass eine Schülerin mit dem Lesen unbekannter Texte noch große Schwierigkeiten hat, sondern lediglich: „Bekannte Texte las sie sicher, sinnentnehmend und flüssig vor."
- Es gibt ein Problem mittlerer Bewertungen: Leistungen und Verhaltensweisen, die nicht uneingeschränkt als günstig oder ungünstig zu charakterisieren sind, lassen sich auch sprachlich nicht immer einfach und mit wenigen Worten beschreiben. Dies mag die Ursache dafür sein, dass Formulierungen, die eine mittlere Bewertung zum Ausdruck bringen, im Allgemeinen schlechter verstanden werden, als solche, die eine eindeutige positive oder negative Aussage enthalten. Auf die Beschreibung der mittleren Gütegrade muss also besondere Sorgfalt verwendet werden!

8.5.3 Trennscharfe Begriffe und Ausprägungsgrade

Der Verzicht auf Ziffernnoten entbindet nicht von der Verpflichtung, in der Verbalbeurteilung trennscharfe Begriffe (Kategorien) zu verwenden und diese den Schülereigenschaften nach einigermaßen festen und präzisen Regeln zuzuweisen. Dabei sollte eine Reihe von Gesichtspunkten in jedem Gutachten angesprochen werden. Es ist zu vermeiden, dass in einem Gutachten Charakterisierungen des Verhaltens und der Leistungen eines Schülers vorgenommen werden, zu denen sich im Gutachten über einen anderen Schüler schlichtweg nichts findet.

Für die Beschreibung der Fortschritte im Leselernprozess könnten solche Gesichtspunkte z. B. sein:

- Lesetempo
- Sinnerfassung
- Artikulation und Betonung

Betrachten wir zwei Beispiele[9]:

> Auszug aus einem Berichtszeugnis über Manuela:
> *„Manuela erfreute in der Schule durch Ausgeglichenheit und Hilfsbereitschaft. Im Unterricht bewies sie große Lernbereitschaft, Ausdauer und aktive mündliche Mitarbeit. Jede Aufgabe wurde still und bis zum Ende konzentriert durchgeführt. Die sorgfältige Darstellungsweise aller schriftlichen Aufgaben sowie das flotte Arbeitstempo verdienen ein besonderes Lob."*

> Auszug aus einem Berichtszeugnis über Corinna:
> *„Corinna wusste sich im Kreise ihrer Freunde friedvoll durchzusetzen und gefiel durch ihr freundliches und hilfsbereites Wesen. Sie war weiterhin ehrgeizig darum bemüht, aufmerksam am Unterricht teilzunehmen und brachte in mündlichen Phasen jetzt viel öfter eigene Beiträge ein. Schriftliche Aufgaben erledigte das Mädchen nach Kräften selbstständig in sauberer äußerer Form. Ein zügigeres Arbeitstempo wäre bisweilen noch anzustreben."*

Die beiden Beurteilungen wurden von derselben Lehrerin erstellt. Hinsichtlich der verwendeten Begriffe sind u. a. folgende Fragen aufzuwerfen:
- Wie verhält sich „Ausgeglichenheit" zu „Freundlichkeit"? Wann vergibt die Lehrerin das Prädikat „ausgeglichen", wann das Prädikat „freundlich"?
- Wie unterscheiden sich „sorgfältige" und „saubere" Darstellung? Sind diese Charakterisierungen gleich bedeutend, oder bezeichnet einer der beiden Begriffe eine positivere Einschätzung?
- Ist ein „flottes" Arbeitstempo ein rascheres als ein „zügiges"? Oder sind beide Begriffe Synonyma?

Man wird vielleicht einwenden, die Verwendung präziser und überschneidungsfreier Begriffe, die nach klaren Regeln zugeteilt werden, führe notwendigerweise zu den verpönten Wortlisten und über diese zu mehr oder weniger stereotypen Beurteilungen. Aber es genügt, sich um einen Kernbestand von Kategorien zu bemühen. Andere Charakteristika der Schüler können durchaus in freierer Formulierung dargestellt werden. Ferner können um jene zentralen Gesichtspunkte herum, die jede Beurteilung abarbeiten sollte, nach Bedarf individuelle Besonderheiten der Schüler angesprochen werden. Insoweit bleibt genug Spielraum für die Würdigung der Schülerindividualität. *Sicherlich aber ist es nicht Sinn von Wortgutachten, sie vollkommen unvergleichbar zu gestalten. Das liefe letztlich auf ein Verwirrspiel für Schüler und Eltern hinaus.*

In diesem Zusammenhang müssen wir auch Überlegungen zu den *Ausprägungsgraden* des zu beschreibenden (und auch schon des zu beobachtenden) Verhaltens anstellen und dafür bestimmte Begriffe vorsehen. In gewisser Weise ist also auch hier so etwas wie eine „Skala" anzulegen. Wenn wir z. B. die Beurteilungen „liest flüssig", „liest im Allgemeinen flüssig", „liest manchmal noch stockend" und „liest stockend" trennscharf machen wollen, dann müssen wir festlegen, auf wie viele Unterbrechungen des Leseflusses in einem Text festgelegter Länge und für welche Grundtempi wir sie vergeben. Gewöhnlich werden wir auch hier den Beschreibungsaufwand kaum weiter treiben können als bis zur Präzisierung von zwei oder drei unterschiedlichen Ausprägungsgraden.

8.6 Erfassung von Leistungen und Entwicklungen

Da Verbalzeugnisse nicht nur Ergebnisse von Lern- und Leistungsprozessen erfassen, sondern auch Entwicklungsverläufe darstellen wollen, steht und fällt ihre Qualität mit der Gründlichkeit der vorangehenden Beobachtung der Schüler.

8.6.1 Formen und Techniken der Beobachtung[10]

Es ist ratsam, sich verschiedener Formen und Techniken der Beobachtung zu bedienen, um die systematischen Verzerrungen, die mit jeder von ihnen verbunden sind, klein zu halten. Mindestens die folgenden fünf sollte man verwenden:
– globale bzw. unsystematische Beobachtung,
– zeitlich verteilte regelmäßige freie Beobachtung,
– systematische Beobachtung mit Kategorien,
– Beobachtung in standardisierten Situationen und
– Beobachtung besonderer Ereignisse.

Bei der *globalen bzw. unsystematischen Beobachtung*, die wir häufig auch im Alltag praktizieren, beobachten wir ungerichtet. Wir orientieren uns dabei gerade nicht an speziellen Fragestellungen und Hypothesen. Der Vorteil einer solchen globalen Beobachtung liegt darin, dass sie relativ flächendeckend ist. Zumindest auffällige Phänomene entgehen ihr kaum. Dafür ist sie recht grob und unzuverlässig im Detail. Eine bedeutende Verfeinerung erreichen wir aber bereits dadurch, dass wir sie in ausgewählten Situationen anwenden.

Auch Ergebnisse einer unsystematischen Beobachtung müssen möglichst umgehend dokumentiert werden, am besten in Form eines narrativen (d. h. frei formulierten) Protokolls. Mit Rücksicht auf die besondere Arbeitssituation des Lehrers wird man hier wahrscheinlich das Zugeständnis machen müssen, dass die Protokollierung auch erst unmittelbar nach dem Unterricht erfolgen und die Gestalt stichpunktartiger Notizen haben kann. Längere Zeitspannen zwischen der Beobachtung und der Protokollierung sind aber ebenso wenig zu verantworten wie eine Beurteilung, die sich lediglich auf Gedächtniseindrücke stützt.

Bei der *zeitlich verteilten regelmäßigen freien Beobachtung* liegen bereits engere und speziellere Fragestellungen vor, wie z. B.: „Kann die Schülerin über längere Zeit

hinweg konzentriert arbeiten?“ Auch werden Dauer, Zahl und Zeitabstand der Beobachtungsperioden genau festgelegt.
Eine spezielle Variante ist die sogen. minutenweise freie Beobachtung: Hier folgt nach jeder Beobachtungsperiode ein etwa gleich langer (im Idealfall eine Minute währender) Zeitabschnitt, in dem das Beobachtungsergebnis sofort protokolliert wird. Lediglich die zusammenfassende Auswertung und Interpretation der einzelnen Kurznotizen wird auf die Zeit nach dem Unterricht verschoben. Bereits diese (und erst recht die folgende) Beobachtungstechnik kann von der Lehrkraft offensichtlich nicht mehr neben der Wahrnehmung von Instruktionsaufgaben angewendet werden, sondern nur in Situationen, die es ihr erlauben, sich stärker auf Beobachtungen zu konzentrieren.
Systematische Beobachtung mit Kategorien orientiert sich an einer Liste von Verhaltensweisen, die untereinander möglichst keine Überschneidungen aufweisen sollten (deshalb „Kategorien“!). Im Normalfall wird man diese Kategorien durch Kleinarbeitung einer Hypothese gewinnen. Wenn wir also z. B. die Hypothese haben, ein Schüler sei unaufmerksam, dann werden wir Beobachtungskategorien formulieren wie etwa „beschäftigt sich mit unterrichtsfremden Gegenständen“, „blickt nicht zum Sinnmittelpunkt des Unterrichts“, „schwätzt“ usw.
Die Dokumentation der Ergebnisse erfolgt bei dieser Beobachtungsform durch eine Strichliste. Damit haben wir hier die Möglichkeit, über Quantifizierungen exakte Aussagen zum Ausprägungsgrad des in Frage stehenden Verhaltens zu machen. Andererseits entgeht uns vieles, was nicht unter die spezielle Hypothese und die aus ihr gewonnenen Kategorien fällt.
Wie bei der Leistungsbeurteilung generell müssen wir uns auch bei Verbalzeugnissen bewusst sein, dass sich diese immer nur auf Stichproben einschlägiger Daten stützen können. Analog zu der oben getroffenen Unterscheidung von Prüfungskönnen und Grundkönnen (vgl. 3.2.1 und 5.4.2) sind auch hier das beobachtete Verhalten und das grundsätzlich vorhandene einschlägige Verhaltensrepertoire der Schüler auseinander zu halten. Damit die Stichprobe des beobachteten Verhaltens nicht eine rein zufällige bleibt, muss man dafür Sorge tragen, dass alle Schüler nach einem festen Zeitplan etwa gleich häufig und intensiv beobachtet werden und dass die Beobachtungen jeweils in einer Reihe vorher definierter sich wiederholender und mehr oder weniger gleich ablaufender *Standardsituationen* erfolgen.
Für das Sozialverhalten könnten solche Situationen u. a. sein:
- Schulweg,
- Zeit vor dem Unterrichtsbeginn,
- Pausen,
- kooperative Situationen (Gruppenarbeit, Partnerarbeit),
- Gesprächssituationen,
- kompetitive Situationen (Konkurrenz-Situationen),
- Konfliktsituationen,

– Feste und Feiern,
– Unterrichtsgänge,
– Wanderungen und Ausflüge.

Für Mathematikleistungen wäre an folgende Situationen zu denken:
– freies Kopfrechnen,
– Rechnen mit Unterstützung durch Anschauungsmaterial,
– Rechnen mit Unterstützung durch grafische Darstellungen,
– halbschriftliches Rechnen,
– schriftliches Rechnen,
– Rechnen in Sachzusammenhängen,
– Bewältigung geübter Aufgaben und
– Lösung neuartiger Aufgaben.

Nur wenn die Stichprobe des beobachteten Verhaltens einigermaßen repräsentativ für das Verhalten in verschiedenen Situationen des Schulalltags ist, können wir verlässlich das generelle Leistungs-, Lern- und Sozialverhalten abschätzen.

Die *Beobachtung besonderer Ereignisse* (aggressives oder ängstliches Verhalten, Kaspereien, Unaufmerksamkeit, Ermüdung etc.), die aus irgendeinem Grunde wichtig werden könnten, erfolgt am günstigsten nach dem ABC-Schema[11]. D. h. es werden auch die Bedingungen (Antezedenzien) erfasst, welche dem Ereignis bzw. Verhalten (Behavior) vorangehen und die Folgen (Consequences), welche es nach sich zieht. Die Antezedenzien geben Hinweise auf mögliche Auslöser, die Folgen enthalten mögliche Verstärker.

Zu einer professionellen Beobachtungspraxis gehört schließlich auch eine *systematische Dokumentation*, welche spontanes Fixieren von Beobachtungen in Tagesnotizen (mit Fixierung des beobachteten Verhaltens, der Rahmenbedingungen, der spontanen Empfindungen der Lehrkraft), Aufzeichnungen in einem Tagebuch, das Anlegen einer Kartei oder Computerdatei etc. umfasst.

8.6.2 Vielfalt der Leistungs- und Entwicklungsdaten

Sorgfältig erhobene Beobachtungsdaten sind natürlich nicht die einzige Grundlage für Verbalzeugnisse. Auch traditionell erhobene schriftliche Leistungen, Ergebnisse von informellen Gesprächen mit den Schülern, von kleineren mündlichen Abfragen, Werkgestaltungen, Aufführungen, gemeinsame Auswertungen von Arbeitsergebnissen usw. gehen in sie ein.

Darüber hinaus sollten auch Beobachtungen und Beurteilungen der Schüler selbst und ihrer Eltern sowie von Kollegen berücksichtigt werden. Im Kanton Solothurn werden systematisch Schülerselbstbeurteilungen und Beurteilungen der Eltern erhoben. In Problemfällen finden gegenseitige Hospitationen von Lehrkräften statt, um einzelne Schüler aus einer anderen Perspektive zu beobachten. (Erziehungsdepartement 1995a, 1995b)

Und schließlich sind auch Beobachtungsergebnisse der Lehrkraft nicht sakrosankt: Im Interesse einer kommunikativen Validierung (vgl. 10.4.3) sollte sie bereit sein, sie immer wieder einmal mit Schülern, Eltern und Kollegen durchzusprechen. *Die Qualität und Fruchtbarkeit von Verbalzeugnissen wird ganz wesentlich auch von der Vielfalt der eingehenden Daten und Sichtweisen bestimmt!*

Anmerkungen

1 Natürlich gibt es auch die üblichen Abgangs- u. Abschlusszeugnisse sowie ein Überweisungszeugnis bei vorzeitigem Wechsel an eine andere Schule. Vgl. dazu Groeben/ Lenzen 1996 II, Kp.1; Hentig 1996; Lübke 1996.

2 Schmack 1979; R. Schwarzer 1980; Döring 1994; Ulbricht 1993.

3 „Die Realisierung der Berichtszeugnisse kann bisher nicht als zufrieden stellend bezeichnet werden." (Landesinstitut 1997, S.12). – Vgl. auch Haenisch 1996.

4 Eine zusammenfassende Darstellung der Untersuchung Finsterers mit weiteren varianzanalytischen Auswertungen enthält Sacher 2001c.

5 Projekt NOVUS (Noten oder Verbalbeurteilung: Unterrichtsorganisation und Sanktionsverhalten von Lehrkräften in Ost- und Westberliner Grundschulen). – Vgl. Valtin 1999 u. Valtin/Wagner 1999.

6 Vgl. dazu unsere Nürnberger Untersuchungen (Jähne 2000; Sacher 2000 a).

7 Anregungen dazu entnehme ich außer von Bartnitzky und Christiani (1994, S.54f.) aus Knauer u.a. (1993, S.37ff), Lübke (1996, S.35ff) und Erziehungsdepartement (1995a).

8 Jähne 2000; Finsterer 2000; Sacher 2000a; Sacher 2001c.

9 Entnommen aus Jürgens/ Sacher 2000, S.97f.

10 Vgl. dazu Bartnitzky/ Christiani 1994; Landesinstitut 1997; Jürgens/ Sacher 2000.

11 Antecedences - Behavior- Consequences.

9 | Die Beurteilung schulischer Leistungen aus rechtlicher Sicht (Stephan Rademacher)

In den bisherigen Kapiteln wurde vor allem der Frage nachgegangen, wie eine Leistungsbeurteilung angelegt sein muss, wenn sie den Gütekriterien der Testtheorie genügen soll. Ausgeklammert wurden dabei weitgehend die verschiedenen rechtlichen Anforderungen, die jedoch ebenfalls berücksichtigt werden müssen, wenn die durchgeführte Beurteilung einer rechtlichen Überprüfung standhalten soll.

Angesprochen werden damit Fragen des Prüfungsrechts, welches vor allem für Abschlussprüfungen an Universitäten und Hochschulen von großer Bedeutung ist, können doch mit den dort absolvierten Prüfungen berufliche Karrieren eröffnet – oder eben auch verbaut werden. Die von der Rechtsprechung und der Wissenschaft in diesem Zusammenhang entwickelten Grundsätze werden ohne Weiteres auch auf schulische Leistungsbeurteilungen angewendet, wenn mit diesen ebenfalls Berechtigungen verliehen werden (insbesondere Abiturprüfungen und Abschlussprüfungen am Ende der Sekundarstufe I). Für alle übrigen schulischen Leistungsbeurteilungen, wie z. B. einzelne (schriftliche, mündliche oder sonstige) Leistungskontrollen, (Halb-)Jahresnoten oder Versetzungsentscheidungen, lässt sich in den Gerichtsentscheidungen zumindest die Tendenz feststellen, dass auch diese immer stärker an den entwickelten Grundsätzen gemessen werden.

Das Prüfungsrecht ist geprägt durch eine Vielzahl von Einzelfallentscheidungen der Gerichte. Im Folgenden kann und soll es daher nur darum gehen, Grundlagen vorzustellen, die jeder Prüfer bei seinen Beurteilungen beachten muss. Für weitere Einzelheiten wird auf die Spezialliteratur verwiesen.[1] Auch wenn das Schulrecht durch die verschiedenen Landesschulgesetze z. T. recht unterschiedlich ausgestaltet ist, gelten die folgenden Ausführungen für alle Bundesländer gleichermaßen.

9.1 Der Beurteilungsspielraum und seine Grenzen

In der Rechtsprechung und der wissenschaftlichen Literatur ist allgemein anerkannt, dass es sich bei der Beurteilung einer Leistung immer um einen sehr individuellen Vorgang handelt. Dafür sprechen vor allem zwei Gesichtspunkte: Zum einen sind Beurteilungen immer in ein bestimmtes Bezugssystem des Prüfers eingebunden, welches er im Laufe seiner Bewertungspraxis entwickelt hat und das er auch gegenüber seinen anderen Prüflingen anwendet (Beispiel: Punkte- bzw. Fehlerzuweisung bei einzelnen Aufgaben). Das hat zur Folge, dass eine Beurteilung nicht isoliert betrachtet werden kann, sondern sie immer in einem größeren Zusammenhang mit den Erfahrungen und Vorstellungen des Prüfers steht. Zum anderen sind die Umstände, unter denen eine Leistungsbeurteilung erfolgt, einmalig und nicht wiederholbar.

Wenn es sich bei der Beurteilung einer Leistung somit um einen höchstpersönlichen Akt handelt, dann muss jedem Lehrer bzw. Prüfer folglich auch ein *individueller Beurteilungsspielraum* zugestanden werden, in dem er die erbrachte Leistung nach seinem Ermessen bewerten kann.[2] Wichtig ist nun, dass auch Dritte an diesen Beurteilungsspielraum gebunden sind und sie nicht ihre Wertungen ohne Weiteres an die Stelle des Prüfers setzen dürfen, denn ansonsten bestünde immer die Gefahr, dass der von dem Prüfer bei allen seinen Beurteilungen angelegte Maßstab verzerrt werden würde. Der Grundsatz der Chancengleichheit, der für das Prüfungsrecht von großer Bedeutung ist und für vergleichbare Prüflinge so weit wie möglich vergleichbare Prüfungsbedingungen und Bewertungskriterien erfordert, wäre dann verletzt, wenn ein Prüfling eine neue, vom Vergleichsrahmen losgelöste Bewertung erhielte. Unmittelbar bindend ist der Beurteilungsspielraum zunächst einmal für die Gerichte, mit guten Gründen wird man seinen Anwendungsbereich aber auch auf die Schulaufsichtsbehörden (als Widerspruchsbehörden) ausdehnen müssen.

Allerdings – und auch das ist allgemein anerkannt – kann und darf ein solcher Beurteilungsspielraum des Prüfers nicht schrankenlos sein. Im Laufe der Zeit haben die Gerichte daher in zahlreichen Entscheidungen versucht, seine *Grenzen* näher zu bestimmen und durch Bildung verschiedener Fallgruppen handhabbar zu machen: „Nach der Rechtsprechung (...) ist der Bewertungsspielraum überschritten und eine gerichtliche Kontrolle geboten, wenn die Prüfungsbehörden Verfahrensfehler begehen, anzuwendendes Recht verkennen, von einem unrichtigen Sachverhalt ausgehen, allgemein gültige Bewertungsmaßstäbe verletzen oder sich von sachfremden Erwägungen leiten lassen (...).[3] Es wird deutlich, dass sich die in Kapitel 2 vorgestellten Gütekriterien und Urteilsfehler nur teilweise in dieser Formel wiederfinden, so dass also aus rechtlicher Sicht eine fehlerhafte Leistungsbeurteilung nicht zwangsläufig schon dann vorliegt, wenn gegen diese Anforderungen verstoßen wurde.

Fassen wir das bisher Gesagte noch einmal kurz zusammen: Jeder Prüfer hat bei seiner Beurteilung einen individuellen Spielraum, innerhalb dessen er eine Leistungsüberprüfung anlegen und die erbrachte Leistung dann nach seinen Vorstellungen bzw. nach seinen Maßstäben bewerten kann. An diesen Spielraum sind auch die Gerichte (und nach der hier vertretenen Auffassung auch die Widerspruchsbehörden) gebunden, so lange und so weit der Prüfer nicht die Grenzen des Beurteilungsspielraums überschritten hat.

9.2 Rechtliche Anforderungen an schulische Leistungsbeurteilungen

Die von der Rechtsprechung entwickelten Grenzen des Beurteilungsspielraums sind nun für jeden Prüfer – gleich ob an Universitäten, an Schulen oder an anderen Einrichtungen – von großer Bedeutung, da er gegen sie nicht verstoßen darf, wenn es sich um eine rechtmäßige Leistungsbeurteilung handeln soll. Wie bereits oben angedeutet, gelten die Grenzen innerhalb der Schulen in vollem Umfang für die berufsöffnenden Prüfungen (Abitur, Abschlussprüfungen der Sekundarstufe I), auf andere Leistungsbeurteilungen werden sie von den Gerichten jedoch weitgehend entsprechend angewendet. Vor diesem Hintergrund sollten die folgenden Grundsätze von einem Lehrer bei *jeder schulischen Leistungsbeurteilung* berücksichtigt werden, da er sich dann zumindest in keiner Grauzone bewegt.
Wie in den anderen Kapiteln bereits mehrfach erwähnt, lässt sich jede Leistungsbeurteilung wenigstens in zwei einzelne Phasen unterteilen: das Erbringen der Leistung durch den Prüfling bzw. Schüler (*Leistungsmessung, Leistungserhebung*) und die sich daran anschließende Bewertung durch den Prüfer (*Leistungsbewertung, Leistungsbeurteilung i. e. S.*). Die Rechtssprechung folgt in ihrer oben beschriebenen Formel über die Grenzen des Beurteilungsspielraums dieser Zweiteilung zwar nicht unmittelbar, jedoch lassen sich die einzelnen Fallgruppen ohne Weiteres den beiden Phasen zuordnen:

Phase der Leistungs*erhebung*	Phase der Leistungs*bewertung*
• Verfahrensfehler vor bzw. bei der Leistungserhebung	• Verstoß gegen anzuwendendes Recht • Irrtum über die Bewertungsgrundlage • Verstoß gegen allgemein gültige Bewertungsmaßstäbe • Einfluss sachfremder Erwägungen

Tabelle 17: Grenzen des Beurteilungsspielraums

9.2.1 Verfahrensfehler im Zusammenhang mit der Leistungserhebung

Verfahrensfehler können entweder vor der Leistungserhebung erfolgen (Beispiel: Bekanntgabe eines falschen Termins für die schriftliche Abiturprüfung) oder während der Leistungserhebung. Aus praktischen Gründen wollen wir uns hier auf die eigentliche Leistungserhebung beschränken.

Eine Leistungserhebung soll grundsätzlich das gegenwärtige, tatsächlich vorhandene Wissen eines Schülers abprüfen, weshalb sie immer unter *Aufsicht* angefertigt werden muss. Fehlt es an einer solchen Aufsicht, dann darf die Leistungskontrolle nicht gewertet werden und auch nicht als Grundlage für eine Zeugnisnote dienen.[4]

Wenn mit Hilfe von Leistungsbeurteilungen Berechtigungen an den Schüler verliehen werden (Beispiel: Versetzung in die nächst höhere Jahrgangsstufe), dann erfordert der Grundsatz der Chancengleichheit aus Art. 3 Abs. 1 GG, dass alle Schüler bei der Erbringung der Leistung die gleichen Bedingungen vorfinden. Dieser Grundsatz kann einerseits dann verletzt sein, wenn ein Schüler bei der Leistungserbringung durch äußere Einflüsse *gestört* wird (Beispiel: Lärm, Hitze) und er deshalb nicht in der Lage ist, seine Leistungen abzurufen. Ist dieses in einer schriftlichen Leistungserhebung der Fall, dann muss der Schüler von sich aus auf die Störung aufmerksam machen, anderenfalls kann er sich später nicht mehr auf die Beeinträchtigung berufen.[5] Es muss ihm dann ein Ausgleich in Form einer Schreibverlängerung eingeräumt werden, wobei diese den Zeitverlust durch die Störung tatsächlich angemessen und wirksam auszugleichen hat. Ist die äußere Beeinträchtigung so erheblich, dass der Schüler ohne jeden Zweifel in seiner Chancengleichheit beeinträchtigt wird, dann muss die Schule von sich aus einschreiten, eines besonderen Hinweises des Schülers bedarf es in diesem Fall nicht.

Andererseits können auch *Erkrankungen* dazu führen, dass der Schüler gegenüber seinen Mitprüflingen benachteiligt ist. Eher unproblematisch sind die Fälle, in denen der Schüler gar nicht erst zu der Leistungskontrolle antritt, weil er Zuhause geblieben ist und die Erkrankung auch durch einen geeigneten Nachweis (der Eltern oder eines Arztes) belegen kann. Zwar besteht für den Schüler grundsätzlich kein rechtlicher Anspruch darauf, eine ausgelassene Leistungskontrolle nachzuholen, allerdings sollte ihm diese Möglichkeit zumindest immer dann gewährt werden, wenn die Gründe für die Nichtteilnahme – wie bei einer Erkrankung – von ihm nicht zu vertreten sind.[6] Schwieriger sind die Sachverhalte zu beurteilen, bei denen sich der Schüler erst während der Leistungskontrolle oder sogar danach auf eine Erkrankung beruft und von ihr zurücktreten will, denn dann besteht immer die Gefahr, dass sich dieser Schüler nur eine weitere Prüfungschance und damit einen unzulässigen Vorteil gegenüber seinen Mitschülern verschaffen will. Zu Recht knüpft die Rechtsprechung daher – zumindest für den Bereich der berufsöffnenden Prüfungen – an einen solchen Rücktritt hohe Anforderungen: Ähnlich den Störungen durch äußere Einflüsse muss der Schüler seine Erkrankung unverzüglich, d. h. ohne schuldhaftes Zögern, dem Lehrer anzeigen und durch ein ärztliches Attest nachweisen. An der Unverzüglichkeit der Anzeige fehlt es in der Regel dann, wenn die Geltendmachung erst nach Bekanntgabe des Prüfungsergebnisses

erfolgt. Für den Bereich „normaler" Leistungskontrollen wie Klassenarbeiten wird man diese hohe Voraussetzungen für einen Rücktritt nicht verlangen können.
Bei mündlichen Leistungserhebungen kommt dem Lehrer die selbstverständliche Aufgabe zu, *fair und sachlich* mit dem Schüler umzugehen. Nicht selten werden Prüfer jedoch mit dem Vorwurf konfrontiert, gerade gegen diese Anforderung verstoßen zu haben, weil sie beispielsweise eine – zumindest aus der Sicht des Schülers – unpassende Bemerkung gemacht haben sollen. Ob in dieser Bemerkung nun ein Verstoß gegen das Gebot der Fairness und Sachlichkeit liegt, ist sehr stark vom Einzelfall abhängig. Auszugehen ist zunächst einmal von dem Grundsatz, dass der Schüler „keinen Anspruch auf einen freundlichen, geschickten, einfühlsamen Prüfer [hat]. Dieser braucht mit seiner Ansicht über Fehlleistungen des Schülers auch nicht hinter dem Berg zu halten (...)".[7] Allerdings ist die Grenze dann überschritten, wenn der Lehrer die Prüfungsleistung sarkastisch, spöttisch, höhnisch oder in ähnlicher Form herabsetzender Weise kommentiert („Ich bin hier, um Ihnen ein Beinchen zu stellen!"[8]).
Sofern für eine Leistungserhebung eine bestimmte *Dauer* vorgesehen ist, darf diese nur geringfügig über- bzw. unterschritten werden. Für eine mündliche Prüfung von 20 – 30 Minuten wurde entschieden, dass eine Überschreitung um fünf Minuten rechtlich unerheblich sei.[9]

9.2.2 Fehler im Zusammenhang mit der Leistungsbewertung

Während es im vorherigen Abschnitt um die Phase der Leistungserhebung ging, sollen nun die Grenzen der Leistungsbewertung im Vordergrund stehen.

Verstoß gegen anzuwendendes Recht

Der Lehrer hat zunächst einmal seinen Bewertungsspielraum überschritten, wenn er *Rechtsvorschriften* übersehen oder falsch angewendet hat, die seinen individuellen Beurteilungsspielraum einschränken. So schreiben beispielsweise viele zentral durchgeführten Abschlussprüfungen dem Lehrer vor, in welchem Verhältnis er die einzelnen Anforderungsbereiche innerhalb der Arbeit zueinander gewichten muss. Verstößt er dagegen, liegt in der Regel ein beachtlicher Rechtsmangel vor.
Ebenfalls muss der Lehrer – sofern vorhanden – Verfahrensvorschriften beachten, wenn diese ein geordnetes Bewertungsverfahren sicherstellen sollen. Dazu zählt beispielsweise, dass in den Fällen, in denen ein *Erst- und ein Zweitkorrektor* an der Notenfindung beteiligt sind, diese auch weitgehend unabhängig voneinander die Leistungen bewerten. Daran mangelt es beispielsweise dann, wenn die beiden Lehrer mehrfach telefonisch, in Freistunden oder nach dem Unterricht gemeinsam die Arbeit und Gutachten überprüfen, denn ein solcher Austausch birgt die Gefahr, dass der eine Korrektor durch den anderen beeinflusst wird und die Zweitkorrektur ihre Funktion nicht mehr erfüllen kann.[10]

Irrtum über die Bewertungsgrundlage

Es ist ohne Weiteres einsichtig, dass eine rechtsfehlerhafte Bewertung dann vorliegen muss, wenn sich der Prüfer über die Grundlage der Bewertung geirrt hat, weil er von anderen (falschen) tatsächlichen Umständen ausgegangen ist. Ein solcher Sachverhaltsirrtum liegt beispielsweise dann vor, wenn die Schüler bei einer Leistungserhebung andere Aufgaben bearbeitet haben, als der Lehrer bei seiner anschließenden Korrektur zugrunde legt und deshalb auch ganz andere Antworten erwartet (Beispiel: Der Mathematiklehrer geht irrtümlich davon aus, dass die Schüler bei einer Aufgabe zwei Zahlen addieren sollen, während sie diese nach der Aufgabenstellung tatsächlich subtrahieren sollen). Ebenfalls zu den Sachverhaltsirrtümern zählt der Fall, dass ein Schüler eine anerkannte Lese- und/oder Rechtschreibschwäche hat und der Lehrer dieses bei seiner Bewertung außer Acht lässt.

Verstoß gegen allgemein gültige Bewertungsmaßstäbe

Zu den allgemein gültigen Bewertungsmaßstäben gehört zunächst einmal, dass durch den Prüfer immer nur *geeignete Prüfungsaufgaben* gestellt und bewertet werden dürfen, da er ansonsten Antworten erwarten würde, die die Schüler mit Hilfe der gestellten Aufgabe überhaupt nicht erbringen könnten. Mit anderen Worten: Während der Lehrer bei dem oben beschriebenen Sachverhaltsirrtum darüber irrt, welche Aufgabe die Schüler bearbeitet haben, ist ihm die Aufgabenstellung hier sehr wohl bewusst – sie „passt" einfach nur nicht zu seinem Erwartungshorizont. Sollen die Schüler in einer Geschichtsarbeit beispielsweise erklären, wie es zum Fall der Mauer im November 1989 gekommen ist, dann darf der Lehrer nicht erwarten, dass sie auch eine Bewertung dieses historischen Sachverhalts vornehmen, denn das wurde in der Aufgabenstellung nicht verlangt. Für die Eignung der gestellten Aufgabe verlangen die Gerichte dabei nicht, dass die in Kapitel 2 vorgestellten Gütekriterien (insbesondere Objektivität, Reliabilität und Validität) jeweils vorliegen. Es wird lediglich erwartet, dass die gestellte Aufgabe lösbar, verständlich und widerspruchsfrei ist.[11]

Ebenfalls liegt ein Verstoß gegen einen allgemein gültigen Bewertungsmaßstab vor, wenn der Lehrer bei der Bewertung nicht ausschließlich auf die *tatsächlich erbrachte Leistung* abstellt, sondern ein früherer oder für die Zukunft zu erwartender Leistungsstand in das Urteil einbezogen wird und somit eine Interferenz vorliegt. Nimmt beispielsweise ein Schüler, der über einen längeren Zeitraum krank gewesen ist und über größere Wissenslücken verfügt, an einer Leistungsüberprüfung teil, dann darf ihm im Falle einer schlechten Leistung kein „Krankheitsbonus" gewährt werden.[12] Das gilt selbst dann, wenn der Prüfling über ein gesundheitliches Dauerleiden verfügt.

Ferner darf in einer berufsöffnenden Leistungsbeurteilung eine *fachwissenschaftlich vertretbare, mit gewichtigen Argumenten folgerichtig begründete Lösung* nicht als falsch bewertet werden. Genau wie dem Prüfer ein Beurteilungsspielraum zugestanden wird, muss auch dem Prüfling bzw. dem Schüler ein eigener Antwortspielraum eingeräumt werden, in dem er sich zumindest solange bewegt, wie seine Antwort fachwissenschaftlich gestützt ist. Mit anderen Worten: Der Beurteilungsspielraum des Prüfers endet dort, wo nicht mehr „prüfungsspezifische Wertungen" im Vordergrund stehen, sondern es um die Richtigkeit von Fachfragen und damit „fachspezifische Wertungen" geht, da diese in einem Rechtsschutzverfahren durch Sachverständige ohne Weiteres geklärt werden können. Zu Recht wird man diesen Grundsatz für die alltäglichen Leistungsbeurteilungen in der Schule einschränken müssen: Während mit den Abschlussprüfungen Berechtigungen verliehen werden und dadurch in erheblicher Weise in das Grundrecht des Schülers auf freie Berufswahl (Art. 12 Abs. 1 GG) eingegriffen wird, erfüllen die Leistungskontrollen im Schulalltag vor allem eine Rückmeldefunktion über den Leistungsstand des Schülers. Dann muss es dem Lehrer jedoch auch möglich sein, nicht nur eine „vertretbare" Antwort des Schülers zu verlangen, sondern sogar eine ganz spezielle, denn erst dann kann er feststellen, ob der Schüler später in der Lage sein wird, eine richtige und eben vertretbare Lösung zu formulieren.[13] Verdeutlichen wir uns die Unterschiede an einem einfachen Beispiel: Nehmen wir an, der Salzgehalt einer Lösung lässt sich aus fachwissenschaftlicher Sicht mit Hilfe der Methoden a, b und c ermitteln. Da Methode c in der Praxis nur sehr selten angewendet wird, entschließt sich der Lehrer, nur a und b im Unterricht zu thematisieren. Wenn nun die Schüler in einer Abschlussprüfung die Aufgabe erhalten, den Salzgehalt einer Lösung mit Hilfe eines beliebigen Verfahrens zu berechnen, dann kann ein Schüler, der auch Weg c kennt, diese Methode wählen, wenn sie ihm beispielsweise sinnvoller oder leichter erscheint, da es sich um einen allgemein anerkannten Lösungsweg handelt. Anders hingegen in einer alltäglichen Leistungskontrolle: Würde man einem Schüler auch hier ohne Weiteres zubilligen, die ihm bekannte Methode c anzuwenden, würde der Lehrer keine Information darüber erhalten, ob der Schüler überhaupt die Vorgehensweisen von a und b gelernt hat, denn erst dann kann er für sich später eine sinnvolle Entscheidung darüber treffen, welches Verfahren er anwenden will. Nach der hier vertretenen Ansicht muss es dem Lehrer daher möglich sein, Methode c (zumindest teilweise) als falsch zu bewerten.

Einfluss sachfremder Erwägungen

Im Zusammenhang mit der Leistungserhebung wurde bereits kurz auf das notwendige Gebot der Fairness und Sachlichkeit eingegangen. Dieses muss unbedingt auch bei der Bewertung der Leistung Anwendung finden. Problematisch können hier *Randbemerkungen* des Prüfers sein, wenn diese den Verdacht nahe legen, dass er voreingenommen gewesen ist und den Schüler deshalb zu schlecht bewertet hat. Allerdings werden die Anforderungen für eine solche Überschreitung recht hoch angesetzt. Es müssen Tatsachen vorliegen, die ohne Rücksicht auf individuelle Empfindlichkeiten des Schluss rechtfertigen, dass der einzelne Prüfer nicht die notwendige Distanz und sachliche Neutralität aufgebracht hat. (Beispiel: „Ich habe dir doch schon vor der mündlichen Prüfung gesagt, dass du nicht bestehen wirst!"). Demgegenüber sind dem Lehrer sehr wohl ironische Randbemerkungen erlaubt. So wurde beispielsweise die Anmerkung in einer juristischen Abschlussprüfung, dass der Prüfling „nicht klar denken" könne und die „Grundregeln rechtlicher Argumentation oder Zitieren von Belegstellen" nicht beherrsche, von der Rechtsprechung als zulässig angesehen.[14]

9.2.3 Erheblichkeit des Fehlers

Soeben wurde dargestellt, in welchen Fällen der Lehrer bzw. der Prüfer seinen individuellen Beurteilungsspielsraum überschritten hat. Entgegen einer weit verbreiteten Meinung hat nun aber nicht jeder Mangel automatisch die Rechtswidrigkeit der Leistungsbeurteilung zur Folge. Beachtlich ist ein Fehler vielmehr nur dann, wenn nicht ausgeschlossen werden kann, dass sich dieser auch auf die Beurteilung ausgewirkt bzw. sie beeinflusst hat.[15] Hat beispielsweise ein Lehrer eine fachlich zutreffende Ausführung eines Schülers als falsche Antwort gewertet, ist dieses unerheblich, wenn die Gesamtbewertung noch durch andere (zutreffende) Erwägungen des Lehrers gestützt wird (Beispiel: In einer Chemiearbeit hat der Lehrer eine Formel des Schülers zu Unrecht als falsch gewertet. Allerdings sind die übrigen Fehler so gravierend, dass sie allein die Note „mangelhaft" rechtfertigen). In diesem Fall ist das Prüfungsergebnis „an sich" zutreffend, der unterlaufene Fehler ist nicht *ursächlich* für die falsche Leistungsbeurteilung

9.3 Schulpraktische Probleme

Im Folgenden soll noch auf zwei Problembereiche eingegangen werden, die für Lehrkräfte im Schulalltag von besonderer Bedeutung sind und Rechtsfragen aufwerfen: Täuschungen durch Schüler und die Beurteilung von Gruppenarbeiten.

9.3.1 Täuschungen

Nicht selten kommt es vor, dass sich Schüler in einer Leistungskontrolle nicht zugelassener Hilfsmittel bedienen und dadurch über ihren wahren Leistungsstand hinwegtäuschen wollen. Gerade bei schriftlichen Ausarbeitungen, die die Schüler Zuhause vorbereiten, lässt sich immer häufiger feststellen, dass Inhalte wortwörtlich aus dem Internet übernommen werden, ohne dieses deutlich zu kennzeichnen. Zu Recht wird in der Literatur darauf hingewiesen, dass es sich bei solchen Täuschungen („Unterschleifen") nicht um Kavaliersdelikte handelt, über die der Lehrer hinweg sehen könne. Vielmehr muss dem jeweiligen Schüler vor allem aus pädagogischer Sicht verdeutlicht werden, dass die Schule bzw. die Gesellschaft solche Verhaltensweisen nicht akzeptieren kann, bei denen um des eigenen Vorteils willen andere geschädigt werden. Für die weitere Darstellung ist es zweckmäßig, zwischen Täuschungen im Rahmen von Abschlussprüfungen und sonstigen Leistungsbeurteilungen zu unterscheiden:

Abschlussprüfungen

Die Länder haben für die meisten Abschlussprüfungen Regelungen darüber getroffen, welche Rechtsfolgen mit einer Täuschung verbunden sind.[16] Insoweit ist allein fraglich, wann von einer „Täuschung" des Schülers auszugehen ist. Schaut man sich den Vorgang der Täuschung ein wenig näher an, so lassen sich zumindest drei einzelne Schritte unterscheiden. Verdeutlichen wir uns das an einem Beispiel: Für seine schriftliche Abiturprüfung fertigt sich ein Schüler Zuhause mit viel Leidenschaft einen Spickzettel an und versteckt ihn in seinem Etui (= Vorbereitungshandlung). Am Tag der Prüfung nimmt er sein Etui mit in den Prüfungsraum (= Phase des Versuchs), verzichtet jedoch dann darauf, den Spickzettel einzusetzen (= Vollendung). Bei einer Kontrolle fällt dem Aufsichtspersonal der Spickzettel auf. Während die Vorbereitungshandlung noch nicht „strafwürdig" ist, stellt sich nun die Frage, ob man bereits den Versuch des Schülers ausreichen lassen sollte oder ob es tatsächlich zu einer vollendeten Täuschungshandlung hätte kommen müssen. Aufgrund der hohen Bedeutung des Grundsatzes der Chancengleichheit im Prüfungsrecht – es sei noch einmal daran erinnert, dass mit den Abschlussprüfungen in nicht unerheblicher Weise in die berufliche Zukunft der Schüler eingegriffen wird – erscheint es notwendig, bereits den *Täuschungsversuch* als Täuschungshandlung ausreichen zu lassen, denn es muss unbedingt verhindert werden, dass diejenigen Schüler, die auf eine solche „Gedankenstütze" verzichtet haben, in irgendeiner Form benachteiligt werden.

Als weitere Voraussetzung muss sich der Schüler auch der *maßgeblichen Umstände bewusst gewesen sein.* Es reicht in unserem Beispielsfall daher nicht aus, wenn der Spickzettel ohne Wissen des Schülers als gut gemeinte Hilfe von einem Mitschüler in dem Etui versteckt wurde.

Das Vorliegen einer Täuschungshandlung ist grundsätzlich durch die Schule zu beweisen, sie trägt insoweit die *Beweislast.* Ein solcher Nachweis ist vor allem dann problematisch, wenn dem Lehrer erst bei der Korrektur Zweifel an der selbstständigen Leistung eines Schülers kommen, weil dieser beispielsweise untypische Formulierungen in seiner Arbeit verwendet hat. Für diese Fälle ist anerkannt, dass es einen „Beweis des ersten Anscheins" gibt, bei dem ein Sachverhalt erfahrungsgemäß auf einen ganz bestimmten Geschehensablauf hindeutet. Das hat zur Folge, dass sich die Beweislast umkehrt und der Schüler nun darzulegen hat, dass er gerade nicht geschummelt hat.[17] Hat also beispielsweise ein leistungsschwacher Schüler in seiner Englischarbeit an mehreren Stellen dieselben Wortwendungen benutzt wie sein leistungsstarker Nachbar, dann spricht die allgemeine Lebenserfahrung dafür, dass der schwache Schüler abgeschrieben hat. Es ist nun seine Aufgabe, diesen Anscheinsbeweis zu entkräften, indem er z. B. dem Lehrer in einem fachlichen Gespräch zeigt, dass ihm diese Formulierungen doch geläufig sind und er deren Bedeutung zutreffend verstanden hat.

Sonstige Leistungsbeurteilungen
Anders verhält es sich bei Täuschungen in sonstigen Leistungsbeurteilungen, da hier in der Regel in den einzelnen Bundesländern weder die Rechtsfolge noch der Tatbestand durch Rechtsvorschriften geregelt sind. Auch in diesem Fall sollte bereits dann eingeschritten werden, wenn der Schüler zu der Täuschung angesetzt und sie damit versucht hat. Zwar kann der Grundsatz der Chancengleichheit hier zurücktreten, doch sprechen die oben genannten pädagogischen Gründe für ein frühes Einschreiten. Hinsichtlich des Bewusstseins von der Handlung und der Beweislast gilt das oben Gesagte.
Sofern die Länder die Rechtsfolgen nicht geregelt haben, sollten unter Beachtung des Verhältnismäßigkeitsgrundsatzes die Folgen so gewählt werden, dass sie der erfolgten Täuschungshandlung angemessen sind, so dass bei einem „leichteren Fall" (Täuschungsversuch) beispielsweise nur ein bestimmter Aufgabenteil nicht gewertet wird, während sonst die gesamte Arbeit als „ungenügend" bezeichnet werden muss.

9.3.2 Gruppenarbeiten
Mit der „neuen Prüfungskultur" rücken zunehmend auch Gruppenarbeiten in den Vordergrund. Solche Leistungsbeurteilungen werfen deshalb juristische Probleme auf, weil bei ihnen häufig nicht ganz genau danach unterschieden werden kann, welches Gruppenmitglied für welchen Teil des Produkts verantwortlich ist. Gerade das wird jedoch von der Rechtsprechung gefordert, um so zu verhindern, dass weniger qualifizierte Prüflinge ohne selbstständige Leistung „durchgeschleust" werden.[18] Bei einer *schriftlichen Gruppenarbeit* kann von einer eindeutig abgrenzbaren und bewertbaren Leistung zumindest immer dann ausgegangen werden, wenn die Arbeit nach Abschnitten äußerlich aufgeteilt ist.[19] Bei *mündlichen Gruppenprüfungen* wie beispielsweise Kolloquien stellt sich das Problem der eindeutigen Abgrenzbarkeit demgegenüber nicht, da jeder Schüler seinen eigenen Redeanteil hat und die Leistung insoweit individuell zugeordnet werden kann. Wie ist es aber bei *praktischen Prüfungen* (Beispiel.: Anfertigung einer Skulptur,

Entwicklung eines Theaterstücks)? Hier kann die individuelle Zurechenbarkeit dadurch hergestellt werden, dass neben dem eigentlichen Produkt auch der Herstellungsprozess und ggf. die Präsentation des Produkts bewertet werden. Wie solche Beurteilungen praktisch aussehen können, wird in Kapitel 11 vorgestellt.

9.4 Folgen einer rechtswidrigen Leistungsbeurteilung

Hinsichtlich der Folgen einer rechtswidrigen Leistungsbeurteilung muss unterschieden werden: Liegt der Mangel im Bereich der Leistungserhebung, dann hat der Schüler grundsätzlich einen Anspruch auf eine *Neuprüfung*. Liegt der Mangel hingegen im Bereich der Leistungsbewertung, dann reicht es in der Regel aus, wenn von dem ursprünglichen Prüfer eine fehlerfreie *Neubewertung* vorgenommen wird. Eine Ausnahme wird jedoch für mündliche und ihnen nahestehende praktische Prüfungen gemacht, bei denen im Gegensatz zu schriftlichen Leistungsbeurteilungen kein dauerhaftes „Produkt“ vorliegt: Nach Ablauf einer bestimmten Zeit[20] wird sich der ursprüngliche Prüfer nicht mehr an den genauen Verlauf der Prüfung erinnern können, so dass eine fehlerfreie Neubewertung nicht mehr möglich ist. In diesem Fall ist es ebenfalls geboten, eine völlige Neuprüfung durchzuführen

Anmerkungen

1 Vgl. insbesondere Niehues 2006 sowie Zimmerling & Brehm 2007.
2 Grundlegend BVerwGE 8, 272. Ferner BVerfGE 84, 34; 84, 59.
3 BVerfGE 84, 34 (53f.).
4 OVG NRW SPE 3. F. 400, Nr. 1.
5 Für mündliche Prüfungen wird diese Obliegenheit aufgrund der besonderen Situation für den Prüfling zu Recht nicht gefordert.
6 Für die Nichtteilnahme an Abiturprüfungen u. ä. enthalten die Rechtsvorschriften der meisten Länder spezielle Regelungen (vgl. § 20 AVO-GOFAK Nds., § 6 AP-V Bremen, § 23 APO-GOSt NRW).
7 Avenarius & Heckel 2000, S. 511.
8 Nach VG Münster, Urt. v. 22.2.1980 - 1 K 2217/78.
9 VG Dessau, Urt. v. 12.10.2000 – 2 A 940/99 DE.
10 OVG NRW, Beschl. v. 6.11.2007 – 19 E 788/07.
11 BVerwG NVwZ-RR 1998, S. 176; OVG NRW DVBl. 2000, S. 718.
12 Vgl. Avenarius & Heckel 2000, S. 502.
13 So auch das OVG Saarbrücken SchuR 1999, S. 7 (S. 8) und Avenarius & Heckel 2000, S. 505.
14 OVG Münster, Urt. v. 4.2.1994 – 22 A 1071/93.
15 BVerfGE 84, 34.
16 Vgl. § 24 APO-GOSt NRW, § 21 AVO-GOFAK Nds.
17 Zimmerling & Brehm 2007, S. 206.
18 Niehues 2004, S. 195.
19 So auch Zimmerling & Brehm 2007, S. 303. Anderer Ansicht ist Niehues 2004, S. 195.
20 Nach Ansicht des *VG Dresden* (Beschl. v. 18.7.2006 – 5 K 1299/06 – juris) ist dieses der Fall, wenn die Prüfung mehr als ein Jahr zurückliegt.

10| Leistungsentwicklung und Leistungserziehung

10.1 Zwei Lebensideale und Leistungsverständnisse

Leistungsüberprüfung und -beurteilung unter Bedingungen des Schulalltags unterscheidet sich darin gravierend von der testpsychologischen Praxis, dass sie in einem zutiefst widersprüchlichen normativen Kontext erfolgen muss. Viele Probleme, die Lehrkräfte mit ihrer Prüfungs- und Beurteilungspraxis haben, sind darin begründet. Es gibt für sie infolgedessen auch keine einfache technisch-handwerkliche Lösung durch besondere Verfahrensweisen. Vielmehr bedarf es einer fundamentalen Rückbesinnung darauf, was wir mit unseren Prüfungen und Leistungsbeurteilungen eigentlich bezwecken wollen, und einer Entscheidung der Gesellschaft und der Bildungspolitik für widerspruchsfreie normative Vorgaben. Die Ideale, unter welche wir unser Leben stellen und nach denen wir die Gesellschaft gestalten können, lassen sich letztlich auf zwei Grundtypen zurückführen:

- *das Ideal der „vita activa"*, dem gemäß der Sinn des Lebens darin liegt, etwas handelnd zu bewirken, zu produzieren und zu verändern
- *das Ideal der „vita contemplativa"*, nach welchem der Lebenssinn nicht im aktiven Zugriff auf unsere Um- und Mitwelt, sondern in der Einkehr, der Besinnung, im Verstehen seiner selbst und der Um- und Mitwelt, im Zulassen von Entwicklungen und Veränderungen liegt.

Ebenso wie die moderne Industriegesellschaft insgesamt, so krankt auch ihre Schule daran, dass sie sich einseitig dem Ideal der „vita activa" verschrieben hat. Wer weiß schon noch, dass die Wurzeln des Bildungsbegriffs in der mittelalterlichen Mystik mit dem Schauen des göttlichen Urbildes und der dadurch sich vollziehenden Verwandlung – dem „Hinübergebildet-Werden" in eine höhere Seinsstufe, wie Meister Eckhart sagt – verbunden sind? (Lichtenstein 1966, S.5) Die Muße ist größtenteils ausgezogen aus unseren Schulen. Zeiten und Räume, in denen Kinder und Jugendliche nichts tun und vollbringen müssen, in denen sie einfach zur Ruhe und Besinnung kommen dürfen, wird man dort häufig vergeblich suchen. Leistung gehört zum Lebensideal der „vita activa". Sie kann als solche jedoch auf zweifache Weise verstanden werden:

- als *Leistung zum Zweck der Selbstverwirklichung*: als Realisierung von eigenen Interessen und als Erfüllung von Ansprüchen, die man selbst an sich stellt
- als *Leistung in Gestalt entfremdeter Arbeit*: als Erfüllung von Ansprüchen und Anforderungen, die andere an einen herantragen

Unsere Schule macht sich nach der Präferenz der „vita activa“ einer zweiten Verengung schuldig, indem sie sich einseitig dem Leistungsbegriff der entfremdeten Arbeit verschreibt.

Der geläufigen Argumentation, Kinder wollten von sich aus etwas leisten, und es sei folglich ganz in Ordnung, wenn die Schule sich inmitten einer Leistungsgesellschaft als Leistungsschule verstehe und sie beizeiten mit kräftigen Anforderungen konfrontiere, muss widersprochen werden. Kinder erstreben Selbstverwirklichung durch Leistung. Sie sehnen sich aber keineswegs danach, Fremdanforderungen zu erfüllen, zumal nicht solche, deren Sinn sie nicht einsehen können. Gewiss, auch von sich aus wetteifern Kinder gerne miteinander. Aber kein Kind würde sich freiwillig zum zehnten Male an einem Wettlauf über eine Wiese beteiligen, nachdem es bereits neun Mal als Verlierer ans Ziel kam. In der Schule jedoch zwingen wir manche Kinder immer und immer wieder, zu Wettläufen anzutreten, bei denen sie keine Chance haben, jemals auf die vorderen Ränge zu kommen. *Leistung als entfremdete Arbeit kann man nicht dadurch rechtfertigen, dass der Mensch Selbstverwirklichung in der Leistung sucht.*

10.2 Erlebnisorientierung als neues Lebensideal?

Man kann sich allerdings fragen, ob unsere Gesellschaft nicht inzwischen zunehmend durch ein drittes Lebensideal beherrscht wird, welches das der „vita activa“ und das der „vita contemplativa“ stillschweigend abgelöst hat: Gestützt auf ein umfängliches Datenmaterial, zeigte der Soziologe Gerhard Schulze in seiner Studie „Die Erlebnisgesellschaft“ (1996), dass zumindest die damals unter 40-Jährigen größtenteils nach dem Imperativ leben: „Genieße dein Leben! Mach dir's schön!“ Das oberste moralische Prinzip, wie es Kant im kategorischen Imperativ formulierte: „Handle so, dass du die Menschheit, sowohl in deiner Person, als in der Person eines jeden andern, jederzeit zugleich als Zweck, niemals bloß als Mittel brauchest“ (Kant 1977, Bd.7, S.75), ist auf den Kopf gestellt: Schamlos werden Sachen, Personen und Handlungen benutzt, um angenehme Prozesse im eigenen Selbst auszulösen, es zu stimulieren und in Szene zu setzen. Die Suche nach Action, Spannung und Thrill wird bestimmend. Je nach Bildungsgrad ist Unterhaltung und Amüsement oder Selbstverwirklichung das zentrale Lebensmotiv. Narzissmus ist in jedem Falle der gemeinsame Nenner.

Erlebnisorientierte Menschen wollen sich weder engagieren in leistungsbezogener Aktivität, noch sind sie bereit zur Selbstbesinnung und zum verstehenden Sich-Einlassen auf ihre Um- und Mitwelt. Sie möchten einfach genießen und Spaß haben.

Genau besehen, handelt es sich bei dieser Erlebnisorientierung aber letztlich doch nicht um ein drittes und somit neues Lebensideal, sondern um eine merkwürdige Mischung und Verstümmelung sowohl der „vita activa" als auch der „vita contemplativa":

- Die Aktivitäten des erlebnisorientierten Menschen zielen nicht mehr – wie in der „vita activa" – darauf ab, in der Um- und Mitwelt etwas zu verändern, zu bewirken, hervorzubringen, zu leisten. Sie sind letztlich nach innen, auf das eigene Gefühlsleben gerichtet und wollen dort angenehme Zustände hervorrufen. Sofern diese mit einiger Wahrscheinlichkeit erwartet werden dürfen, ist Aktivität auch für den erlebnisorientierten Menschen durchaus ein hoher Wert.
- Die Innenorientierung, die mit dem Intendieren angenehmer eigener Erlebnisse verbunden ist, lässt eine gewisse Nähe zur „vita contemplativa" erkennen. Sie ist allerdings keine Haltung der Besinnung und Versenkung. Der erlebnisorientierte Mensch begnügt sich damit, *sich selbst* intensiv zu *fühlen*. Er versenkt sich nicht in seine Um- und Mitwelt, um Entwicklungen und Veränderungen im großen All-Zusammenhang zu verstehen und zuzulassen, in dem schließlich auch die Grenzen zwischen Innen und Außen verschwinden.

Sowohl die Aktivität des erlebnisorientierten Menschen als auch seine Versenkung bleibt oberflächlich und verkürzt. Die postmoderne Erlebnisorientierung ist kein tragfähiges und eigenständiges Lebensideal. Sie stellt eine werterzieherische Herausforderung dar: Es gilt, die Verkürzung aufzubrechen und die Oberflächlichkeit durch Vertiefung zu überwinden. Wenn dies gelingt, dann kann möglicherweise eine Synthese von „vita activa" und „vita contemplativa" erreicht werden. Darin liegt zweifellos ein Positivum der neuen Bewusstseinslage: Der erlebnisorientierte Mensch ist nicht länger bereit, im besinnungslosen Bewirken und Leisten aufzugehen, und er vertraut auch nicht naiv darauf, dass alle Erkenntnisse und Lösungen schon bereitliegen und nur schauend ergriffen und verständnisvoll zugelassen werden müssen. Er weiß, dass er sich den Lebensgenuss handelnd besorgen muss und vertraut nicht mehr darauf, dass sich dieser gewissermaßen als Nebenprodukt von Wirken und Leisten von selbst einstellt. Er fragt deshalb kritisch nach dem Sinn solchen Wirkens und Leistens – obgleich radikal verkürzt nur nach dem Ertrag für Selbstgenuss und Selbstverwirklichung. Der erlebnisorientierte Mensch ist nicht mehr in dem Maße wie frühere Generationen bereit, sich für Ideologien einspannen zu lassen und Leistungen für beliebige Zwecke zu erbringen – auch nicht für Bildungsideologien. Er steht damit übrigens der Tradition des Bildungsgedankens gar nicht so fern, wie man zunächst vielleicht glauben möchte. In der Klassik

und im Neuhumanismus, insbesondere bei Johann Gottfried Herder, war die Bildungsidee noch auf engste mit Vorstellungen des persönlichen Glücks verknüpft! (Sacher 1983) Die Erlebnisorientierung ist in gewisser Weise auch eine Antwort auf die zurückgehende Bedeutung des Arbeitslebens für die Verwirklichung des Lebenssinns und seine zunehmende Ablösung durch den Freizeitbereich, der allerdings mehr und mehr kommerzialisiert wird.
Erlebnis- und genussorientierte Schüler haben häufig eine „Null-Bock-Mentalität“. Ihre Leistungsmotivation muss größtenteils erst entwickelt und gestärkt werden. Dabei liegt ihnen Leistung zum Zweck der Selbstverwirklichung näher als bloß abgeforderte Leistung, zumal wir gegenwärtig eine zunehmende Entkoppelung der Berufs- und Lebenschancen von den Schulleistungen registrieren müssen. Dreh- und Angelpunkte einer hier einsetzenden Leistungserziehung könnten sein:

- Freude an gelungener Leistung erleben zu lassen und erfahrbar zu machen, wie Kompetenzzuwachs mit gesteigerter Selbstmächtigkeit und sozialer Anerkennung verbunden ist,
- den Unterschied zwischen den kommerziell gebotenen Standarderlebnissen und den tieferen Glückserfahrungen, die daraus entspringen, seinen eigenen Weg zu finden und zu gehen, nahe zu bringen,
- auf diese Weise schließlich auch Freude und Befriedigung in der Auseinandersetzung mit der Sache um ihrer selbst willen und im Dienst am sozialen Ganzen zu erleben. Dazu bedarf es in der Schule vielfältiger Gelegenheiten, Leistungen unterschiedlicher Art auf vielfältigen Gebieten erbringen zu können, ohne dass diese immer an Maßstäben gemessen werden, die andere aufrichten.

Das alles setzt voraus, dass die Schule sich endlich entscheidet, der Förderung junger Menschen den Vorrang gegenüber ihrer Selektion für Bildungs- und Berufslaufbahnen einzuräumen.

10.3 Schulpraxis am Scheideweg

10.3.1 Anforderungen, Prüfungen und Beurteilungen im Dienste entfremdeter Arbeit

Wenn man Leistung als entfremdete Arbeit versteht, dann dienen Prüfungen und Leistungsbeurteilungen hauptsächlich Selektionszwecken und der Anpassung der jungen Generation an die in Kapitel 1 skizzierte Leistungsideologie. Die Überprüfung und Beurteilung von Leistungen dominiert dann im Schulalltag oft so sehr, dass für die Vermittlung von Kompetenzen nicht mehr genug Zeit bleibt. Lehrer werden im Hauptberuf zu Prüfungskommissaren und Notenbuchhaltern und sind nur noch im Nebenberuf Instruktoren und Lernberater. Den Schülern treten sie vor allem als Kontrolleure und Richter gegenüber, denen sie mit Angst und Misstrauen begegnen und die sie mit vielfältigen Strategien zu überlisten versuchen. Es bildet sich eine Prüfungs- und Beurteilungspraxis heraus, in der das Schwergewicht auf produktorientiertem Beurteilen und schriftlichem Prüfen liegt bis hin zu der Paradoxie, dass sogar mündliche Noten über schriftliche Stegreifaufgaben ermittelt werden. Denn schriftliche Prüfungen haben einen Vorteil, auf den es hier ankommt: lückenlos in Aktenvorgängen dokumentierbar zu sein und jederzeit einer Nach- oder Zweitkorrektur unterzogen werden zu können – eine wichtige Voraussetzung, um ggf. vor einem Verwaltungsgericht zu bestehen. Deshalb sind auch schlichte kognitive Kompetenzen (Faktenwissen) häufigster Gegenstand schulischer Leistungserhebungen. Sie lassen sich am einfachsten überprüfen, und bei ihnen gibt es am wenigsten Meinungsverschiedenheiten über richtige und falsche Antworten. Allenthalben machen sich auch formalistische und bürokratische Denkweisen und Praktiken breit:

- So werden z. B. Zeugnisnoten schematisch als Durchschnittswerte einer Anzahl von Einzelnoten errechnet, ohne die Reihenfolge, in der sie während des Schuljahres erbracht wurden, oder gar besondere Vorkommnisse im sozialen Umfeld des Schülers zu berücksichtigen, auf welche z. B. Leistungsabfälle zurückgeführt werden könnten.
- Die Ziffernnote selbst ist hochgradig formal und abstrakt: Liegen die Kompetenzen eines Schülers, der eine 3 in Englisch hat, in allen Teilbereichen des Faches (Wortschatz, Orthografie, Grammatik, Idiomatik, Stil, Aussprache) auf mittlerem Niveau? Oder verbindet er Stärken in manchen Teilbereichen mit Schwächen in anderen? Eigentlich sind Noten angesichts der Vielfalt möglicher Leistungsprofile, die sich hinter ihnen verbergen, unvergleichbar, so dass dieselbe Note ganz unterschiedliche Bedeutungen haben kann. Dabei sehen wir noch ab von der Unvergleichbarkeit der Noten, die sich aus der Verwendung der sozialen Bezugsnorm ergibt. (Siehe oben 5.5.)
- Auch das verbreitete Addieren von Punkten oder Fehlern ist ein letztlich problematischer Formalismus: Wir machen dabei ja die höchst zweifelhafte Voraussetzung, dass die Teilleistungen, für welche wir jeweils einen Punkt vergeben oder einen Fehler zählen, wirklich gleichartig sind. Vielleicht aber gibt es überhaupt keine in jeder Hinsicht gleichartigen Teilleistungen?
- Nicht selten muss in einer Prüfung auf Biegen und Brechen eine bestimmte Gesamtpunktzahl erreicht werden, weil ein darauf bezogener verbindlicher Benotungsschlüssel existiert.
- Bestimmungen werden buchstabengetreu statt dem Sinne nach erfüllt.
- Am Ende kommt alles auf ein amtliches Dokument an, das den Besitz bestimmter Kompetenzen bescheinigt. Ob diese wirklich (noch) vorhanden sind, ist dem gegenüber von nachrangiger Bedeutung.

10.3.2 Anforderungen, Prüfungen und Beurteilungen im Dienste der Selbstverwirklichung

In einer Praxis, die sich einem Verständnis von Leistung als Selbstverwirklichung verpflichtet fühlt, besteht keine Veranlassung zu der oben (1.4.2) beschriebenen „Auskühlung". Leistungen können hier kontinuierlich entfaltet und gefördert werden, und entsprechend kann man bei allen Schülern ein positives Selbstbild entwickeln und erhalten. Da diese Prüfungs- und Beurteilungspraxis nicht der Selektion dient, wird sie auf eine vergleichende Bewertung der Schüler nach der sozialen Bezugsnorm weitgehend verzichten und stattdessen ihrem Lernfortschritt und dem Verhältnis ihrer Leistung zu ihrer Fähigkeit und zu ihrer Gesamtsituation im Sinne der individuellen Bezugsnorm mehr Beachtung schenken. Der weitaus größte Anteil des unterrichtlichen Zeitbudgets kann für Erziehungsaufgaben und für den Aufbau von Kompetenzen verwendet werden. Lehrer dürfen ihrer eigentlichen Aufgabe nachgehen, Leistungen zu entwickeln, wo noch keine sind. Die Überprüfung und Beurteilung wird überwiegend prozessbegleitend erfolgen und kann sich – da sie ja nicht als Entscheidungsgrundlage für Selektionszwecke dient – relativ schlichter Erhebungstechniken bedienen. In vielen Fällen wird die bloße Beobachtung genügen. Da man hier keinem Genauigkeitsfetischismus huldigt und nicht damit zu rechnen braucht, sich häufiger vor Verwaltungsgerichten verantworten zu müssen, kann man Schülerleistungen umfassender diagnostizieren unter Einschluss sozialer und emotionaler Kompetenzen sowie höherer und komplexerer kognitiver Leistungen. D. h. hier besteht keine Veranlassung, die Validität der Beurteilung ihrer Objektivität und Reliabilität zu opfern. Mündliche und praktische Leistungsüberprüfungen können gleichgewichtig neben schriftlichen stehen, und neben Ergebnissen von Lernprozessen gehen auch diese selbst hinreichend in die Beurteilungen ein. An die Stelle von Ziffernnoten treten Verbalzeugnisse und vor allem die unmittelbare persönliche Kommunikation über Lernen und Leisten, weil nur so jene differenzierte und behutsame Beurteilung möglich ist, die Leistungen entwickeln und fördern kann. Lehrer können Schülern als Freunde, Berater und Helfer gegenübertreten, die ihnen dann ihrerseits mit Vertrauen, Offenheit und Zuversicht begegnen, so dass ein soziales Klima entsteht, in dem Kinder als Persönlichkeiten wachsen und gedeihen.

10.3.3 Fragwürdige Vermittlungsversuche

Viele Lehrkräfte versuchen in ihrer Praxis das Leistungsverständnis der entfremdeten Arbeit mit dem der Selbstverwirklichung zu verbinden. So sehr sie dieses Bemühen aus pädagogischer Sicht ehrt, so kommen sie doch notwendigerweise durch einen solchen „Spagat" in unauflösbare Schwierigkeiten. Prüfungs- und Beurteilungspraktiken des einen und des anderen Leistungsverständnisses lassen sich nämlich nicht ohne weiteres widerspruchslos miteinander kombinieren und schon gar nicht miteinander versöhnen:

- Aufkeimende Leistungsansätze können durch eine Bewertung, welche sie mit den Leistungen von Mitschülern vergleicht, auf einen Schlag vernichtet werden.
- Die Kombination von schlechten Ziffernnoten mit pädagogisch aufbauenden Bemerkungen ist zumindest unglaubwürdig. Schüler wissen sehr bald, dass die Note entscheidend ist und schenken zusätzlichen Bemerkungen nur geringe Beachtung. Oder sie interpretieren solche Bemerkungen zynisch: „Wie dumm muss ich sein, dass ich für diese schlechte Leistung (welche die Note ja widerspiegelt) eine so nette Bemerkung bekomme?"
- Die Lehrerrolle des Kontrolleurs und Richters lässt sich nicht mit der des Freundes, Beraters und Helfers verbinden. Im Zweifelsfalle gehen Schüler auf Distanz zu Lehrkräften, die diesen Versuch gleichwohl machen, und begegnen ihrer freundlichen Annäherung mit Misstrauen.
- Selbst pädagogisch an sich sehr sinnvolle Maßnahmen und Praktiken schlagen leicht ins Gegenteil um. Wir beschränken uns auf zwei Beispiele:
  - Prozessbegleitende Leistungsbeurteilung z. B. wird zum vollendeten Beurteilungsterror, wenn sie auch Selektionszwecken dient: Alles, was Schüler tun und sagen, kann dann gegen sie „verwendet" werden. Entsprechend werden sie sich hüten, von ausgetretenen Denkbahnen abzuweichen und kreative Beiträge zu bringen. Eher werden sie sich taktisch klug verhalten, Schwächen verbergen, heucheln und betrügen.
  - Eine an sich vernünftige zahlenmäßige Beschränkung umfänglicherer formeller Prüfungen lässt existenzentscheidende Ausnahmesituationen entstehen, die gewaltigen emotionalen Druck auf die Schüler ausüben.

10.4 Leistungsbeurteilung in der Neuen Lernkultur

10.4.1 Charaktierisierung der Neuen Lernkultur

Die so genannte Neue Lernkultur fußt im Wesentlichen auf zwei Grundannahmen, die durch die neuere Lehr-Lern-Forschung und durch neurobiologische Forschung sehr gut abgesichert sind:

- *Der Lerner ist der eigentliche Akteur seines Lernens.* Lernen kann zwar durch Andere angeregt, letztlich aber nicht von außen bewirkt werden. Ob, was und wie gelernt wird, hängt vom Lerner ab. Lernen ist ein „autopoietischer" Prozess.
- *Jeder lernt anders.* Ob, was und wie gelernt wird, hängt ab von der individuellen Lernbiografie, von den je besonderen Lernstilen und Lernstrategien, von den Motivlagen usw., mit einem Wort: von den individuellen „Anschlussmöglichkeiten".

Auf der Grundlage dieser Basisannahmen wurde eine Vielzahl neuer Methoden und Unterrichtsformen entwickelt, wieder entdeckt und neu konfiguriert: Wochenplanarbeit, Freiarbeit, Lernzirkel und Stationenlernen, Lern- und Medienwerkstätten, handlungsorientierter und fächerübergreifender Unterricht, situiertes und fallbasiertes Lernen, narrative Didaktik, Anchored Instruction, Cognitive Apprenticeship, Goal based Scenarios, Peer Tutoring und Lernen durch Lehren u. v. a. m. Auch kooperative Arbeitsformen und Projektunterricht erhielten neuen Anschub.
Es würde zu weit gehen, diese Methoden und Unterrichtsformen hier im Einzelnen darzustellen. Man kann aber versuchen, gewissermaßen einen Hauptnenner herauszuarbeiten. Lernen im Sinne der Neuen Lernkultur lässt sich dann durch die folgenden Hauptmerkmale[1] charakterisieren:

Selbstständigkeit[2]
Neues Lernen ist selbstständiges Lernen. Zwar ist Lernen ohnehin immer ein autopoietischer Prozess. Aber die Neue Lernkultur wendet sich explizit ab von der „Als-ob-Didaktik“ (Kösel 1993, S. 62ff u. S.69), die von der Fiktion ausgeht, Lehre und Unterricht könnten das Lernen der Schüler ursächlich bewirken. In der Neuen Lernkultur soll Lernen nach Möglichkeit inszeniert werden als ein Lernen

- für selbst gewählte Ziele,
- an selbst gewählten Inhalten,
- mit selbst gewählten Methoden und Strategien, die bewusst eingesetzt und ständig optimiert werden (Metakognitionen! Vgl. 10.5.3),
- mit selbst gewählten Informationsquellen und Medien,
- in selbst gewählten Sozialformen (d. h. in Gruppen, mit Partnern, in Alleinarbeit, im Plenum, in spielerischen Inszenierungen wie Rollenspielen, Plan- und Entscheidungsspielen usw.),
- mit selbst festgelegter oder zumindest variabler Reihenfolge der Arbeitsschritte,
- mit selbst festgesetzten Lernzeiten, sowohl den Zeitpunkt als auch die Dauer der Lernprozesse betreffend,
- in dem Fehler als in allen Lernprozessen zunächst auftretende natürliche und unvermeidliche Unvollkommenheiten und als Lernchancen begriffen werden,
- das die Lerner selbst kontrollieren und evaluieren, zu dem also auch die Selbstbeurteilung der Schüler gehört.

Selbstständigkeit des Lernens setzt Offenheit der Aufgabenstellungen (vgl. oben 3.2.3), Lernumgebungen und Lernsituationen voraus. Sie ist nur möglich in einem sogen. weichen instruktionalen Treatment, das durch ein geringes Maß an Fremdkontrolle und Vorstrukturiertheit charakterisiert ist, kaum in einem harten

Treatment mit ausgeprägter Außensteuerung und zahlreichen Vorabfestlegungen, wie es im herkömmlichen Unterricht an der Tagesordnung ist. (Weidenmann 2001, S. 90ff)

Situiertheit[3]
Lernen in der Neuen Lernkultur ist häufig projektorientiertes, situiertes Lernen, in dem von authentischen Situationen des geschichtlich-gesellschaftlichen Lebens und von konkreten Fallbeispielen und Problemen ausgegangen oder – wie im Falle des Konzeptes der „Anchored Instruction"[4] – in motivierenden, konkreten, anschaulich präsentierten Geschichten verankert wird. Nur so kann eine tragende Sinnstiftung zu Stande kommen und die Relevanz und Anwendbarkeit von Wissen, Werten und Können gewährleistet werden.
Während im Kognitivismus Lernen noch als ein Prozess der gedächtnismäßigen Aneignung von Wissen aufgefasst wurde, das später wieder abgerufen bzw. rekonstruiert werden kann, in neuen Situationen aber oft nicht anwendbar ist, nimmt die der Neuen Lernkultur zu Grunde liegende konstruktivistische Lerntheorie an, dass Wissen überhaupt nicht in Personen gespeichert, sondern in jeder Situation neu konstruiert wird. Sofern dieses Konstruieren geübt und gelernt ist, stellt sich die Transferproblematik gar nicht erst. (Kerres 1998, S.67)
Um allerdings einem pädagogischen Situations-Impressionismus vorzubeugen, d. h. die Beliebigkeit der gewählten Situationen zu kontrollieren, ist es ratsam, sich dabei auf so genannte Lebenspraxen als Referenzrahmen zu beziehen. Der Begriff „Lebenspraxis" wird hier im Sinne der philosophischen Tradition der so genannten Praxeologie verwendet. Lebenspraxen sind danach normativ durchstrukturierte Handlungsfelder, die sich um konstitutionelle Aufgabenbereiche des gesellschaftlichen Lebens herum organisiert haben und einem bestimmten Bereichsethos verpflichtet sind (vgl. Tab. 16).

Durch eine solche Anbindung der Situationsbezüge an die geschichtlich-gesellschaftlichen Lebenspraxen (die im Übrigen alle auch bereits im Leben von Kindern und Jugendlichen vorkommen!) vermeidet man das mit konstruktivistischen Ansätzen oft verbundene Abgleiten in Subjektivität und Beliebigkeit. Es wird damit ausdrücklich die Position eines sozialen Konstruktivismus (Sacher 2006, S.26f.) bezogen, der davon ausgeht, dass die individuell-subjektiven Konstruktionen sich innerhalb geschichtlich-gesellschaftlicher Rahmenkonstruktionen bewegen, die den Individuen häufig mit sozialer Definitionsmacht vorgegeben werden.

Lebenspraxis	*Bereichsethos*
Technische Praxis	Zweckrationalität
Ökonomische Praxis	Optimierung des Verhältnisses von Aufwand und Ertrag
Medizinische Praxis	Gesundheit
Politische Praxis	Macht
Juristische Praxis	Rechtssicherheit
Journalistische Praxis	Information der Öffentlichkeit
Künstlerische Praxis	Inszenierung
Ästhetische Praxis	Schönheit (schönes Leben)
Wissenschaftliche Praxis	Rationalität
Sicherheitspraxis	Schutz und Verteidigung
Verkehrspraxis	Mobilität
Familien- und Partnerschaftspraxis	Liebe
Soziale Praxis	Solidarität
Freizeitpraxis	Muße
Pädagogische Praxis	Entwicklungshilfe
Psychologische Praxis	Verstehen
Schul- und Bildungspraxis	Lernen
Religiöse Praxis	Demut[5]
Philosophische Praxis	Letztsinn und Gesamtverantwortung

Tabelle 18: Lebenspraxen und zugeordnete Ethosformen[6]

Variierende Kontexte

Neues Lernen ist Lernen in variierenden Kontexten. Traditionelles schulisches Lernen ist oft deshalb so unergiebig und wenig transferfähig, weil Kontexte überhaupt ausgeblendet werden. Häufig bedarf es erst einmal der *Rekontextualisierung* von Wissen, Fertigkeiten und Werten. Es müssen Kontexte rekonstruiert werden, in welchen die lernend anzueignenden Kompetenzen Sinn machen. Ferner sind immer wieder *Umkontextualisierungen* bzw. wechselnde Bezugsrahmen erforderlich, um Anwendung und Transfer einzuüben. Dabei kann auch Verfremdung, d. h. spielerische Einstellung in zunächst scheinbar wenig adäquate Kontexte, den Lernprozess sehr unterstützen. Und schließlich ist die *Dekontextualisierung*, das Herauslösen von Wissen, Fertigkeiten und Werten aus Kontexten, ihre Generalisierung und Abstraktion erforderlich, um sich auf völlig neuartige Situationen einzustellen, die in der Zukunft vielleicht einmal zu bewältigen sind.

Vernetzung

Neues Lernen ist ganz wesentlich vernetztes Lernen. Seine Gegenstände sind komplex und werden multidimensional gesehen. Es werden mehrere Perspektiven eingenommen, vielfältige Aspekte und Faktoren unterschieden. Nach Möglichkeit sollten Bezüge zu anderen Themen, Bereichen und Gebieten des jeweiligen Unterrichtsfaches, aber auch zu anderen Fächern hergestellt werden. Neues Lernen ist insofern zum großen Teil fächerübergreifendes Lernen.

Neues Lernen ist aber nicht nur im Hinblick auf die innige Verknüpfung von Phänomenen und Gegenständen der Um- und Mitwelt vernetzt (äußere Vernetzung), sondern auch im Hinblick auf die vielfältige Anbindung an Vorwissen, Vorerfahrungen, verfügbare Fertigkeiten und vorhandene Werthaltungen und im Hinblick auf die wechselseitige Verknüpfung von Wissen, Können und Einstellungen (innere Vernetzung). Z. T. sind ergänzende, vergleichende und konkurrierende Erfahrungen gezielt erst zu suchen und zu machen. Als intrapersonal vernetztes Lernen ist Neues Lernen gesamtpersonal und ganzheitlich.

Die intrapersonale Vernetzung des Lernens zielt einerseits auf Integration von Information in Vorwissen und Vorerfahrungen und auf die Erweiterung, Differenzierung und Vertiefung bestehender Wissens-, Könnens- und Wertsysteme, andererseits aber auch auf deren Umstrukturierung und Korrektur. (Piaget beschrieb diese Prozesse bekanntlich als die Dialektik von Assimilation und Akkomodation.)

Soziale Einbettung

Konstruktionsleistungen bei Lernprozessen werden zu einem erheblichen Teil in sozialer Verständigung geleistet. Lernen muss gewissermaßen auch intersubjektiv bzw. sozial vernetzt werden. Das anfängliche „Ich mache das so!" des einzelnen Lerners muss auch in einer konstruktivistischen Didaktik durch den Austausch mit anderen erweitert werden zu der Wahrnehmung „Aha, du hast das so gemacht!" und schließlich zur Einsicht in die geschichtlich-gesellschaftliche Konvention und Norm „So macht man das eigentlich."[7]

Deshalb spielen Verständigungsprozesse in der Neuen Lernkultur eine zentrale Rolle. Dabei geht es nicht nur um Verständigungsprozesse zwischen Lehrkräften und Schülern, sondern auch um solche der Schüler untereinander. „Learning communities", „Peer teaching", Lernpartnerschaften, Tutoren- und Helfer-Systeme, Ko-Instruktion und „Shared cognition" sind Konzepte und Praktiken der Neuen Lernkultur, die diesen Gedanken umzusetzen versuchen. Auch dem Kontakt mit außerschulischen Experten kommt unter diesem Aspekt große Bedeutung zu. Soziale und kommunikative Kompetenzen sowie die gekonnte Präsentation von Wissen, Fertigkeiten und Wertungen für unterschiedliche Partner und Öffentlichkeiten sind unverzichtbare Voraussetzungen fruchtbarer Verständigungsprozesse.

Vielfältige Anschlussmöglichkeiten

Ob angeeignete Kompetenzen im Lerner organisch werden und einwurzeln und ob es zur intrapersonalen Vernetzung kommt, hängt zu einem erheblichen Teil davon ab, in welchem Maße das Lernangebot ihm vielfältige Anschlussmöglich-

keiten bietet und seinen besonderen Lernmöglichkeiten und seiner Lernbiografie adäquat ist. Allein eine Vielfalt von Anschlussmöglichkeiten im Lernangebot und Freiräume für die Lerner, sie unterschiedlich zu nutzen, berechtigen uns zu der Hoffnung, dass für jeden Schüler eine geeignete Zugangsmöglichkeit darin enthalten ist. Individuell auf die einzelnen Schüler zugeschnittene Lernangebote sind unter schulischen Bedingungen allerdings nur sehr begrenzt möglich. Die Lernangebote sollten deshalb für Lerner mit *unterschiedlichen Lernvoraussetzungen* geeignet sein, z. B. durch Differenzierungsmöglichkeiten oder dadurch, dass bei Bedarf zusätzliche Hilfen in Anspruch genommen werden können.
Ferner sollten Lernangebote im Kontext der Neuen Lernkultur *multiple Lerntypen* berücksichtigen. Sie sollten Lernen mit verschiedenen Sinnen ermöglichen, um dem visuellen, auditiven und motorischen Typ gleichermaßen entgegenzukommen. Sie sollten Medien mit unterschiedlicher Codierung der Information enthalten – Texte, fotorealistische Abbildungen, grafische Darstellungen, Schemazeichnungen, logische Bilder, Formeln, Animationen, Tonaufzeichnungen, gesprochenen Kommentar etc.
Auch eine Nutzung der Lernangebote mit *unterschiedlichen Lernstrategien und Lernstilen* sollte möglich sein.

10.4.2 Neue Lernkultur und alte Prüfungskultur?

Die Methoden und Unterrichtsformen der Neuen Lernkultur kollidieren auf vielfache Weise mit der traditionellen Prüfungs- und Beurteilungskultur:[8]

- Wenn Schüler ihren „Anschlussmöglichkeiten“ entsprechend verschiedene Lernwege gehen, ist es kontraproduktiv, ihre Lernleistungen unter sehr beschränkten Bedingungen in wenigen standardisierten Prüfungssituationen zu ermitteln, in welchen alle Lerner mit denselben Anforderungen konfrontiert werden.
- Wenn Lerner als die eigentlichen Akteure ihres Lernens gelten, erscheint es höchst problematisch, dass Lernleistungen überwiegend daran gemessen werden, inwieweit Schüler Fremdanforderungen entsprechen. „Die Prüfung der Normentsprechung verengt in der Regel den Blick auf die Leistung und behindert ihr Verstehen mehr, als es dazu anregt.“ (Winter 2004, S.63) Ebenso problematisch ist unter diesem Aspekt, dass Beurteilung fast ausschließlich die Form der Fremdbeurteilung hat, wodurch die Lerner kaum die Chance erhalten, ihr eigenes Urteilsvermögen über Lernen und Leisten zu entwickeln.
- Es passt schlecht zu der von der Neuen Lernkultur indendierten Leistungsvielfalt, dass Schule traditionell fast nur kognitive Leistungen würdigt, und diese in nochmaliger Verengung überwiegend lediglich als Verfügbarkeit von deklarativem Wissen.[9] Dabei wird auch viel zu oft Können auf dem Umweg über Wissen geprüft, wobei man zwei Arten von Fehlern in Kauf nimmt: „Der

Fehler erster Art besteht darin, dass dem Prüfling auf Grund seines Wissens ein Können *zugeschrieben* wird, über das er nicht verfügt. Der *Fehler zweiter Art* besteht darin, dass dem Prüfling auf Grund seiner Sprachlosigkeit ein Können *abgesprochen* wird, über das er verfügt." (Neuweg 2002, S.86) Die „intellektualistische Prüfungsdidaktik" ist noch nicht völlig überwunden, wenn man Schüler beschreiben lässt, was sie in bestimmten Situationen täten. Besser wäre es, sie zum Zweck der Leistungsüberprüfung wirklich in diese Situationen zu stellen. „Die Kunst des Prüfens besteht nicht darin, nach dem Wissen hinter dem Können zu fragen. Sie besteht darin, Bewährungssituationen zu konstruieren ..." (ebd. S.99)

- Die Beschränkung der herkömmlichen schulischen Prüfungskultur auf individuelle Leistungen wird der besonderen Bedeutung, welche die Kommunikation und Kooperation mit Anderen in der Neuen Lernkultur hat, nicht gerecht.

Die ländervergleichenden Leistungserhebungen von PISA[10] geben dadurch der „alten" Prüfungskultur auf unheilvolle Weise Auftrieb, dass sie weithin als maßgebliches methodisches Modell für schulische Leistungsüberprüfung und -beurteilung überhaupt angesehen werden. Eine solche unreflektierte Orientierung an den Methoden von PISA birgt aber ein beträchtliches Gefahrenpotenzial. Die schulische Praxis der Leistungsüberprüfung und Leistungsbeurteilung hat nämlich eine ganze Reihe von Aufgaben zu erfüllen, für welche die PISA-Methoden wenig hilfreich, z. T. sogar kontraproduktiv sind:

- PISA überprüfte nichtkooperativ erbrachte Schülerleistungen schriftlich. Der Test war uniform, d. h. allen Fünfzehnjährigen wurden gleichartige Aufgaben vorgelegt. Die Ergebnisse wurden quantitativ (auf einer Punkteskala) beurteilt. Auf dieser Grundlage wurden Vergleiche zwischen Schülern verschiedener Schulen und Nationen gezogen.
- PISA evaluierte den Leistungsstand in drei fachlichen Domänen: im Lesen, in der Mathematik und in den Naturwissenschaften. Dem Test lagen die klassischen Testgütekriterien der Objektivität, der Validität und der Reliabilität zu Grunde. Als Bezugsnormen verwendete PISA fachliche Gesichtspunkte und die Lage zum OECD-Durchschnitt, also die kriteriale und die soziale Bezugsnorm.
- Die PISA-Diagnose ist eine so genannte Makrodiagnose (Schrader / Helmke, 2002, S.45f.) in einer formalisierten und vom Unterricht abgehobenen Test- und Prüfungssituation. Darüber hinaus handelt es sich um eine externe Diagnose durch eine Institution und durch Personen, welche außerhalb der Schule stehen. Als solche erhob sie die Leistungen der Schüler unter Fremdanforderungen, auf welche sich die Experten des PISA-Konsortiums geeinigt hatten, und sie unterzog sie schließlich auch einer Fremdbeurteilung.
- Im PISA-Test verschwindet die konkrete individuelle Schülerleistung und zumal das individuelle Leistungsprofil hinter einem Punktescore. D. h. PISA in-

terpretiert die Schülerleistung auf eine Weise, die Laien nicht ohne weiteres verständlich ist.

- PISA erhob Leistungsdaten von Gruppen, nämlich von Schülern verschiedener Nationen, Schularten, Bevölkerungsschichten, von Jungen und Mädchen, von Migranten und Nichtmigranten. Zweck der Erhebung war es, Planungsdaten für Wirtschaft und Politik zu gewinnen.

Eine Anlehnung der gesamten Praxis schulischer Leistungsüberprüfung und Leistungsbeurteilung an das „Modell PISA“ ist nicht sinnvoll. Mit Rücksicht auf die Bildungs- und Erziehungsaufgaben der Schule bedarf das „Modell PISA“ der Ergänzung durch andere diagnostische Ansätze:

- Die Schule muss – anders als PISA – auch mündliche und praktische sowie neben individuellen auch kooperativ erbrachte Leistungen überprüfen und beurteilen.
- Sie muss neben Lernergebnissen verstärkt auch Lernprozesse diagnostizieren.
- Außer Fachleistungen sind auch fächerübergreifende und überfachliche Kompetenzen zu beachten.
- Die klassischen Gütekriterien, die eine weit gehende Standardisierung der Prüfung und der Beurteilung bedingen, müssen um weitere, in unterschiedlichen Situationen flexibel handhabbare ergänzt werden. (Vgl. 10.4.3.)
- Die von PISA verwendete soziale Bezugsnorm ist pädagogisch nicht unbedenklich. An ihrer Stelle sollte häufiger auch die individuelle verwendet werden, in deren Fokus die Lernfortschritte einzelner Schüler stehen.
- Schulische Leistungsüberprüfung hat ihre Stärke als Längsschnitts- und Entwicklungsdiagnose.
- Sie ist häufig unaufwändige, unauffällige und informelle Mikrodiagnose während des Unterrichts, und sie nutzt die Vorteile des internen Diagnostikers, der die Leistungskontexte der Schüler und ihre Lerngeschichte kennt.
- Aus noch auszuführenden gewichtigen pädagogischen Gründen wird die in der schulischen Leistungsüberprüfung diagnostizierte Leistung häufiger auch eine unter den eigenen Anforderungen der Schüler erbrachte und von ihnen selbst beurteilte sein. (Vgl. 11.2.)
- Die schulische Leistungsüberprüfung tut gut daran, auch Leistungen zu beachten und zu würdigen, in welchen Schüler sich von anderen unterscheiden und in denen sie gerade nicht mit Anderen vergleichbar sind.
- Schule sollte – mindestens begleitend zu Beurteilungen und Notenzeugnissen – Schülerleistungen auch authentisch dokumentieren (z. B. in Portfolios, vgl.11.4), um Eltern, Arbeitgeber und Vertreter aufnehmender Bildungsorganisationen nicht zu entmündigen und sie nicht völlig dem durchaus fehlbaren Lehrerurteil auszuliefern.

– Und nicht zuletzt ist festzuhalten, dass schulische Leistungsüberprüfung und -beurteilung normalerweise eine ganz andere Intention hat als PISA: nämlich die, Leistungen zu entwickeln und zu fördern.
– Deshalb benötigt die schulische Leistungsüberprüfung und -beurteilung neben Kontrollaufgaben, „mit denen der Lernstand ermittelt werden soll" und die im PISA-Test ausschließlich verwendet werden, auch Lernaufgaben, „die Lernprozesse initiieren und unterstützen sollen" (Reisse 2008, S.60).

„Modell PISA"	*Pädagogische Diagnose*
• Quantitativ, schriftlich, uniform, vergleichend, nichtkooperativ	• Qualitativ, mündlich, praktisch (Können!), differenziert, nichtvergleichend, kooperativ
• Lernergebnisse	• Lernprozesse: Vollständigkeit, Lernstrategien, Interaktion u. Kommunikation
• Fachkompetenzen	• Fächerübergreifende u. überfachliche Kompetenzen
• Klassische Testgütekriterien: Objektivität, Reliabilität, Validität	• Flexible Gütekriterien: kontrollierte Subjektivität u. kommunikative Validierung
• Kriteriale u. soziale Bezugsnorm	• Kriteriale u. individuelle Bezugsnorm
• Querschnittsdiagnose	• Längsschnittsdiagnose
• Makrodiagnose	• Mikrodiagnose: diagnostischer Unterricht
• Externe Diagnose	• Interne, informelle Diagnose
• Fremdanforderungen u. Fremdbeurteilung	• Selbstanforderungen u. Selbstbeurteilung
• Leistungsdaten von Gruppen	• Individuelle Leistungen u. Profile
• Interpretation von Leistungen	• Dokumentation von Leistungen
• Diagnosezweck: Planungsdaten für Wirtschaft und Politik	• Diagnosezweck: Förderung der Schüler
• Verwendung von Kontrollaufgaben	• Verwendung von Kontrollaufgaben und Lernaufgaben

Tabelle 19: Leistungsdiagnose pädagogisch und nach dem „Modell PISA"

10.4.3 Anforderungen an eine Neue Prüfungskultur: Förderdiagnose

Die stärkere Verankerung der Leistungsfeststellung und Leistungserbringung in der neuen Lernkultur erfordert ein mehrfaches Umdenken:
Leistungsfeststellung und Leistungserbringung müssen ebenso wie die Formen und Dokumentationsweisen der Beurteilung liberaler, offener, vielfältiger und flexibler werden. (Vgl. dazu Kapitel 10!)
Es muss für alle Beteiligten, insbesondere aber für die Lerner mehr Transparenz und mehr Partizipation hergestellt werden. Dazu gehört auch, dass Leistungsanforderungen und Standards für Leistungen nicht nur von außen vorgegeben, sondern im Gegenzug auch zusammen mit den Lernern entwickelt werden, was letztlich zu einer Dynamisierung des Leistungsbegriffes führt (Winter 2004, S.143 u. S.145) Und ebenso muss es ein zentrales Anliegen werden, die Selbstdiagnose- und Selbstbeurteilungskompetenz der Lerner zu entwickeln und zu verbessern.

Die Neue Lernkultur erfordert, Lernen und Leistung umfassender zu definieren[11] und neben fachlich-inhaltlicher Leistung (Wissen, Verstehen, Erkennen, Beurteilen von Tatsachen und Zusammenhängen) auch methodisch-strategische Leistungen (Exzerpieren, Nachschlagen, Organisieren, Planen usw.), sozial-kommunikative Leistungen (Zuhören, Argumentieren, Diskutieren, Kooperieren usw.) und persönliche Leistungen (Selbstvertrauen gewinnen, ein günstiges Selbstkonzept entwickeln, Werthaltungen aufbauen usw.) zu berücksichtigten.
Die Gütekriterien der klassischen Testtheorie (vgl. oben 2.2) arbeiten von einem gewissen Punkt an der Neuen Lernkultur entgegen. [12] Standardisierte Prüfungen können die Vielfalt der Leistungen nicht erfassen, und sie sind zudem nur valide, wenn auch der Unterricht standardisiert ist – was man aus pädagogischer Sicht kaum wünschen kann. Andererseits darf die Leistungserbringung und -feststellung in der Neuen Lernkultur nicht der Beliebigkeit anheim gegeben werden. Sie unterliegt den neuen Gütekriterien der kontrollierten Subjektivität und der kommunikativen Validierung, welche nicht der Testtheorie, sondern der Kommunikationskultur verpflichtet sind, die sich viel bruchloser mit der neuen Lernkultur in Einklang bringen lässt (Bohl 2001a, S.35ff):

- *Kontrollierte Subjektivität* der Leistungserbringung und -feststellung wird gewährleistet durch Beachtung rechtlicher Vorgaben (die allerdings gegenwärtig zumindest in der Sekundarstufe noch vielfach einer Förderorientierung im Wege stehen!), Einhalten von Vereinbarungen, die in Konferenzen auf verschiedenen Ebenen getroffen wurden, durch Vermeiden von Willkür bei der Durchführung von Leistungsüberprüfungen, bei ihrer zeitlichen Verteilung und bei der Anwendung von Standards. Außerdem wird die Subjektivität kontrolliert durch die Gleichbehandlung aller Schüler, durch Ausklammerung sachfremder Aspekte und Erwägungen, durch Herstellen von Transparenz für andere Lehrkräfte, für Schüler und für Eltern sowie durch Abstimmung der Prüfungen auf den vorangegangenen Unterricht.[13]
- *Kommunikative Validierung* wird am ehesten gesichert durch vielfältige und den konkreten Situationen flexibel angepasste Formen der Leistungserbringung und -beurteilung, durch eine prinzipiell veränderbare und sich entwickelnde Praxis der Leistungserbringung und -beurteilung sowie durch deren dialogischen Charakter, d. h. durch ihre Einbettung in die Kommunikation der Schüler mit den Lehrkräften und der Schüler untereinander über Prozesse und Ergebnisse des Lernens und Leistens. Das schließt auch verstärkte Reflexivität der Leistungserbringung und -beurteilung ein, d. h. ihre Thematisierung auf der Metaebene.[14]

Pädagogische Leistungsdiagnose dient primär der Förderung der Schüler, nicht ihrer Selektion. Sie liefert nicht in erster Linie Informationen über die Schüler, sondern für sie. (Klafki 1996, S.234) Leistungsbeurteilungen sind nicht Zweck und schon gar nicht bloße Anhängsel, sondern wichtige Mittel des Unterrichts: Sie dürfen nicht nur für Selektion, Sozialisation, Legitimation und Disziplinierung verwendet, sondern müssen als Entscheidungsgrundlage für Lernen und Unterrichten fruchtbar gemacht werden. Und mehr noch: Leistungsbeurteilung ist auch Inhalt des Unterrichts. Damit Schüler lernen, Leistungen zu beurteilen, müssen Fragen der Leistungsbeurteilung thematisiert werden. (Winter 2004, S.13f.)

Eine bloße Kombination von Selektion und Förderung ist unzureichend. Man muss sich entscheiden, dieser oder jener Priorität einzuräumen. Der Selektionsfunktion den Vorzug zu geben, würde bedeuten, die gesamte Prüfungs- und Beurteilungspraxis und damit letztlich die Schule überhaupt zu einer unbarmherzigen sozialtechnischen Verteilungsapparatur verkommen zu lassen. *Wenn uns etwas an der pädagogischen Intentionalität der Schule liegt, dann müssen wir alle Funktionen der Leistungsbeurteilung auf das übergeordnete Ziel der Förderung hin konzipieren:* Sozialisation wird dann Hilfe zum Bestehen in einer stark leistungsorientierten Gesellschaft – was etwas ganz anderes ist als kurzschlüssige Anpassung an sie und als das naive Rezipieren ihrer ideologischen Selbstdarstellung als reine Leistungsgesellschaft. Auch das sogen. Cooling Out (vgl. oben 1.4.2) verläuft „flacher", führt nach einem weniger steilen Höhenflug zu einem weniger tiefen Abstürzen in die Realität, wenn Schüler nicht überwiegend fremden Maßstäben unterworfen und an sie angepasst, sondern von Anfang an als Subjekte ihrer Lernprozesse und Leistungen gesehen und zur Selbstbeurteilung angehalten werden. (Vgl. unten 11.2.) Disziplinierung durch Prüfungen und Beurteilungen ist überhaupt nur als Selbstdisziplinierung im Zusammenhang mit Selbstbeurteilung pädagogisch zulässig und sinnvoll. Die Funktionen der Legitimation und Kontrolle werden sich auf die Kontrolle der optimalen Förderung und auf die Legitimation durch Förderung beziehen. Selbst Selektion bekommt dann einen neuen Sinn: Ihre Hauptintention ist nicht mehr, vorhandene Humankapazitäten im Bildungs- und Beschäftigungssystem zu verteilen, sondern Schülern eine optimale Lern- und Entwicklungsförderung zu sichern, indem sie ihnen eine optimale Umgebung zuweist.

Selektion und Förderung sind aber in unterschiedlichen Stadien des Lern- und Arbeitsprozesses nicht im gleichen Maße unverträglich: Lernstandsüberprüfungen und Prozessdiagnosen im Zusammenhang mit Übungen, (unbenoteten) Tests und Hausaufgaben können durchaus in der Form eines auf Förderung ausgerichteten Dialogs zwischen Schülern und Lehrkräften erfolgen. Sie können so angelegt sein, dass beide Seiten sich darauf verständigen, das bestmögliche Ergebnis bei den folgenden selektionsrelevanten Prüfungen am Ende des Lernprozesses anzustreben. Und ebenso kann die Förderintention im Anschluss an selektionsrelevante Leistungsüberprüfungen und -beurteilungen wieder verstärkt einsetzen, indem die Lehrkraft sich um intensive Lernberatung bemüht. Eine Lehrerhaltung, die darauf abzielt, durch frühzeitige Rückmeldungen die Lernerfolge bei bevorstehenden selektionsrelevanten Prüfungen zu optimieren und durch Lernberatung die Wiederholung von Misserfolgen bei solchen Gelegenheiten unwahrscheinlicher zu machen, ist auch dann nicht widersprüchlich und unglaubwürdig, wenn die Lehrkraft die selektionsrelevanten Prüfungen selbst konzipiert, durchführt und beurteilt.

10.5 Leistungserziehung als pädagogische Aufgabe

Auch wenn man das Leistungsprinzip ideologiekritisch hinterfragen muss (vgl. oben 1.1.5), kann natürlich nicht ernsthaft erwogen werden, Leistungen und Leistungsforderungen aus der Schule zu verbannen. *Die Schule soll zwar nicht kritiklos an die Leistungsgesellschaft anpassen, aber sie muss Kinder und Jugendliche auf sie vorbereiten, d. h. durch eine angemessene Leistungserziehung befähigen, ein menschenwürdiges Leben in ihr zu führen und sie human weiterzuentwickeln.*

10.5.1 Kritische Leistungsbereitschaft als Erziehungsziel

Hohe Leistungsfähigkeit und Leistungsbereitschaft als solche ist noch wertambivalent. Erst die Verbindung mit guten Zwecken und Zielen macht sie wertvoll. Der Leistungsverdruss und die Leistungskritik eines Teils der jungen Generation ist auch in einem Defizit an allgemein anerkannten Zielhorizonten und Zukunftsperspektiven begründet, die Lernen und Leistung Sinn verleihen.[15] Aufstieg, Karriere, Einkommen und Ansehen allein werden immer weniger als solche Zielhorizonte akzeptiert.

Das ist nicht unbedingt ein Wertezerfall. Mindestens z. T. wird von dieser Generation der sinnlose Leerlauf einer ausschließlichen Orientierung am Leistungsgedanken durchschaut, wie ihn Heinrich Böll unübertrefflich in der Kurzgeschichte „Anekdote zur Senkung der Arbeitsmoral"[16] beschrieb: Ein Fischer hat schon früh am Morgen einen sehr guten Fang gemacht und lässt es sich für den Rest des Tages gut gehen. Ein Tourist versucht, ihn zu überzeugen, dass es von Vorteil für ihn wäre, noch ein zweites, drittes oder sogar viertes Mal mit seinem Boot auf das Meer hinauszufahren, und dies nicht nur heute, sondern an jedem günstigen Tage. Dann könne er sich eines Tages einen Kutter kaufen, schließlich sogar zwei, irgendwann einmal eine Firma gründen, schließlich eine ganze Firmenkette beherrschen und am Ende viele Menschen für sich arbeiten lassen. Dann könne er es sich leisten, im Hafen zu sitzen, in der Sonne zu dösen und gelassen auf das Meer hinauszuschauen. Der Fischer freilich entgegnet dem Touristen verständnislos: „Aber das tu ich ja schon jetzt."

Leistungserziehung muss verhindern, dass junge Menschen hohe Leistungen für beliebige Zwecke und Ziele erbringen. Sie strebt an, dass Anforderungen im Hinblick auf die Richtziele Kompetenz, Autonomie und Solidarität (Schulz 1980, S.35ff.) rational begründet und kritisch hinterfragt werden. Sie intendiert eine kritische Leistungsbereitschaft, die stets die Kontrolle darüber behält, „warum und zu welchem Zweck eine Leistung angestrebt wird." (Neuhaus 1971, S.11)

Das Training inhaltsleerer und für beliebige Ziele einsetzbarer Leistungsfähigkeit ist pädagogisch bedenklich. Auch das Erlernen der sogen. Kulturtechniken muss in Verbindung mit wertvollen Inhalten und Zielen erfolgen, wie es Klafki (1980, S.23f.) in seinem Postulat der Indienstnahme instrumenteller Themen für potenziell emanzipatorische forderte.

10.5.2 Selbstansprüche und Fremdanforderungen

Auch wenn manche Forschungsergebnisse darauf hindeuten, dass hoher Leistungsdruck mit besseren Leistungen verknüpft ist als geringer (Hälg 1982, S.149), wird eine kritische Leistungserziehung solchen Leistungen zentrale Bedeutung beimessen, die aus eigenem Antrieb erbracht und an Selbstansprüchen gemessen werden. Dabei ist allerdings zu bedenken, dass Selbstansprüche in aller Regel durch Internalisierungsprozesse aus Fremdanforderungen hervorgehen und dass es viele Zwischenstufen zwischen eindeutig fremdbestimmter (extrinsischer) und eindeutig autonomer (intrinsischer) Handlungsregulation gibt[17]. Auch das Akzeptieren einer Fremdanforderung enthält bereits ein Moment von Selbstanspruch, und schon allein das Ersetzen undifferenzierter Fremdanforderungen an die gesamte Klasse durch solche, welche auf die individuellen Fähigkeiten der Kinder abgestimmt sind, reduziert das Ausmaß an Fremdbestimmung.

Auch dosierte Fremdanforderungen können wertvolle Entwicklungsanreize geben und sowohl Kompetenzerfahrungen als auch Leistungsfreude vermitteln. (Einsiedler 1998, S.12) Manche Schüler unterschätzen sich und brauchen das Zutrauen eines anderen Menschen, der ihnen in besserer Kenntnis ihrer Leistungsfähigkeit mehr abfordert als sie glauben, leisten zu können. Anderen fehlt es an Initiative, und sie müssen durch Fremdanforderungen zu Leistungen überhaupt erst aktiviert und provoziert werden. *Fremdanforderungen unterliegen aber immer der Legitimations- und Verständigungspflicht und sie sollten letztlich das Selbst-Leisten-Wollen der Kinder provozieren (Jürgens 1997, S.33). Sie müssen immer vom Bemühen begleitet sein, Schülern den Sinn der abgeforderten Leistung zu vermitteln und eine (möglichst intrinsische) Leistungsmotivation bei ihnen aufzubauen.* Das wird am ehesten gelingen, wenn sie so in Lernaufgaben gefasst werden, dass junge Menschen sich an ihnen erproben und an ihnen wachsen können. (Neuhaus 1971, S.7)

Besonders behutsam muss in den ersten Schuljahren der Übergang vom spontanen zum institutionalisierten Lernen gestaltet werden: Darin, dass nun nicht mehr sporadisch, sondern kontinuierlich gelernt wird, nicht mehr nach Wünschen und Bedürfnissen, sondern nach vorgegeben Lernzielen, nicht mehr in der Gruppe miteinander vertrauter Spielgefährten, sondern im hierarchisch strukturierten sozialen Zwangs- und Zweckverband der Klasse (Fend 1971, S.102), liegen vielfältige Gefahren und Risiken für die Entwicklung einer kritischen Leistungsbereitschaft.

10.5.3 Leistungen entwickeln

Die primäre Aufgabe der Schule ist es, Leistungsbereitschaft und Leistungsfähigkeit zu entwickeln statt sie nur zu fordern oder einfach vorauszusetzen. Dazu muss man a) auf die Motive und Werthaltungen, b) auf die Erfolgserwartungen und Selbstkonzepte und c) auf die metakognitiven (d.h. Erkenntnisse über Kognitionen betreffenden) Kompetenzen der Schüler Einfluss nehmen sowie d) günstige Rahmenbedingungen schaffen (Sacher 1997, S.8).

Motive und Werthaltungen

Das eigentliche Motiv einer Handlung ist nach Leontjew (1977, S.81ff.) der „Gegenstand“, auf den sie sich richtet und seine Beziehung zu den Bedürfnissen des Handelnden. In unserem Bildungssystem gibt es zu wenig Unterrichtsgegenstände und Handlungsziele, die für Schüler bedeutsam und deshalb motivierend sind. Für die Entwicklung von Motiven und Werthaltungen ist entscheidend, dass Lehrkräfte „hinter den Stoffen die Werte suchen“ (Aebli 1995, S.163) und für die Schüler erfahrbar machen. Motivierungstechniken kommt demgegenüber nur nachgeordnete Bedeutung zu. Der „subjektneutrale Leistungsbetrieb“ an unseren Schulen, der zu wenig Bezug auf die Lebensgeschichte, die Lebenswelt und die Affekte der Lernsubjekte nimmt, muss im Zusammenhang einer pädagogisch verantworteten Leistungserziehung ebenso umgepolt werden wie die Loslösung der Sache „aus dem ernsthaften gesellschaftlichen Zusammenhang ihrer Entstehung und Verwendung“ (Rumpf 1986, S.69 u. S.137f.).

Praktische Maßnahmen lassen sich auch ableiten aus der sogen. *Erwartungswerttheorie der Motivation* (Dubs 1995, S.387): Danach hängt die Bereitschaft von Schülern, sich mit Lernaufgaben auseinanderzusetzen, sowohl von ihrer Erwartung, sie erfolgreich bewältigen zu können, als auch von der Aussicht ab, dafür eine Belohnung zu erhalten, die einen subjektiven Wert für sie hat. Wenn auch nur einer dieser beiden Faktoren Null ist, entsteht keine Motivation.

Erfolgserwartungen und Selbstkonzepte

Das Selbstvertrauen und das Fähigkeitsselbstkonzept sind für gute Schulleistungen wahrscheinlich sogar entscheidender als der Fleiß und die tatsächlichen Fähigkeiten der Schüler (Ludwig 1999a, S.136ff.). Der Königsweg zur Stärkung des Selbstkonzeptes der Schüler führt über Erfolgserfahrungen und über die Vermeidung von Misserfolgen. Im Einzelnen können dabei die nachstehenden Maßnahmen und Handlungsrichtlinien hilfreich sein (Einsiedler 1998; Ludwig 1999a, S.146ff.):

- *Die Lehrkraft sollte sich bemühen, positive Erwartungen zu signalisieren und die Anforderungen den Fähigkeiten der Schüler entsprechend zu dosieren.* Bewährt hat sich auch, Stufen, Abschnitte und Teilaufgaben mit steigender Schwierigkeit zu arrangieren und komplexe Lernaufgaben in überschaubare Einheiten zu zerlegen. Dabei sollte gemäß dem „Prinzip der minimalen Hilfe" jede Überpädagogisierung vermieden werden. Günstig auf das Selbstkonzept der Schüler wirkt sich auch aus, wenn sie gelegentlich eine Expertenposition einnehmen dürfen (anderen etwas erklären, vormachen, erzählen etc.).
- *Großen Einfluss auf Erfolg und Misserfolg haben die Vorstellungen (die „Imaginationen") des Lerners.* Dies machen sich Interventionstechniken zu Nutze, welche bei den Imaginationen ansetzen:[18] Nicht nur im Leistungssport haben sich mentale Vorstellungsstrategien („mentales Training") bewährt. Auch kognitive Lernprozesse können dadurch gefördert werden. Die Methode der guten Erinnerung (an bewältigte Situationen), die Technik des idealisierten Selbstbildes, Autosuggestionsformeln, die so genannte Velten-Technik, die mit Texten als Vorstellungsanleitung arbeitet, neuro-linguistische Programmierung, Suggestopädie und die Methode des positiven Denkens sind an z. T. recht aufwändige Anleitungsverfahren gebunden und gehören in die Hände psychologischer Fachleute. Besser für den Schulalltag und für die Hand von Lehrkräften ohne psychologische Zusatzausbildung geeignet sind die von Ludwig (1999b, S.197ff.) vorgeschlagenen Methoden der imaginativen Ermutigung: Danach sollten Lehrkräfte es unbedingt vermeiden, bei Schülern entmutigende Vorstellungen auszulösen, was z. B. durch allzu deutliches Ausmalen negativer Konsequenzen von unangemessenem Lernverhalten – vielleicht gar noch im unmittelbaren Vorfeld von Prüfungssituationen – geschehen kann. Stattdessen sollte man Schülern Kompetenzvorstellungen induzieren, z. B. durch das Wachrufen von Erinnerungen an erfolgreich bewältigte Situationen, vorhandene Fähigkeiten und Stärken. Auch das Hervorrufen von Zielimaginationen kann hilfreich sein, d. h. des Weckens von Vorstellungen, wie es sein wird, wenn das Ziel erreicht und die Schwierigkeit bewältigt ist. Deshalb sollten immer (Teil-)Erfolge, mögliche und schon geleistete Verbesserungen im Mittelpunkt der Aufmerksamkeit stehen, und nicht Fehler, Versagen und Misserfolge. Hilfreich kann es auch sein, im Schüler günstige Modellvorstellungen auszulösen, etwa durch die Aufforderung, sich jemanden vorzustellen, der mit der Problemsituation gut zurechtkommt. Bei jüngeren Kindern hat es sich bewährt, Auslösereize für günstige Vorstellungen in Geschichten zu verpacken.
- *Auf mögliche Misserfolge und Rückschläge kann man vorbereiten, so dass sie besser verarbeitet werden. Wenn Misserfolg eintritt, nimmt ihm verbale Relativierung, Ergründung seiner Ursachen und „bilanzierendes" Einordnen in das gesamte Leistungsspektrum seine Dramatik.* Der Aufbau alternativer Erfolgsfelder in ande-

ren Fächern und im Freizeitbereich kann ausgleichende positive Erfahrungen vermitteln.

- *Gute Leistung führt nicht eo ipso zu Erfolgserlebnissen. Sie muss vielmehr von den Schülern und von ihrer Umgebung ausdrücklich als Erfolg gewertet werden.* Besonders in der Grundschule sind viele Kinder noch gar nicht in der Lage, ihre Leistung richtig einzuschätzen. Oft ist es nötig, Lernfortschritte als solche zu kennzeichnen. Die Verwendung der individuellen Bezugsnorm bei der Leistungsbeurteilung begünstigt dies mehr als die Zugrundelegung der sozialen oder kriterialen Norm.
- *Damit Lernerfolge das Selbstkonzept der Schüler stärken und festigen, müssen diese sich den Erfolg selbst zuschreiben* und den Eindruck gewinnen, dass er ein Stück weit in ihrer Hand liegt. Sie sollten Kontrollüberzeugungen entwickeln, welche Erfolg nicht nur aus externalen und zeitlich stabilen Variablen erklären, die quasi schicksalhaft gegeben sind, sondern auch aus internalen und zeitlich variablen, über die man von Mal zu Mal verfügen kann (Lukesch 1998, S.357). Schüler neigen dazu, Erfolg übermäßig stark auf Anstrengung, Begabung, Glück und Pech oder Sympathie und Antipathie zurückzuführen. Insbesondere für die leistungsschwächeren Schüler ist es wichtig, nicht nur einen Zusammenhang zwischen dem Quantum des Lernaufwandes und dem erzielten Erfolg, sondern auch einen solchen zwischen der Qualität des Lernens (z. B. den angewandten Lösungsstrategien und Lerntechniken) und dem erreichten Ergebnis herzustellen. (Sacher 1997, S.16) Schüler müssen erfahren, dass sie zu einem erheblichen Teil selber ihres Glückes Schmied sind. Die Wahrnehmung solcher Eigenverursachung ist einer der wichtigsten Kausalfaktoren von Leistung (Ludwig 1999a, S.134) und eine fundamentale Voraussetzung für die Entwicklung von Eigenverantwortlichkeit.

Metakognitive Kompetenzen

Schüler sollen zunehmend Lernprozesse und Lernergebnisse planen und hinsichtlich ihrer Qualität reflektieren, Methoden und Strategien bewusst und angemessen einsetzen, Schwierigkeiten identifizieren, isolieren und erklären und interne Kontrolle über ihre Lern- und Denkprozesse ausüben.

Ein Inventar zu vermittelnder metakognitiver Kompetenzen mag man Klipperts (1997) „Methodentraining" entnehmen. Wer sorgfältiger und gezielter an den Metakognitionen seiner Schüler arbeiten will, sollte Metzgers WLI-Schule[19] zu Grunde legen. Diese bietet den Vorteil, dass zunächst das Strategieninventar der Schüler diagnostisch erfasst wird und dann dort angesetzt werden kann, wo der größte Handlungsbedarf besteht. Dafür sind im Schüler- und Lehrerband reichhaltige Hilfestellungen zur Verbesserung der Motivation, der Zeitplanung, der Konzentration, zum Abbau von Angst, zum Erkennen von Wesentlichem,

zur Verbesserung der Informationsverarbeitung, von Prüfungsstrategien und der Selbstkontrolle angeboten.
Hinsichtlich der Methode des Arbeitens an den Metakognitionen der Schüler scheinen folgende Hinweise beherzigenswert:

- *Die Förderung von Metakognitionen sollte vom subjektiven Strategiewissen der Schüler und von ihren individuellen Bedürfnissen ausgehen.* „Es ist ein Irrtum zu glauben, für alle Lernenden seien dieselben Strategien hilfreich. Diese Annahme geht davon aus, dass so genannte Expertenstrategien für alle Lerner, unabhängig von ihren Lernbedingungen hilfreich sind und zu besseren Leistungen führen." (Guldimann 1997, S.182)
- *Bewährt hat sich der Austausch mit Mitschülern in der Klassenkonferenz (conferencing) oder in längerfristig stabil bleibenden Lernpartnerschaften (peer coaching).* Wichtig ist, dass Schüler dabei in Alltagssprache über ihre Lernpraxis, ihre Lernerfahrungen und ihre Leistungen kommunizieren und auf diesem Wege allmählich eine gemeinsame Sprache und gemeinsame Kriterien für ihr Lernen und Leisten entwickeln. (Guldimann 1997, S.185ff.)
- *Hilfreich kann auch die Anregung durch ein Modell sein, das seine Metakognitionen offen legt (modelling).* Als ein solches Modell kann nicht nur die Lehrkraft („mastery model"), sondern auch ein Mitschüler („peer model") fungieren. Die Intention beider Formen des „modelling" ist nicht – wie bei der traditionellen Lehrform des Vorzeigens und Nachahmens – das Kopieren eines Vorbildes, sondern die sinnvolle Weiterentwicklung des eigenen Repertoires an Techniken, Strategien und Kriterien. (Guldimann 1997, S.185ff.)
- *Die Anbahnung der Entwicklung zu einer „Metaperson" kann keineswegs nur im indirekten („offenen") Unterricht geschehen, sondern ebenso im direkten (lehrerdominierten) Unterricht.* Bei jüngeren und schwächeren Schülern ist dieser Weg sogar vorzuziehen. (Dubs 1995, S. 200f.)
- *Äußerst wichtig ist, dass Schüler auch den Nutzen der Metakognition erfahren,* d. h. erleben, dass methodisch bewusstes und kluges Lernen sich auszahlt.

Günstige Rahmenbedingungen
Zur Förderung und Entwicklung der Leistung bedarf es einer sozialen Atmosphäre, in der Leistung und Menschenwürde auseinander gehalten werden, in der junge Menschen sich um ihrer selbst willen und nicht nur wegen ihrer Leistung angenommen und geschätzt wissen dürfen. Nur in einer solchen Atmosphäre werden Kinder auch lernen, Mitmenschen unabhängig von ihrer Leistung zu akzeptieren und zu achten.
Auch in der Schule muss das Leistungsprinzip vom Prinzip der barmherzigen Liebe flankiert werden. Schüler brauchen nicht nur Leistungsanforderungen, sondern auch Ermutigung, Trost, Zuspruch und Unterstützung, wenn ihnen etwas nicht oder noch nicht gelingt.

Empfindlich beeinträchtigt wird eine günstige Atmosphäre durch soziale und persönliche Abwertung von Schülern infolge von Leistungsversagen, durch den Missbrauch von Leistungsmessungen als Disziplinierungsmittel, durch unreflektierte und undifferenzierte Leistungsansprüche, durch unzureichend vorbereitete Leistungserhebungen sowie durch überraschende Prüfungen, deren Anforderungen nicht vorher bekannt sind und deren Ergebnisse nicht für die Lerndiagnose und Lernberatung genutzt werden.[20]

10.5.4 Leistungsvielfalt beachten

Als Pädagogen dürfen wir die fünffache Verengung des schulischen Leistungsverständnisses nicht mitvollziehen:

- *Wir dürfen uns nicht verleiten lassen, unser Leistungsverständnis auf den kognitiven Aspekt zu beschränken.* Schulische Leistungserziehung sollte Lernfortschritte in allen Persönlichkeitsbereichen fördern und honorieren, nicht nur kognitive, sondern auch psychomotorisch-praktische, affektive und soziale Leistungen.
- Noch weniger als in anderen Lebensbereichen kann es in der Erziehung allein um die vollbrachte Leistung (das Leistungsprodukt) gehen. *Wir müssen auch dem Leistungsprozess große Aufmerksamkeit widmen.*
  Zwar ist die Unterscheidung von Produkt und Prozess insofern eine vereinfachende, als auch in einem Leistungsprozess ständig Zwischenergebnisse anfallen und jedes Produkt als Zwischenergebnis in einem langfristigen Leistungsprozess angesehen werden kann. Aber es gibt auch Leistungen, die an Ergebnissen nicht abzulesen sind, z. B. Anstrengungsbereitschaft, Kooperation, Findigkeit im Entdecken von Fragen und Problemen (Bartnitzky 1989, S.11), Selbststeuerung und Selbstkontrolle, Methodenbewusstsein und strategisch durchdachtes Vorgehen. In Leistungsprodukten zeigt sich im Allgemeinen nur deklaratives Wissen (Wissen, *dass...*; Wissen über Sachverhalte). Prozedurales Wissen (Wissen, *wie...;* Wissen über Vorgehensweisen), Heuristiken (Verfahren zum Gewinnen von Erkenntnissen und Lösen von Problemen) und Metakognitionen (Erkenntnisse über Kognitionen) werden eher am Prozess des Leistens sichtbar.
  Allerdings kann eine stärkere Berücksichtigung des Leistungsprozesses bei der Leistungsbeurteilung auch den Leistungsdruck erhöhen, weil Schüler sich beständig auf dem Prüfstand fühlen (Einsiedler 1998, S.13). Eine „produktive Lernkultur“ zeichnet sich deshalb dadurch aus, dass Lern- und Leistungssituationen getrennt und auch im Bewusstsein der Schüler auseinander gehalten werden. (Weinert 1998, S.110)
- *Die in der schulischen Leistungserziehung intendierte Leistung zeigt sich nicht nur in individuellen Lernfortschritten, sondern auch im fruchtbaren Beitrag des Einzelnen zur Gruppenleistung (Jürgens 1997, S.28ff.) und im sozial-verantwortlichen und effektiven Einsatz von Kompetenzen zur Unterstützung anderer.* Wir sollten sorgsam darauf achten, dass unsere Prüfungs- und Beurteilungspraxis nicht so-

zialpädagogischen Schaden anrichtet, indem sie ein einseitig individualistisches und konkurrenzorientiertes Leistungsverständnis favorisiert.

- *Das Erlangen einer guten Leistungsbeurteilung darf nicht vorrangig werden gegenüber dem Ziel, fruchtbare Lernprozesse zu bewältigen.* Nicht alles Lernen schlägt sich in messbaren Leistungen nieder. Es gibt auch ein Lernen, das weder dem interpersonalen noch dem intrapersonalen Vergleich unterliegt, „Lernen mit unverrechenbarem Lerngewinn" , wie es z. B. der Ertrag der Lektüre eines guten Buches ist oder Lernen zum Chancenausgleich. (Nipkow 1978, S.18 u. S.27)
- Und schließlich darf sich die schulische Leistungserziehung nicht nur auf die durch den Lehrplan und den Fächerkanon vorgegebenen Bereiche und Gebiete beschränken. *Wir müssen auch Sensibilität für alle diejenigen Leistungstendenzen unserer Schüler entwickeln, die dort heimatlos sind oder nur ein Schattendasein führen.* Wir müssen auch die Potenzen aufspüren, die sich in der Schule nicht zeigen können und dürfen. Dass wir auch Leistungen in Fächern sehen, die wir nicht selbst unterrichten, und Schülern Anerkennung für solche Leistungen zollen, sollte selbstverständlich sein. Außerdem ist auf bildungspolitischer Ebene darauf hinzuwirken, dass weniger überfüllte Lehrpläne, mehr Wahlfreiheit und ein größeres Angebot an Neigungsgruppen und Arbeitsgemeinschaften die humane Totalität der jungen Menschen wieder besser zum Vorschein kommen lassen und dem Spürsinn der Lehrkräfte für verborgene und bislang ausgesperrte Leistungsdispositionen ein besseres Übungsfeld geben.

10.5.5 Begrenzung der Leistungserziehung

Leistungserziehung darf in der Schule nicht dominant werden. Werteerziehung und Sozialerziehung stellen mindestens gleichrangige Aufgaben dar.

Viele Härten des schulischen Leistungs- und Prüfungsdrucks können durch druckreduzierende und kompensatorische Maßnahmen aufgefangen werden:

Nicht immer, wenn es um Leistung geht, muss Leistung beurteilt oder gar benotet werden. Es muss darüber hinaus auch Raum für Lernen geben, das keiner Fremdbeurteilung unterliegt und das nicht zeugnisrelevant ist. Wir sollten uns um *Etablierung von leistungsfreien „Räumen"* in der Schule bemühen. D. h. es sollte Situationen und Zeiten geben, in denen Schüler keine Leistungen zu vollbringen brauchen, Situationen und Zeiten der Besinnung und Einkehr, der Ruhe, Entspannung und Muße, des Schauens und Spielens, Zeiten, in denen das Lebensideal der „vita contemplativa" wieder zum Tragen kommen kann. Hier darf nicht nur auf Gestaltungsmöglichkeiten des Schullebens verwiesen werden. Leistungsfreie „Räume" müssen darüber hinaus auch Bestandteil des alltäglichen Unterrichts werden.[21]

Nicht immer, wenn Leistung zu erbringen ist, sollten Fremdanforderungen im Spiel sein. Wir sollten anforderungsfreie Räume schaffen, innerhalb deren Schüler sich aus eigenem Antrieb an frei gewählten Leistungen versuchen können, die ihrer Selbstverwirklichung dienen.

Auch da, wo Schüler Leistungen unter Fremdanforderungen zu erbringen haben, muss nicht immer gleich Beurteilung und Bewertung im Spiel sein. Es sollte für Schüler klar erkennbare beurteilungsfreie Räume geben, in denen man risikolos neue Wege erproben, Fehler machen und Irrtümer begehen darf.
Zu prüfen wäre in diesem Zusammenhang etwa, ob nicht bestimmte Fächer solche „Räume" darstellen könnten. Die Tradition der sog. Nebenfächer und die geringere Leistungsorientierung der musischen Fächer und des Sportunterrichts stellten natürliche Orte solcher von Anforderungen und Bewertungen freieren „Räume" dar. Leider sind auch diese Fächer zunehmend bestrebt, sich als leistungskurswürdig auszuweisen, und stellen sich infolgedessen sogar schon weit unterhalb der Kollegstufe als wissenschaftlich und leistungsorientiert dar.
Man überlege auch, ob es nicht wenigstens innerhalb eines Faches Bereiche gibt, die von Anforderungen und Beurteilungen freier sein können als andere. Z. B. scheint es im Fach Deutsch eher möglich und angemessen, Lesen und Pflege des mündlichen Ausdrucks, etwa in Vorlesestunden und Erzähl- und Gesprächskreisen, von Leistungsanforderungen und Leistungsdruck freizuhalten als Rechtschreiben, Grammatik und schriftlichen Ausdruck.
Im Tages-, Wochen- und Jahresablauf sollten bestimmte Zeiten weniger mit Leistungsansprüchen verbunden sein als andere, so etwa 5. und 6. Stunden, Nachmittagsunterricht, Montage, Tage vor und nach Ferien und Festen.
Im Unterrichtsverlauf sollten Phasen der Eruierung von Vorkenntnissen und Vorerfahrungen weitgehend frei von Leistungsanforderungen und -beurteilungen bleiben, schon allein deshalb, weil die hier von den Schülern eingebrachten Kompetenzen z. T. gar nicht im Unterricht erworben wurden, so dass ihre Bewertung zu erheblichen Teilen eine Bewertung des Milieus wäre. Zurückhalten sollte man Leistungsansprüche auch weitgehend in Erarbeitungsphasen, da sonst die kreative Produktion von Ideen leidet.
Schließlich ist zu erwägen, ob einzelne Schüler oder bestimmte Schülergruppen zeitweise von Leistungsansprüchen befreit werden können. Diese Überlegung könnte sich z. B. nahe legen im Hinblick auf Kinder fremder Nationalität, die sich noch schwer tun mit der Eingliederung in die Klasse, im Hinblick auf Wiederholer und Legastheniker oder im Hinblick auf Schüler, die im Augenblick unter besonderen psychischen Belastungen stehen (Ehescheidungen, Todesfälle etc.).
Zumindest partielle Freiheit von Leistungsanforderungen und -bewertungen kann schließlich auch bewirkt werden durch

- *Betonung der unterrichtlichen und erzieherischen Funktionen der Leistungsbeurteilung* gegenüber den gesellschaftlichen, politischen und schulorganisa-torischen (vgl. 1.6),
- stärkere Betonung der *individuellen Bezugsnorm,*

- stärkere Einbeziehung *mündlicher und praktischer Prüfungsformen* neben den schriftlichen,
- *Reduzierung von Prüfungen, die stark vom Unterricht abgehoben sind,* stattdessen Durchführung von Leistungserhebungen möglichst im unmittelbaren Zusammenhang mit dem alltäglichen Unterricht,
- *stärkere Einbeziehung von Leistungsprozessen in die Bewertung,*
- *Ersetzen von Ziffernnoten durch Verbalzeugnisse,* welche die individuellen Leistungsaspekte stärker berücksichtigen, oder wenigstens Ergänzung der Noten durch verbale Zusätze.

Alle diese konkreten Hinweise lassen im Übrigen sofort erkennen, dass es besonders schwer ist, anforderungs- und beurteilungsfreie „Räume" zu schaffen, wenn in einer Schulstufe und Schulart das Fachlehrerprinzip herrscht. In Realschulen, Gymnasien und beruflichen Schulen bedarf es sorgfältiger Absprachen der in einer Klasse unterrichtenden Lehrkräfte, wenn ein Überhandnehmen der Leistungsorientierung vermieden werden soll.

Die Leistungsbeurteilung sollte nicht immer eine vergleichende sein. Das ist eine an Bezugsnormen orientierte aber stets – egal, ob sie mit einem Gruppendurchschnitt, mit Anforderungen oder mit dem bisherigen Lernprozess des Schülers vergleicht. Nichtvergleichende Leistungsbeurteilung ist nichtwertende differenzierte Wahrnehmung der Leistung, ihrer Struktur, ihrer Entwicklung und ihrer Bedingungszusammenhänge. Sie kann z. B. in der genauen Betrachtung und Beschreibung einer künstlerischen Gestaltung bestehen oder in der Rekonstruktion der Gedanken, die zu einem Fehler führten oder im Wiedergeben von Empfindungen, welche ein Gedichtvortrag eines Mitschülers auslöste.

Die Beurteilung von Leistungen muss auch nach den ersten beiden Schuljahren bei weitem nicht immer in Form von Noten erfolgen. *Wir sollten versuchen, benotungsfreie Räume zu etablieren,* in denen Schüler mündlich oder schriftlich Bestätigungen und weiterführende Hinweise erhalten und Kritik erfahren, ohne dass dies in die Erteilung von Noten mündet.

Bei manchen Gelegenheiten ist es ratsam, für Benotungen nicht die gesamte Skala der sechs Notenstufen zu verwenden. In musischen Fächern, im Sportunterricht und in Religion arbeiten viele Lehrer de facto mit einer *verkürzten Skala.* Auch in anderen Fächern und bei anderen Anlässen könnte öfter einmal eine Klassifizierung nach Erreichen und Verfehlen des Lernziels oder eine Unterscheidung zwischen guten, mittleren und schlechten Leistungen genügen.

Sofern man benotet, sollte man sich vor der sozialen Bezugsnorm hüten. Solange es nicht möglich ist, den individuellen Lernfortschritt zur Beurteilungsgrundlage zu machen, kann schon vieles gewonnen sein, wenn die Benotung in sachlich-fachlichen Überlegungen, also in der kriterialen Norm, verankert wird.

Lehrkräfte sollten ihren pädagogischen Ermessensspielraum wieder mehr beanspruchen und ausschöpfen. Dies ist gleich bedeutend mit einem stärkeren Übernehmen von pädagogischer Verantwortung für Beurteilungen und Bewertungen. Wir müssen aufhören, Leistungsbeurteilungen über irgendwelche Formalismen zu Stande kommen zu lassen (am extremsten durch bloße Betätigung des Taschenrechners!) und wieder stärker selber einstehen für unsere Bewertungs- und Benotungsentscheidungen.

Lehrkräfte sollten sich auch aus der Fixierung auf die Probleme der Leistungsbeurteilung lösen, bei welchen sie in manchen Schularten und -stufen tatsächlich nur noch geringe Handlungsspielräume haben. *Die wichtigeren Entscheidungen fallen vielfach schon bei der Gestaltung und Durchführung von Prüfungen.* Hier besteht im Allgemeinen erheblich größerer Handlungsspielraum. Und eine ungünstig angelegte Prüfung wird auch durch die ausgeklügeltste Benotung nicht kompensiert. Insbesondere sollte man sich bemühen, vielseitig zu prüfen (schriftlich, mündlich, praktisch, mit unterschiedlichen Aufgabenformen, in unterschiedlichen Situationen und auf unterschiedlichen Niveaus) und einen engen Bezug zwischen den Prüfungen und dem vorangegangenen Unterricht herzustellen, d. h. den Schülern Gelegenheit zu geben, im Unterricht zu lernen, was sie in der Prüfung können sollen.

Anmerkungen

1 Vgl. im Einzelnen Sacher 2006, S.138ff.

2 Vgl. dazu im Einzelnen Sacher 1997.

3 Vgl. dazu u. a. Mandl / Gruber / Renkl 1995 u. 1997; Siebert 1999, S.97f.; Müller 1996, S.71ff.

4 Vgl. Cognition and Technology Group, V. 1990 u. 1991; auch Kohler 2001, S.101.

5 Nach Schleiermacher begründet in einem „Gefühl schlechthinniger Abhängigkeit" von einem die subjektive Existenz Umgreifenden, Fundierenden, Höheren (Schleiermacher 1821/ 1822).

6 Im Einzelnen vgl. dazu Sacher 2006, S.70ff.

7 Ruf / Gallin 1998, S.213.

8 In viel größerer Ausführlichkeit vgl. hierzu Winter 2004, S.77ff.

9 D. h. in der Verfügbarkeit von Wissen, dass... bzw. von Wissen über Sachverhalte im Unterschied zu prozeduralem Wissen (Wissen, wie...; Wissen über Vorgehensweisen), zu Heuristiken (Verfahren zum Gewinnen von Erkenntnissen und Lösen von Problemen) und Metakognitionen (Erkenntnissen über Kognitionen).

10 Vgl. vor allem Deutsches PISA-Konsortium 2001.

11 Bohl 2001a, S.11f. in Anlehnung an Klippert 1997.

12 Zur Kritik an den testtheoretischen Vorgaben aus der Sicht einer neuen Lernkultur vgl. Bohl 2001a, S.41f., u. Winter 2004, S.91ff. Auch das Objektivitäts-Validitäts-Dilemma (vgl. 2.4) ist hier in Erinnerung zu bringen.

13 Nach Bohl 2001a, S.40f. Allerdings ergab sich die Notwendigkeit einiger Abänderungen aus dem Umstand, dass wir hier nicht hauptsächlich von der Beurteilung, sondern von der Erbringung und Feststellung der Leistung handeln.

14 Nach Bohl 2001a, S.43ff. Auch hier ergab sich aus den oben genannten Gründen die Notwendigkeit einiger Abänderungen.

15 Vgl. Nipkow 1978, S.21, und Rumpf 1986, S.137f.
16 Das Heinrich Böll Lesebuch. Hrsg. von Viktor Böll. München: Deutscher Taschenbuchverlag 1982, S.223-225.
17 Vgl. Krapp 1996 und Deci & Ryan 1993.
18 Vgl. zu den folgenden Ausführungen Ludwig 1999b, S.111ff., S.167ff., S.197ff.
19 Metzger 2002; Metzger 2004; Metzger u.a. 2002.
20 Weinert 1980, S. 202; Becker 1991, S.179.
21 Die folgenden Anregungen verdanke ich teilweise Herrn Schulamtsdirektor Gerd Koller, Forchheim/Bayern.

11 | Wege einer neuen Prüfungskultur

11.1 Die Wiedergewinnung des Formenreichtums schulischer Leistungsfeststellungen und Leistungserbringungen

Die traditionelle Schulpraxis benutzt nur einen Bruchteil der prinzipiell möglichen Formen der Leistungsüberprüfung und -beurteilung. Dies wird schnell deutlich, wenn man sich einmal die möglichen Arten der Leistung, die Formen ihrer Inszenierung und die Modalitäten ihrer Beurteilung vor Augen hält. Dabei ist mit den folgenden Aufzählungen die denkbare Varianz sicherlich noch lange nicht ausgemessen.

11.1.1 Arten der Leistung

Wir können mindestens unterscheiden:

- mündliche, schriftliche, praktische Leistungen,
- konvergente Leistungen, die im Rahmen bekannter Lösungsansätze, Schemata und Wissensstrukturen bleiben und divergente bzw. kreative Leistungen, die Neues und Originales enthalten,
- lernzielbezogene Leistungen, die den Lernzielen des einer Prüfung unmittelbar vorangehenden Unterrichts entsprechen, und Grundlagenkompetenzen, deren Aufbau viel weiter zurückliegt oder die einfach vorausgesetzt werden (wie z. B. in der Sekundarstufe der Grundwortschatz oder das Einmaleins),
- Leistungen auf vorher festgelegten Gebieten oder Leistungen in Bereichen, die sich während des Unterrichts mehr oder weniger unvorhersagbar ergeben,
- individuelle Leistungen des einzelnen Schülers und Gruppenleistungen,
- Leistungen, die am Lern- und Leistungsprozess abgelesen werden, solche, die in Lernergebnissen und Leistungsprodukten bestehen, und solche der Dokumentation und Präsentation von Ergebnissen und Prozessen.

Lässt man es bei diesen Unterscheidungen einmal bewenden, so ergeben sich in der Kombination 3•2•2•2•2•3 = 144 Leistungsarten.

11.1.2 Inszenierungsformen der Leistung

Fast alle Leistungsarten können auf unterschiedliche Weise erbracht und festgestellt werden:

- Leistungen können inszeniert und abgefordert werden in vordefinierten, festgelegten Beobachtungssituationen und Prüfungen oder freiwillig und spontan zu Zeitpunkten, bei Anlässen und auf Arten und Weisen, die der Lerner selbst bestimmt.
  Die erstgenannte Inszenierungsform nennen wir gewöhnlich Leistungsfeststellung. Klauer (2002, S.103) definiert: „In der *Leistungsfeststellung* [Hervorhebung W. S.] wird ermittelt, welche Leistungen die Lernenden tatsächlich beherrschen und welche nicht.“ Offensichtlich ist hier der Lehrkraft vor allem eine „Ermittlerrolle“ zugedacht. In der neuen Prüfungskultur sollten die Schüler aber auch Gelegenheit zur *Leistungserbringung* erhalten, d. h. die Möglichkeit haben, Leistungen spontan zu zeigen, auch solche, die die nicht vom Lehrplan gefordert werden.
- Leistungen können explizit in sogen. Makrodiagnosen durch Prüfungen, Proben, Abfragen etc. festgestellt werden, bei welchen die Lehrkraft ihr Hauptaugenmerk auf die Diagnose richtet, eigens den Unterricht aussetzt und unterbricht. Sie können aber auch implizit in so genannten Mikrodiagnosen im Rahmen des Unterrichts gewissermaßen aus den Augenwinkeln registriert werden, ohne dass die Lehrkraft ihr Hauptaugenmerk vom Unterricht abwendet. (Schrader/ Helmke 2002, S.45f.)
- Leistungen können stichprobenartig oder kontinuierlich und vollständig erhoben werden.
- Sie können öffentlich im Beisein von Mitschülern oder exklusiv nur für den Prüfer erbracht werden.
- Sie können unter einheitlichen Anforderungen für alle Lerner oder unter differenzierten Anforderungen für verschiedene Gruppen und einzelne Schüler abgefordert werden.
- Leistungen können schließlich an präzise formulierten engen oder an weiter und offener formulierten Aufgabenstellungen gezeigt werden.

Diese Unterscheidungen, die sicherlich ebenfalls noch erweiterungsfähig sind, ergeben in der Kombination 2•2•2•2•2•2 = 64 Arten der Leistungserbringung bzw. -erhebung.

11.1.3 Beurteilungsformen der Leistung

Leistungen können unterschiedlich beurteilt werden:

- durch Anlegen quantitativer Kriterien (Abzählen von Lösungen, Punkten, Fehlern etc.) oder qualitativer Kriterien (Eleganz des Stils, Originalität einer Interpretation, Präzision einer Zeichnung etc.),

- in gebundener Beurteilung (mit Ziffernnoten oder vorgegebenen Formulierungsbausteinen) oder in ungebundener Beurteilung in frei formulierten Wortgutachten und Lernberichten,
- synthetisch oder analytisch (vgl. oben 7.1),
- nach vorgegebenen (durch rechtliche Bestimmungen oder Fachschaftsbeschlüsse festgelegten) Kriterien oder nach solchen, die der Beurteiler situations- und aufgabenentsprechend selbst entwickelt,
- unter Anlegen von einheitlichen oder differenzierten Maßstäben an die Leistungen (was noch etwas anderes ist, als das Erheben unter einheitlichen oder differenzierten Anforderungen),
- hinsichtlich der Bewältigung konkreter Aufgaben (Performanz) oder im Hinblick auf eine allgemeinere Leistungsdisposition (Kompetenz),
- monologisch oder kommunikativ, d. h. entweder so, dass die Beurteilung vom Beurteiler schriftlich oder mündlich lediglich mitgeteilt wird, oder so, dass sie in einem Kommunikationsprozess mit den Lernern gemeinsam festgelegt, jedenfalls aber gerechtfertigt und ggf. noch einmal geändert wird,
- als vergleichende und nicht vergleichende Beurteilung: Immer dann, wenn eine der drei oben (vgl. 4.3) dargestellten Bezugsnormen zugrundegelegt wird, ist die Beurteilung vergleichend: Die soziale Bezugsnorm vergleicht mit der Leistung anderer, die kriteriale mit Anforderungen, die individuelle mit früheren eigenen Leistungen bzw. dem eigenen Leistungspotenzial. Nicht vergleichende Beurteilung beschreibt die Leistung und ihre einzelnen Aspekte lediglich, zeigt andere Möglichkeiten auf, sucht Gründe für Probleme etc. Leistungsfeststellung und Leistungserbringung dienen ja nicht nur als Grundlage für die Leistungsbeurteilung. Sie haben auch pädagogischen Eigenwert. Dieser ist in vielen Fällen schon realisiert, wenn Schüler Genugtuung über ihre gezeigte Leistung erleben und wenn sie erfahren, dass andere sie aufmerksam wahrnehmen.
- in Form von Fremd- oder Selbstbeurteilung, wobei die Selbstbeurteilung sich auf die eigene Leistung oder auf die Leistung von Mitschülern beziehen und die Fremdbeurteilung eine solche durch Lehrkräfte oder Mitschüler (evtl. auch durch Eltern) sein kann.

Aus diesen Unterscheidungen ergeben sich 2•2•2•2•2•2•2•2•4 = 1024 Kombinationen.

11.1.4 Millionen Möglichkeiten!

Aus der Kombination verschiedener Leistungsarten, Formen der Inszenierung und Beurteilung resultieren 144•64•1024 = 9.437.184 Varianten der Leistungsüberprüfung und -beurteilung! Dabei muss eingeräumt werden, dass natürlich nicht alle Kombinationen gleich sinnvoll sind. In jedem Fall aber dürfte die Zahl der Möglichkeiten in die Millionen gehen. In der traditionellen Schulpraxis werden aber nur extrem wenige von ihnen benutzt:

Gegenstand der traditionellen Prüfungs- und Beurteilungspraxis sind nämlich fast nur konvergente Leistungen, die auf vorher festgelegten Gebieten und bezogen auf die Bewältigung konkreter Aufgaben stichprobenartig erhoben und inszeniert werden, wobei vor allem individuelle Leistungsergebnisse unter einheitlichen Anforderungen mit vergleichender, gebundener und monologischer Fremdbeurteilung nach vorgegebenen oder von Lehrern selbst entwickelten einheitlichen Kriterien bewertet werden.
In aller Regel werden Grundlagenkompetenzen und lernzielbezogene Leistungen nicht gesondert überprüft. Schriftliche Leistungen werden in der Regel nur exklusiv (also allein für den Prüfer) präsentiert. Im Großen und Ganzen wird die schulische Prüfungspraxis von lediglich sechs Formen beherrscht, die in Tabelle 20 dargestellt sind – eine Armut an Varianten, die kaum mehr zu überbieten ist!

Die Leistungen von Schülern werden offensichtlich umso vollständiger erfasst, je vielfältiger die Formen ihrer Überprüfung und Beurteilung sind. Es ist zu fürchten, dass bei der gegenwärtigen Beschränkung auf einige wenige Formen zahlreiche Schüler wichtige Aspekte ihrer Leistung gar nicht zeigen können.
Wir gehen im Folgenden auf einige weitere Formen der Leistungsüberprüfung und -beurteilung näher ein, die insbesondere im Zusammenhang der so genannten Neuen Lernkultur Bedeutung erlangt haben und Wege zu einer neuen Prüfungskultur weisen.

		SCHRIFTL. LEISTUNG	MÜNDL./ PRAKTISCHE LEISTUNG
		Lernzielbezogene Leistungen u. Grundlagen	
QUANTITATIVE KRITERIEN, ENGE AUFGABENSTELLUNG, SYNTHETISCHE BEURTEILUNG	*Exklusive Präsentation*	1. Schulaufgabe, Stegreifaufgabe	3. Mündliche Individualprüfung
	Öffentliche Präsentation	---	4. Abfrage, öffentliche mündliche Prüfung
QUALITATIVE KRITERIEN, OFFENE AUFGABENSTELLUNG, ANALYTISCHE BEURTEILUNG	*Exklusive Präsentation*	2. Aufsatz, Facharbeit, Hausarbeit	5. Mündliche Individualprüfung
	Öffentliche Präsentation	---	6. Öffentliche mündliche Prüfung

Tabelle 20: Die Praxis schulischer Leistungserhebung und -beurteilung

11.2 Selbstbeurteilung der Schüler

Die Selbstbeurteilung der Schüler ist der zentrale methodische Ansatz der Leistungsbeurteilung in der Neuen Lernkultur. Ohne Einbeziehung und Kultivierung der Schülerselbstbeurteilung ist Leistungsbeurteilung in der Neuen Lernkultur letztendlich gar nicht möglich.

11.2.1 Sinn und Grenzen der Selbstbeurteilung

Ansätze der Beurteilung von Leistungen und Lernprozessen durch die Schüler selbst finden sich schon in der Reformpädagogik, z. B. bei Kerschensteiner, Gaudig, Freinet, Montessori und in Waldorfschulen. (Winter 1991, S.28ff.) Dass Selbstbeurteilung von Schülern sich bislang gleichwohl wenig durchgesetzt hat, ist schwer zu verstehen: Auf Grund aktueller Erkenntnisse der Neurobiologie und sich darauf stützender systemtheoretischer und konstruktivistischer Ansätze der Unterrichtstheorie wissen wir sicherer als jemals zuvor, dass Lernen entscheidend durch die Lernsubjekte gestaltet wird. Auch die Zielvorgabe des mündigen Menschen, welche diejenige des selbständigen Lerners impliziert, verweist uns auf die Bedeutung der Selbstbeurteilung. Erfolgreiche Selbstkontrolle – wenn wir Mündigkeit einmal so operationalisieren – beinhaltet drei Elemente: Kontrolle des eigenen Verhaltens, Kontrolle der Umgebung und Selbstbeobachtung. (Armstrong & Frith 1984, S.6) Zum selbstständigen und selbst gesteuerten Lernen gehört also zweifellos auch die Selbstbeurteilung des Lern- und Leistungsprozesses und seiner Ergebnisse durch die Schüler.

Darüber hinaus lassen sich *weitere Gründe für eine stärkere Beteiligung der Schüler an der Beurteilung ihrer Leistungen* anführen[1]:

- Eine stärkere Einbeziehung der Schüler bei der Leistungsbeurteilung entspricht demokratischen Grundsätzen.
- Sie erhöht die Transparenz von Bewertungs- und Benotungsprozeduren und reduziert dadurch die Schul- und Prüfungsangst.
- Die Schüler geben sich selbst und einander durch Selbstbeurteilung schnellere und bessere Rückmeldungen über ihre Leistungen als sie die Lehrkraft zu geben vermag.
- Durch Selbstbeurteilung lernen die Schüler ihre eigene Struktur der Leistungserbringung kennen. Die übliche Lehrer-Fremdbeurteilung bahnt ihnen dazu kaum einen Weg.
- Selbstbeurteilung schärft bei den Schülern die Wahrnehmung auch bereits kleinerer eigener Lernfort- und -rückschritte, längst bevor sich diese in einer Änderung der erzielten Noten niederschlagen.
- Sie lenkt die Aufmerksamkeit der Schüler auf Prozesse und Merkmale, denen sie normalerweise keine oder nur geringe Beachtung schenken, verbessert damit

die Selbstbewusstheit (Self-Awareness) und macht ihnen den Zusammenhang zwischen dem eigenen Verhalten und den Konsequenzen deutlicher.
- Selbstbeurteilung fördert die sogen. Metakognitionen (den Aufbau von Wissen über die eigenen Kognitionen und Lernprozesse), die nach allem, was wir aus der neueren Lehr-Lern-Forschung wissen, höchst bedeutsam für den Lernerfolg sind.[2]
- Selbstbeurteilung hebt die „Entfremdung" der Schülerleistung auf: Sie verbessert die Beziehung der Schüler zu ihren eigenen Arbeiten und den entsprechenden Beurteilungen durch die Lehrkräfte. Es kommt zur „gemeinsamen Qualitätsfürsorge" von Lehrern und Schülern für die Lernprozesse und Leistungen.
- Selbstbeurteilung verbessert die Akzeptanz der Lehrerbeurteilung: Schüler lernen die Kriterien der Lehrkräfte besser zu verstehen, indem sie diese auf sich selber anwenden. Sie erleben am eigenen Leibe, wie schwierig es ist, Leistungen und Lernprozesse umfassend und angemessen zu würdigen.
- Es ist schon fast ein Allgemeinplatz in der Fachdiskussion, dass neben den Ergebnissen von Lernprozessen auch ihr Verlauf stärker berücksichtigt werden sollte. Um aber wirklich Prozessdiagnostik zu betreiben, brauchen wir die Hilfe der Schüler: Die Lehrkraft kann immer nur einzelne Schüler beobachten und auch dies nur zeitweise. Außerdem sind viele für das Lernen entscheidende Prozesse (wie die Denkprozesse und Gefühle) nur für die Schüler selbst, nicht aber für einen außenstehenden Beobachter zugänglich. Auch die häuslichen Arbeiten der Schüler entziehen sich der unmittelbaren Lehrerbeobachtung.
- Durch Selbstbeurteilung werden Macht- und Konkurrenzstrukturen im Unterricht abgebaut: Die Schüler können von den mitgeteilten Erfahrungen und Urteilen ihrer Mitschüler profitieren. Das Machtgefälle zwischen Schülern und Lehrkräften wird reduziert, weil diese sich mehr um ein Verständnis für die Leistungsbedingungen der Schüler bemühen und auf ihre Monopolstellung in der pädagogischen Diagnostik zumindest teilweise verzichten.
- Selbstbeurteilung dient der kommunikativen Validierung und somit der besseren Absicherung der Leistungsbeurteilung (Lütgert 1999, S.49). So kann die Lehrkraft z. B. leichter eine größtmögliche Verständlichkeit ihrer Beurteilung für die Schüler erreichen.
- Selbstbeurteilung liefert wichtige zusätzliche Informationen, welche die Lehrkraft mit Gewinn bei der weiteren Unterrichtsgestaltung berücksichtigen kann.
- Im Gefolge der Selbstbeurteilung gibt es mehr und differenziertere Gespräche von Eltern, Schülern und Lehrern über Unterricht.
- Nicht zuletzt ist kaum von der Hand zu weisen, dass Schüler sich ohnehin immer schon Gedanken über ihr Lernen und über ihre Leistungen machen. Die Frage ist nur, ob sie dabei realistische und hinreichend differenzierte Überlegungen anstellen. Explizite Selbstbeurteilung ist eine wichtige Hilfe dazu.

- Wir haben gute Gründe anzunehmen, dass die eigenen Gedanken der Schüler über ihr Lernen und über ihre Leistungen ihr Lernen sehr viel mehr steuern als die Urteile und Bewertungen anderer. Die Fremdbeurteilung der Lehrkraft ist zunächst einmal nur Bestandteil der äußeren Lernsituation eines Schülers. Sie wird nur in dem Maße lernwirksam, wie sie auch in seiner inneren, von ihm selbst konstruierten Lernsituation vorkommt. D. h. das Lehrerurteil gewinnt erst größeren Einfluss, wenn die Schüler es sich zueigen machen. Selbstbeurteilungen aber sind von vornherein Bestandteil dieser lernwirksamen inneren Lernsituation des Schülers! *Die Selbstbeurteilung der Schüler ist gewissermaßen das Nadelöhr, durch welches das Lehrerurteil hindurch muss, wenn es Auswirkungen auf ihren Lernprozess haben will.*

Es werden aber auch *Einwände und Bedenken gegen Schülerselbstbeurteilung* vorgebracht:[3]

- Lehrer äußern häufig die Befürchtung, Schüler würden ihre Leistungen zu milde und zu nachsichtig beurteilen. Entsprechende Erfahrungen aus der Praxis gehen allerdings dahin, dass die Noten, welche Schüler sich selbst geben, im Großen und Ganzen recht gut mit denen übereinstimmen, die sie von der Lehrkraft erhalten (wohl nicht zuletzt, weil in die Schülernoten die vermutete Zensierung durch die Lehrkraft mit einfließt), eher sogar etwas schlechter ausfallen. Ferner kann unrealistische Selbstbeurteilung weitgehend vermieden werden, wenn man konkrete Handlungsmodelle und Lösungsmuster vorgibt, an welchen die Schüler sich orientieren können. Jedenfalls verweist dieser Einwand letztlich nur auf eine Erziehungsaufgabe, der wir uns endlich stellen müssen.
- Selbstbeurteilung bedarf einiger intellektueller Voraussetzungen bei den Schülern, die nicht ohne weiteres gegeben sind. Diesem Hinweis muss man dadurch Rechnung tragen, dass man entwicklungspsychologisch dosiert vorgeht.
- Eingewendet wird auch, Schüler hätten nicht den Überblick über die Gesamtleistung der Klasse und könnten somit auch nicht darüber befinden, wo sie selbst stehen (Lutz-Sikora 2000b). Ich würde das als einen Vorteil ansehen: Schüler können somit in vielen Fällen gar nicht die höchst problematische soziale Bezugsnorm anwenden. Es bleibt ihnen nur der Blick auf Lernziele und ihre eigene Leistungsentwicklung – und das ist gut so!
- Schüler sind auf das Lob der Lehrkraft angewiesen, das sie zunehmend entbehren müssen, wenn Selbstbeurteilung stärker ins Spiel gebracht wird. Dagegen ist zu halten, dass Lob nur die extrinsische Motivation stärkt und deshalb ohnehin im Laufe der Zeit zurückgenommen werden muss. An seine Stelle sollte besser eine „Kultur der gegenseitigen Wahrnehmung" von Leistungen treten – nicht nur durch Lehrkräfte, sondern auch durch Mitschüler, Eltern und eine breitere Öffentlichkeit (Winter 1991, S.134).

- Zu einer sachgerechten Selbstbeurteilung ist nur in der Lage, wer den Lerninhalt beherrscht. Davon darf aber bei Schülern vielfach nicht ausgegangen werden. Diesem Einwand muss zumindest insoweit stattgegeben werden, als Selbstbeurteilung nicht ganz am Anfang und in Frühstadien von Lernprozessen praktiziert werden sollte, es sei denn in einem dezidierten Sinne als „vorausschauende" Selbstbeurteilung. (Vgl. unten 11.2.2)
- Die Selbstbeobachtung, welche der Selbstbeurteilung zu Grunde liegen muss, zieht einen Teil der Aufmerksamkeit von der Auseinandersetzung mit dem Lerngegenstand ab und kann dadurch Handlungsabläufe und Lernprozesse stören. Auch diesen Einwand kann man nicht generell entkräften. Man muss also im Einzelnen genau prüfen, wann Selbstbeurteilung angebracht ist und wann nicht und ggf. für Entlastungen der Aufmerksamkeit sorgen.
- Schüler sind häufig gar nicht motiviert, sich selbst zu beurteilen. Das hat wahrscheinlich vielfältige Gründe: Sie haben in ihrer bisherigen schulischen Sozialisation erfahren, dass Beurteilung „Lehrersache" ist. Schüler sehen oft auch die Notwendigkeit nicht, ihre Lernprozesse zu kontrollieren, oder sie überschätzen das von ihnen bereits realisierte Ausmaß an Kontrolle. (Winter 1991, S.101) Häufig mögen sie auch intuitiv spüren, dass in der Selbstbeurteilung eine unausweichlichere Nötigung liegt, sich mit der eigenen Leistung auseinander zu setzen, als in der traditionellen Fremdbeurteilung. So können z. B. selbst festgestellte Defizite von den Schülern weniger leicht bagatellisiert werden, zumal dann nicht, wenn auch Möglichkeiten erkannt wurden, wie sie zu beheben sind. Man kann dann als Schüler nicht mehr feilschen und tricksen und einfach seinen Vorteil suchen. Man muss sich vielmehr ernsthaft um Erfolg bemühen. (Lutz-Sikora 2000a) Ein weiterer Grund dürfte auch in dem zumindest anfänglichen Widerspruch zwischen Selbstbeurteilung und der Fremd-Initiierung der Selbstbeurteilung durch die Lehrkraft liegen. (Winter 1991, S.130ff.)
  Ein Motivationsproblem ergibt sich evtl. auch daraus, dass die Schüler Selbstbeurteilung als unverbindliche Spielerei empfinden, weil die Lehrkraft am Ende ja doch das letzte Wort hat. Vielleicht ist es in diesem Zusammenhang hilfreich, verschiedene *Ebenen der Beurteilung* zu unterscheiden:[4]
  - eine *Unterrichtsebene* mit laufenden Feed-backs, Lernhilfen, Lernberatung, aber auch Selbsteinschätzungen und -beurteilungen während der Lern- und Leistungsprozesse
  - eine *Berichtsebene* mit periodisch erstellten Lernberichten und
  - eine *Promotionsebene* mit Zeugnissen, Versetzungs- und Übertrittsentscheidungen.

  Es ist klar, dass die Domäne der Selbstbeurteilung hauptsächlich auf der ersten Ebene liegt. Auch auf der zweiten kann sie z. T. Sinn machen, während man sie aus der dritten wohl mehr oder weniger gänzlich heraushalten wird.

- Selbstbeurteilung kann als bloßes Mittel zur Verstärkung der Wirksamkeit von Lehrer-Fremdbeurteilungen und zur Verbesserung ihrer Akzeptanz angesehen werden. Sie kann die ohnehin schon sehr weit gehende Gängelung der Schüler durch permanente (selbst vollzogene) Leistungskontrollen perfektionieren und missrät leicht zu einer verschleierten Repression der Schüler, welche durch die Selbstbeurteilung dazu gebracht werden, sich und ihre Leistungen an den verinnerlichten Maßstäben der Schule und der Lehrkräfte zu messen. Auch diese Gefahr sollte man ernst nehmen. Man wird ihr vor allem dadurch begegnen, dass man den Schülern nicht nur Gelegenheit gibt, die Kriterien der Schule und der Lehrkräfte besser kennen und verstehen zu lernen, sondern ihnen auch die Möglichkeit einräumt, eigene Kriterien für die Beurteilung ihrer Leistungen zu entwickeln.

11.2.2 Begriff und Formen der Selbstbeurteilung

Die Auseinandersetzung mit Pro- und Contra-Argumenten zur Selbstbeurteilung macht es notwendig, sich genauer über ihren Begriff zu verständigen: „Selbstbeurteilung" steht im Kontext einer Vielzahl verwandter Begriffe wie Selbstbewertung, Selbsteinschätzung, Selbstdiagnose, Selbstbenotung, Selbstbeobachtung, Selbstüberwachung, Selbstkontrolle, Selbstauswertung, Selbstkorrektur, Selbstverstärkung, Selbstrückmeldung. (Winter 1991, S.48) *Wir wollen im Folgenden unter Selbstbeurteilung der Schüler ihr selbstständiges Reflektieren und Kommunizieren über Lernprozesse und Leistungen verstehen.* Dieses Bilden und Austauschen von Urteilen muss nicht notwendigerweise wertend sein. Selbstbewertung ist eine besondere Form der Selbstbeurteilung, und erst recht handelt es sich um einen Spezialfall, wenn diese Bewertung in Noten ausgedrückt wird. Selbstbeurteilung zu praktizieren, heißt also noch keineswegs, dass Schüler sich ihre Noten selbst geben, was ja auch schon allein rechtlich gar nicht zulässig wäre!

Selbstbeurteilung setzt Selbstbeobachtung und Selbstdiagnose voraus, sollte im Allgemeinen in Selbstrückmeldung münden und zur Selbstkontrolle führen.

Selbstbeurteilung im Sinne selbstständigen Reflektierens und Kommunizierens über Lernprozesse und Leistungen liegt auch vor, wo Schüler über Leistungen von Mitschülern oder Lehrkräften urteilen. Sie urteilen ja auch in diesen Fällen selbst und sind nicht lediglich Adressaten fremder Urteile. Die Fähigkeit, eigene Lernprozesse und Leistungen zu beurteilen und zu kontrollieren, wird sogar in aller Regel über die Beurteilung und Kontrolle der Handlungen anderer aufgebaut.

Folgende *Formen der Selbstbeurteilung* sind zu unterscheiden (Winter 1991, S.53ff.):

- Wie die Leistungsbeurteilung generell kann auch die Selbstbeurteilung *ergebnisbezogen (produktorientiert) oder handlungsbezogen (prozessorientiert)* sein. Dass ihre besonderen Chancen in der Prozessorientierung liegen, wurde oben schon betont.

- Selbstbeurteilung kann sich auf *unterschiedliche Beurteilungsobjekte* richten: Diese können Leistungen, aber auch Urteile über Leistungen sein. Es macht durchaus Sinn, sich urteilend mit den Urteilen von Mitschülern oder Lehrkräften über die eigene Leistung auseinander zu setzen oder auch mit einem eigenen früheren Urteil über diese. („Hatte ich damals meine Schwächen und Stärken richtig eingeschätzt? Hatte ich effektive Maßnahmen getroffen?" etc.)
- Das Urteil kann auf *unterschiedliche Personen* gerichtet sein: auf den urteilenden Schüler selbst, auf Mitschüler, auf die Lehrkraft. Bezogen auf die Lehrkraft können sich Schüler z. B. fragen: „Welche Hilfen der Lehrkraft haben mir das Verständnis erleichtert, welche weniger? Wo fand ich den Unterricht interessant? Wo hat sich die Lehrkraft erfolgreich um Veranschaulichung bemüht? Wo blieb der Unterricht zu abstrakt?" etc.
- Selbstbeurteilung kann an *unterschiedlichen Stellen des Lern- und Arbeitsprozesses* durchgeführt werden als vorausschauende, begleitende oder nachfolgende Selbstbeurteilung. Winter (1991, S.53ff.) hebt davon noch eine planende Selbstbeurteilung ab, in welcher Schlussfolgerungen für die weitere Lernplanung der Schüler gezogen werden. Vorausschauende Selbstbeurteilung sollte nicht nur das Vorgehen reflektieren und schließlich planend festlegen, sondern auch mutmaßliche Probleme vorwegnehmen und abschätzen. Begleitende Selbstbeurteilung wird sich vor allem auf Stellen im Lern- und Arbeitsprozess konzentrieren, wo Schüler sich ohnehin neu orientieren und von sich aus schon reflektieren, also z. B. auf das Erreichen von Teilzielen oder auf erfahrene Schwierigkeiten.
- Schließlich kann man noch *eine auf konkrete Aufgaben bezogene und eine allgemein erfahrungsbezogene Selbstbeurteilung* unterscheiden, in welcher Leistungen und Leistungsfähigkeit hinsichtlich größerer Bereiche oder Zeiträume eingeschätzt werden. Im Allgemeinen tun sich Schüler mit aufgabenbezogener Selbstbeurteilung leichter. Und überdies sind aus ihr meistens konkretere Konsequenzen für das weitere Lernen zu ziehen. Allgemein erfahrungsbezogene Selbstbeurteilung sollte sich jedenfalls immer auf ausreichende aufgabenbezogene Selbstbeurteilung stützen, sonst läuft sie Gefahr, zu purer Spekulation zu entarten.
- Selbstbeurteilung kann *sich vorgegebener Kriterien* oder – mindestens auch – *selbst entwickelter Kriterien* bedienen.
- Sie kann *vergleichend oder nichtvergleichend* sein. (vgl. 10.5.5)
- Selbstbeurteilung kann *privat oder im Austausch mit Anderen* durchgeführt werden. Es ist ein guter Grundsatz, Selbstbeurteilung zunächst möglichst nur privat und erst allmählich auch öffentlich zu praktizieren. (Winter 1991, S.90)
- Sie kann *freiwillig* erfolgen oder sie kann *verpflichtend* sein.

11.2.3 Möglichkeiten und Methoden der Schülerselbstbeurteilung

Förderorientierung

Selbstbeurteilung macht nur Sinn innerhalb einer Förderdiagnose. (Vgl. oben 10.4.3) Sie sollte möglichst unmittelbar auf die Verbesserung des künftigen Lernens der Schüler zielen. Es ist klar, dass eine solche förderorientierte Selbstbeurteilung verbal gefasst sein muss. Ziffernnoten sind viel zu formal und abstrakt, als dass sie für die Förderungsintention sonderlich hilfreich sein könnten.

Selbstbeurteilung als Lernprozess

Schüler müssen die angemessene Beurteilung von Lernprozessen und Leistungen erst erlernen. Dieser langwierige Prozess gibt Gelegenheit, bei ihnen eine Reihe von Missverständnissen zurechtzurücken und auszuräumen:

Schüler erklären ihre Leistungen häufig im Übermaß aus Begabung, undifferenzierter Anstrengung, Glück und Pech. Über die Selbstbeobachtung und Selbstbeurteilung können sie auch den Zusammenhang zwischen der Verwendung bestimmter Lerntechniken und -strategien einerseits und der erzielten Leistung andererseits erfahren.

Schüler neigen von sich aus gerne dazu, ihre Leistungen danach einzuschätzen, wie sie im Vergleich zu anderen liegen. Eine Fünf ist z. B. dann nicht so dramatisch, wenn auch der beste Freund eine abbekommen hat. Durch die Lernarbeit an ihrer Selbstbeurteilung können andere und angemessenere Maßstäbe an Stelle des sozialen Vergleichs aufgebaut werden – der eigene Lernfortschritt, das Erreichen eines gesteckten Zieles, die eigene Freude am Gelingen.

Dabei sollte der Aufbau von Qualitätskriterien für Leistung möglichst früh erfolgen. Selbstbeurteilung in der Sekundarstufe, insbesondere in der Oberstufe des Gymnasiums, erfreut sich bereits einer gewissen Verbreitung.[5] Entgegen einer häufigen Ansicht können aber auch Grundschüler durchaus schon altersangemessen über ihr Lernen und ihre Leistungen reflektieren. Im Schweizer Kanton Bern wurde in den Jahrgängen 1 bis 3 ein erfolgreicher Modellversuch durchgeführt. (Buff/ Rohner 1989) Im Kanton Solothurn wird in der Primarstufe seit 1993 eine „erweiterte Beurteilung" praktiziert, zu der neben der Lehrerbeurteilung auch die Selbstbeurteilung der Schüler und die Beurteilung der Schüler durch die Eltern gehört. (Erziehungsdepartement 1995a) Auch aus den USA und aus Österreich werden einschlägige Erfahrungen berichtet.[6]

Die frühe Förderung von Selbstbeurteilungskompetenzen hat u. a. den Vorteil, dass die Schüler in der Primarstufe die Kriterien und Praktiken der schulischen Leistungsbeurteilung noch nicht sehr stark internalisiert haben und somit auch weniger als in der Sekundarstufe Gefahr laufen, nur die Beurteilungspraxis der Lehrkraft zu kopieren.

Geeignete Bedingungen für Selbstbeurteilung
Es genügt bei weitem nicht, Schüler einfach zur Selbstbeurteilung einzuladen oder aufzufordern. Man muss auch Bedingungen schaffen, „unter denen es sinnvoll und möglich ist, sich selbst zu beobachten, zu kontrollieren, zu bewerten und zu beurteilen." (Winter 1991, S.117) Überlegungen dazu sind in der Regel schon bei der Planung des Unterrichts anzustellen.

Im Einzelnen ist auf folgende Gesichtspunkte zu achten:[7]

- Die Motivation für Selbstkontrolle und Selbstbewertung muss gegeben sein bzw. es muss für sie gesorgt werden. In diesem Zusammenhang ist es wichtig, den Schülern Schule als gestaltbaren Raum nahe zu bringen. Selbstbeurteilung wird ihnen wenig sinnvoll erscheinen, wenn sie ihr Lernen als fremdbestimmt erleben. Ihre Motivation ist im Allgemeinen auch dann besser, wenn Selbstbeurteilung im Zusammenhang mit Inhalten praktiziert wird, deren Aneignung den Schülern wichtig ist, und wenn ihnen im Anschluss an die Selbstbeurteilung ein Beratungsgespräch mit der Lehrkraft in Aussicht gestellt wird.
- Oft muss man entlastende Bedingungen für die Selbstbeurteilung schaffen, damit die Schüler nicht durch die Doppelrolle überfordert werden, dass sie sich konzentriert und intensiv sowohl mit der Lernaufgabe als auch mit dem eigenen Lernen auseinander setzen müssen. Solche Entlastung kann durch Tonband- und Videoaufzeichnungen, vor allem aber durch das Prinzip des auf verschiedene Personen aufgeteilten Handelns erfolgen. Dabei widmet sich ein Schüler mit ungeteilter Aufmerksamkeit der Bewältigung einer Aufgabe, während ein Mitschüler die Beobachtung und Beurteilung des Handelns übernimmt. Dieses Vorgehen hat über die Entlastung der Aufmerksamkeit hinaus noch weitere Vorzüge:
  - Der beobachtende und urteilende Mitschüler hat größere Distanz zur Leistung des Lernenden als dieser selbst. Andererseits stand bzw. steht er unter ähnlichen Anforderungen, so dass er die erbrachte Leistung einigermaßen einschätzen kann.
  - Der Lernende wird häufig ein Mitschülerurteil eher akzeptieren als das Lehrerurteil. Er wird vom Mitschüler auf Aspekte hingewiesen, die er prinzipiell auch selber sehen könnte, die gewissermaßen in seiner Reichweite liegen.
- Der Weg führt also von der Fremdbeurteilung zur Selbstbeurteilung. D. h. es ist für Schüler leichter, zunächst Leistungen anderer zu beurteilen als die eigenen.
- Gegenseitige Beurteilung von Schülern hat freilich mit der Schwierigkeit zu kämpfen, dass viele Schüler Hemmungen haben, sich zu Leistungen von Mitschülern zu äußern. „Die ausdrückliche Aufforderung eines Schülers an einen Mitschüler, eine Bewertungsfunktion für die eigene Arbeit zu übernehmen, ändert die Sachlage." (Winter 2004, S.214) Der zu beurteilende Schüler kann

dann selbst bestimmen, wozu er Rückmeldungen haben möchte, und die Mitschüler können davon ausgehen, dass ihr Urteil erwünscht ist.

- Der Unterricht sollte problemorientiert, auf die Vermittlung von Methoden und Strategien (Metakognitionen) ausgerichtet und immer wieder von Diskussionsstrecken durchsetzt sein.
- Die Schüler müssen davon ausgehen können, dass im Unterricht Zeit und Hilfe für das Aufarbeiten von Lücken gegeben wird. Wenn nur Hinweise und Tipps für die häusliche Lernarbeit mit Schülerselbstbeurteilung verbunden werden, sind Schüler über kurz oder lang auf der Hut, Lücken und Schwächen einzugestehen, weil dies nur Mehrarbeit nach sich zieht.
- Es muss mit den Schülern geübt werden, Aufgaben in Teilschritte zu zerlegen und methodenbewusst vorzugehen.
- Die bearbeiteten Aufgaben sollten äußere Handlungen und Operationen erfordern, die man gut beobachten und dokumentieren kann. Mit fortgeschrittenen Schülern sollte man die Methode des lauten Denkens einüben: Derjenige Lernpartner, der sich mit einer Aufgabe auseinandersetzt, sollte seine Gedanken laut verbalisieren, so dass der andere Lernpartner sie beobachten und beurteilen kann.
- Man tut gut daran, Winters (2004, S.242) Prinzip der „Ausbildung durch Vereinseitigung" zu beherzigen: „Die Schüler erhalten eine gesonderte Aufgabe zum Beobachten oder Bewerten eines Teilbereiches der eigenen Arbeit oder der Arbeit eines Mitschülers. Indem man sich auf derartige Aufgaben konzentriert, bestehen günstige Bedingungen, die Beobachtung und Bewertung zu erlernen." (ebd.)
- Ferner dürfen die Aufgaben im Allgemeinen nicht zu einfach sein, weil sonst von den Schülern die Selbst- oder Fremdbeobachtung und die explizite Selbstbeurteilung leicht als übertriebener Aufwand empfunden wird.
- Geeignet sind keineswegs nur Aufgaben mit relativ festen Lösungswegen, sondern auch und ganz besonders solche, die unterschiedliche Herangehensweisen erlauben.
- Zunächst kommen Aufgaben in Frage, die in Alleinarbeit gelöst werden können. Aber man wird schließlich auch Gruppenarbeiten einer Selbstbeurteilung unterziehen, um die Art und die Qualität der Kooperation zu reflektieren.
- In vielen Fällen empfiehlt sich die Verwendung von Handlungsmodellen, Handlungsmustern, Checklisten und Musterlösungen, damit die Selbstbeurteilung der Schüler hinreichend konkret wird.
- Ein bescheidener Anfang kann mit der Aufforderung gemacht werden, einen Bericht über die eigene Arbeit zu geben.
- Günstig ist auch ein Einstieg in die Selbstbeurteilung über die Beurteilung von „Halbfabrikaten" (Winter 2004, S.244): Es ist dann schon ein gewisses

Grundverständnis vorhanden und es liegen bereits Leistungen vor, über die geurteilt werden kann, und es ist auch schon ein gewisser Arbeits- und Lernprozess zurückgelegt. Andererseits kann die Selbstbeurteilung noch unmittelbar Früchte in der weiteren Aufgabenbewältigung tragen. Auch die Offenheit für Vorschläge anderer ist in dieser Phase noch viel größer als am Ende, weil sie oft noch ohne größeren Mehraufwand umgesetzt werden können, jedenfalls nicht zu einem völligen Neuanfang führen müssen.

Ausgehen von den Reflexionen und Metakognitionen der Schüler
Der Aufbau von Qualitätskriterien für Leistung muss behutsam erfolgen: Eine allzu rasche Verabredung von Kriterien zwischen Lehrern und Schülern ist nicht optimal. Sie führt im besten Falle zur bloßen Internalisierung von Lehrerkriterien und bringt die Lehrkräfte größtenteils um die Chance, die Vorstellungen der Schüler über ihre Lernprozesse und Leistungen eingehender kennen zu lernen.
Wie schon oben ausgeführt (vgl. 10.5.3) und mit methodischen Hinweisen verbunden, sollte die Förderung von Metakognitionen von der eigenen Reflexion der Schüler über ihre Lernprozesse und Leistungen, vom subjektiven Strategiewissen der Schüler und von ihren individuellen Bedürfnissen ausgehen.

Störstellenanalyse[8]
Von zentraler Bedeutung für die Reflexion über Lernen und Leistung ist die produktive Aufarbeitung von Fehlern, die in der Schulpraxis noch weithin vernachlässigt wird. Gewöhnlich werden bei der Nachbesprechung von Prüfungen nur die richtigen Lösungen aufgezeigt und die Fehler durch diese ersetzt („verbessert"). Ein solches Vorgehen ist völlig unzureichend. Schüler verharren dann oft in einer punktuellen Wahrnehmung der Fehler und dringen kaum zu strukturellen Einsichten vor, so dass sich nicht selten dieselben Fehler in der nächsten Prüfung wiederholen. Außerdem erfolgt die Korrektur und Verbesserung der Fehler meist zu spät – nachdem die Leistung erbracht ist, oft erst zum Abschluss einer Unterrichtseinheit. Die Schüler haben auf diese Weise kaum Chancen, eine Leistungsverbesserung noch honoriert zu bekommen. Häufig wird sie nicht einmal von der Lehrkraft bemerkt, da der Unterricht inzwischen zu einem neuen Gebiet fortgeschritten ist.
Vor allen Dingen muss ein Ende gemacht werden mit der verbreiteten Ächtung der Fehler. „Fehler sind Fenster auf den Lernprozess" (Nübel 1998), d. h. sie geben oft wertvolle Einblicke in die Denk- und Arbeitsweise von Schülern. Fehler als anfängliche Unvollkommenheiten gehören zum Lernen. Eine von vornherein fehlerfreie Leistung kann auch auf Zufall und Glück beruhen. Unzweifelhaft gelernt hat aber ein Schüler, der anfängliche Fehler im Laufe der Zeit vermeidet und ausmerzt.

Systematische Fehlerarbeit sollte vier Schritte umfassen:

- *Sensibilisierung für Fehler:* Fehler müssen erst einmal von den Schülern selbst als solche erkannt werden. Hilfreich sind Übungen im Suchen von eigenen und fremden Fehlern und von den Schülern geführte Fehlerlisten (vgl. Tabelle 21).
- *Reflexion über Fehler:* Das Nachdenken über Fehler geht hauptsächlich in zwei Richtungen:
  - *Klassifizierung der Fehler:* Um welche Art von Fehlern handelt es sich? Um Wahrnehmungsfehler, Missverständnisse, Verwechslungen, Leichtsinnsfehler, systematische Fehler (die von einem Schüler konsequent und durchgängig gemacht werden), verbreitete Fehler (die viele Schüler machen), typische Fehler (die für einen bestimmten Schüler charakteristisch sind, bei ihm häufig auftreten) usw. Hier können fachspezifische Klassifizierungen anschließen, also bei Rechtschreibfehlern z. B. die Unterscheidung zwischen Fehlern in Groß- und Kleinschreibung, bei Dehnungen, Schärfungen usw.
  - *Kausalhypothesen:* Sind Fehler erst einmal nach ihren Arten klassifiziert, liegen oft schon Vermutungen über die Ursachen nahe, also z. B. Aufmerksamkeits- und Konzentrationsmängel, Ermüdung, geringe Sorgfalt, zu hohes Arbeitstempo, vergessene oder nicht bekannte oder nicht verstandene Regeln, fehlende Grundlagenkenntnisse usw.
- *Maßnahmen zur Vermeidung von Fehlern:* Aus den Kausalhypothesen wiederum lassen sich Maßnahmen ableiten, mit deren Hilfe künftig Fehler vermieden werden können, also z. B. das Einprägen, Wiederholen und genauere Beachten von Regeln, das Suchen von ähnlichen Fällen und Beispielen, das Bilden von Analogien, das Erfinden von Eselsbrücken und die Verwendung von Techniken und Hilfsmitteln für die präventive Fehlerdiagnose (z. B. das Bilden einer Quersumme, das Verwenden der Rechtschreibroutine einer Textverarbeitung, eines Wörterbuchs usw.)
- *Evaluation der ergriffenen Maßnahmen:* Es sollte regelmäßig überprüft werden, ob die Maßnahmen zum gewünschten Erfolg der Fehlerreduzierung führen.

In die einzelnen Schritte dieses Vorgehens wird zunächst mit Unterstützung der Lehrkraft eingeführt. Dann aber sollten die Schüler zunehmend selbstständig an ihren Fehlern arbeiten und individuelle Maßnahmen entwickeln. Die Techniken und Strategien der Profis helfen nicht jedem und nicht jedem gleich gut. Es ist jedoch zu empfehlen, dass die Schüler ihre Ursachenerklärungen und Maßnahmen in gewissen Zeitabständen immer wieder einmal mit der Lehrkraft besprechen, damit falsche Interpretationen von Fehlern und ineffektive Maßnahmen vermieden werden.

Die vier Schritte der Fehlerarbeit lassen sich gut in einer Fehlerliste zusammenfassen und dokumentieren, die z. B. Bestandteil eines Lerntagebuchs oder eines Portfolios (vgl. 11.4) sein könnte. Wird die Fehlerliste über einen längeren Zeitraum hinweg geführt, lässt sie Lernfortschritte recht gut erkennen. Aus den individuellen Fehlerlisten kann die Lehrkraft eine Mängelliste für die ganze Klasse zusammenstellen, die natürlich nur für den eigenen Gebrauch bestimmt ist und auf keinen Fall veröffentlicht werden darf. Eine solche Mängelliste gibt eine Übersicht über Stärken und Schwächen aller Schüler und ist eine Grundlage für gezielte Wiederholungen im Plenum, in Gruppen, in Lernpartnerschaften oder mit einzelnen Schülern und gibt der Lehrkraft immer wieder auch Anlass, den eigenen Unterricht kritisch zu überdenken.

Berichtshefte und Lerntagebücher[9]

Hilfreich für die Förderung metakognitiver Prozesse ist ihre schriftliche Dokumentation in einem Arbeits- oder Berichtsheft bzw. Lerntagebuch, in dem nicht nur die Fortschritte in der Bewältigung des Lerngegenstandes, sondern auch die Erfahrungen und Probleme beim Lernprozess festgehalten werden, also die Bewährung von Techniken und Strategien, Fragen und Schwierigkeiten, Fehler und Fehlerquellen, Hilfen und Unterstützungsressourcen, soziale Erfahrungen, eigene Gedanken und Emotionen usw. Die Eintragungen im Lerntagebuch wiederum können Grundlage für Gespräche mit Lehrkräften oder Lernpartnern oder für die Klassenkonferenz sein.

Es hat sich bewährt, Lerntagebücher „dialogisch" zu führen: Die Lehrkraft sammelt sie regelmäßig ein und kommentiert die Eintragungen der Schüler, um weitere Reflexionsprozesse zu initiieren. Sie gewinnt dabei auch selbst wichtige Einsichten in die individuellen Verstehensprozesse, Lernwege und Lernerfolge der Schüler, die wiederum eine wichtige Grundlage für die weitere Unterrichtsplanung und insbesondere für differenzierende Maßnahmen sowie für Einzelgespräche mit den Schülern sind. (Winter 1999, S.205)

Die Dokumentation von Leistungen als Selbstbeurteilung

Auch das Anlegen einer Mappe (eines „Portfolio"; vgl. dazu 11.4), in der Leistungsprodukte gesammelt werden, ist geeignet, die Reflexion über die eigene Leistung zu intensivieren: Es bedarf dazu ja Überlegungen und Kriterien, welche Produkte in die Mappe eingehen sollen. (Winter 2000)

Auf ähnliche Weise können Präsentationen und Ausstellungen Selbstbeurteilungsprozesse anstoßen, und zwar nicht nur bei den präsentierenden und ausstellenden Schülern, sondern auch bei denjenigen, welche die Exponate und Präsentationen betrachten und mitverfolgen: „Denn als Beurteiler der Leistung eines anderen übernehme ich die Bewertungsposition, die ich dann leichter auch gegenüber meinem eigenen Handeln einnehmen kann." (Winter 1996, S.35)

WELCHE FEHLER HABE ICH GEMACHT:	09. 09.	20. 09.	01. 10.	17. 10.
Rechtschreibfehler:				
Endung				
Accent				
Sonstige Fehler				
Wortfehler:				
Wort nicht gewusst				
Falscher Ausdruck				
Verwechslung mask./ fem.				
Falsche Präposition				
Syntax:				
Wortstellung				
Fragebildung				
Verneinung				
Pronomen:				
Form				
Stellung				
Infinitif als Verbergänzung (de, à, ohne Präposition)				
Complément direct / indirect				
Satzverknüpfung				
Andere Fehler/ Mängel:				

WESHALB HABE ICH DIESE FEHLER GEMACHT?

WAS WILL ICH BIS ZUR NÄCHSTEN PRÜFUNG ÄNDERN?

HABEN MEINE MAßNAHMEN VERBESSERUNGEN GEBRACHT?
(NACH DER NÄCHSTEN PRÜFUNG)

Tabelle 21: Fehlerliste im Fach Französisch (Waibel 1996, S.293; Layout geändert)

Kriteriensätze und Selbstbeurteilungsbögen

Im Laufe der Zeit können und sollen auch Kriteriensätze für die Selbstbeurteilung der Schüler erarbeitet werden, die sich in Beurteilungsbögen niederschlagen. Wir geben in den Tabellen 22 bis 24 einige Beispiele für verschiedene Schulstufen:

	3 Kollegstufenpunkte	*2 Kollegstufenpunkte*	*1 Kollegstufenpunkt*	*0 Kollegstufenpunkte*
Vortragsform	freie Rede, formvollendet	flüssiger Vortrag, aber manuskriptabhängig	durchgehend manuskriptabhängig	völliges, z. T. fehlerhaftes Ablesen
Aufbau: Vortrag schriftliche Kurzfassung	zwingend klarer Aufbau und Gliederung	Aufbau und Gliederung gut, mit kleinen Mängeln	Gesichtspunkte nur gereiht, größere Gliederungsmängel	Gesichtspunkte unvollständig, die wesentlichen Aspekte fehlen
sachliche Richtigkeit	in der Darstellung und Analyse der Zusammenhänge überzeugend	Fakten und Zusammenhänge ohne Fehler dargestellt	Fakten i. O., aber keine Zusammenhänge	Lücken in der Darstellung
eigene Aktivität	sehr gutes Hintergrundwissen, durch 3 beantwortete Kontrollfragen geprüft	deutliche eigene Aktivität, durch 2 beantwortete Kontrollfragen geprüft	kaum eigenständige Aktivität erkennbar, 1 Kontrollfrage beantwortet	kein eigenständig erarbeitetes Hintergrundwissen feststellbar
Veranschaulichung	überzeugend und ausgewogen; anschaulich durch Folie, Bilder, Schemata etc.	deutliches Bemühen um anschauliche Gestaltung	außer dem Vortrag nur noch ein weiteres Medium	keine Veranschaulichung über den Vortrag hinaus

Tabelle 22: Bewertungsmatrix für Referate in der Kollegstufe (Lütgert 1999, S.49)

	stimme voll zu	*stimme etwas zu*	*weder / noch*	*lehne eher ab*	*lehne völlig ab*
Ich habe mir die Inhalte der Unterrichtseinheit gründlich angeeignet und kann die mir gestellten Aufgaben lösen.	☐	☐	☐	☐	☐
Es gelingt mir, Kenntnisse, die ich früher erworben habe, zur Lösung der Aufgaben einzusetzen, die mir in dieser Unterrichtseinheit gestellt worden sind.	☐	☐	☐	☐	☐
Mir ist es gelungen, die in dieser Unterrichtseinheit erarbeiteten Kenntnisse auf neue Probleme anzuwenden.	☐	☐	☐	☐	☐
Ich habe versucht, über die konkreten Aufgaben des Unterrichts hinaus weiterführende Überlegungen anzustellen.	☐	☐	☐	☐	☐
Ich habe ganz neue Ideen in den Unterricht eingebracht und bin in der Lage, neuartige Probleme zu erkennen, auf die der Lehrer nicht aufmerksam gemacht hat.	☐	☐	☐	☐	☐
Ich kann meine Aufgaben selbst erledigen, unabhängig von den Rückmeldungen anderer.	☐	☐	☐	☐	☐
Ich kann mir selbst Ziele setzen.	☐	☐	☐	☐	☐
Ich bemühe mich, Aufgaben vollständig zu erledigen.	☐	☐	☐	☐	☐
Ich habe während der Unterrichtseinheit über längere Zeit konzentriert gearbeitet.	☐	☐	☐	☐	☐
Ich bin nicht entmutigt, wenn mir die Lösung eines Problems nicht auf Anhieb gelingt.	☐	☐	☐	☐	☐
Ich habe neue Ideen in den Unterricht eingebracht.	☐	☐	☐	☐	☐
Ich bin neugierig auf unbekannte und schwierigere Aufgaben.	☐	☐	☐	☐	☐
Ich arbeite gern mit anderen in Partner- oder Gruppenarbeit zusammen.	☐	☐	☐	☐	☐
Ich lasse mir helfen, wenn ich mal nicht weiter weiß.	☐	☐	☐	☐	☐
Ich gebe Hilfe, wenn mich jemand fragt, oder wenn ich sehe, dass jemand nicht vorankommt.	☐	☐	☐	☐	☐

Tabelle 23: Selbstbeurteilungsbogen für die Sekundarstufe (Lütgert 1999, S.48; Layout geändert)

Am 1. Juli 1994 gibt es das nächste Zeugnis.
Zur Vorbereitung auf die Zeugnisbesprechung denke genau nach
und fülle das Fomular sorgfältig aus.

Mein Vorname: ____________________ *Familienname:* ______________________

Meine Verantwortlichkeit(en) in der Klasse: Habe ich sie gut erfüllt?		____________________		
Was hat mir während der Woche in Traunstein am besten gefallen?		____________________		
Was mache ich am liebsten in der Schule?		____________________		
Was ich vom 1 x 1 kann:	1 x 10	☐ schnell	☐ langsam	☐ noch nicht
	1 x 2	☐ schnell	☐ langsam	☐ noch nicht
	1 x 3	☐ schnell	☐ langsam	☐ noch nicht
	1 x 4	☐ schnell	☐ langsam	☐ noch nicht
	1 x 5	☐ schnell	☐ langsam	☐ noch nicht
	usw.	usw.		
Ich kann schon...				
schriftlich addieren (zusammenzählen):		☐ ja	☐ nein	☐ ein bisschen
schriftlich subtrahieren (wegzählen):		☐ ja	☐ nein	☐ ein bisschen
Ich kann im Wörterbuch Wörter finden:		☐ sehr schnell		
		☐ mittel		
		☐ langsam		
		☐ noch gar nicht		
Wie viele Wörter stehen in meinem Wörterheft?		____________________		
Wie geht es mir beim Lesen?		____________________		
Meine Lieblingsbücher sind:		____________________		
Was gefällt mir?		____________________		
Macht mir das Schreiben Spaß?		____________________		
In welcher Schrift schreibe ich am besten?		____________________		
Wie schaut mein Ablagefach aus?		____________________		
Das wünsche ich mir für die 3. Klasse:		____________________		

Tabelle 24: Selbstbeurteilungsbogen für die 2. Jahrgangsstufe (nach Reichmayr 1994, S.104; Layout geändert)

Kombinationen von Schülerselbstbeurteilung und Fremdbeurteilung
Auch Kombinationen und Verschränkungen von Schüler- und Lehrerbeurteilung können pädagogisch sehr sinnvoll sein. Solche Verbund- und Kombinationsmodelle werden der Hauptintention der Selbstbeurteilung, die Kommunikation über Leistungen anzuregen und zu befruchten, sogar in ganz besonderem Maße gerecht.
Winter (1996) schlägt vor, Schülerarbeiten zunächst in einer Rohfassung in Einzelarbeit zu erstellen und sie dann in Partnerarbeit wechselseitig von den Schülern lesen und korrigieren zu lassen. Anschließend wird wiederum in Einzelarbeit eine Endfassung verfertigt, die von der Lehrkraft gelesen, korrigiert und bewertet und anschließend mit den Schülern besprochen wird. Danach unterzieht jeder Schüler seine Arbeit noch einmal einer Selbstbeurteilung, in deren Zusammenhang er reflektiert, welche Stärken und Schwächen seines Lernprozesses und seiner Leistung ihm klar geworden sind und welche individuellen Lernziele er sich infolgedessen für die Zukunft setzt.
Arnold (1999) hat im Rahmen des Projektes „z-plus"[10] ein Konzept vorgelegt, bei dem die Schüler zunächst nach dem Abschluss einer Unterrichtseinheit bzw. unmittelbar nach einer Klassenarbeit ihre Leistung und zugleich die Qualität des Unterrichts einschätzen, dann – nach der Leistungsbeurteilung durch die Lehrkraft – sich ein zweites Mal selbst beurteilen und diese Beurteilungen in einer Übersicht „Verlauf meiner Lernentwicklung" sammeln und dokumentieren, die schließlich am Ende des Schuljahres noch einmal zusammengefasst wird. (Vgl. Tabelle 25)

11.3 Beurteilung von Leistungen in Prozessen

Wenn Lernwege individuell sehr unterschiedlich sind, ist es wichtig, bei der Leistungsbeurteilung auch den Lern- und Arbeitsprozessen gebührend Aufmerksamkeit zu widmen. Beurteilungen, die während der Lern- und Arbeitsprozesse erfolgen, ermöglichen, Schwierigkeiten gleich im Anfangsstadium abzufangen und Missverständnissen zu begegnen, bevor sie sich festgesetzt haben. Beurteilungen während des Lern- und Arbeitsprozesses können also viel unmittelbarer für das weitere Lernen fruchtbar werden als solche nach seinem Abschluss.
Aus diesen und anderen Gründen ist die Forderung nach stärkerer Berücksichtigung der Lern- und Arbeitsprozesse gegenüber den Ergebnissen und Produkten schon fast ein Gemeinplatz. Andererseits herrscht aber ziemliche Unklarheit über die Qualitätskriterien solcher Prozesse. Es genügt keinesfalls, nur die Annäherung an erwünschte Ergebnisse zu verfolgen. Als bloße Veränderungsmessung würde Prozessdiagnose entarten zu einer Diagnose von Teilprodukten.

Bei einer wirklichen Prozessdiagnose müssen *psychodynamische Komponenten der Leistung sowie metakognitive und soziale Kompetenzen* im Vordergrund stehen, die aus Ergebnissen und Produkten nicht mehr ohne Weiteres abzulesen oder zu erschließen sind:[11]

Beim Abschluss der Klassenarbeit oder zum Ende der Unterrichtseinheit	*I. Selbsteinschätzung unmittelbar nach der Klassenarbeit oder zum Abschluss der Unterrichtseinheit (UE)* Schülerselbsteinschätzung der Leistungsanforderungen und der Leistungserbringung a) Einschätzung des *Schwierigkeitsgrades* b) Einschätzung des Ausmaßes an *Vorbereitung* c) Einschätzung des Ausmaßes an *Anstrengung* d) Einschätzung des *Interesses* am Thema e) Einschätzung der *sachlichen Qualität der Leistung* f) Einschätzung der *Qualität des Unterrichts*
Bei der Beurteilung der Klassenarbeiten bzw. bei der rückblickenden Einschätzung für den Lernverlauf in der Unterrichtseinheit	*II. Leistungsbeurteilung durch den Lehrer* Kommentar mit 1. *Kennzeichnung des Aufgabenbereichs* der Leistungsfeststellung bzw. des *Themas* der UE 2. *Beurteilung der Leistung* als Beschreibung a) der individuellen Leistungselemente bzw. der erreichten Lernfortschritte einschließlich der Würdigung origineller Leistungsmerkmale b) Einschätzung der Anstrengung 3. Beschreibung der *Leistungsdefizite* als a) präzise Benennung korrigierbarer Defizite und ggf. Hinweise auf deren Behebung b) Andeutung von Lernrückständen, die nicht kurzfristig behebbar sind 4. Bewertung der *sachlichen Qualität der Leistung* als a) sachnormorientierte Maßzahl (z. B. Anteil der richtigen Lösungen) b) sachnormorientierte Ziffernzensur 5. Einschätzung der *Position im Leistungsspektrum der Klasse* (Positionierung im Leistungsdrittel; Positionierung bzgl. Durchschnitt, z. B. dreifach gestuft als über-, unter-, durchschnittlich)
Nach Erhalt der Lehrerbeurteilung	*III. Selbsteinschätzung der erhaltenen Leistungsbeurteilung durch den Schüler* a) Meinungsbildung zu den Aussagen des Beurteilungskommentars b) Einschätzung der Angemessenheit der Zensierung c) evtl. Formulierung von Folgerungen für die weitere Lernarbeit *IV. Übertragung der Beurteilungen auf das Blatt „Verlauf meiner Lernentwicklung"*
Zum Abschluss des Schulhalbjahres	*V. Zusammenfassung der Beurteilungen auf dem Blatt „Zusammenfassung meiner Lernentwicklung"*

Tabelle 25: Strukturelemente und Verlauf einer lernförderlichen Leistungsbeurteilung (Arnold 1999, S.76)

- die Motiviertheit der Schüler, d. h. ihre Freude, ihr Pflichtbewusstsein, ihre Beharrlichkeit, mit der sie trotz mancherlei Rückschlägen und Misserfolgen bei der Aufgabe bleiben und an ihr arbeiten,
- die Konzentration und Ausdauer,
- die Zielstrebigkeit, d. h. der Grad, in dem sie sich an ein Vorhaben und an eine Aufgabe halten,
- das Methodenbewusstsein, mit dem sie vorgehen, wie sie nach angemessenen Methoden und Strategien suchen und solche anwenden,
- die Originalität und Kreativität ihres Vorgehens,
- der Grad der Selbstständigkeit, d. h. in welchem Maße Selbstverantwortung übernommen und bei Schwierigkeiten selbst Abhilfe geschaffen wurde,
- falls kooperative Arbeitsformen zur Anwendung kommen: die sozialen Prozesse zwischen den kooperierenden Schülern (die gezeigte Solidarität, die Kooperation, die Konfliktfähigkeit, die kommunikative Kompetenz).

Ferner sollte überprüft werden, ob *entscheidende Phasen des Lernprozesses* erfolgreich durchlaufen sind. Das Ergebnis von Lernprozessen entsteht meist nicht kontinuierlich in einem gewissermaßen linear ansteigenden Prozess. Häufig gibt es Stellen und Zeiten eines qualitativen Umschlags, durch den plötzlich ein neues Niveau erreicht wird, und es gibt Plateaus, auf denen sich längere Zeit kein Fortschritt einstellt. Man kommt meistens nicht schon dadurch einem guten Ergebnis immer näher, dass man lange genug an einer Aufgabe arbeitet. Es ist auch erforderlich, zum richtigen Zeitpunkt das Richtige zu tun und die angemessenen Anregungen und Hilfen zu geben. Um solche Prozessdiagnose zu betreiben, muss man viel von der Struktur der jeweiligen Lernprozesse verstehen.

Bei unmittelbarem Beobachtungslernen an Tätigkeiten anderer z. B. (beim Lernen am Modell) müssten z. B. folgende Stadien des Lernprozesses beobachtet und beurteilt werden:

- das Bewusstsein des Lerners von der Bedeutung der gesamten Tätigkeit und einzelner ihrer Elemente,
- der einfühlende, imaginierende Mitvollzug der fremden Tätigkeit,
- der in der Besinnung über die mitvollzogene Tätigkeit erfolgende Rückbezug auf relevante eigene Erfahrungen und auf eigenes Vorwissen,
- das Gewinnen neuer Erfahrungen, Kenntnisse, Einsichten, Fertigkeiten, Einstellungen usw. aus dem Mitvollzug und der reflektierenden Auswertung der Fremdtätigkeit,
- die Festigung dieser neuen Erfahrungen, Kenntnisse, Einsichten, Fertigkeiten, Einstellungen,
- ihre Integration in das bisherige Wissen, Können und Werten.

Bei Leistungsfeststellungen legt sich zunächst die direkte Beobachtung durch die Lehrkraft nahe.[12] Ihr sind allerdings enge Grenzen gesetzt: Rein mentale Tätigkeiten bleiben der Fremdbeobachtung unzugänglich. Allenfalls kann man sich auf Indikatorverhalten stützen, das Rückschlüsse auf mentale Prozesse zulässt. Wegen dieser Grenzen der Fremdbeobachtung muss die Feststellung von Leistungen in Prozessen unbedingt auch die Möglichkeiten der Schülerselbstdiagnose nutzen (vgl. dazu oben 11.2). Dazu müssen allerdings die Schüler schon über relativ differenzierte Metakognitionen verfügen und viel von entscheidenden Phasen typischer Lernprozesse verstehen. Ohne die gezielte Entwicklung der Metakognitionen der Schüler macht Schülerselbstdiagnose von Lern- und Leistungsprozessen nicht viel Sinn.

11.4 Dokumentation von Lernergebnissen und das Portfoliokonzept

Es wäre ein folgenschwerer Irrtum zu glauben, an der Beurteilung von Lern- und Leistungsergebnissen müsse sich in der Neuen Lernkultur nichts ändern, da die traditionelle Prüfungskultur hierzu ja ausgereifte Verfahren entwickelt hat. Ein Grundübel der bisherigen Praxis ist nämlich, dass die Leistungen der Lerner nach der interpretierenden Beurteilung durch die Lehrkräfte (d. h. nach der Beschreibung und Bewertung der Leistungen in Worten oder Zensuren) Außenstehenden nicht mehr zugänglich sind. Die Leistungen „verschwinden in dem Augenblick, in dem sie mit einer Note versehen werden." (Emer/ Lenzen 2002, S.150) Das führt dazu, dass man Noten, Testergebnisse oder Verbalzeugnisse leicht mit den Leistungen selbst verwechselt. (Winter 2002a, S.37) Die Abnehmer – Eltern, Lehrkräfte anderer Klassen und Schulen sowie Arbeitgeber – sind dem Lehrerurteil über die Leistungen der Schüler mehr oder weniger ausgeliefert und können sich nicht selbst ein Bild machen (Vierlinger 1999, S.79), und dies, obwohl die Ergebnisse einschlägiger Forschung (vgl. oben 2.3) zeigen, dass dieses Lehrerurteil nur bedingt vertrauenswürdig ist.

Vierlinger (1999) schlug deshalb vor, den Abnehmern der Schule unmittelbaren Einblick in die Leistungen der Schüler zu geben, welche der Beurteilung zu Grunde liegen. Die Grundidee einer solchen „direkten Leistungsvorlage" ist, ausgewählte Schülerarbeiten in einer Mappe (einem Portfolio[13]) zu sammeln, die dem Abnehmer vorgelegt werden kann.

Als Vorläufer der Portfolio-Idee kann der Reformpädagoge Fritz Karsen gelten, der bereits in den Zwanzigerjahren des 20. Jahrhunderts in Berlin-Neukölln Zeugnisse durch eine gebundene Arbeitsmappe zu ersetzen suchte, welche Protokolle, Berichte und Ergebnisse der Gemeinschaftsarbeit, aber auch Dokumente zu den individuellen Leistungen der Schüler während des ganzen Schuljahres enthielt, die von ihm mit Kommentaren und weiterführenden Hinweisen versehen wurden. (Vierlinger 1999, S.36f.)

Weitere Wurzeln der Portfolio-Idee findet man bei Ovide Decroly, Adolphe Ferrière, Paul Geheeb und in der Waldorfschule (Häcker 2006, S.134ff.).
Das Portfoliokonzept – mindestens als Ergänzung herkömmlicher Zeugnisse – findet große Zustimmung in der Wirtschaft. Bei direkter Leistungsvorlage muss die an Bewerber gerichtete Frage nämlich nicht mehr lauten: „Welches Notenzeugnis hast du?", sondern viel sinnvoller: „Was kannst du?" (Vierlinger 1999, S.15ff.)
Da Bewerbungsportfolios, wie sie Vierlinger vorschlägt, nichts über Leistungen in Prozessen aussagen, wurde das Konzept erweitert, um es auch unmittelbar für die schulische Arbeit fruchtbar zu machen. „*Entwicklungsportfolios*", welche diese Intention verfolgen, können neben ausgewählten Arbeiten von Schülern, die ihre Lernfortschritte während eines gewissen Zeitraums wiederspiegeln, Auflistungen der im Unterricht verfolgten Lernziele bzw. Pensenbücher, Arbeitsergebnisse, die außerhalb des Unterrichts auf Grund eigener Initiative der Schüler erzielt wurden, Rückmeldungen der Lehrkräfte und Mitschüler, eigene Reflexionen des Schülers, Selbstbeurteilungen der Schüler, Protokolle von Portfoliokonferenzen, Zielvereinbarungen, Lernentwicklungsberichte, statistische Daten über die Leistungsentwicklung, Arbeitsblätter, Referate, Leselisten, Fehlerlisten u. v. a. m. enthalten.
Ungeachtet der großen Formenvielfalt von Portfolios[14] kann man als übergreifende *Definition* formulieren: „Ein Portfolio ist eine zielgerichtete Sammlung von Arbeiten, welche die individuellen Bemühungen, Fortschritte und Leistungen der/des Lernenden auf einem oder mehreren Gebieten zeigt. Die Sammlung muss die Beteiligung der/des Lernenden an der Auswahl der Inhalte, der Kriterien für die Auswahl, der Festlegung der Beurteilungskriterien sowie Hinweise auf die Selbstreflexion der/des Lernenden einschließen." (Paulson et al. 1991; zit. nach Häcker 2006, S.125, in dessen Übersetzung.).
Es hat sich als sinnvoll erwiesen, dem Portfolio einen *Willkommensbrief* vorzuschalten, der Hinweise zur Organisation des Portfolios enthält, Aussagen des Schülers über seine Prioritäten und Präferenzen hinsichtlich der dokumentierten Produkte, über eigene Erkenntnisse aus der Arbeit mit dem Portfolio etc.[15] Dem Willkommensbrief sollte ein *Inhaltsverzeichnis* folgen, welches die enthaltenen Beiträge geordnet auflistet nach Schuljahr bzw. Schulhalbjahr, Datum und Thema/ Titel und evtl. annotierende Bemerkungen des Schülers und der Lehrkraft enthält. (Lustig 1996, S.26)
In einer unreflektierten, nur einem Modetrend folgenden Portfoliopraxis kann es leicht dahin kommen, dass den Schülern stillschweigend alle Ursachenfaktoren ihrer Leistung zugeschrieben werden. Um einem derartigen verkürzten Eindruck vorzubeugen, *sollte ein Portfolio zumindest dann, wenn es in die Hände Außenstehender Personen gelangen soll, z. T. auch den Unterricht dokumentieren, den die Schüler erhielten,* etwa in der Form von Lehrplanübersichten, Lernzielbeschreibungen, Stundentafeln, Beschreibungen und Beurteilungen des Unterrichts (evtl. auch solche durch die Schüler selbst).

Insbesondere für Entwicklungportfolios sollten immer wieder *Selbstbeurteilungen* der Schüler nach gemeinsam entwickelten Kriterien veranlasst werden. Außerdem sollten sie regelmäßig von verschiedenen Personen (Mitschülern, Eltern und Lehrkräften) eingesehen und von den einzelnen Schülern mit diesen besprochen werden. Sofern *Konferenzen* mit Mitschülern stattfinden, sollten nicht nur diejenigen, deren Portfolio begutachtet wird, sondern auch die begutachtenden Schüler eine Gesprächsnotiz in ihr Portfolio aufnehmen. Dies kann helfen, sich der verwendeten Kriterien bewusster zu werden. Nachstehend führen wir ein von Lustig (1996, S.58) berichtetes Protokoll über eine solche Portfoliokonferenz („peer-conference") an:

Beispiel für die Niederschrift eines Schülers
über eine Portfoliokonferenz mit seinen Eltern (Lustig 1996, S.58)

Vor meiner Konferenz fühlte ich mich ein wenig nervös, aber im Großen und Ganzen gut, weil ich es gewohnt bin, mit meinen Eltern zu reden.
Jetzt, wo meine Konferenz vorbei ist, fühle ich mich gut. Ich war gerne dabei, weil man weiß, was Eltern und Lehrer über einen sagen, statt dass sie hinter deinem Rücken über dich reden.
Das Beste an meiner Konferenz war, dass ich meine eigene Meinung sagen konnte.
Ich denke, meine Eltern fühlten sich wirklich gut, weil ich die Konferenz gab.
Wenn ich das nächste Mal eine Konferenz mit meinen Eltern habe, werde ich die Dokumente ausführlicher erklären. Manche davon waren schwer zu verstehen.

Die Evaluation von Portfolios in solchen „Konferenzen" wiederum sollte münden in *Vereinbarungen und Festlegungen* von kurz- und langfristigen Zielen, von Tätigkeiten, die sich daraus ergeben, von Unterstützungsmaßnahmen und Hilfen und von Maßnahmen zur Kontrolle der Zielerreichung (Welche? Wann? Von wem auszuführen?).[16] Auch solche Zielvereinbarungen sollten in das Portfolio aufgenommen werden.
Zwar ist es zurzeit in Deutschland im Allgemeinen rechtlich nicht möglich, herkömmliche Zeugnisse durch Portfolios zu ersetzen. Aber einer zusätzlichen Erstellung von Portfolios – auch von Bewerbungsportfolios – steht nichts entgegen. Allerdings darf man es nicht dahin kommen lassen, „dass Portfolios nur dazu eingesetzt werden, um ein hübsches Schaufenster neben den weiterhin dominierenden Noten und den neu eingeführten Schulleistungstests zu öffnen." (Winter 2004, S.214) Vielmehr *muss die Einführung von Portfolios Teil eines umfassenderen pädagogischen Konzeptes sein:* „Ohne dialogisches Lernen, ohne Reflexion

und Kommunikation über Lernprozesse, ohne eine größere Selbstständigkeit der Schüler und ohne erweiterte Bildungsziele werden wesentliche Möglichkeiten der lebendigen Arbeit mit Portfolios verschenkt." (Winter 2004, S.215)

Auf ähnliche Weise wie Portfolios können und sollen im Prinzip alle Ergebnisse individueller und gemeinschaftlicher Lern- und Arbeitsprozesse (Hefteinträge, Aufsätze, Dossiers, Plakate, künstlerische Gestaltungen, Werkstücke, Websites etc.) zum Anlass genommen werden, die Kommunikation über Lernprozesse und Leistungen zu intensivieren und zu verbessern.[17] Es genügt uns in der Neuen Lernkultur nicht mehr, dass Schüler zu guten Lernergebnissen gelangen und gute Leistungen erzielen. Sie sollten darüber hinaus auch in der Lage sein, sie angemessen zu präsentieren und anderen zugänglich zu machen.

Bewährte Varianten der Präsentation sind (Bohl 2001b, S.299; Lenzen 2002)[18]

- die Präsentation (evtl. auch als klassisches Referat) durch einzelne Schüler, Partner oder Schülergruppen vor dem Klassenplenum und der Lehrkraft,
- daneben aber auch die Präsentation in Schülergruppen und für einen Lernpartner (Sie eröffnet die Möglichkeit, dass mehr Schüler präsentieren können, und ist normalerweise weniger mit Ängsten besetzt.),
- das Gruppenpuzzle, bei dem Schüler einander die Ergebnisse einer arbeitsteiligen Gruppenarbeit vermitteln, indem sie als „Experten" in die jeweils anderen Gruppen gehen und den Mitschülern ihre Spezialkenntnisse präsentieren,
- die Organisation und Eröffnung einer Ausstellung,
- das Vorstellen einer selbst gestalteten Broschüre, evtl. einer Lernbroschüre für Mitschüler,
- die Durchführung einer Unterrichtsstunde über den zu präsentierenden Inhalt[19],
- die Organisation einer öffentlichen Aktion oder Demonstration,
- eine szenische Gestaltung zum Inhalt, z. B. die Inszenierung eines Gerichtsprozesses mit Anwalt, Richter, Zeugen usw.

Bei Präsentationen im Plenum ist es wichtig, die Zuhörer zu aktivieren, etwa indem man Fragerunden anschließt, mit den Präsentationen Preisvergaben und Auszeichnungen verbindet, die Relevanz der präsentierten Inhalte für folgende Tests und Prüfungen bekannt gibt usw. Vor allen Dingen aber sollte man die Mitschüler in die Bewertung der Präsentation einbeziehen und dafür mit ihnen gemeinsam geeignete Kriterien (vgl. z.B. Tabelle 25) erarbeiten, die dann auch schon der Gestaltung der Unterrichts zu Grunde gelegt werden.[20] Die zunächst bestehende Hemmung der meisten Schüler, sich zu Leistungen ihrer Mitschülern zu äußern, kann man überwinden, wenn die präsentierenden Schüler Beurteilungsaufträge zu speziellen Aspekten erteilen. (Winter 2004, S.214)

Thema: ______________________ Datum: _______
Referent/in: ______________________ Punkte: _______

INHALT (Gewichtung z. B. 40%)						Punkte:
EINSTIEG	weckt Interesse, gewinnt die Hörer, zum Hauptteil hinführend, kurz	++	+	-	--	fehlt bzw. erzeugt Ablehnung; funktionslos, zu weit ausholend
HAUPTTEIL						
Aufbau	sachgerecht, folgerichtig, roter Faden erkennbar	++	+	-	--	völlig unklar keine Ordnung
Prägnanz	Wichtiges hervorgehoben	++	+	-	--	Wichtiges geht unter
Argumentation (doppelte Wertung)	je Gliederungspunkt eine wesentliche Ausage zum Thema; Begründungen, Beispiele, Skizzen, Graphiken, Versuche	++	+	-	--	umpassende bzw. unwichtige Aussagen, unvollständige Argumentation, zielloses Gerede
Sachliche Richtigkeit	korrekte Information	++	+	-	--	grobe Fehler
Fachbegriffe	werden erklärt, souveräner Umgang	++	+	-	--	unreflektiert verwendet, kommen nicht vor
SCHLUSS	Zusammenfassung, weiterführende Gedanken	++	+	-	--	fehlt, funktionslose
DARBIETUNG (Gewichtung z. B. 40%)						Punkte:
Auftreten	natürlich, sicher	++	+	-	--	verkrampft, hilflos
Sprechweise	deutlich, aktzentuiert, mit Sprechpausen, sprachlich korrekt	++	+	-	--	kaum verstehbar, monton, hastig, sprachlich fehlerhaft
Vortrag	weitgehend frei	++	+	-	--	abgelesen

Tabelle 26: Bewertungs- und Beobachtungsbogen zu einer Präsentation (Staatsinstitut für Schulpädagogik und Bildungsforschung 2008, S.88)

11.5 Beurteilung von kooperativ erbrachten Leistungen[21]

Ein besonderes Problem der Leistungsbeurteilung stellen kooperativ erbrachte Leistungen dar, wie sie bei der Gruppenarbeit und im Projektunterricht anfallen: Eine individuelle Leistungsbeurteilung ist hier vielfach nicht möglich, weil sich die Beiträge der Einzelnen zu einem gemeinsamen Ergebnis oft nicht identifizieren lassen. Sie widerspräche im Übrigen auch der pädagogischen Intention dieser Unterrichts- und Arbeitsformen, die ja auf den Aufbau kooperativer Kompetenzen zielt. Individualbeurteilung könnte hier leicht wieder Konkurrenzgefühle anheizen.

Andererseits kann die Vergabe ein und derselben Beurteilung für alle Mitglieder des Teams leicht als ungerecht empfunden werden. Sie ist zudem nach den meisten geltenden rechtlichen Bestimmungen unzulässig.

Auch der oft vorgeschlagene Ausweg, Projekte und Gruppenarbeiten überhaupt nicht zu bewerten oder doch jedenfalls keine Noten darauf zu geben, ist problematisch. Dass das erstellte Produkt oder das gelöste Problem schon Leistungsnachweis genug ist (Frey 1998, S.247), darf bezweifelt werden: Wenn es ansonsten im Unterricht auf andere Leistungen Noten gibt, könnten die Schüler Projekte und Gruppenarbeit als unverbindliche Spielerei empfinden. Auch müssten hinreichend große Zeiträume des Unterrichts anderen Arbeitsformen vorbehalten bleiben, damit Noten gewonnen werden können, so dass kooperative Formen viel zu selten praktiziert würden.

Auch das Argument, Gruppen- und Projektarbeit mache Lernfortschritte unmittelbar erfahrbar und vollziehe die aus den Noten abgeleiteten Statuszuweisungen der Gruppenmitglieder schon während des Arbeitsprozesses (Frey 1998, S.247), überzeugt nicht ganz: Schüler sind nicht ohne weiteres in der Lage, Lernfortschritte wahrzunehmen und zutreffend einzuschätzen. Und die Statuszuweisungen in der Gruppe werden häufig keineswegs nur nach der Qualität der Beiträge zur Gruppenleistung vollzogen.

Für eine Beurteilung von Gruppen- und Projektarbeit spricht u. a. auch, dass hier Fähigkeiten der Schüler zum Vorschein kommen, die sich bei anderen Unterrichts- und Arbeitsformen nicht zeigen. (Frey 1998, S.248) Im Einzelnen sind bei der Beurteilung von kooperativen Leistungen vier Aspekte zu beachten:

- die Arbeitsergebnisse,
- der Arbeits- und Lernprozess,
- der Teamprozess,
- die Präsentation der Ergebnisse.

Daraus kann man unterschiedliche Beurteilungsmodelle konstruieren. Ein ausgewogenes Beurteilungskonzept für kooperative Leistungen sollte jedenfalls möglichst alle Aspekte berücksichtigen und eine Ergänzung der Lehrerbeurteilung durch Schülerselbstbeurteilung und wechselseitige Schülerbeurteilung anstreben. Überdies sollten die am Ende angelegten Kriterien vorher bekannt sein und am besten gemeinsam mit den Schülern entwickelt werden.

Die Berücksichtigung der verschiedenen Beurteilungsaspekte bietet auch hinreichend Möglichkeiten, zu individuellen Bewertungen oder sogar zu Noten zu kommen. Allerdings muss man darauf achten, dass die angewendeten Verfahren der Intention kooperativer Arbeits- und Unterrichtsformen nicht zuwiderlaufen. Nur mit Vorbehalten zu empfehlen sind deshalb die folgenden Vorgehensweisen:

- Die Beurteilung/ Benotung aller Gruppenmitglieder nach der schlechtesten Einzelleistung bzw. nach dem schlechtesten identifizierbaren Einzelbeitrag: Das einer solchen Praxis zu Grunde liegende Kalkül ist offenbar, dass sich alle Schüler intensiv um die schwächsten Gruppenmitglieder kümmern, um gemeinschaftlich eine möglichst gute Bewertung zu erhalten. Dagegen ist einzuwenden, dass sich die Beiträge der einzelnen Schüler oft nicht identifizieren lassen. Überdies kann sich daraus eine für die schwachen Schüler sehr belastende gruppendynamische Situation ergeben – etwa dergestalt, dass sie zu Sündenböcken für eine schlechte Bewertung der anderen abgestempelt werden.
- Eine Beurteilung auf der Grundlage der Einzelbeiträge (soweit identifizierbar), wobei jedoch alle Schüler von allen anderen Gruppenmitgliedern Hilfe anfordern dürfen und sollen. Damit wird zwar eine verstärkte Kooperation und Solidarisierung angeregt. Es ist aber auch denkbar, dass das Ausmaß der erbetenen und erhaltenen Hilfe von den sozialen Beziehungen in der Gruppe abhängt, die damit unkontrolliert in die Beurteilung eingehen.
- Die Gruppe schlägt selbst eine Beurteilung der Einzelbeiträge vor. Um den Spielraum für die Beurteilung etwas einzugrenzen, kann man z. B. für die Kollegstufe ein Punktekontingent vorgeben, das aufgeteilt werden soll, oder in früheren Jahrgangsstufen einen Notenmittelwert, der aus den Einzelnoten der Teammitglieder resultieren muss. Solche Beschränkungen haben aber den Nachteil, dass die positivere Beurteilung eines Einzelbeitrags mit Notwendigkeit an die schlechtere Einstufung eines anderen gekoppelt ist! Außerdem vergeben Schüler in solchen Fällen meistens ziemlich gleiche Beurteilungen, um Gruppenkonflikten aus dem Wege zu gehen.

Praktikablere Vorschläge gehen dahin, die Beurteilung der gemeinsamen Arbeitsergebnisse mit der Bewertung individueller Leistungsaspekte zu kombinieren:

- Verbreitet ist die Erteilung einer *Note, die sich aus der Bewertung der Gruppenleistung und (sofern identifizierbar) der Einzelleistung zusammensetzt,* wobei evtl. die beiden Anteile unterschiedlich gewichtet werden. Außerdem kann die

Gruppenleistung ganz oder zum Teil von der Gruppe selbst bewertet werden, während die Beurteilung der Individualleistung meist der Lehrkraft vorbehalten bleiben wird. Bewährt hat es sich auch, Möglichkeiten zur Notenverbesserung durch qualifizierte Gesprächsbeiträge zu anderen Gruppenleistungen und -präsentationen anzubieten. Das kann ein guter Anreiz sein, die Beiträge anderer Gruppen aufmerksam und interessiert mitzuverfolgen.
- Sinnvoll erscheint es auch, *Lehrerbeobachtungen zum Arbeitsprozess und zu den Beiträgen der einzelnen Schüler in die Beurteilung einfließen zu lassen.* Problematisch kann hier nur werden, dass die Lehrkraft bei weitem nicht in der Lage ist, alle Schüler ständig im Auge zu behalten, so dass ihre Beobachtungen vermutlich oft recht selektiv und zufällig bleiben. Deshalb sollte man prüfen, ob nicht *ergänzend* die *Selbstbeurteilung der Schüler* herangezogen und berücksichtigt werden kann.
- Wenn der Beitrag der einzelnen Schüler an der Gruppenleistung nicht identifizierbar ist, kann die *Präsentation des Gruppenergebnisses durch ein einzelnes Teammitglied* die Grundlage einer individuellen Beurteilung sein. Eine solche Präsentationsleistung kann aber auch zusätzlich zu den individuellen Beiträgen zum Projektergebnis berücksichtigt werden. Es ist vorteilhaft, die Präsentation im Team vorbereiten zu lassen, so dass alle den Präsentierenden im Erlangen einer möglichst guten Note unterstützen. Dies ist vor allem dann gewährleistet, wenn jeder einmal in die Rolle des Präsentierenden kommt und auf die Hilfe der anderen angewiesen ist.
- Statt der Präsentation des gesamten Gruppenergebnisses kann man der Beurteilung auch die *Erläuterung einzelner Aspekte und Teile desselben durch einzelne Schüler* zu Grunde legen, wobei es sich um Anteile handeln kann, die der betreffende Schüler selbst zur Gruppenarbeit beigesteuert hat, oder vielleicht gerade um solche, die andere erarbeitet haben, so dass man sich von ihnen instruieren lassen muss.

Die Beurteilung kooperativer Leistungen ist angemessen letztendlich nur möglich im Kontext einer regen Kommunikation über diese Leistungen. Und diese wiederum erfordert die Einbeziehung der Lern- und Arbeitsprozesse und der Selbstbeurteilung der Schüler. Besonders bewährt haben sich die folgenden Maßnahmen und Instrumente:[22]
- *Mit den Schülern gemeinsam erarbeitete Frage- und Reflexionsbögen,* in denen sich Schüler über die Findung und über die Relevanz des Themas, über ihre Planung und Organisation, die Kommunikation im Projektteam, über ihre Arbeitsweise, das Einbringen, den Erwerb und die Anwendung von spezifischen Handlungskompetenzen, die Ganzheitlichkeit ihres Lernens (auch in den nichtkognitiven Lernbereichen), fachbezogenes und fächerübergreifendes Lernen usw. äußern,
- *Arbeitsprozessberichte,* in welchen der Projektverlauf detailliert dargestellt und beurteilt wird,

- *Zwischenbesprechungen im Team* (evtl. zusammen mit der Lehrkraft) oder im Plenum,
- *Teamtests:* Beantwortung folgender Fragen durch jedes Teammitglied: Was hat jeder Neues gelernt? Was hat er zum Gelingen des Ganzen beigetragen? Wie wurden die Rollen verteilt? Wie wurde im Team mit Schwierigkeiten und Fehlern umgegangen? Was wurde für die nächste Teamarbeit gelernt?
- Ausführliche *Abschlussbesprechungen* im Team und im Plenum.

Auch die sieben Projektkomponenten Freys kann man der Beurteilung zu Grunde legen: die Projektinitiative, das Erarbeiten einer Projektskizze aus der Projektinitiative, die Entwicklung eines Projektplans, die Projektdurchführung, den geordneten Abschluss des Projekts mit den Anschlussaktivitäten, immer wieder einmal eingeschobene Fixpunkte, an welchen verstärkt reflektiert wird, und die Metainteraktion, in welcher die Art des Umgehens und Sprechens miteinander thematisiert wird. (Frey 1998, S.250)

11.6 Leistungsbeurteilung bei selbstgesteuertem Lernen

Auch bei selbstgesteuertem und selbstständigem Lernen, z. B. beim Stationenlernen und in der Wochenplan- und Freiarbeit, ist die *Beobachtung* eine vielfältig einzusetzende Methode, sei es als *Fremdbeobachtung* durch die Lehrkraft oder durch Mitschüler, sei es als *Selbstbeobachtung.* Weitere diagnostische Maßnahmen sind:[23]

- das *Vergeben von Zuständigkeiten für einzelne Stationen oder Materialien* an bestimmte Schüler. Dabei sollte die Zuständigkeit sowohl organisatorischer als auch fachlich-inhaltlicher Art sein. D. h. die Schüler sollten Verantwortung tragen für die Ordnung, den Aufbau, den Zustand, aber auch für die Gestaltung, die Lerninhalte, die Art der Aufgabenstellungen usw. Sie sollten „Experten" sein, die Mitschüler in vielfältiger Hinsicht beraten und unterstützen können.
- die Bereitstellung von *Laufkarten,* auf welchen die Schüler vermerken, wann sie welche Stationen und Materialien bearbeitet haben. Ggf. sind auf diesen auch Arbeitsergebnisse einzutragen, die wiederum von der Lehrkraft, von Mitschülern oder – soweit Ergebniskarten usw. vorhanden sind – von den Schülern selbst kontrolliert werden können,
- das Führen von *Lerntagebüchern,* in welche die Schüler ihre Erfahrungen beim Arbeiten, ihre Fragen und Schwierigkeiten, aber auch wichtige Erkenntnisse und Einsichten eintragen,
- die Ausgabe von *Fragebögen* (die am besten zuvor mit den Schülern gemeinsam erarbeitet wurden), mit denen Einzelheiten über ihr Verhalten beim Arbeiten erhoben werden,
- ausführliche *Plenumsbesprechungen zum Abschluss jeder Wochenplanphase,* die

inhaltliche und methodische Arbeitsberichte, weitere Lernvorhaben usw. umfassen können,
- *Beratungs- und Beurteilungsgespräche* der Lehrkraft mit einzelnen Schülern oder kleineren Schülergruppen,
- von den Schülern verfasste *Abschlusstests,*
- *„Führerscheinprüfungen“,* d. h. Tests, zu denen man sich anmelden kann, wenn man glaubt, bestimmte Grundkompetenzen erarbeitet zu haben,
- das Erstellen von *Skripten, Zusammenfassungen, Lernbroschüren etc.* für Mitschüler,
- das Gestalten von *Postern,*
- das Anlegen von *Portfolios* (vgl. oben 11.4),
- die *Präsentation von Ergebnissen* vor Mitschülern (vgl. oben 11.4).

11.7 Leistungsbeurteilung im offenen und differenzierenden Unterricht

Vor große Probleme stellt auch die Leistungsbeurteilung im differenzierenden Unterricht. Wenn Schüler unterschiedliche Lernwege gehen und auf unterschiedlichen Niveaus arbeiten, kann man ihre Leistungen natürlich nicht mehr nach einem einheitlichen Maßstab beurteilen. Besonders problematisch ist unter diesen Bedingungen die Erteilung von Noten, die aber gleichwohl in der Praxis immer wieder gefordert sein wird. Vielleicht ist es hier ein tragbarer Kompromiss, Grundanforderungen, erhöhte Anforderungen und reduzierte Anforderungen zu unterscheiden und ihnen Notenbereiche zuzuweisen, wie es teilweise in der Schweiz praktiziert wird. (Staatliches Seminar Biel 2000) Man könnte z. B. auf das Erfüllen erhöhter Anforderungen normalerweise die Note 2, auf das Erreichen der Grundanforderungen die Note 3 und auf eine reduzierten Anforderungen entsprechende Leistung die Note 4 vergeben, wobei in Ausnahmefällen auch Über- und Unterschreitungen um eine Notenstufe möglich sind:

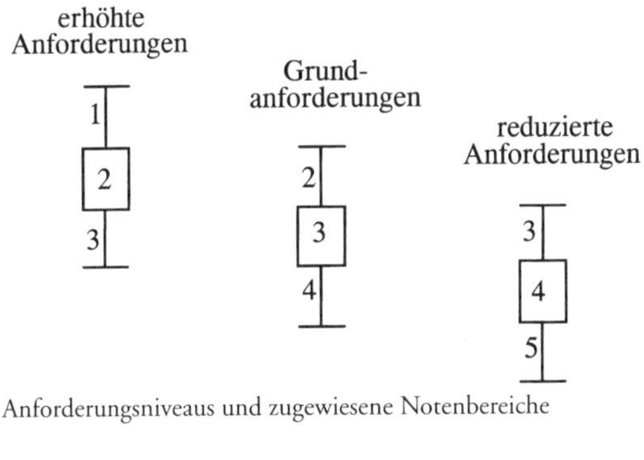

Abbildung 15: Anforderungsniveaus und zugewiesene Notenbereiche

11.8 Beurteilungsgespräche

Schon wiederholt wurde in unseren Ausführungen deutlich, dass *alle Formen der Leistungsbeurteilung letztlich darauf abzielen müssen, die unmittelbare persönliche Kommunikation aller Beteiligten (Schüler, Lehrkräfte, Eltern) über schulische Lern- und Arbeitsprozesse, über ihre Ergebnisse und deren Präsentation und über die weitere Förderung der Schüler zu intensivieren und zu verbessern. Alle anderen Formen der Leistungsbeurteilung haben dafür dienende Funktion.* Es muss geradezu als abartig gelten, dass in unserem Schulsystem diese unmittelbare persönliche Kommunikation zu erheblichen Teilen durch „Schriftverkehr" ersetzt wird – durch schriftliche Rückmeldungen über Klassenarbeiten, Wortgutachten, Notenzeugnisse usw. Diese Einsicht hat sich in jüngster Zeit zunehmend Bahn gebrochen: In manchen Schulen ist es üblich, dass die Lehrkräfte mit den einzelnen Schülern regelmäßige Gespräche über den Verlauf der zurückliegenden Lernarbeit und über die Lernergebnisse führen, mit ihnen über Erfolge und Schwierigkeiten nachdenken und Möglichkeiten der Fortführung, der Nachbesserung und Übung erörtern. (Landesinstitut 1997, S.30) Die Lernberichte der Laborschule Bielefeld verstehen sich ausdrücklich als Anlass für Gespräche mit Schülern und Eltern. (Heuser 1996, S.45f.) In Berlin können in der Grundschulzeit die Semesterberichte durch Elterngespräche ersetzt werden, wenn die Klassenlehrer und eine Zweidrittelmehrheit der Eltern dies beschließen (Zeugnisregelungen 1996, S.132). Ehlers (1996) berichtet von einem Schulversuch an einer Bremer Grundschule, in dem bis zur dritten Klasse auf schriftliche Leistungsbeurteilungen völlig verzichtet wurde. Stattdessen veranstaltete man drei bis vier verbindliche Elternsprechtage, zu denen möglichst auch die Kinder zu erscheinen hatten. Für die bei diesen Gelegenheiten geführten Beurteilungsgespräche erarbeiteten die Lehrkräfte differenzierte Gesprächsgrundlagen zu den verschiedenen Lernbereichen. Erst am Ende des vierten Schuljahres wurde dann ein Abschlussbericht über jedes Kind verfasst.

In der Schweiz waren Beurteilungsgespräche schon um die Jahrtausendwende in der Primarstufe weit verbreitet, teilweise sogar in der Sekundarstufe üblich: „Die obligatorischen Beurteilungsgespräche beginnen in der Regel in der ersten Klasse und werden jährlich oder zu festgelegten Zeitpunkten verpflichtend weitergeführt. Jährlich sind sie in der ganzen Primarschule der Kantone Solothurn, Freiburg, Schaffhausen und im Fürstentum Liechtenstein obligatorisch, in den Kantonen Appenzell-Ausserrhoden und St. Gallen jährlich in allen neuen Klassen der obligatorischen Schulzeit. Eine zweite Verpflichtungsart kennt Bern, wo die Gespräche nur in der 1., 2., 6. und 7. Klasse obligatorisch sind und in den anderen Klassen auf Wunsch der Eltern oder der Lehrkraft durchgeführt werden." (Vögeli-Mantovani 1999, S.182) Die Baseler Gymnasien ersetzten die Zwischenzeugnisse bis ein Jahr vor das Abitur durch Beurteilungsgespräche, die auf der Grundlage von

Lernberichten geführt werden. Die Lernberichte wiederum bestehen aus einem von den Lehrern und einem von den Schülern verfassten Teil. Bei volljährigen Gymnasiasten werden die Eltern nicht mehr in das Gespräch einbezogen.[24]

Beurteilungsgespräche haben viele Vorteile gegenüber Noten- und Wortzeugnissen:

- Gespräche legen Schüler bei weitem nicht in dem Maße fest wie schriftliche Dokumente.
- Man kann in ihnen deshalb eher auch einmal kritische Aspekte ganz offen ansprechen.
- Die Verständigung ist viel weniger störanfällig. Fehlinterpretationen kann leichter unmittelbar begegnet werden, Verständnisschwierigkeiten sind sofort ausräumbar.
- Bei einigem Geschick der Lehrkräfte kann für eine günstige Atmosphäre gesorgt werden, in welcher Beratung auch akzeptiert wird.
- Lehrkräfte erhalten bei den Gesprächen oft ebenfalls neue und für ihre weitere Arbeit hilfreiche Informationen über die Kinder.

Das Potenzial von Beurteilungsgesprächen wird erst voll ausgeschöpft, wenn sie als Dreiergespräche zwischen Eltern, Lehrkräften und Schülern durchgeführt werden.

Z. T. wird berichtet, dass Lehrkräfte dabei Schwierigkeiten haben, den Schülern wirklich zuzuhören, und leicht in den Fehler verfallen, sie zu ermahnen und ihnen Vorhaltungen zu machen. (Agabrian 2006, S.15) Ferner ist darauf zu achten, dass die Schüler nicht durch die Doppelrolle überfordert werden, zugleich Partner und Gegenstand eines solchen Gespräches zu sein. (Blossing 2006, S.35) Diese Schwierigkeit kann zumindest reduziert werden, wenn man die Gespräche teilweise als Portfoliokonferenzen organisiert: Die Schüler berichten dann anhand ausgewählter authentischer Arbeiten und Unterlagen über ihre Lernfortschritte und erbitten Hilfe für die Bewältigung von Schwierigkeiten. Gesprächsgegenstand sind dann weniger sie selbst als ihr Portfolio. Für die praktische Durchführung von Beurteilungsgesprächen sind die im Erziehungsdepartement Solothurn erarbeiteten Hinweise hilfreich. (Vgl. den auf den folgenden Seiten abgedruckten Leitfaden.) Ganz entscheidend ist, dass mehr mit dem Schüler geredet wird als über ihn.

Zur Vorbereitung gehört auch das längerfristige persönliche Sich-Einstellen der Lehrkraft auf das Beurteilungsgespräch, z. B. das Reflektieren der Selbstwahrnehmung, der Beziehung zu den betr. Schülern und ihren Eltern, des Ansehens der Schule in der Öffentlichkeit, der eigenen Aufgabe und Rolle im Beurteilungsgespräch, der Sorge für ein gutes Gesprächsklima und das Bemühen um ein angemessenes Verhalten während des Gespräches mit den Eltern und Schülern:

Fördernd	*Hemmend, eskalierend*
• aktives Zuhören	• lange Monologe
• Blickkontakt	• Unruhe, Aktivismus
• zugewendete Sitzhaltung	• hinter dem Pult verschanzt
• Rückfragen	• absolute Urteile
• Freundlichkeit	• kühle, geschliffene Sprache
• Erklärungen anbieten	• Verteidigung, Rechtfertigung
• Entwicklungsmöglichkeiten aufzeigen	• Schwächen beweisen
• Interesse und Engagement zeigen	• eigenen Standpunkt verteidigen
• eigene Fehler eingestehen	• Pseudo-Objektivität
• unterschiedliche Standpunkte aufzeigen	• Vorwürfe
• gemeinsamen Nenner suchen	• Gegenangriffe
	• widersprechen

Tabelle 27: Verhalten während des Gesprächs (Erziehungsdepartement 1995a)

Beurteilungsgespräche sollten möglichst dazu führen, dass mit Eltern und Schülern Vereinbarungen und Lernkontrakte geschlossen werden. Diese wiederum sollten mindestens die anzustrebenden Ziele, die Inhalte, an denen gearbeitet werden soll, Zeiträume und Termine, zur Verfügung gestellte Ressourcen sowie Hilfen und Evaluationskriterien für die Überprüfung der Vereinbarung festlegen, evtl. auch Arbeitsschritte und Arbeitsmethoden, voraussichtlich schwierige und leicht zu bewältigenden Anforderungen, Zwischenkontrollen und zusätzliche Regeln. (Winter 2004, S.222)

Leitfaden für das Beurteilungsgespräch (Erziehungsdepartement 1995a)

Zur Vorbereitung:
... *Was* soll zur Sprache kommen?
Ein umfassendes und differenziertes Beurteilungsgespräch umfasst zwingend *drei inhaltliche Bereiche.* Als Grundlagen dienen zur Hauptsache die Überprüfung der Lernziele (vgl. Lehrplan) und die Verhaltensbeobachtungen... Die Reihenfolge und Gewichtung der Bereiche hängt stark vom Ziel und Verlauf jedes Gesprächs ab und liegt deshalb im freien Ermessen der Lehrkraft.
Beispiele aus dem Unterricht wie Schülerarbeiten, konkrete Einzelbeobachtungen verdeutlichen und unterstützen die Aussagen, zudem ermöglichen sie ein Gespräch über fassbare Ereignisse und Fakten.

1. *Prozessorientiert, formativ* sollen folgende Fragen erläutert und besprochen werden:
- Wie lernt das Kind? Charakteristische, beobachtete Aspekte des Lern- und Arbeitsverhaltens, die den erfolgreichen Lernprozess begünstigen oder behindern.
- Wie lebt und arbeitet das Kind mit anderen zusammen? Charakteristische, beobachtete Aspekte des Sozialverhaltens, die das Wohlbefinden und die Entwicklung des Kindes begünstigen oder behindern.

2. *Rückblickend, summativ* sollen folgende Fragen erläutert und besprochen werden:
- Was hat das Kind gelernt? Erreichte und nicht erreichte Lernziele gemäß Lehrplan.
- Wo steht das Kind heute? Gesamtbeurteilung des Kindes auf Grund seiner Stärken und Schwächen. Vergleich mit früheren Beurteilungen. Vergleiche mit den erforderlichen Lernfähigkeiten zur Erreichung von Lernzielen. Aber: Vergleiche mit anderen Kindern vermeiden.

3. *Vorausschauend, prognostisch* sollen folgende Fragen erläutert und besprochen werden:
- Sind die Voraussetzungen für den Übertritt in die nächste Klasse gegeben? Promotionsempfehlung bzw. Promotionsentscheid.
- Ist das Kind den Anforderungen der nächsten Klasse gewachsen?
Maßstab zur Einschätzung: Lernziele der nächsten Klasse und notwendige Verhaltensmerkmale.
- Welche speziellen Anstrengungen und Maßnahmen sind zu planen und durchzuführen, um bestimmte Schwächen zu beheben bzw. bestimmte Stärken zu fördern?
- Abmachungen mit den Eltern, die Anstrengungen und Maßnahmen konkretisieren und das Zusammenwirken von Schule und Elternhaus festlegen.

Leitfaden für das Beurteilungsgespräch: Fortsetzung (Erziehungsdepartement 1995a)

Zur Durchführung

Wie soll das Beurteilungsgespräch ablaufen?

Jedes Beurteilungsgespräch hat seine speziellen Bedingungen und Voraussetzungen. Seine Durchführung kann deshalb nicht generell festgelegt werden. Einige Hinweise, worauf besonders zu achten ist, sollen hier genügen:

- Schaffen Sie günstige Rahmenbedingungen, z. B. Getränke, bequemes Sitzen, Blumen.
- Ziel und die wichtigsten Gesprächspunkte für Eltern verständlich formulieren.
- Einstieg mit etwas Alltäglichem (Wo sitzt ihr Kind; die Hausaufgaben von gestern) oder einem Thema aus dem letzten Gespräch.
- Die drei inhaltlichen Bereiche ins Gespräch bringen (siehe oben) und an ihnen festhalten, wenn das Gespräch allzu sehr abgleitet.
- Nicht dozieren. Pausen einlegen. Den Eltern Gelegenheit geben, Ihre Meinungen und Wahrnehmungen einzubringen. „Wie sehen/erleben sie ihr Kind/die Sache?"
- Gegebenenfalls Maßnahmen und gemeinsame Anstrengungen aushandeln. Konsens anstreben. Nicht unbedingt auf eigener Meinung und Maßnahme beharren.
- Rückfragen zeigen, ob sie und die Eltern [zu ergänzen wäre: sowie das Kind; W.S.] das Gleiche verstanden haben.
- Fassen Sie am Schluss die wichtigsten Aussagen und gemeinsamen Vereinbarungen einfach, klar und verständlich zusammen. [...]
- Abschluss: Sprechen Sie und die Eltern [zu ergänzen wäre: sowie das Kind; W.S.] über das Gespräch. Was hat es gebracht? Sind die Erwartungen erfüllt worden? Wie fühle ich mich jetzt, z.B. im Vergleich zum Beginn?
- Gesprächsbestätigung: Lassen Sie die Eltern [zu ergänzen wäre: sowie das Kind; W.S.] durch Unterschrift, z. B. im Besucherheft, bestätigen, dass das Gespräch stattgefunden hat.

Zur Auswertung

Jedes Beurteilungsgespräch steht in einer Reihe von früheren und weiteren Gesprächen. Es empfiehlt sich deshalb, das Wichtigste schriftlich auf dem Gesprächsblatt festzuhalten:

- Zentrale Aussagen Ihrerseits wie auch von Elternseite [zu ergänzen wäre: sowie von Seiten des Kindes; W.S.]
- Gemeinsame Vereinbarungen mit den Verpflichtungen für Sie und die Eltern [zu ergänzen wäre: sowie das Kind; W.S.] [...]
- Merkmale der entstandenen Beziehung. Wie fühle ich mich? Freuden und Sorgen.

11.9 Beurteilungskonzepte

Ein Beurteilungskonzept ist ein regelmäßig diskutiertes und evaluiertes Programm einer Schule, in dem das Kollegium einer Schule Zielsetzungen, Leitsätze und konkrete Abmachungen zur Prüfungs- und Beurteilungspraxis schriftlich fixiert (Herren 1999, S.26). Inhalte eines Beurteilungskonzeptes können letztlich nahezu alle in diesem Buch verhandelten Themen und Fragestellungen sein, also u. a.

- Funktionen der Leistungsüberprüfung und -beurteilung, auf die man besonders Wert legen will,
- Maßnahmen zur Absicherung der Gütekriterien,
- der Beurteilung zu Grunde gelegte Bezugsnormen,
- Absprachen über anforderungs- und benotungsfreie bzw. -arme „Räume“,
- Benotungsmodelle und Benotungsskalen,
- Absprachen über geforderte Mindestkompetenzen und Lernziele,
- Beschreibungen von Grundanforderungen, erhöhten Anforderungen und reduzierten Anforderungen,
- Vereinbarungen über die Anlage und Durchführung von Prüfungen,
- berücksichtigte Arten der Leistung, der Inszenierung der Leistungserbringung und der Beurteilung,
- Strategien des Beobachtens und Dokumentierens von Leistungen,
- Vorgehen bei der Prüfungs- und Aufgabenanalyse,
- Absprachen über Formen der Kooperation im Kollegium,
- Regelung des Informationsflusses zwischen Lehrkräften, Schülern, Eltern, Schulleitung und Gesamtkollegium.

Die Erarbeitung eines solchen Beurteilungskonzeptes kann ein wichtiges Element von Schulentwicklung sein, führt sie doch zur Diskussion des Selbstverständnisses und Leitbildes der Schule, zur Thematisierung vielfältiger pädagogischer und unterrichtsmethodischer Fragen, zur Vereinbarung kooperativer Arbeitsweisen, zu Kontakten mit anderen Schulen usw. (Herren 1999, S.29) Ein Beurteilungskonzept, das den Erfordernissen der Neuen Lernkultur Rechnung trägt, kann geradezu ein Hebel zu ihrer Implementierung in der Schule sein.

Wir geben im Folgenden ein konkretes Beispiel für ein solches Beurteilungskonzept:

GESAMTBEURTEILUNG Im Zeugnis (und im Lernbericht über Sachkompetenz) erfolgt eine umfassende Gesamtbeurteilung.	*An unserer Schule:* – werden die einzelnen Bereiche der Gesamtbeurteilung (Qualität, Lernkontrollen, Quantität, Beurteilung von Produkten, Zusatzinformationen, individuelle Fortschritte, prozessbegleitende Beobachtungen) während des ganzen Schuljahres geplant und angemessen berücksichtigt – werden je nach Fach und Unterrichtseinheit die einzelnen Bereiche der Gesamtbeurteilung gesammelt
BEURTEILUNG VON PRODUKTEN Die Entstehung von Produkten ermöglicht andere Lernerfahrungen und Arbeitsformen der Schülerinnen und Schüler und diese werden von der Lehrperson unterstützend, beratend und motivierend begleitet.	*An unserer Schule:* – werden die Beurteilungskriterien immer vorgängig bekannt gegeben – werden die entstandenen Produkte mit konkreten Rückmeldungen beurteilt (schriftlich mit Worten) – beurteilen die Schülerinnen und Schüler ihre Produkte in regelmäßigen Abständen selber
GRUNDANFORDERUNGEN Wir vermeiden Überforderung und Unterforderung von Schülerinnen und Schülern mit dem Festlegen von Grundanforderungen, höheren Anforderungen und, wenn nötig, von reduzierten Anforderungen.	*An unserer Schule:* – bezeichnen die Grundanforderungen den Qualitätsanspruch an eine Unterrichtseinheit, den die Lehrperson im Rahmen der vorgegebenen Grobziele und Inhalte des Lehrplans 96 stellt. – legt jede Lehrkraft die Grundanforderungen in den einzelnen Fächern selber fest – werden die Grundanforderungen den Schülerinnen und Schülern, sowie den Eltern regelmäßig transparent gemacht – werden die Grundanforderungen mit den Schülerinnen und Schülern regelmäßig besprochen und in den Unterricht einbezogen – werden die Lernziele, die Grundanforderungen und höheren Anforderungen mindestens eines Faches in das offizielle Formular eingetragen, im Schulzimmer ausgehängt oder den Kindern angegeben – wird die Arbeit mit den Grundanforderungen regelmäßig in den pädagogischen Konferenzen transparent gemacht und evaluiert
LERNKONTROLLEN Lernkontrollen sind eine Überprüfung des Lernens und leiten Förderung und Entwicklung von Schülerinnen und Schülern ein.	*An unserer Schule:* – werden die Beurteilungskriterien bei Lernkontrollen im Voraus bekannt gegeben – werden abschließende, summative Lernkontrollen mindestens eine Woche im Voraus bekannt gegeben – sollen Lernkontrollen zumindest in den vorher noch nicht erfüllten Teilen wiederholbar sein – werden formative Lernkontrollen stets angesagt – sind die Voraussetzungen für eine hohe Erfüllungschance gewährleistet (Zeit, Übungsmaterial, Arbeitspläne Hausaufgaben [...]) – werden Lernkontrollen mit den Worten erfüllt (e) , nicht erfüllt (n.e.) und übertroffen (ü) beurteilt. Übertroffen = in höheren Anforderungen erfüllt.

Tabelle 28: Beurteilungskonzept Kindergarten, Primar- und Realschule Helgisried [26]

Anmerkungen

1 Vgl. dazu Staatliches Seminar Biel 2000; Schratz 1994, S.73; Armstrong u. a.1984, 6; Buff/ Rohner 1989, S.13; Lütgert 1999; Lutz-Sikora 2000b; Winter 1991, S.119ff.

2 Vgl. dazu z. B. Guldimann 1997, S.180ff.

3 Vgl. auch dazu Staatliches Seminar Biel 2000; Schratz 1994, S.73; Armstrong & Frith 1984, S.6; Buff/ Rohner 1989, S.13; Lütgert 1999; Lutz-Sikora 2000b; Winter 1991, S.119ff.

4 Diese Unterscheidung wird im Schulversuch „Erweiterte Schülerinnen- und Schülerbeurteilung am Gymnasium" im Kanton Luzern gemacht. Vgl. http://www.ekdluzern.ch/publikationen/mb/mb2_99/gym/frhaupts.htm.

5 Vgl. dazu Kantonale Arbeitsgruppe Schülerinnen- u. Schülerbeurteilung 2000; Lütgert 1999; Lutz-Sikora 2000a; Lutz-Sikora 2000b; Welker-Sturm 1999.

6 Vgl. das Hudson Valley Portfolio Assessment Project (Martin-Kniep 1998, S.53ff.) sowie Armstrong/ Frith 1984, S.9ff. u. Reichmayr 1994.

7 Die hier aufgelisteten Vorschläge sind hauptsächlich Winter 1991 u. Winter 2004, S.236-254 entnommen.

8 Vgl. dazu Funke-Wieneke 1996; Nübel 1998; Padberg 1996; Thieme 1998; Waibel 1996; Winter 1991, S.161ff.

9 Vgl. Guldimann 1997, S.186; Heske 1999; Winter 1999, S.201ff., Winter 2004, S.254-275.

10 „z-plus" war ein Schulbegleitforschungsprojekt in Bremerhaven.

11 Die folgende Aufzählung ist entnommen aus Sacher 2002c, S.63f.

12 Bohl 2001b, S.282. Bei Bohl sind im Übrigen schöne konkrete Möglichkeiten für die Durchführung von Prozessbeobachtungen aufgezeigt.

13 Vgl. dazu im Einzelnen Engstler 2002; Jervis 2002; Lustig 1996; Martin-Kniep 1998; Rösel 2002; Vierlinger 1999; Vierlinger 2002; Winter 2002c; Winter 2004, S.187-215.

14 Als weitere Formen des Portfolios unterscheidet Winter 2004, S.188f: Kursportfolios, Arbeitsportfolios, Bewertungsportfolios, Prüfungsportfolios und Vorzeigeportfolios. Häcker berichtet noch weit mehr Portfolioarten und gibt eine umfassende Systematik. (Häcker 2006, S.129ff.; Brunner u. a. 2006, S.33-39)

15 Lustig 1996, S.21. Dort finden sich auch Beispiele.

16 Zur Gestaltung und Evaluation solcher Vereinbarungen vgl. im Einzelnen Glänzel/ Uesseler 2002 u. Spindler 2002. Grundsätzlich zu Lernkontrakten vgl. Winter 2004, S.215-224.

17 Vgl. dazu Bohl 2001b, S.296ff; Herren 1999; Kossik 1999; Staatliches Seminar Biel 2000.

18 Einige Möglichkeiten sind Bohl 2001b, S.299, Dieckhoff 2001, S.106ff., u. Emer / Horst 2002, S.161, entnommen.

19 Hier erfolgt der Übergang zur Methode „Lernen durch Lehren". Vgl. dazu Bönsch 2000; Kuhn 2001; Martin 2000; Renkl 1997.

20 Vgl. dazu Bohl 2001b, S.300f, Gunsser 2001, S.152; Kuhn 2001, S.170 u. 179.

21 Vgl. zu den folgenden Ausführungen: Frey 1998, S.247ff.; Löffler 2000; Welker-Sturm 1999. Außerdem fließen hier Ergebnisse einer im Spätherbst 2000 geführten Internetdiskussion im Rahmen des SINN-Projektes des Lehrstuhls für Schulpädagogik an der Universität Erlangen-Nürnberg mit ein.

22 Dieckhoff 2001; Emer/ Horst 2002; Goetsch 2002; Gunsser 2001; Lenzen 2002; Sacher 2002, S.65f.; Schulz 2001.

23 Braun 2001; Daur 2001; Landherr 2001; Martin 2001.

24 Die Verordnung kann im ganzen Wortlaut unter http://www.gesetzessammlung.bs.ch/sgmain/default.html im PDF-Format eingesehen werden (unter „Suchen" den Begriff „Lernbeurteilungsverordnung" eingeben und in der Auswahl „Lernbeurteilungsverordnung Gymnasien" anklicken). – Weitere Einzelheiten sind dem Bildungsplan der Gymnasien Basel-Stadt (http://wg.edubs.ch/wg/schule/

bildungsplan/) und der Homepage des Gymnasiums Leonhard in Basel (http://www.gyml.unibas.ch) zu entnehmen.

25 3155 Helgisried, Kanton Bern, Schweiz (Herren 1999, Anhang)

Literatur

Aebli, H. (1995): Grundlagen des Lernens. 3. Auflage, Stuttgart

Albert, H. (1975): Traktat über kritische Vernunft. 3., erw. Aufl., Tübingen

Anlanger, O. (Hrsg.) (1994): Noten verboten. Alternativen der Leistungsbeurteilung. Bd. 1 u. 2, Wien u. a.

Arnold, K.-H. (1997): Wege der Zeugnisreform. In: Grundschule 29 , H. 6, S. 42–45 (a)

Arnold, K.-H. (1997): Zur Sprache der Zeugnisse. In: Landesinstitut für Schule und Weiterbildung (Hrsg.): Leistungsbewertung ohne Noten in der Grundschule. Bönen, S. 134–136 (b)

Arnold, K.-H. (1999): Diagnostische Kompetenz erwerben. Wie das Beurteilen zu lernen und zu lehren ist. In: Pädagogik 7–8, S. 73–77

Arnold, K.-H. (2002): Was kommt nach der Ziffernzensierung? Zur ergänzenden Bedeutung von Lernentwicklungsbeschreibungen und Leistungstests. In: Becker u. a., S. 343–349

Arbeitskreis „Humane Schule" des Ludwig-Boltzmann-Instituts für Schulentwicklung und international-vergleichende Schulforschung (1990): Unterrichtspraktische Grundsätze der verbalen Beurteilung. In: Olechowski/Rieder 1990, S. 241–248

Armstrong, S. W.; Frith, G. H. (1984): Practical Self-Monitoring for Classroom Use. Springfield/ Illinois USA

Avenarius, H. & Heckel, H. (2000): Schulrechtskunde. Ein Handbuch für Praxis, Rechtsprechung und Wissenschaft, 7. Auflage, Neuwied

Bartnitzky, H. (Hrsg.) (1989): Umgang mit Zensuren in allen Fächern. 2. Aufl., Frankfurt a. M.

Bartnitzky, H. (1992): Der pädagogische Leistungsbegriff, natürlich ohne Zensuren! In: Pädagogik extra 20, H. 10, S. 13–15

Bartnitzky, H.; Christiani, R. (1977): Zeugnis ohne Zensuren. Düsseldorf

Bartnitzky, H.; Christiani, R. (1994): Zeugnisschreiben in der Grundschule. Erw. Neuausgabe, Heinsberg

Baurmann, J. (1973): Der Einfluss von Auswertungsbedingungen, Vorinformationen und Persönlichkeitsmerkmalen auf die Benotung von Deutschaufsätzen. Hausarbeit zur Diplomhauptprüfung 1973, EWH Rheinland-Pfalz, Abt. Landau

Beck, O. (1980): Aufsatzbeurteilung heute. Freiburg i. Br.

Becker, G. (1988): Klassenarbeiten vorbereiten, zusammenstellen, durchführen aus der Sicht der handlungsorientierten Didaktik. In: Pädagogik 40, H. 4, S. 24–30

Becker, H. (1991): Zensuren: Ihre Fragwürdigkeit, Berechtigung und Alternativen. Heidelberg

Becker, K.; von der Groeben, A.; Lenzen, K.-D.; Winter, F. (Hrsg.) (2002): Leistung sehen, fördern, werten. Bad Heilbrunn

Becker, H.; Hentig, H. von (Hrsg.) (1983): Zensuren. Lüge – Notwendigkeit – Alternativen. Stuttgart

Benner, D.; Ramseger, J. (1985): Zwischen Ziffernzensur und pädagogischem Entwicklungsbericht. In: Zeitschrift für Pädagogik 31, H.2, S. 151–174

Betz, D. (1974): Rhythmische Schwankungen als Fehler in der Notengebung bei mündlichen Prüfungen. In: Psychologie in Erziehung und Unterricht 21, H.1, S. 1–14

Birkel, P.: (1978) Mündliche Prüfungen. Zur Objektivität und Validität der Leistungsbeurteilung. Bochum

Bittlinger, L. (1978): Elemente einer Theorie des Bildungsprozesses und der Curriculare Lehrplan. München

Bloom, B. S. (1972): Taxonomie von Lernzielen im kognitiven Bereich. Weinheim

Bönsch, M. (2000): Lernen durch Lehren. Handlungsorientierung im Fremdsprachenunterricht. In: Die Unterrichtspraxis, 34, 7, S. 54–56

Bohl, T. (2001): Theoretische Strukturierung – Begründung neuer Beurteilungsformen. In: Grunder/ Bohl, S. 9–49 (a)

Bohl, T. (2001): Analyse der Fallstudien. In: Grunder/Bohl, S. 273–356 (b)

Bolscho, D. (1979): Staatlich verordnete Kulturrevolution durch Zeugnisse ohne Noten? In: Bolscho/ Burk/Haamann, S. 120–129

Bolscho, D.; Burk, K. H. (1978): Ziffern oder Gutachten? Bonn

Bolscho, D.; Burk, K. H.; Haamann, D. (1979): Grundschule ohne Noten. Frankfurt

Bolscho, D.; Schwarzer, Ch. (1979): Beurteilen in der Grundschule. München

Bourdieux, P.; Passeron, J.-C. (1971): Die Illusion der Chancengleichheit. Stuttgart

Braun, C. (2001): Leistungsbeurteilung im Rahmen der Stationen und Wochenplanarbeit. In: Grunder/ Bohl, S. 81–100

Braun, K.; Jürgens, E., Lutz-Sikora, B.; Prengel, A.; Thonhauser, J.; Zocher, U. (2002): Expertengespräch: „Neue Lernkultur – neue Leistungsbewertung". In: Becker u. a., S. 243–254

Breitschuh, G. (1979): Zur Geschichte des Schulzeugnisses. In: Bolscho/Burk/Haamann 1979, S. 35ff.

Breitschuh, G. (1991): Der Frankfurter Wachsensturm von 1833 und seine Bedeutung für das Reifezeugnis in Deutschland. In: Von Hohenzollern/Liedtke 1991, S. 132–147

Buchinger, H. (1991): Zur Geschichte von Zensuren und Zeugnissen in der bayerischen Realschule. In: Von Hohenzollern/Liedtke 1991, S. 95–110

Buff, A. (1988): Überlegungen zu Reformen in der Schülerbeurteilung. In: Schweizer Schule 75, H. 4, S. 25–35

Buff, A.; Rohner, A. (1989): Schulversuch Schülerbeurteilung ohne Noten. Schlussbericht zur begleitenden Versuchsphase 1981 - 1988. Amt für Bildungsforschung der Erziehungsdirektion des Kantons Bern

Caselmann, Ch. (1953): Wesensformen des Lehrers. Stuttgart

Christiani, R. (1991): Schülerbeobachtungen und Notizen. In: Die Unterstufe 38, H. 3, S. 77–80

Clark, B. R. (1973): Die Abkühlungsfunktion in den Institutionen höherer Bildung. In: Steinert, H. (Hrsg.): Symbolische Interaktion. Arbeiten zu einer reflexiven Soziologie, Stuttgart, S. 111–125

Cognition and Technology Group, V.[anderbilt] (1990): Anchored instruction and its relationship to situated cognition. In: Educational Researcher, 19, p. 2–10.

Cognition an Technology Group, V.[anderbilt] (1991): Technology and the design of generative learning environments. In: Ecucational Technology, 31, p. 34–40.

Colton, T.; Peterson, O. L. (1967): An essay of medical students' abilitiess by oral examinations. In: Journal of Medical Education 42, p. 1005–1014

Dave, H. R. (1968): Eine Taxonomie pädagogischer Ziele und ihre Beziehung zur Leistungsmessung. In: Ingenkamp/Marsolek 1968, S. 149–161

Daur, H. (2001): Leistungsbeurteilung im Rahmen der Freiarbeit. In: Grunder/ Bohl, S. 120–136

Deci, E. L.; Ryan, M. L. (1993): Die Selbstbestimmungstheorie der Motivation und ihre Bedeutung für die Pädagogik. In: Zeitschrift für Pädagogik 39, S. 223–238

Deutsches PISA-Konsortium (2001) (Hrsg.): PISA 2000. Basiskompetenzen von Schülerinnen und Schülern im internationalen Vergleich. Opladen

Deutsches PISA-Konsortium (2003) (Hrsg.): PISA 2000. Ein differenzierter Blick auf die Länder der Bundesrepublik Deutschland. Opladen

Dieckhoff, C. (2001): Leistungsbeurteilung im projektorientierten Unterricht. In: Grunder/Bohl, S. 102–117

Döring, S. (1994): Wortgutachten in der Grundschule – ihre Diskussion in der Fachwissenschaft und ihre Wirklichkeit. Schriftliche Hausarbeit an der Universität Augsburg zur Ersten Staatsprüfung für das Lehramt an Grundschulen

DUBS, R. (1995): Lehrerverhalten. Ein Beitrag zur Interaktion von Lehrenden und Lernenden im Unterricht. Zürich

EHLERS, CH.. (1996): Elternsprechtag statt Zeugnis. In: Friedrich-Jahresheft XIV, S. 92–93

EINSIEDLER, W. (1998): Bildung grundlegen und Leisten lernen in der Grundschule. Nürnberg: (Berichte und Arbeiten aus dem Institut für Grundschulforschung Nr. 89)

EMER, W.; HORST, U. (2002): Wir wir gearbeitet und was wir erreicht haben – Projektarbeit reflektieren und zertifizieren. In: Becker u. a., S. 158–163

ENGSTLER, K. (2002): Versuche mit anderen Bewertungsformen – Pensenbuch und Portfolio. In: Becker u. a., S. 295–301

ERZIEHUNGSDEPARTEMENT. AMT FÜR VOLKSSCHULE UND KINDERGARTEN (1995): Projekt „Einführung des Beurteilungsgesprächs in den 5. Klassen des Kantons Solothurn“/Steuerungsgruppe. Handreichung: Anregungen und Instrumente zum Beobachten und Beurteilen von Schülerinnen und Schülern sowie zur Gestaltung der Beurteilungsgespräche. Solothurn 1995 (a)

ERZIEHUNGSDEPARTEMENT. AMT FÜR VOLKSSCHULE UND KINDERGARTEN (1995): Projekt „Einführung des Beurteilungsgesprächs in den 5. Klassen des Kantons Solothurn“. Dossier: Anregungen und Instrumente zur Unterstützung von gegenseitigen Besuchen unter Lehrerinnen und Lehrern. Solothurn 1995 (b)

FEIKS, D.; LAUBERT, V.; ROTHERMEL, G. (1975): Objektivierte Leistungsmessung, Leistungsbeurteilung und Lerndiagnose. Stuttgart

FEND, H. (1971): Konformität und Selbstbestimmung. Mündigkeit und Leistungsmotivation in sozialisationstheoretischer Sicht. Weinheim

FEND, H. (1981): Theorie der Schule. 2. Aufl., München

FEND, H. (1982): Gesamtschule im Vergleich. Bilanz der Ergebnisse des Gesamtschulversuchs. Weinheim

FINSTERER, CH. (2000): Die Verständlichkeit von Wortgutachten für Eltern. Mit besonderer Berücksichtigung von Formulierungsbausteinen. Schriftliche Hausarbeit an der Universität Erlangen-Nürnberg zur Ersten Staatsprüfung für das Lehramt an Grundschulen.

FILIPP, S. H. (Hrsg.) (1978): Selbstkonzeptforschung. Stuttgart

FISCHER, W. L. (1991): Mathematische Kritik der Ziffernnoten und ihrer Interpretation. In: Von Hohenzollern / Liedtke 1991, S. 225–249

FISCHER-ELFERT, H.-W. (1991): „Das Ohr eines Knaben sitzt auf seinem Rücken, er hört nur, wenn man ihn schlägt“. Schülerbeurteilungen im Alten Ägypten. In: Von Hohenzollern/Liedtke 1991, S. 39–48

FREY, K. (1998): Die Projektmethode. Der Weg zum bildenden Tun. 8., überarb. Aufl., Weinheim u. a.

FRICKE, R. (1972): Testgütekriterien bei lehrzielorientierten Tests. In: Zeitschrift für erziehungswissenschaftliche Forschung 6, S. 150–175

FRICKE, R. (1973): Zur Theorie lehrzielorientierter Tests. In: Lernzielorientierter Unterricht, H. 4, S. 18–29

FUNKE-WIENEKE, J. (1996): Der Fehler als Leistung. In: Friedrich-Jahresheft XIV, S. 50–52

FURCK, C. L. (1975): Das pädagogische Problem der Leistung in der Schule. 5. Aufl., Weinheim

GARNITSCHNIG, K. (1990): Verbale Beurteilung und Unterrichtsgestaltung. In. Olechowski/Rieder 1990, S. 174–205

GATHER-THURLER, M. (1991): Schülerbeurteilung in der Westschweiz. In: Beiträge zur Lehrerbildung 9, H. 3, S. 330–333

GERDS, P.; WEISENBACH, K. (1986): Bewertungen von Schülerleistungen im handlungsorientierten Unterricht. In: Arbeiten + Lernen 8, H. 44, S. 39–43

GLÄNZEL, H.; UESSELER, W. (2002): Lernen begleiten und Vereinbarungen treffen – Erfahrungen mit dem Konzept Stadt-als-Schule Berlin. In: Becker u. a., S. 99–106

GLÖCKEL, H. (1981): Beiträge zu einer realistischen Schulpädagogik. Donauwörth

GLÖCKEL, H. (1995): Über einige Irrtümer beim Notengeben. In: Pädagogische Welt 49, H. 2, S. 50–54

GOETSCH, K.-H. (2002): Arbeitsprozessberichte – Beurteilung im Projektunterricht. In: Becker u. a., S. 164–169

GOFFMAN, E. (1952): On cooling the mark out: Some aspects of adaption to failure. In: Psychiatry Foundation, p. 451–463

GROEBEN, A. VON DER; LENZEN, K.-D. (Hrsg.) (1996): Berichten und Bewerten, Teile I u. II. Bielefeld

GRUNDER, H.-U.; BOHL, T. (Hrsg.) (2001): Neue Formen der Leistungsbeurteilung in den Sekundarstufen I und II. Hohengehren

GUDJONS, H. (1988): Die Klassenarbeit. In: Pädagogik 40, H. 4, S. 8–10

GUILFORD, J. P. (1967): Drei Aspekte der intellektuellen Begabung. In: Weinert, F. (Hrsg.): Pädagogische Psychologie. Köln, S. 118–132.

GULDIMANN, T. (1997): Eigenständiger Lernen. Bericht über ein Forschungsprojekt. In: Schweizerische Zeitschrift für kaufmännisches Bildungswesen 91, H.3, S. 175–197

GUNSSER, U. (2001): Leistungsbeurteilung im projektorientierten Unterricht. In: Grunder/Bohl, S. 140–157

HAAG, L. (1986): Die Wirksamkeit von schriftlichen Lehrerbemerkungen unter Schülerarbeiten. In: Anregung 32, H. 2, S. 105–107

HÄLG, P. (1982): Leistung und Verhalten von Schulanfängern. Münster

HAENISCH, H. (1996): Beurteilungen ohne Noten auf dem Prüfstand. Landesinstitut für Schule und Weiterbildung, Soest (Arbeitsberichte zur Curriculumentwicklung, Schul- u. Unterrichtsforschung Nr. 42)

HARTMANN, M. (2001): Karriere durch Leistung. Mythos oder Realität? In: Personalführung, 34, 11, S. 30–37

HARTMANN, M.; KOPP, J. (2001): Elitenselektion durch Bildung oder durch Herkunft? Promotion, soziale Herkunft und der Zugang zu Führungspositionen in der deutschen Wirtschaft. In: Kölner Zeitschrift für Soziologie und Sozialpsychologie, 53, 3, S. 436–466

HELLER, K. A. (Hrsg.) (1984): Leistungsdiagnostik in der Schule. 4. Aufl., Bern

HENTIG, H. VON (1996): Das Beurteilungssystem der Bielefelder Laborschule. In: Groeben/Lenzen, Teil I, S. 5–35

HENZE, G.; NAUCK, J. (1985): Testen und Beurteilen. Grundfragen pädagogischer Diagnostik. Bad Heilbrunn

HERREN, D. A. (1999): Beurteilen! Beurteilen? auf der Volksschulstufe. Magglingen/Schweiz (vervielfältigtes Typoskript)

HESKE, H. (1999): Lerntagebücher im Mathematikunterricht. Ein Baustein zum selbstreflexiven Lernen und zur Teamentwicklung. In: Pädagogik 51, 6, S. 8–11

HEUSER, CH. (1996): Beurteilungen in den Stufen III und IV. In: Groeben/ Lenzen I, S. 36–56

HOEGG, G. (1994): Die schulische Täuschung und ihre unzureichende Ahndung, in: RdJB (42), S. 72–91

HOHENZOLLERN, J. G. PRINZ VON; LIEDTKE, M. (Hrsg.) (1991): Schülerbeurteilungen und Schulzeugnisse. Historische und systematische Aspekte. Bad Heilbrunn

HOLMES, B. (ED.) (1983): International Handbook of Educational Systems. Vol. 4: Europe and Canada. Chichester 1983

HOPP, A.-D.; LIENERT, G. A. (1965): Eine Verteilungsanalyse von Gymnasialzensuren. In: Schule und Psychologie, H. 12, S. 139–150

HURRELMANN, K. (1975): Erziehungssystem und Gesellschaft. Reinbek

HUSÉN, T. (1975): Begabung und Bildungspolitik. Hannover

Ignas, E. (1981): Comparative Educational Systems. Itasca, Illinois

Ingenkamp, K. (1969): Sind Zensuren aus verschiedenen Klassen vergleichbar? In: b:e, Nr. 3, S. 13

Ingenkamp, K. (1970): Zur Problematik der Zensurengebung. In: Die Deutsche Schule 62, S. 438–456

Ingenkamp, K. (1975): Pädagogische Diagnostik. Weinheim

Ingenkamp, K. (1977): Zur Problematik der Zensurengebung. In: Schwarzer/Schwarzer 1977, S. 15–36 (a)

Ingenkamp, K. (1981): Wert und Wirkung von Beurteilungsverfahren. Weinheim

Ingenkamp, K. (1985): Lehrbuch der pädagogischen Diagnostik. Weinheim

Ingenkamp, K. (1987): Zeugnisse und Zeugnisreformen in der Grundschule aus der Sicht empirischer Pädagogik. In: Olechowski/ Persy 1987, S. 39–79

Ingenkamp, K. (1989): Diagnostik in der Schule. Beiträge zu Schlüsselfragen der Schülerbeurteilung. Weinheim (b)

Ingenkamp, K. (1989): Was wissen unsere Schüler? Überregionale Lernerfolgsmessung aus internationaler Sicht. Weinheim (c)

Ingenkamp, K. (Hrsg.) (1977): Schüler- und Lehrerbeurteilung. Weinheim (b)

Ingenkamp, K. (Hrsg.) (1989): Die Fragwürdigkeit der Zensurengebung. 8. Aufl., Weinheim (a)

Ingenkamp, K.H.; Marsolek, Th. (Hrsg.) (1968): Möglichkeiten und Grenzen der Testanwendung in der Schule. Weinheim

Inglin, O. (2003): Lernberichte und Lerngespräche als Ergänzung des Ziffernzeugnisses: „Erweiterte Beurteilungsformen" (EBF) – Das Basler Modell. In: Pädagogische Rundschau 57, 4, S. 449–459

Institut für Waldorfpädagogik Witten/ Annen (2000): Zeugnisse ohne Not(en). Sprache statt Ziffer, Beschreiben statt Berechnen, Entwicklung als Leistung. Zeugnisse eines Klassenlehrers für Malte Dingsda. Dokumentiert von Gerd Kellermann zur Tagung „Leistung sehen, fördern, werten" der Laborschule und des Oberstufenkollegs Bielefeld vom 21. bis 23. 09. 2000

Ivo, H. (1982): Lehrer korrigieren Aufsätze. Frankfurt

Jachmann, M.; Tillmann, K.-J. (2000): Sind Noten gerechter als Berichtszeugnisse? Wie Schüler, Lehrer und Eltern die schulische Beurteilungspraxis sehen. In: Pädagogik 9, S. 36–42

Jencks, Ch., u. a. (1973): Chancengleichheit. Reinbek

Jenkis, H. (1980): Leistung – ein inhumaner Anspruch? Frankfurt

Jähne, K. (2000): Wortgutachten – eine empirische Untersuchung. Schriftliche Hausarbeit an der Universität Erlangen-Nürnberg zur Ersten Staatsprüfung für das Lehramt an Grundschulen

Jervis, K. (2002): The Concept of Portfolios – the American Experience. In: Becker u. a., S. 280–290

Jürgens, E. (1997): Leistung und Beurteilung in der Schule. 3. Aufl., Sankt Augustin

Jürgens, E.; Sacher, W. (2000): Leistungserziehung und Leistungsbeurteilung. Neuwied

Kant, I. (1977): Grundlegung zur Metaphysik der Sitten. In: Immanuel Kant: Werke in zwölf Bänden. Hrsg. v. W. Weischedel. Bd. 7, Frankfurt a. M.

Kantonale Arbeitsgruppe Schülerinnen- und Schülerbeurteilung (2000): Erweiterte Schülerinnen- u. Schülerbeurteilung am Gymnasium. Luzern 2000 (http://www.ekdluzern.ch/publikationen/mb/mb2_99/gym/frhaupts.htm)

Keck, R. W. (1991): Zensieren und Zertieren: Zur Kontroll- und Gratifikationspraxis der katholischen Pädagogik im jesuitischen Einflussbereich. In: Von Hohenzollern/ Liedtke 1991, S. 69–88

Kerres, M. (1998): Multimediale und telemediale Lernumgebungen. Konzeption und Entwicklung. München

Klafki, W. (1980): Zur Unterrichtsplanung im Sinne kritisch-konstruktiver Didaktik. In: König. E.; Schier, N.; Vohland, U. (Hrsg.): Diskussion Unterrichtsvorbereitung. Verfahren und Modelle. München, S. 13–44

KLAFKI, W. (1996): Sinn und Unsinn des Leistungsprinzips in der Schule. In: Klafki, Wolfgang: Neue Studien zur Bildungstheorie und Didaktik. 5. Auflage, Weinheim und Basel, S. 209–247

KLAUER, K. J. (Hrsg.) (1978): Handbuch der pädagogischen Diagnostik. Studienausgabe, 2 Bde., Düsseldorf

KLAUER, K. J. (1982): Bezugsnormen der Leistungsbewertung. In: Jahrbuch für Empirische Erziehungswissenschaft, S. 21–38 (a)

KLAUER, K. J. (1982): Ein kriteriumsorientiertes Zensierungsmodell. In: Zeitschrift für Entwicklungspsychologie und Pädagogische Psychologie XIV, S. 65–79 (b)

KLAUER, K. J. (1986): Fehlerbalancierte Testmodelle. Ein Beitrag zur kriteriumsorientierten Klassifikation. In: Zeitschrift für Entwicklungspsychologie und Pädagogische Psychologie XVII, S. 245–261

KLAUER, K. J. (1987): Notengebung unter individueller Bezugsnorm. In: Zeitschrift für Entwicklungspsychologie und Pädagogische Psychologie XIX, H. 2, S. 158–169 (a)

KLAUER, K. J. (1987): Kriteriumsorientierte Tests. Göttingen (b)

KLAUER, KARL-JOSEF (1987): Fördernde Notengebung durch Benotung unter drei Bezugsnormen. In: Olechowski/ Persy 1987, S. 180–206 (c)

KLAUER, K. J. (1988): Kriteriumsorientiertes Zensierungsmodell II: Der Fall ungleicher Lösungswahrscheinlichkeiten. In: Zeitschrift für Entwicklungspsychologie und Pädagogische Psychologie XX, S. 184–193

KLAUER, K. J. (2002): Wie misst man Schulleistungen? In: Weinert, S. 103–115

KLAUER, K. J., U. A. (1977): Lehrzielorientierte Leistungsmessung. Düsseldorf

KLEIN, K.. (2003): Das Verständnis des Verhaltensbereiches in authentischen und fiktiven Wortgutachten. Schriftliche Hausarbeit zur Ersten Staatsprüfung für das Lehramt an Grundschulen an der Universität Erlangen-Nürnberg

KLIPPERT, H. (1997): Methodentraining. Übungsbausteine für den Unterricht. 6. Aufl., Weinheim und Basel

KNAUER, S., U. A. (1993): Der Lernbericht. Zeugnisse ohne Noten. Eine Unterrichtshilfe für die pädagogische Praxis. Werkstatthefte des Pädagogischen Landesinstituts Brandenburg, 2. Aufl., Ludwigsfelde

KNOCHE, W. (1969): Jungen, Mädchen, Lehrer und Schulen im Zensurenvergleich. Weinheim

KÖCK, P. (1990): Praxis der Beobachtung. 2. Aufl., Donauwörth

KÖSEL, E. (1993): Die Modellierung von Lernwelten. Ein Handbuch zur Subjektiven Didaktik. Elztal-Dallau 1993

KOHLER, B. (2001): Problemorientiert lehren und lernen. In: Schwetz, H., Zeyringer, M., Reiter, A. (Hg.): Konstruktives Lernen mit neuen Medien. Innsbruck, S. 100–118.

KOSSIK, H. (1999): Präsentationen statt Klausuren. Erfahrungsbericht aus der Sekundarstufe II. In: Pädagogik 51, 6, S. 43–47

KRAMPEN, G. (1985): Differenzierte Effekte von Lehrerkommunikation zu Noten bei Schülern. In: Zeitschrift für Entwicklungspsychologie und Pädagogische Psychologie XVII, H. 2, S. 99–123

KRAMPEN, G. (1987): Effekte von Lehrerkommentaren zu Noten bei Schülern. In: Olechowski/ Persy 1987, S. 207–227

KRAPP, A. (1973): Bedingungen des Schulerfolgs. München

KRAPP, A. (1979): Prognose und Entscheidung. Weinheim

KRAPP, A. (1996): Die Bedeutung von Interesse und intrinsischer Motivation für den Erfolg und die Steuerung schulischen Lernens. In: Schnaitmann, Gerhard W. (Hrsg.): Theorie und Praxis der Unterrichtsforschung, Donauwörth, S. 87–110

KRAPP, A.; MANDL, H. (1973): Wer sich auf Schulreifetests verlässt, der ist verlassen. In: Bayerische Schule 27, H. 9, S. 209–212

KRAPP, A.; MANDL, H. (1977): Einschulungsdiagnostik. Weinheim

KRATHWOHL, D. R., U. A. (Hrsg.) (1975): Taxonomie von Lernzielen im affektiven Bereich. Weinheim

KUHN, M. (2001): Leistungsbeurteilung im Rahmen des Unterrichtskonzepts „Schülerunterricht". In: Grunder/Bohl, S. 159–179

LANDESINSTITUT FÜR SCHULE UND WEITERBILDUNG NRW (Hrsg.) (1997): Leistungsbewertung ohne Noten in der Grundschule. Bönen

LANDHERR, B. (2001): Leistungsbeurteilung im Rahmen des Konzepts „selbst Organisiertes Lernen". In: Grunder/ Bohl, S. 255–271

LEDERER, A. (1998): Analyse von Prüfungen und Prüfungsaufgaben in ausgewählten Fächern der Realschule. Theoretische Grundlagen und empirische Untersuchung. Schriftliche Hausarbeit zur 1. Staatsprüfung für das Lehramt an Realschulen an der Universität Erlangen-Nürnberg im Frühjahr 1999

LEDERER, A. (2008): Prüfungen kritisch überprüft. Probleme der schulischen Prüfungs- und Beurteilungspraxis untersucht an schriftlichen Prüfungen und Prüfungsaufgaben in ausgewählten Fächern der Realschule. Bad Heilbrunn

LENZEN, K.-D. (2002): Schülerleistungen finden ein Publikum – Leistungspräsentation und szenische Darstellung. In: Becker u. a., S. 188–194

LEONTJEW, A. N. (1977): Tätigkeit, Bewusstsein, Persönlichkeit. Stuttgart

LICHTENSTEIN, E. (1966): Zur Entwicklung des Bildungsbegriffs von Meister Eckhart bis Hegel. Heidelberg

LICHTENSTEIN-ROTHER, I. (Hrsg.) (1973): Schulleistung und Leistungsschule. Bad Heilbrunn

LIEDTKE, M. (1991): Ist das Zeugnis das Armutszeugnis der Schule? In: Von Hohenzollern/Liedtke 1991, S. 25–36

LIENERT, G. A. (1975): Verteilungsfreie Methoden in der Biostatistik. Tafelband. Meisenheim am Glahn

LIENERT, G. A.. (1987): Schulnoten-Evaluation. Frankfurt

LIENERT, G. A.; RAATZ, U. (1998): Testaufbau und Testanalyse. 6. Aufl., Weinheim

LIPPITZ, M. (1991): Die mündliche Prüfung. In: Berufsbildung 45, H. 9 / 10, S. 360–363 (a)

LIPPITZ, M. (1991): Lernerfolgskontrollen in der betrieblichen Ausbildung durch Zwangsprüfungen. In: Berufsbildung 45, H. 9/ 10, S. 364–367 (b)

LÖFFLER, R. (2000): Anleitung und Bewertung besonderer Lernleistungen. Bielefeld 2000 (http://pluto.osk.uni-bielefeld.de/leistung/f0b.htm)

LUDWIG, P. H. (1999): Ermutigung. Optimierung von Lernprozessen durch Zuversichtssteigerung. Opladen (a)

LUDWIG, P. H. (1999): Imagination. Sich selbst erfüllende Vorstellungen zur Förderung von Lernprozessen. Opladen (b)

LUKESCH, H. (1998): Einführung in die psychologische Diagnostik. 2. Aufl., Regensburg

LÜBKE, S.-I. (1996): Schule ohne Noten. Lernberichte in der Praxis der Laborschule. Opladen

LÜTGERT, W. (1992): Die Fragwürdigkeit der Zensurengebung und die Berichte zum Lernvorgang der Bielefelder Laborschule. In: Neue Sammlung 32, H. 3, S. 387–404

LÜTGERT, W. (1999): Leistungsrückmeldung. Anforderungen, Innovationen, Probleme. In: Pädagogik, 51, H. 3, S. 46–50

LUSTIG, K. (1996): Portfolio Assessment. A Handbook for Middle Level Teachers. Columbus, Ohio: National Middle School Association

LUTZ-SIKORA, B. (2000): Noten sind Konstruktionen. Ein Konzept der Selbstbewertung im Gymnasium. Bielefeld 2000 (http://pluto.osk.uni-bielefeld.de/leistung/f0b.htm) (a)

LUTZ-SIKORA, B. (2000): Das Konzept der Selbstbewertung. Bielefeld (http://pluto.osk.uni-bielefeld.de/leistung/f0b.htm) (b)

MAGER, R. F. (1971): Lernziele und programmierter Unterricht. Weinheim

MAIER, H. (1988): Pädagogische Leistungsfeststellung im Fach Mathematik. Seminar-Skript, Regensburg

MANDL, H.; GRUBER, H.; RENKL A. (1995): Situiertes Lernen in multimedialen Lernumgebungen. München (Forschungsberichte des Instituts für Pädagogische Psychologie und Empirische Pädagogik an der Universität München, Nr. 50)

MANDL, H.; GRUBER, H.; RENKL, A. (1997): Situiertes Lernen in multimedialen Lernumgebungen, in: Issing, L.; Klimsa, P. (Hrsg.): Information und Lernen mit Multimedia. 2. Aufl., Weinheim, S. 166–178.

MARTIN, J.-P. (2000): Lernen durch Lehren: ein modernes Unterrichtskonzept. In: Schulverwaltung. Ausgabe Bayern, 23, 3, S. 105–110

MARTIN-KNIEP, G. O. (1998): Why Am I Doing This? Purposeful Teaching Through Portfolio Assessment. Portsmouth, NH: Heinemann

MAX-TRAEGER-STIFTUNG; FACHGRUPPE GRUND- UND HAUPTSCHULE DER GEW (1985): Grundschule ohne Zensuren. Heidelberg

MERKELBACH, V. (1986): Korrektur und Benotung im Aufsatzunterricht. Frankfurt a. M.

METZGER, CH. (2002): WLI-Schule. Wie lerne ich? Eine Anleitung zum erfolgreichen Lernen. 5. Aufl., Aarau

METZGER, CH. (2004): WLI-Schule. Wie lerne ich? Eine Anleitung zum erfolgreichen Lernen. Handbuch für Lehrkräfte. 3. Aufl., Aarau

METZGER, CH.; WEINSTEIN, C. E.; PALMER, D. R. (2002): WLI-Schule. Wie lerne ich? Lernstrategieninventar für Schülerinnen und Schüler. 5. Auflage, Aarau

MEYENBERG, R. (1992): Zensurengebung in der Schule. 3. Aufl., Hannover

MEYER, M. A. (1996): Prüfen und Beurteilen in anderen Ländern. In: Friedrich-Jahresheft XIV, S. 80–81

MÜLLER, K. (HRSG.) (1996): Konstruktivismus. Lehren – Lernen – Ästhetische Prozesse. Neuwied

NEUHAUS, E. (1971): Zum pädagogischen Leistungsbegriff. In: Lichtenstein-Rother, I. (Hrsg.): Schulleistung und Leistungsschule. Bad Heilbrunn, S. 7–11

NEUWEG, G. H. (2000): Schulische Leistungsbeurteilung. Rechtliche Grundlagen und pädagogische Hilfestellungen für die Schulpraxis. Linz

NEUWEG, G. H. (2002): Wenn die einen nicht können, was sie wissen, und die anderen nicht wissen, was sie können. In: Baumgartner, P.; Welte, H. (Hrsg.): Reflektierendes Lernen. Beiträge zur Wirtschaftspädagogik. Innsbruck u. a., S. 86–103

NIEHUES, N. (2004): Schul- und Prüfungsrecht. Band 2: Prüfungsrecht, 4. Auflage, München (= Schriftenreihe der Neuen juristischen Wochenschrift, Band 27/2)

NIPKOW, K.-E. (1978): Leistungsprinzip und Lernverständnis. In: Beckmann, H. K. (Hrsg.): Leistung in der Schule. Braunschweig, S. 7–32

NÜBEL, H. (1998): „Fehler sind Fenster auf den Lernprozess.“ Schülertexte als Grundlage für individuelle Förderkonzepte. In: Grundschulmagazin 13, H. 7–8, S. 15–18

OECD (HRSG.) (2001): Lernen für das Leben. Erste Ergebnisse der internationalen Schulleistungsstudien PISA 2000. Paris

OECD (HRSG.) (2002): Reading for Change. Performance and Engagement Across Countries. Paris (a)

OECD (Hrsg.) (2002): Education Policy Analysis. Paris (b)
Offe, K. (1970): Leistungsprinzip und industrielle Arbeit. Frankfurt 1970
Olechowski, R. (1990): Elemente einer Theorie für einen Unterricht mit verbaler Beurteilung. In: Olechowski/Rieder 1990, S. 226–240
Olechowski, R.; Persy, E. (Hrsg.) (1987): Fördernde Leistungsbeurteilung. Wien
Olechowski, R.; Rieder, K. (Hrsg.) (1990): Motivieren ohne Noten. Wien
Padberg, F. (1996): Aus Fehlern lernen. Den Mathematikunterricht durch Fehleranalysen verbessern. In: Friedrich-Jahresheft XIV, S. 56–59
Pokorny, A. D.; Frazier, S. H. (1966): An evaluation of oral examinations. In: Journal of Medical Education 41, S. 28–40
Potthoff, U.; Steck-Lüschow, A.; Zitzke, E. (1996): Mündliche Leistungen bewerten – aber wie? In: Friedrich-Jahresheft XIV, S. 14–17
Rank, T. (1962): Schulleistung und Persönlichkeit. München
Reble, A. (1981): Gesamtschule im Widerstreit. Stuttgart
Reichmayr, J. (1994): Hie Feindbild – da Prügelknabe. Wie ist das wirklich mit der verbalen Beurteilung? In: Anlanger (1994), Bd. 2, S. 88–104
Reisse, W. (2008): Kompetenzorientierte Aufgabenentwicklung. Ein Lehrerhandbuch für die Sekundarstufen. Köln
Renkl, A. (1997): Lernen durch Lehren. Zentrale Wirkmechanismen beim kooperativen Lernen. Wiesbaden
Rheinberg, F. (1977): Soziale und individuelle Bezugsnorm. Zwei motivierungsbedeutsame Sichtweisen bei der Beurteilung von Schülerleistungen. Dissertation Gesamthochschule Bochum
Rheinberg, F. (1980): Leistungsbewertung und Lernmotivation. Göttingen
Rheinberg, F. (1987): Soziale versus individuelle Leistungsvergleiche und ihre motivationalen Folgen in Lehr-Lernsituationen. In: Olechowski/Persy 1987, S. 80–115
Rheinberg, F. (1995): Individuelle Bezugsnormen der Leistungsbeurteilung und Motivation im Unterricht. In: Pädagogische Welt 49, H. 2, S. 59–62
Rheinberg, F. (Hrsg.) (1982): Bezugsnormen der Schulleistungsbewertung. Düsseldorf
Rösel, B. (2002): Arbeit, die sich lohnt – Lese-Schreib-Portfolios im Englischunterricht. In: Becker u. a., S. 302–310
Rogers, C. R. (1979): Lernen in Freiheit. 3. Aufl., München
Rolff, H. G., u. a. (Hrsg.) (1990): Jahrbuch der Schulentwicklung, Bd. 6, Weinheim und Münchenn
Rösger, A. (1991): Zur Schülerbeurteilung in der Antike. Hellenistische Schülerwettbewerbe. In: Von Hohenzollern/Liedtke 1991, S. 49–60
Roth, H. (1976): Pädagogische Anthropologie, Bd. II: Entwicklung und Erziehung. 2. Aufl., Hannover
Ruf, U.; Gallin, P. (1998): Dialogisches Lernen in Sprache und Mathematik. Bd. I: Austausch unter Ungleichen. Seelze-Velber
Rumpf, H. (1986): Unterricht und Identität. Perspektiven für ein humanes Lernen. 3. Aufl., Weinheim
Rütter, Th. (1982) Formen der Testaufgabe. In: Klauer, K. J. (Hrsg.): Handbuch der Pädagogischen Diagnostik, Studienausgabe, Bd. 1, Düsseldorf, S. 257–280
Sacher, W. (1980): Standards für die Leistungserhebung und Leistungsbewertung. In: Bayerische Schule, S. 633f, S. 643f
Sacher, W.: Bildung (1983): Vergessener Weg zum Glück? Reflexionen im Anschluss an Johann Gottfried Herder. In: Rassegna di Pedagogica/Pädagogische Umschau 41, S. 165–178
Sacher, W. (1984): Praxis der Notengebung. Hilfen für den Schulalltag. Bad Heilbrunn

SACHER, W. (1985): Aufgabenanalyse unter schulischen Alltagsbedingungen. In: Hauptschulmagazin, H. 10, S. 5f (a)

SACHER, W. (1985): Falsche Benotung: Unrecht an unseren Schülern! In: Hauptschulmagazin, H. 4, S. 3–6 (b)

SACHER, W. (1985): Kriterienorientierte Benotung mit Genauigkeitskontrollen. In: Hauptschulmagazin, H. 5, S. 3–6 (c)

SACHER, W. (1985): Die Approximation linearer und partiell linearer Benotungsskalen durch Klauersche Binomialskalen. In: Lernzielorientierter Unterricht, S. 49–62 (d)

SACHER, W. (1989): Die notenfreie Schule – eine Utopie? In: Hauptschulmagazin 4, H. 7/ 8, S. 9f

SACHER, W. (1992): Schulleistung: Forderung – Überprüfung – Beurteilung. 2. Aufl., Dillingen (= Akademiebericht Nr. 178 der Akademie für Lehrerfortbildung Dillingen)

SACHER, W. (1995): Leistungsförderung und Leistungsbeurteilung. In: unterrichten/erziehen, H. 1, S. 6–11 (a)

SACHER, W. (1995): Normenprobleme der Leistungsbeurteilung. In: Pädagogische Welt 49, H. 2, S. 55–59 (b)

SACHER, W. (1995): Prüfen, Beurteilen und Benoten im Dienste der Leistungsentwicklung und Leistungsförderung. In: paed – Beiträge für Studenten und Junglehrer (Beilage zu: Christ und Bildung), Nr. 2, S. 1–6 (c)

SACHER, W. (1996): Der Spagat der schulischen Prüfungs- und Beurteilungspraxis. In: Kinderleben. Zeitschrift der Jenaplan-Initiative Bayern e. V., S. 14–18

SACHER, W. (1997): Zur Förderung der Selbstständigkeit von Schülern. In: Sacher, W.; Poschardt, Dieter (1997): Beiträge zur schulischen Selbstständigkeitserziehung. Nürnberg, 2–24. (SUN Schulpädagogische Untersuchungen Nürnberg Nr. 2)

SACHER, W. (2000): Die Verständlichkeit von Grundschulgutachten für Eltern. Nürnberg (SUN Schulpädagogische Untersuchungen Nürnberg, Nr. 12) (a)

SACHER, W. (2000): Quantitative Analyse schulischer Leistungsüberprüfungen. Nürnberg (SUN Schulpädagogische Untersuchungen Nürnberg, Nr. 10) (b)

SACHER, W. (2001): Leistung/Leistungserziehung in der Grundschule. In: Einsiedler, W.; Götz, M.; Kahlert, J.; Keck, R.; Sandfuchs, U. (Hrsg.) (2001): Handbuch der Grundschulpädagogik. Bad Heilbrunn, S. 218–229 (a)

SACHER, W. (2001): Lehr-Lern-Prozesse mit Medien und originalen Objekten. In: Herzig, B. (Hrsg.): Medien machen Schule. Grundlagen, Konzepte und Erfahrungen zur Medienbildung. Festschrift für Gerhard Tulodziecki. Bad Heilbrunn, S. 109–128 (b)

SACHER, W. (2001): Wie Eltern Formulierungsbausteine für Verbalbeurteilungen verstehen. Nürnberg (SUN Schulpädagogische Untersuchungen Nürnberg, Nr.13) (c)

SACHER, W. (2002): Die Notengebung ist unzureichend. In: Winter u. a. , S. 20–27 (a)

SACHER, W. (2002): Prüfungen auf dem Prüfstand. Zur Theorie und Praxis der Prüfungs- und Aufgabenanalyse. Nürnberg (SUN Schulpädagogische Untersuchungen Nürnberg, Nr. 17) (b)

SACHER, W. (2002): Leistungsfeststellung und Leistungserbringung im Dienste der Förderung von Leistungsbereitschaft und Leistungsfähigkeit. In: Lemnitzer, K.; Wiater, W. (Hrsg.): Unter pädagogischem Verständnis fördert und fordert die Schule Leistungsbereitschaft und Leistungsfähigkeit. Seelze-Velber 2002, S. 56–71 (c)

SACHER, W. (2003): Neue Medien – neuer Unterricht? Vorschläge für ein didaktisch-methodisches Konzept und praktische Beispiele. Nürnberg (SUN Schulpädagogische Untersuchungen Nürnberg, Nr. 19) (a)

SACHER, W. (2003): Elemente einer pädagogischen Theorie des Lernens und Lehrens. Nürnberg (SUN Schulpädagogische Untersuchungen Nürnberg, Nr. 18) (b)

SACHER, W. (2006): Didaktik der Lernökologie. Lernen und Lehren in unterrichtlichen und medienbasierten Lernarrangements. Bad Heilbrunn

SALDERN, M. VON (1997): Schulleistung in Deutschland – ein Beitrag zur Standortdiskussion. Münster

SCHEERER, H.; SCHMIED, D. (1985): Verbalbeurteilung in der Grundschule. In: Zeitschrift für Pädagogik 31, H. 2, S. 175–200

SCHLEIERMACHER, F. D. (1821/1822): Der christliche Glaube nach den Grundsätzen der evangelischen Kirche im Zusammenhang dargestellt. 2 Bände

SCHMACK, E. (1979): Nordrhein-Westfalens neues Grundschulzeugnis in der Bewährung – Ergebnisse einer Stichprobenauswertung. In: Bolscho/Burk/Haamann 1979, S. 130–147

SCHMACK, E. (1981): Allgemeine und besondere Beurteilungsprobleme. In: Twellmann, W. (Hrsg.): Handbuch Schule und Unterricht, Bd.1, Düsseldorf, S. 329–342

SCHMALT, H. D. (1976): Die Messung des Leistungsmotivs. Göttingen

SCHMALT, H. D.; MEYER, W. U. (Hrsg.) (1976): Leistungsmotivation und Verhalten. Stuttgart

SCHMID, R. (1977): Zu einigen sozialpsychologischen Aspekten der Leistungsbeurteilung in der Schule. In: Kutscher, J. (Hrsg.) (1977): Beurteilen oder Verurteilen. München, S. 13–35

SCHMIDT, G.-D. (1990): Die mündliche Abschlussprüfung fachspezifisch weiter ausgestalten. In: Physik in der Schule 28, H. 1/2, S. 18–24

SCHMIDT, H.-J. (1980): Grundschulzeugnisse in Niedersachsen. Lüneburg

SCHMIDT, H.-J. (1981): Grundschulzeugnisse unter der Lupe. In: Die Deutsche Schule, S. 486–496

SCHMIDT, H.-J. (1987): Reformziel noch nicht erreicht – Fazit einer Untersuchung niedersächsischer Grundschulzeugnisse. In: Olechowski/ Persy 1987, S. 228–247

SCHMIDT, U. (1985): Lernen, Leisten, Beurteilen unter besonderer Berücksichtigung mündlich erbrachter Leistungen. Das Gymnasium im Spannungsfeld unterschiedlicher Ansprüche und Erwartungen. In: Die höhere Schule 38, H. 6, S. 188, S. 190–195

SCHMITT, R., u. a. (2001): Grundlegende Bildung in und für Europa. Frankfurt a. M.

SCHNABEL, K. (1998): Prüfungsangst und Lernen. Empirische Analysen zum Einfluss fachspezifischer Leistungsängstlichkeit auf schulischen Lernfortschritt. Münster u. a.

SCHRADER, F. W.; HELMKE, A. (2002): Alltägliche Leistungsbeurteilung durch Lehrer. In: Weinert, S. 45–58

SCHRATZ, M. (1994): Leistung und Beurteilung im Spannungsfeld von Selektion und Bildung. In: Anlanger (1994), Bd. 1, S. 67–77

SCHREGER, CH. (1994): Von Schwätzern u. Arbeitern. Möglichkeiten der Beurteilung nach Celestin Freinet. In: Anlanger (1994), Bd. 2, S. 105–123

SCHRÖDER, H. (1990): Leistung in der Schule. Begründung – Forderung – Beurteilung. München

SCHRÖDER, H. (2000): Lernen – Lehre – Unterricht. Lernpsychologische und didaktische Grundlagen. München, Wien

SCHRÖTER, G. (1977): Zensurengebung. Allgemeine und fachspezifische Probleme. Kastellaun

SCHRÖTER, G. (1981): Zensuren? Zensuren! Allgemeine und fachspezifische Probleme. Grundkenntnisse und neue Forschungsergebnisse für Lehrer, Eltern und interessierte Schüler. 3. erw. Aufl., Baltmannsweiler

SCHRÖTER, G. (1987): Zensurenprobleme bei ausländischen Schülern. In: Lernen in Deutschland 7, H. 4, S. 118–121

SCHULZ, W. (1980): Unterrichtsplanung. München

SCHULZ, D. (2001): Leistungsbeurteilung im projektorientierten Unterricht. In: Grunder/Bohl, S. 202–219

SCHULZE, G. (1996): Die Erlebnisgesellschaft. Kultursoziologie der Gegenwart. 6. Aufl., Frankfurt

SCHUMANN-ERNY, S. A. (2003): „Brauchen wir neue Zeugnisse?“ Eine empirische Untersuchung zu Zeugnissen der Realschule in Baden-Württemberg. Aussagen und Anforderungen aus der Sicht von Schülern, Eltern und Arbeitgebern. Berlin

SCHWARK, W., U. A. (1986): Beurteilen und Benoten in der Grundschule. München

SCHWARZER, CH. (1982): Einführung in die Pädagogische Diagnostik. München

SCHWARZER, CH.; SCHWARZER, R. (Hrsg.) (1977): Diagnostik im Schulwesen. Braunschweig

SCHWARZER, CH.; SCHWARZER, R. (1979): Praxis der Schülerbeurteilung. München

SCHWARZER, R. (1979): Zur Situation der Pädagogischen Diagnostik in der Grundschule. In: Bolscho/ Burk/Haarmann 1979, S. 64ff.

SCHWARZER, R. (1980): Fallstudie zur Evaluation der Neuregelung von Zeugnissen in der Grundschule. RWTH Aachen

SIEBERT, H. (1999): Pädagogischer Konstruktivismus. Neuwied

SPINDLER, M. (2002): Der Kontrakt als Basis für die gemeinsame Arbeit. In: Becker u. a., S. 107–113

STAATLICHES SEMINAR BIEL (2000): Planspiel Beurteilungskonzept SSB Klasse 1b. Biel (http://www.linde-biel.ch/unterrichtsmaterial)

STAATSINSTITUT FÜR SCHULPÄDAGOGIK UND BILDUNGSFORSCHUNG MÜNCHEN (2008): Die Seminare in der gymnasialen Oberstufe. 2. Aufl. München

SÖLL, W. (1985): Leistungsbewertung und Notengebung im Sport. In: Sportunterricht 34, H. 11, Beilage Lernhilfen für den Sportunterricht, S. 161–171

STRITZKE, R.; HARTERS, M.; WENZEL, K. (1991): Schüler kennen und beurteilen. 2. Aufl., Donauwörth

SVENSON, N. E. (1962): Ability Grouping and Scholastical Achievement. Upsala

TANNERT-KENTRAT, U. (2003): Das Verständnis des Leistungsbereichs in authentischen und Fremdzeugnissen. Schriftliche Hausarbeit zur Ersten Staatsprüfung für das Lehramt an Grundschulen an der Universität Erlangen-Nürnberg

THIEME, A. (1998): Mein Fehler – meine Chance. In: Grundschulmagazin 13, H. 7–8, S. 11–13

THOMAS, H. (1987): Überblick über Untersuchungen zur verbalen Beurteilung. Konsequenzen für die Konzeption des Unterrichts. In: Olechowski/ Persy 1987, S. 248–263

TRAUNER, S. (2001): Die Souveränität zählt. In: Nürnberger Nachrichten vom 18. Jan. 2001, 6 (Bericht über ein laufendes DFG-Projekt von Prof. Dr. Michael Hartmann, TU Darmstadt über „Die Bildungsexpansion in der BRD und der Zugang zu den Spitzenpositionen in Wirtschaft, Wissenschaft und Politik")

TRÜBNERS DEUTSCHES WÖRTERBUCH (1943). Im Auftrag der Arbeitsgemeinschaft für deutsche Wortforschung. Hrsg. von Alfred Götze. 4. Bd., I - N. Berlin

ULBRICHT, H. (1993): Wortgutachten auf dem Prüfstand. München und Berlin

VALTIN, R. (1999): NOVARA, NOVUS und SABA: Kurzbericht über drei Studien aus der Grundschulforschung. In: Jahrbuch Grundschule. Frankfurt a. M., S. 110–115

VALTIN, R. (2000): Teilprojekt „Schulische Adaption und Bildungsaspiration" (SABA). Schlussbericht an die DFG zum Abschluss der Arbeit der Forschergruppe „Bildung und Schule im Transformationsprozess von SBZ, DDR und neuen Ländern – Untersuchungen zu Kontinuität und Wandel". Berlin (vervielf. Typoskript)

VALTIN, R.; WAGNER, CH. (1999): Zur schulischen Entwicklung von Ost- und Westberliner Schülerinnen. Berlin (vervielf. Typoskript)

VIERLINGER, R. (1999): Leistung spricht für sich selbst. „Direkte Leistungsvorlage" (Portfolios) statt Ziffernzensuren und Notenfetischismus. Heinsberg

VIERLINGER, R. (2002): Das Konzept der direkten Leistungsvorlage. In: Becker u. a., S. 270–279

VÖGELI-MANTOVANI, U. (1996): Beurteilungsgespräche – Jetzt auch in der 5. Primarklasse. In: Schulblatt für die Kantone Aargau und Solothurn, Nr.1, S. 10–11

VREEMANN, A. (2001): Die Verständlichkeit von Wortgutachten für Grundschüler. Schriftliche Hausarbeit an der Universität Erlangen-Nürnberg zur Ersten Staatsprüfung für das Lehramt an Grundschulen

WAGNER, H. (1977): Entwicklung und Erprobung eines Beobachtungsschlüssels zur Erfassung bezugsnormenspezifischer Aspekte im Lehrerverhalten. Diplomarbeit am Psychol. Institut der Universität Bochum

WAGNER, H. (1990): Geschlechtsspezifische Notenverteilung in der schulgeografischen Leistungsbewertung. In: Geografie und Didaktik 18, H. 3, S. 146–155

WAGNER, P. (1981): Aufsatzkorrektur als professionelles Alltagshandeln. Frankfurt a. M.

WAIBEL, R. (1996): Wie kann ich die Lernsteuerung der Schülerinnen und Schüler fördern? In: Schweizerische Zeitschrift für kaufmännisches Bildungswesen 90, H. 5, S. 281–297

WECK, H. (1976): Leistungsermittlung und Leistungsbewertung im Unterricht. Berlin (Ost)

WEIDENMANN, B. (2001): Lehr-Lern-Forschung und Neue Medien. In: Herzig, B. (Hrsg.): Medien machen Schule. Bad Heilbrunn, S. 89–108

WEINERT, F. E. (1980): Lernmotivation – Psychologische Forschung und pädagogische Aufgabe. In: Unterrichtswissenschaft 8, S. 197–205

WEINERT, F. E. (1998): Neue Unterrichtskonzepte zwischen gesellschaftlichen Notwendigkeiten, pädagogischen Visionen und psychologischen Möglichkeiten. In: Wissen und Werte für die Welt von morgen. Bildungskongress des Bayerischen Staatsministeriums für Unterricht und Kultus. München, S. 101–125

WEINERT, F. E. (Hrsg.) (2002): Leistungsmessungen in Schulen. 2. Aufl., Weinheim

WEISS, E. (1992): Von den Schwierigkeiten, die Zensuren abzuschaffen. Das Beispiel Schleswig-Holstein. In: Pädagogik 44, H. 11, S. 51–53

WEISS, R. (1965): Zensur und Zeugnis. Linz 1965

WEISS, R. (1966): Über die Strenge der Benotung in verschiedenen Unterrichtsgegenständen. In: Pädagogische Rundschau 20, S. 832–843

WEISS, R. (1987): Wie lassen sich Leistungen beurteilen? In: Unser Weg 42, H. 213, S. 86–90 (a)

WEISS, R. (1987): Wie wirken sich Erwartungen im Rahmen der Schülerbeurteilung aus? In: Unser Weg 42, H. 9 / 10, S. 336–341 (b)

WEISS, R. (1988): Dimensionen der Leistungsbeurteilung. In: Unser Weg 43, H. 2, S. 47–51

WEISS, R. (1989): Leistungsbeurteilung in den Schulen. Notwendigkeit oder Übel? Wien

WELKER-STURM, I. (1999): Und dann kommt der Hammer: die Klausur. In: Praxis Deutsch. Zeitschrift für den Deutschunterricht 26, S. 155

WENDELER, J. (1971): Standardarbeiten - Verfahren zur Objektivierung der Notengebung. Weinheim, 3. Aufl.

WESTPHALEN, K. (1977): Praxisnahe Curriculumentwicklung. 3. Aufl., Donauwörth

WINTER, F. (1991): Schüler lernen Selbstbewertung. Ein Weg zur Veränderung der Leistungsbeurteilung und des Lernens. Frankfurt a. M.

WINTER, F. (1996): Schülerselbstbewertung. Die Kommunikation über Leistung verbessern. In: Prüfen und Beurteilen. Zwischen Fördern und Zensieren. Friedrich-Jahresheft XIV, S. 34–37

WINTER, F. (1999): Mit Leistung anders umgehen lernen – das Beispiel Lerntagebuch. In: Huber, L., u. a. (Hrsg.): Lernen über das Abitur hinaus. Erfahrungen und Anregungen aus dem Oberstufenkolleg Bielefeld. Seelze, S. 196–207

WINTER, F. (2000): Allgemeines zum Thema „Leistung sehen, fördern und werten – Neue Formen der Leistungsbewertung". Bielefeld (http://pluto.osk.uni-bielefeld.de/leistung/f0b.htm)

WINTER, F. (2002): Chancen für pädagogische Reformen? In: Becker u. a., S. 32–41 (a)

WINTER, F. (2002): Einleitungsbeitrag zum Thema „Alternativen zur Zensurengebung – Portfolios". In: Becker u. a., S. 293–294 (b)

WINTER, F. (2002): Ein Instrument mit vielen Möglichkeiten – Leistungsbewertung anhand von Portfolios. In: Becker u. a., S. 311–317 (c)

WINTER, F. (2004): Leistungsbewertung. Eine neue Lernkultur braucht einen anderen Umgang mit

den Schülerleistungen. Baltmannsweiler
Winter, F.; von der Groeben, A.; Lenzen, K. D. (Hrsg.) (2002): Leistung sehen, fördern, werten. Neue Wege für die Schule. Bad Heilbrunn
Wunder, D. (Hrsg.) (1991): Auf dem Weg zum Lernentwicklungsbericht. Heidelberg
Zeugnisregelungen in den Bundesländern (1996). In: Friedrich-Jahresheft XIV, S. 132–135
Ziegenspeck, J. (1973): Zensur und Zeugnis in der Schule. Hannover
Ziegenspeck, J. (1999): Handbuch Zensur und Zeugnis in der Schule. Bad Heilbrunn
Zimmerling, W. & Brehm, R. G. (2007): Prüfungsrecht, 3. Auflage, Köln u. a.

Anhang 1: Bestimmung von Indifferenzbereichen

Um den Indifferenzbereich zu bestimmen, sucht man in den Abbildungen 16 bis 18 die der festgesetzten Mindestkompetenz entsprechende durchgezogene und punktierte Linie auf. Dann wählt man auf der x-Achse die Aufgaben- bzw. Punktezahl der Prüfung und ermittelt die Schnittpunkte des Lotes durch diesen Punkt mit den Mindestkompetenzlinien. Die y-Werte dieser Schnittpunkte repräsentieren die Ober- und Untergrenze des Indifferenzbereichs. Wir führen das Verfahren an drei Beispielen vor:

Beispiel 1: Kürzere Prüfung mit Punktebewertung (Abbildung 16)
Es seien 30 Gesamtpunkte erreichbar und es werden mindestens 12 Punkte für die Note 4 gefordert. Das entspricht einer Mindestkompetenz von 12 : 30 • 100 = 40%. Wir errichten ein Lot bei der erreichbaren Gesamtpunktzahl 30. Dieses schneidet die durchgezogene Linie „OGr40%“ im Punkt A und die gestrichelte Linie „UGr40%“im Punkt B. Die waagrechte Linie durch A schneidet die y-Achse bei ca. 16 und diejenige durch B bei ca. 8. Der Indifferenzbereich erstreckt sich also von 8 bis zu 16 Punkten (die Grenzen eingeschlossen). Wenn wir eine 95%ige Urteilssicherheit fordern, können lediglich Schüler mit 17 oder mehr Punkten als Zielerreicher angesehen werden und nur solche mit 7 oder weniger als Zielverfehler. Schüler mit 8 bis 16 Punkten hingegen sind so genannte „unsichere Fälle“, über deren Zielerreichung nicht mit abschließender Sicherheit geurteilt werden kann und die einer weiteren diagnostischen Abklärung bedürfen. Zusätzlich sollten wir auch noch prüfen, welchen Notenbereich der Indifferenzbereich abdeckt. (Vgl. dazu 5.4.4)

Beispiel 2: Längere Prüfung mit Punktebewertung und Interpolation (Abbildung 17)
Es seien 70 Gesamtpunkte erreichbar und es werden mindestens 40 Punkte für die Note 4 gefordert. Das entspricht einer Mindestkompetenz von 40 : 70 • 100 = 57%. Wir errichten ein Lot bei der erreichbaren Gesamtpunktzahl 70. Dieses schneidet die durchgezogene Linie „OGr60%“ im Punkt A1 und die durchgezogene Linie „OGr50%“ im Punkt A2. Da unsere Mindestkompetenz 57% zwischen 50% und 60% liegt, und zwar etwas näher an 60%, wählen wir einen Punkt A im oberen Drittel der Strecke A1 A2 und ziehen von ihm eine Waagrechte zur y-Achse. Diese Waagrechte schneidet die y-Achse bei ca. 46. Analog finden wir Punkt B zwischen den beiden Schnittpunkten B1 und B2 der Senkrechten mit der gestrichelten „UGr50%“- und „UGr60%“-Linie. Die Waagrechte durch B schneidet die y-Achse ungefähr bei 34. Der Indifferenzbereich erstreckt sich somit von 34 bis zu 46 Punkten (die Grenzen eingeschlossen). Wenn wir eine 95%ige Urteilssicherheit fordern, können lediglich Schüler mit 47 oder mehr Punkten als

Zielerreicher angesehen werden und nur solche mit 33 oder weniger als Zielverfehler. Schüler mit 34 bis 46 Punkten hingegen sind so genannte "unsichere Fälle", über deren Zielerreichung nicht mit abschließender Sicherheit geurteilt werden kann und die einer weiteren diagnostischen Abklärung bedürfen. Zusätzlich sollten wir auch noch prüfen, welchen Notenbereich der Indifferenzbereich abdeckt. (Vgl. dazu 5.4.4)

Beispiel 3: Diktat mit Interpolation (Abbildung 18)
Unser Diktat habe 92 verschiedene Wörter (Schreibungen). Um eben noch die Note 4 zu bekommen, darf ein Schüler höchstens 10 Fehler machen. Das entspricht einer geforderten Mindestkompetenz von ca. 10 : 92 • 100 = 11% zulässiger Fehler. Wir errichten eine Senkrechte bei 92. Diese schneidet die durchgezogenen Mindestkompetenzlinien für „OGr10%" und „OGr12%" in den Punkten A1 und A2. Da unsere Mindestkompetenz 11% in der Mitte zwischen 10% und 12% liegt, wählen wir den Punkt A in der Mitte zwischen A1 und A2 und ziehen von A eine Waagrechte zur y-Achse. Diese Waagrechte schneidet die y-Achse etwa bei 15. Analog finden wir den Punkt B zwischen den beiden Schnittpunkten B1 und B2 der Senkrechten mit den gestrichelten Mindestkompetenzlinien für „UGr10%" und „UGr12%". Die Waagrechte durch B schneidet die y-Achse etwa bei 6. Der Indifferenzbereich erstreckt sich somit von 6 bis zu 15 Fehlern (die Grenzen eingeschlossen). Wenn wir eine 95%ige Urteilssicherheit fordern, können lediglich Schüler mit 5 oder weniger Fehlern als Zielerreicher angesehen werden und nur solche mit 16 oder mehr als Zielverfehler. Schüler mit 6 bis zu 15 Fehlern hingegen sind so genannte "unsichere Fälle", über deren Zielerreichung nicht mit abschließender Sicherheit geurteilt werden kann und die einer weitere diagnostischen Abklärung bedürfen. Zusätzlich sollten wir auch noch prüfen, welchen Notenbereich der Indifferenzbereich abdeckt. (Vgl. dazu 5.4.4)

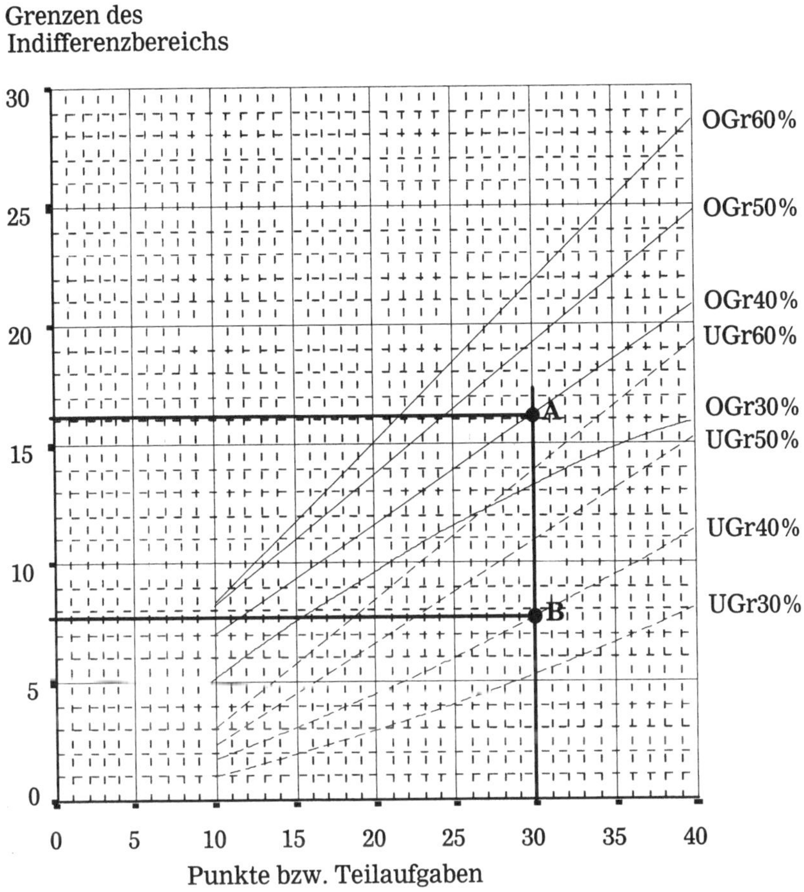

Abb. 16: Indifferenzbereiche der Zielerreichung bzw. der Note 4
Errechnet aus einer Regressionsgleichung zu den exakten Werten, welche nach dem im Abschnitt 5.4.3 beschriebenen Verfahren ermittelt wurden. Ausgewählt wurde jeweils die Gleichung mit der besten Kurvenanpassung. Der „Fit" ist in allen Fällen sehr gut ($R^2 >= 0{,}95$) und hochsignifikant ($p < 0{,}001$).

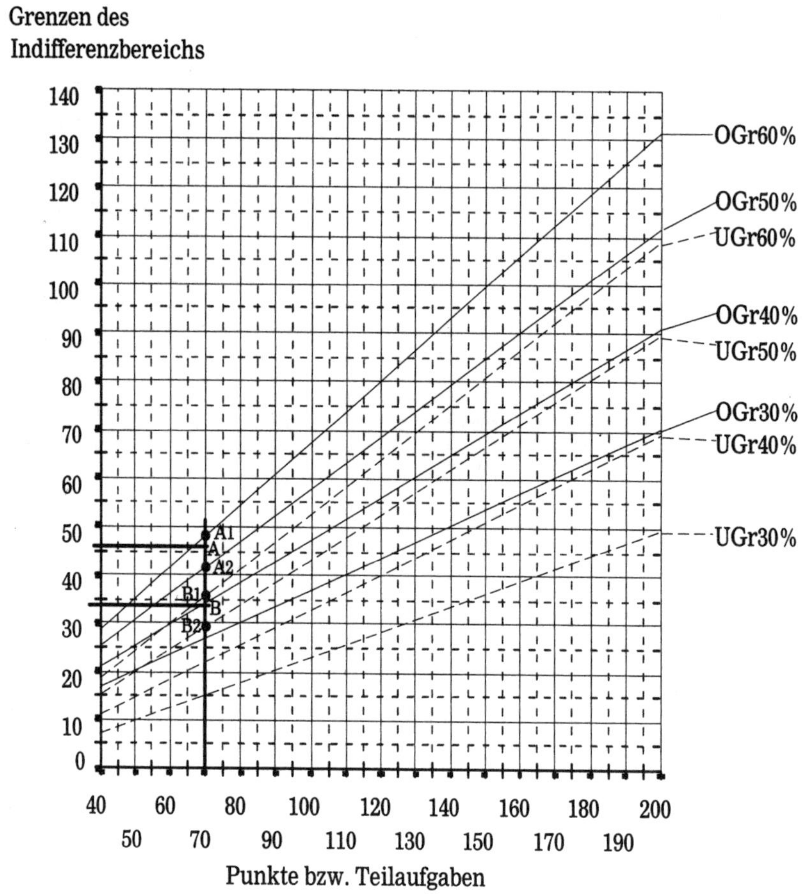

Abb. 17: Indifferenzbereiche der Zielerreichung bzw. der Note 4
Errechnet aus einer Regressionsgleichung zu den exakten Werten, welche nach dem im Abschnitt 5.4.3 beschriebenen Verfahren ermittelt wurden. Ausgewählt wurde jeweils die Gleichung mit der besten Kurvenanpassung. Der „Fit" ist in allen Fällen sehr gut ($R^2 >= 0,95$) und hochsignifikant ($p < 0,001$).

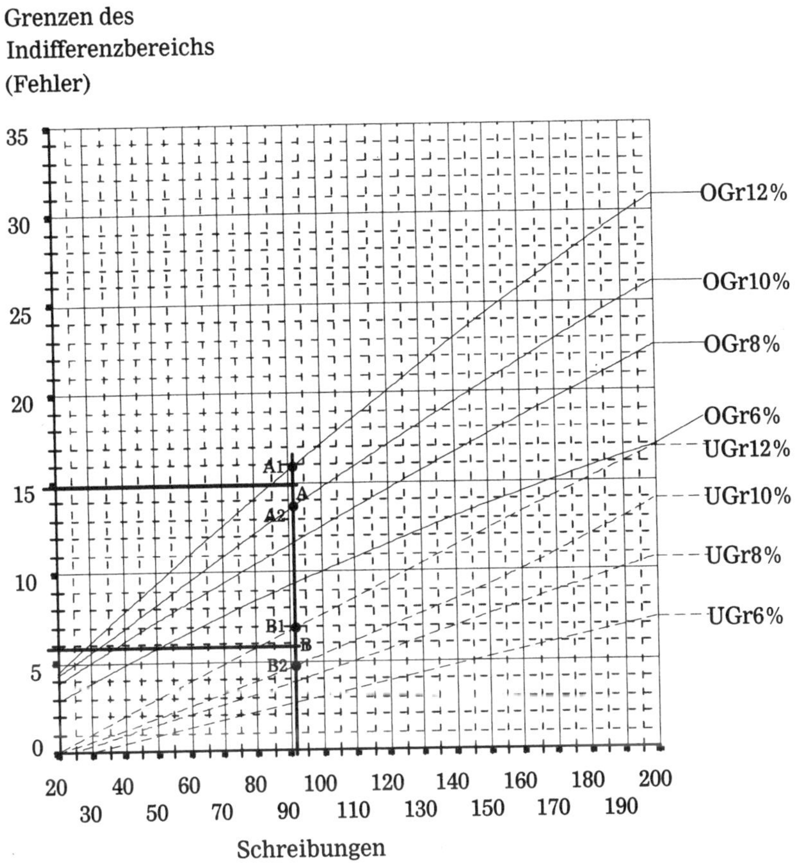

Abb. 18: Indifferenzbereiche der Zielerreichung der Note 4
Errechnet aus einer Regressionsgleichung zu den exakten Werten, welche nach dem im Abschnitt 5.4.3 beschriebenen Verfahren ermittelt wurden. Ausgewählt wurde jeweils die Gleichung mit der besten Kurvenanpassung. Der „Fit" ist in allen Fällen sehr gut ($R^2 >= 0{,}95$) und hochsignifikant ($p < 0{,}001$).

Anhang 2: Bestimmung der Bedeutsamkeit von Prüfungsaufgaben

$q = \frac{\text{konkordante Fälle}}{\text{diskordante Fälle}}$	r_{tet}	$q = \frac{\text{konkordante Fälle}}{\text{diskordante Fälle}}$	r_{tet}	$q = \frac{\text{konkordante Fälle}}{\text{diskordante Fälle}}$	r_{tet}
0.00-1.00	.00	2.49-2.55	.35	8.50-8.90	.70
1.01-1.03	.01	2.56-2.63	.36	8.91-9.35	.71
1.04-1.06	.02	2.64-2.71	.37	9.36-9.82	.72
1.07-1.08	.03	2.72-2.79	.38	9.83-10.33	.73
1.09-1.11	.04	2.80-2.87	.39	10.34-10.90	.74
1.12-1.14	.05	2.88-2.96	.40	10.91-11.51	.75
1.15-1.17	.06	2.97-3.05	.41	11.52-12.16	.76
1.18-1.20	.07	3.06-3.14	.42	12.17-12.89	.77
1.21-1.23	.08	3.15-3.24	.43	12.90-13.70	.78
1.24-1.27	.09	3.25-3.34	.44	13.71-14.58	.79
1.28-1.30	.10	3.35-3.45	.45	14.59-15.57	.80
1.31-1.33	.11	3.46-3.56	.46	15.58-16.65	.81
1.34-1.37	.12	3.57-3.68	.47	16.66-17.88	.82
1.38-1.40	.13	3.69-3.80	.48	17.89-19.28	.83
1.41-1.44	.14	3.81-3.92	.49	19.29-20.85	.84
1.45-1.48	.15	3.93-4.06	.50	20.86-22.68	.85
1.49-1.52	.16	4.07-4.20	.51	22.69-24.76	.86
1.53-1.56	.17	4.21-4.34	.52	24.77-27.22	.87
1.57-1.60	.18	4.35-4.49	.53	27.23-30.00	.88
1.61-1.64	.19	4.50-4.66	.54	30.10-33.60	.89
1.65-1.69	.20	4.67-4.82	.55	33.61-37.79	.90
1.70-1.73	.21	4.83-4.99	.56	37.80-43.06	.91
1.74-1.78	.22	5.00-5.18	.57	43.07-49.83	.92
1.79-1.83	.23	5.19-5.38	.58	49.84-58.79	.93
1.84-1.88	.24	5.39-5.59	.59	58.80-70.95	.94
1.89-1.93	.25	5.60-5.80	.60	70.96-89.01	.95
1.94-1.98	.26	5.81-6.03	.61	89.02-117.54	.96
1.99-2.04	.27	6.04-6.28	.62	117.55-169.67	.97
2.05-2.10	.28	6.29-6.54	.63	169.68-293.12	.98
2.11-2.15	.29	6.55-6.81	.64	293.13-923.97	.99
2.16-2.22	.30	6.82-7.10	.65	923.98-	1.00
2.23-2.28	.31	7.11-7.42	.66		
2.29-2.34	.32	7.43-7.75	.67		
2.35-2.41	.33	7.76-8.11	.68		
2.42-2.48	.34	8.12-8.49	.69		

Tabelle 29: Tetrachorische Korrelationskoeffizienten (nach Lienert 1975, S.457)

Sachregister